激情萌发智慧
——李吉林情境教育论文选

李吉林◎著

教育科学出版社
·北京·

出 版 人	所广一	
项目统筹	代周阳	
责任编辑	池春燕	
版式设计	宗沅雅轩	郝晓红
责任校对	张 珍	刘 婧
责任印制	叶小峰	

图书在版编目（CIP）数据

激情萌发智慧：李吉林情境教育论文选/李吉林著．
—北京：教育科学出版社，2016.4（2017.2重印）
　ISBN 978-7-5191-0417-7

　Ⅰ.①激…　Ⅱ.①李…　Ⅲ.①小学语文课—教学研究
Ⅳ.①G623.202

中国版本图书馆CIP数据核字（2016）第067490号

激情萌发智慧——李吉林情境教育论文选
JIQING MENGFA ZHIHUI——LI JILIN QINGJING JIAOYU LUNWEN XUAN

出版发行	教育科学出版社			
社　　址	北京·朝阳区安慧北里安园甲9号	市场部电话	010-64989009
邮　　编	100101	编辑部电话	010-64989441
传　　真	010-64891796	网　　址	http://www.esph.com.cn
经　　销	各地新华书店		
制　　作	北京金奥都图文制作中心		
印　　刷	保定市中画美凯印刷有限公司		
开　　本	169毫米×239毫米　16开	版　　次	2016年4月第1版
印　　张	28.75	印　　次	2017年2月第2次印刷
字　　数	387千	定　　价	59.80元

如有印装质量问题，请到所购图书销售部门联系调换。

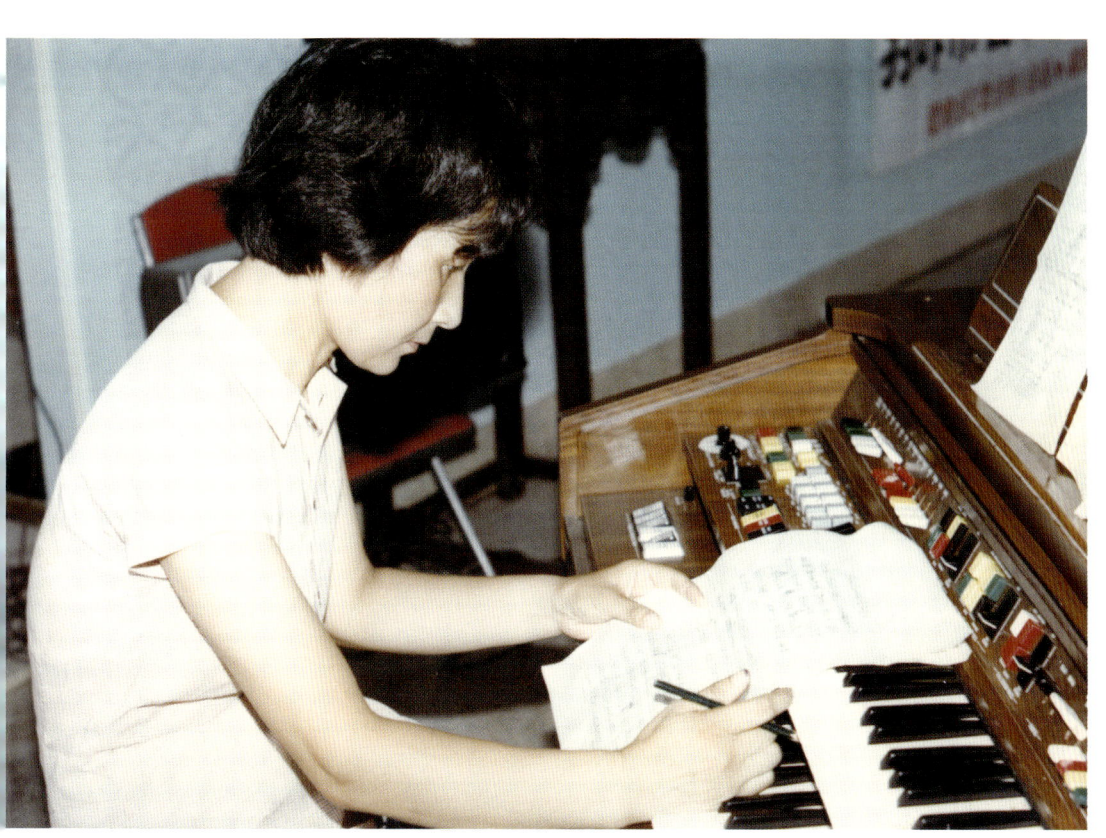

序

人生活在环境中，无论是自然环境还是社会环境都是人成长的外在条件，人格的形成正是这种外在条件与人的内在潜质相互作用的结果。所以，我们曾经争论过素质和素养的区别。有人认为素质是人先天的潜质，无法教育，素养才是后天形成的。但也有人认为，如果脱离了环境，先天的潜质是难以开发和显现的，后天的素养也就难以真正形成。情境教育正是主张将这两者辩证地结合起来，从而体现教育的真谛。所以，情境教育的研究，从教学法开始，最后回归到教育的本质和教育的功能，有着极为深刻的理论意义和实践意义。

过去，前人将学习经验总结为"两耳不闻窗外事，一心只读圣贤书"。当然，圣贤之书也是来自对环境的体验，这样学习也并非完全脱离了环境，但是应当说这基本上脱离了人生活的现实环境，因此也就难以形成适应和改造现实的健全的人格。从这个意义上看，情境教育又是理论和实践相结合的典范。

当然，情境相对于环境是对更为具体的外界的情感体验，是可以直接观察、感受的场景与氛围，是外在与内心交互作用的更为现实的条件。

李吉林老师的研究是从语文情境教学开始的，她在语文教学过程中为了达到既定的教学目的，从教学需要出发，引入、创设或制造与语文教学内容相适应的具体场景或氛围，从而激发学生的学习热情，引发学生的情感体验，帮助学生在愉快的教学氛围中迅速而准确地接受新的语文知识，同时促使学生的心理机能和谐全面地发展,达到在情境中获得知识、培养能力、发展智力的目的。

语文教学的最终目的在于让学生获得实际运用语言的能力。而传统的语文教学媒介主要是教材以及课外读物,阅读与写作也就成为基本的学习模式。但是,学生的学习过程中确实存在着教材与生活、理想与现实的冲突,情境教学法正是试图突破传统语文教学的束缚,铺设一条抽象与直观、感性与理性相融合的通道。

所以,情境教学是学生主动建构知识的过程,通过适宜的情境为学生提供丰富的学习素材和信息,有利于学生主动地探究、发散地思考;情境教学是学生应用知识的过程,通过适宜的教学情境为学生提供生动的学习材料,有利于学生将知识、技能与体验连接起来,灵活地运用所学的知识去解决实际问题;情境教学是促进学生健康情感发展的过程,适宜的情境不但可以激发他们学习的兴趣和愿望,而且可以促进学生正确地对待自己、他人和环境,从而培育积极的人生态度;情境教学也是学生个性发展的过程,教学情境是情感环境、认知环境和行为环境等因素的结合,不但有利于学生的全面发展,也有利于学生个性的培育。

情境教学在语文学科取得成功后,李吉林老师又将其向各科拓展,发展到情境教育及至情境课程,历经漫长的岁月。本书精选38篇论文,按时间顺序编排,正与她38年漫长的探索相呼应,可以从文中看出她研究的思路和情境教育理论构建的历程。

首届基础教育国家级教学成果奖评选时,李吉林老师的"情境教育实践探索与理论研究"成果获得唯一的个人特等奖,这是对李老师多年从事这一研究的褒奖。但我想更为重要的是,大家认为情境教学已经突破语文学科教学的界限,具有情境教育的普遍意义。

教育的功能正随着时代的发展而不断地扩展其包容性。当今时代挑战和机遇并存。2015年9月联合国可持续发展峰会通过的《2030年可持续发展议程》,体现了未来15年各国共同的奋斗目标——经济的增长、社会的包容性和环境的可持续性。其中目标4是教育目标,突出了提高教育质量这一主题。

而对教育质量的共识是不仅要掌握知识,更要培养能力,特别要重视情感、态度与价值观的培养。我国更为明确地提出立德树人是教育的根本任务,培养社会责任感、创新精神和实践能力是教育改革的重点。因此,改变传统教育的局限性、拓宽教育的途径、拓展教育的功能就成为适应21世纪发展和实现中国梦之必然要求。传统教育存在着书本知识和实际脱节、理论与实践脱节的弊端,难以承担培养新时代需要的人才的历史使命;超脱单一的"以本为本"的束缚,树立大教育观,引导学生投身于自然与社会中去观察、去领略、去感悟、去实践、去创造,自然成为教育改革的重要突破口。

所以,李吉林老师情境教育的更为深刻的意义就在于,她以其成功的理论研究与实践,展开了一幅新时代教育改革的壮丽画卷,生动地阐明了教育改革的要义,引领了教育改革的方向。

尽管我们曾经无数次强调学科教学的目标中知识与技能,过程与方法,情感、态度与价值观是三个相互联系不可或缺的维度,但是多年来,实际的教学往往总是把知识与技能的学习放在第一位,而忽视其他维度的要求。每个学科都有其学科本质和学科精神,因而有其学科的个性要求。但是学科教学不同于学科本身之处就在于它还有教育的共性要求,而教育的共性要求正是应该放在每个学科教学任务的首位,并且融于学科教学的全过程。情境教学正是在体现学科特点的同时,张扬了学科教学的共性,从而体现了塑造全人格的教育宗旨。这对深化教育改革有着重要的启示和引领作用。

教育创新是推动教育改革的动力,教育需要理论创新、制度创新,更需要教育工作者在教学实践中的创新。一个学段的学科教学创新,看来仿佛无关大局,但是小中有大、以小见大,它所证明的道理往往会影响全局。特别是这种创新所体现的精神,往往会鼓舞更多的人投身于创新实践中。情境教学最初只是一个小学学科的教改实验,但它体现的教育理念、教育哲学、教育方式已经推动了教育的理念、哲学和方式的更新,产生了广泛的影响,而且为更多学科,甚至整个学校教育提供了宝贵借鉴,从而将情境教学推向了情境教育。

我非常尊重李吉林老师,她是真正的教育家。现在各地都在为培养教育家而努力，许多专家也认为应该提供教育家成长的土壤。我想这些都是有意义的。但是，我始终认为教育家是面对时代所提出的对教育的挑战，勇敢地进行创造，从而回答了一个或者几个问题的人。他们常常并没有多么宽松的环境、多么顺畅的道路，他们异乎常人的最重要的品质是孜孜以求的奋斗精神。因此，教育家不是温室里的花朵，而是迎风斗浪的海燕。李吉林老师的一生就是教育家精神的写照！

现在，从她的著作中精选的情境教育论文再一次结集出版，我由衷地表示祝贺！我真诚地希望李吉林老师青春永驻，更希望她的教育家精神能够影响一代又一代教育工作者，使中国的教育有更多的创造，为世界的教育做出更多的贡献。

2015 年 12 月 29 日于北京

（作者系国家教育咨询委员会委员、
联合国教科文组织协会世界联合会荣誉主席、
北京市社会科学界联合会名誉主席）

目录
CONTENTS

1 | 在小学低年级语文教学中发展学生的智力
（《江苏教育》1979年第1期）

10 | 把训练语言和发展智力结合起来
（《江苏教育》1980年第8、9期）

20 | 我对情境教学的认识与实践
（《上海教育》1981年第1-2期合刊）

27 | 语文教学上的创设情境
（《教育研究》1981年第8期）

40 | 试谈小学阅读教学中的思想教育与情感陶冶
（《教育研究》1982年第4期）

49 | 小学阅读教学和儿童的发展
（《训练语言与发展智力》1984年版）

65 | 从整体出发，着眼儿童发展
（《教育研究》1985年第1期）

78 | 情境教学着力全面提高儿童的语言能力
（《山东教育》1987年第5、6期）

86 | 情境教学与儿童思维品质的发展
（《小学语文教学》1987年第8、9期）

105 | 改革结构，提高小学语文教学的功效——"识字、阅读、作文"三线并进初探

（《人民教育》1988年第9期）

111 | 情境教学的理论与实践

（《人民教育》1991年第5期）

126 | 情境教学：学得生动活泼的有效途径

（《教育研究》1991年第11期）

142 | 从情境教学到情境教育的探索与思考

（《教育研究》1994年第1期）

160 | 运用情境教学　发展儿童语言

（1994年春参加台湾会议的发言稿）

182 | 创设情境　教好童话

（《课程·教材·教法》1995年第3期）

193 | 创设情境　教好寓言

（《课程·教材·教法》1995年第5期）

202 | 优化教材结构，进行"四结合"大单元教学

（《课程·教材·教法》1995年第12期）

208 | 在散文的情境中教散文

（《课程·教材·教法》1996年第4期）

216 | 为全面提高儿童素质探索一条有效途径——从情境教学到情境教育的探索与思考

（《教育研究》1997年第3、4期）

241 | 重要的观念：教学过程中必须让学生充分活动

（《人民教育》1997年第5期）

248 | 情境课程的开发

（《课程·教材·教法》1997年第6期）

259 | 一个值得倡导的教学原则：美感性

（《人民教育》1998年第4期）

269 | 情境教学：儿童学习语文的高效能的途径

（1998年在香港"中文科课程教材教法国际研讨会"上的演讲）

278 | 把握语文学习的规律　致力于学生语文素养的整体提高

（《人民教育》2000年第9期）

286 | 教育的灵魂：培养学生的创新精神

（《人民教育》2001年第9、10期）

305 | 谈情境教育的课堂操作要义

（《教育研究》2002年第3期）

318 | 情境教育：促进"儿童—知识—社会"的完美建构

（《全球教育展望》2003年第4期）

329 | 情境数学的探索

（《人民教育》2004年第20期）

338 | 在诗的意境中教诗歌

（《李吉林文集》卷六2006年版）

346 | 挚爱鼓起创新的风帆

（《中国教育报》2006年8月28日）

353 | "意境说"给予情境教育的理论滋养

（《教育研究》2007年第2期）

360 | 我"悟"教育创新30年

（《人民教育》2008年第20期）

371 | 情境教育的独特优势及其建构

（《教育研究》2009年第3期）

387 | 情感：情境教育理论构建的命脉

（《教育研究》2011年第7期）

400 | 为儿童快乐学习的情境教学

（《课程·教材·教法》2013年第2期）

412 | 让情境教育的亮点亮起来——儿童快乐、高效学习的范式

（《人民教育》2013年第15-16期合刊）

427 | 学习科学与儿童情境学习——快乐、高效课堂的教学设计

（《教育研究》2013年第11期）

446 | 揭开儿童快乐高效学习的秘密

（《中国教育报》2014年1月15日）

在小学低年级语文教学中发展学生的智力

教育是开发智力的工具。这种工具性，在小学低年级语文教学中，可以发挥得更为充分些。这不仅是因为语言是思维的外壳，更主要的是低年级儿童的大脑正处于重要的发展时期。有人把它称为智力发展的最佳期。在这一时期，如果能给予合乎科学规律的教育，就能为智力发展奠定良好的基础。所以，我们要"在学生发展上下功夫"。下面谈谈我的一些体会和做法。

一、以培养学生学习兴趣为前提

学龄初期的儿童，他们的学习兴趣往往是直接与学习活动本身相联系的。他们还不能以"为了实现四个现代化我必须努力学习"的理性认识来控制自己的情感和意志。这一时期，无意注意仍起着重要作用，他们的注意力往往不能保持四十五分钟。然而，兴趣却是引起和维持无意注意的一个内部因素。学生如果对学习发生了兴趣，常常可以保持较长时间的注意。因此，我认为培养学生学习兴趣，促使他们爱学、好学，这是在教学中发展学生智力的前提。可以断言，没有这个前提，在教学中要发展学生的智力是十分困难的。

为了培养学生的学习兴趣，发挥内因作用，我注意把课上得"好懂、有趣，有一定难度"。汉语拼音教学，搞不好会使学生感到枯燥无味，特别是书写的变化，学生更不容易搞清楚。例如 j、q、x 不和 u 相拼，和 ü 相拼时省掉 ü 上两点。我就编了顺口溜，帮助学生理解记忆："j、q、x 真稀奇，就是不愿和 u 做游戏"；"小 ü 遇上 j、q、x，擦掉眼泪笑嘻嘻"。这些简单的顺口溜念起来上口、好懂、有趣又好记。在汉语拼音全部教完后，为了避免单调的重复，我就以学古诗的办法来巩固音节，即出示的音节连起来就是一首内容浅显的古诗，如《锄禾》《草》《静夜思》等。学生既巩固了音节，又初学了古诗，兴趣很大，拼音就不是枯燥的认读了。既然学生有兴趣，后来我又结合识字和课文教了一些古诗。学了王冕《学画》的故事，我教给他们王冕的《墨梅》诗；巩固"鹅"这个生字时，我教给他们骆宾王七岁写的诗《咏鹅》；学生学习有关春天的词句和课文时，我又补充教了《泊船瓜洲》和《游园不值》这些描绘春天的古诗。这样，学生对李白等我国古代著名诗人的诗都有了一些接触，扩大了知识面，也丰富了想象。汉字的字形结构比较复杂，我就从造字的原则出发，运用教具和直观的动作，帮助学生记住字形，而且鼓励学生自己动脑筋想办法记，学生积极性很高。教"雷"字，学生说："打雷了，雨落到田里去了。"教"办法"的"办"，学生想得更好："出大力流大汗，办法就来了。那'力'旁边的两点就像汗珠。"他们想的办法生动形象，对字形自觉地进行了很好的识记。同时，我又把刚教的一批字编成儿歌，让学生在具体的语言环境中巩固识字。这些儿歌，他们都很爱读，因为这是他们靠自己识字学会的，而不是像在幼儿园那样，跟着老师念会的。

　　学生学知识，总是喜欢与他们已有的知识相联系，同时又能有新发展，学到新知识。我教《画》一诗，其中有山、水二字，我就教给学生"山水"加上"一"为"一山一水"，表示一座山一条水；加上"千"、"万"为"千山万水"，表示山水之多；加上"青"、"绿"为"青山绿水"，表示山水色彩之美；重叠起来为"山山水水"……这些浅近的词语扩充，学生既可以接受，又培养了兴趣。他们思考片刻，即能举出例句"我爱祖国的一山一水"，"我爱家乡的青山绿水"，"山山水水美如画"，"红军长征走过千山万水"。学生一个个为自己学了新本领而异常兴奋。学生越来越感到语文是一门很有趣的学科。他们要学语文，爱学语文，这就促使内因发挥作用。学生爱学和不爱学，效果就大不一样。一年来，学生在学好通用教材的基础上，还多学了20首古诗、20首儿歌、9篇反映儿童生活的小故事，进行了11次口头作文的训练。我没多上一节课，两学期全部生字默写正确率达到99.8%。学生学得好，学习就有了一定的自信心，学起来也更有兴趣。有了兴趣，他们就会主动地去获取知识，向知识的深度和广度进军，智力也就会同时得到发展。

二、以引导学生积累感知材料为基础

人对客观世界的认识是从感知觉开始的。感知是思维发展的基础。而学龄初期的儿童感知觉的发展还没有成熟。因此，发展儿童感知能力，积累感知材料，是发展学生智力的第一步。

如何发展学生的感知能力呢？我以为引导学生仔细观察是积累感知材料的重要途径。因为观察可以唤起学生的有意注意，使其对事物获得鲜明而深刻的印象。巴甫洛夫就十分强调"观察、观察、再观察"。针对低年级学生感知往往笼统而不精确的特点，引导他们细致观察就更有必要。

我结合课文内容和口头作文，经常引导学生观察——从观察课文中的插图到观察现实生活中的景象。课文中的插图是引导学生观察的好材料。我指导学生按一定顺序观察，并特别注意抓住图中容易被学生忽视而又重要的细节进行指导。例如《送雨衣》一课的第一幅插图，站岗的小郭是可见的，而对正在紧张工作的周总理却没有直接描绘。我就引导学生注意观察图上那亮着灯光的窗户，使学生透过窗户，想象到夜深了，周总理还在灯下紧张工作的情景。

现实生活的景象是最真实、最生动的，大自然的景色更是绚丽多彩的，我便结合教学内容引导学生观察。我带学生去找春天，认识春天的特征；我领学生登高远眺，依次向东、南、西、北四方望去，让学生观察绿色的田野、古老的宝塔、整齐的工房、高耸的烟囱和向远方延伸的公路……学生觉得这一切是那样的新奇、有趣。我还常常布置作业让学生自己去观察。春天的大地、夏夜的星空、秋天的云霞、冬日的雪景，都成了学生日常观察的生动画面。学生在观察这些景物时，我指导他们注意观察

对象的色彩、状态、大小、多少,以及其他特征。为了让学生学会观察事物的动态,我还常常结合识字、讲读课文,指导学生自己做一些力所能及的小实验。因为,生活中大量的事物是处在发展变化中的,这样做更有现实意义。分析"灭"字的字形时,我告诉学生盖子一盖,火就灭了,让他们回去做"灭火"小实验;在出现"种子发芽"这个词语时,我让他们在院子里种上几粒豆子,观察豆子发芽、长叶的过程,获得种子发芽的感性认识;教《保护牙齿》时,让他们做鸡蛋放在醋里由硬变软的实验……学生从反复实验、不断观察中,逐步认识到事物的发生、变化和结果,然后结合口头作文报告实验经过。下面就是一篇经指导后作的口头作文:

> 一天放学后,我高兴地告诉妈妈,我要做个科学小实验。说着我拿出蜡烛、火柴和玻璃杯,准备做实验。
>
> 我先划着了火柴,点着蜡烛,然后轻轻地拿起玻璃杯,小心地罩在蜡烛上。我睁大眼睛看着,只见那火苗渐渐地变小了,变成蓝颜色了,不一会儿,还听见"嗤——"的一声,火苗就熄灭了,只剩下了一股烟。
>
> 实验成功了,我高兴地对妈妈说:"科学实验真有趣。"

学生自己动手,耳闻目睹,手到、眼到、心也到,激起了他们的积极思考。他们面对种种变化的现象是不可能不产生许多"为什么"的。可以说,观察得越多,提出的"为什么"就越多;观察得越细,积累的感知材料就越具体。

为了促使学生边观察边思考,我把指导观察和发展想象结合起来进行。因为想象就是在感知材料的基础上创造出新事物的形象。没有想象,就没有创造发明;没有想象,就没有任何预见。低年级学生的想象是非常生动的。鲁迅先生说过:"孩子是可以敬服的,他常常想到星月以上的境界,想到地面下的情形,想到花卉的用途,想到昆虫的语言,他想飞上天,他想潜入蚁穴……"我教《小小的船》时,在学生眼前揭示了一张美丽的图画——蓝天、云朵,群星闪烁,月儿弯弯。我启发学生展开想象:弯弯的月儿像一只小小的船,你就坐在这可爱的船上,那么无边的蓝天像什么?朵朵白云像什么?明亮的星星又像什么?这些问题把学生带到浩瀚的天宇,他们展开了诗一般的幻想:"蓝天像大海","朵朵白云像大海的波浪","那闪闪的星星就像航灯"。观察图画可以启发想象,观察现实生活的景象同样可以。当我带学生登高远望,看到五座山耸立在天边时,我让学生想象。学生一个个津津乐道:"五座山像五个巨人。""五座山像五个战士守卫着我们的家乡。"还有的看见山上雾蒙蒙的,就想得更美妙了:"五座山就像小女孩披着灰纱不好意思地望着我们。"想象使学生的心灵插上了翅膀,在智慧的云海里翱翔……

这样经常有目的、有计划地指导学生观察,并在观察中启发他们想象,学生的观察力就会逐渐敏锐起来,有意注意又会逐渐转变为无意注意,他们就会自然地留心周围的事物。平时,我可以不断地听到学生的"新观察"。观察,使他们大开了眼界,大长了见识。观察,为他们打开了认识世界的窗户。

三、以启发学生积极思维为重点

感觉和知觉是认识的感性阶段,认识的真正任务是经过感觉到达思维。而一个人的思维力又会直接影响他的理解、观察、想象和记忆。因此,思维力是智力的核心。由此可见,发展学生的智力,应以启发学生积极思维为重点。

要启发学生积极思维,首先要打开学生的思路。思路闭塞,发展智力就很困难。儿童思维的特点,是从具体到抽象,从不完善到完善。遵循这一规律,要打开学生的思路,应该从启发学生思考具体的问题着手。这就要求教师的发问和作业富有启发性,因为人的思维常常是由实践中碰到的问题而引起的。教学《乌鸦喝水》,我就启发学生先想一想:"瓶子很高,口很小,乌鸦喝不到水,你们能给它想个办法吗?"学了课文之后,再让学生分析一下乌鸦想的办法究竟好在哪里，从而让学生通过分析，初步确立事物在一定的条件下是可以变化的概念。我感到带有比较性质的提问容易激起学生做出正确判断的愿望，从而去积极思考。

教师向学生提出问题，学生能正确回答只是一个方面，另一方面也是更为重要的方面，是要启发学生自己提出问题，这样才能进一步打开学生的思路。可以说，一个人的智慧就是体现在不断地发现矛盾和解决矛盾之中，并在其中得到发展。学生怀有许多美好的愿望，他们带着许许多多的"是什么"、"为什么"，希望从老师那儿得到解答。学生的这些心理特征告诉我们，从小学一年级起就培养学生自己主动地提出问题是不难的。人非生而知之者，孰能无惑呢？办法是第一要鼓励，第二要引导，先让他们问起来，而后逐步达到围绕课文提问。教到"太阳、地球、月亮"，就有学生提出："地球和太阳谁大？""星星和太阳谁大？""宇宙和世界哪个大？"这些问题似乎有些离开了课文，但是它们却唤起了学生对宇宙奥秘的许多幻想和长大去探索的激情。我热情地鼓励了这些学生。老师的态度对学生影响很大。经常鼓励，他们就会爱提问题了。当然，既是语文课，就要尽量地做到通过学生提出的问题，加深他们对字词句和语文内容的理解。这要靠引导。在学生提的许多问题中，总会有一些是问在点子上的。我就及时抓住这些问题做范例，让全班学生有所仿效，从而学会提问。学生有了主动提问的习惯，不仅读书不致囫囵吞枣，而且逐渐地学会了思考。长此以往就可做到"眉头一皱，计上心来"。

低年级学生具体的、形象的思维比较活跃，但逻辑思维能力较差，而且他们的逻辑思维大多是与感性经验联系在一起的。在低年级，逻辑思维的训练和培养就显得十分重要。

我认为低年级逻辑思维的训练，是从大量的词语教学开始的。一个词就是一个概念。把每一个词准确地教给学生，学生才能正确地运用概念，从而进行推理，做出判断。例如，一年级小学生先后学的有关夜晚的词就有"傍晚、夜晚、黑夜、深夜"，关于海的词就有"大海、海面、海上、海里、海底"。这些词意思相近,但有大概念和小概念之别。前一组有时间的先后之分,后一组有方位处所的差异。学生正确地掌握了这些词,才能准确地概括事物,这是学生进行逻辑思维的基础。

培养学生的逻辑思维,对低年级学生来说,应该着重训练思维条理化。有条理,就合乎逻辑。为此,在学生观察事物时,我就指导他们按一定顺序观察,或由近及远,或自上而下(反之也可),或由整体到局部,或由现象的发生到结果。这样有顺序地观察,学生获得的材料就是有条理的,而不是零乱的,学生的思路也随之条理化了。在学生口头表达时,我也要求按一定顺序进行叙述。作《狼山》口头作文,要他们按"山上、山顶、山下"的方位依次口述;报告灭火实验的经过,则按照"点着了火→罩上玻璃杯→火灭了"这一学生观察、认识事物的过程口述;《雷雨》一课,让学生按照"雷雨前、雷雨时、雷雨后"的时间顺序复述……这样引导,学生就在口头表达时受到顺序合乎逻辑的训练了。

除此之外,也可进行一些初步的归纳推理和演绎推理的训练。在教"小小铅笔要爱惜"时,我出示了三个句子:"小红用铅笔写字。小明用铅笔画画。小林用铅笔做数学题。"我要学生在后面加一句话说明铅笔的用途。学生根据上面三句的内容,很自然地归纳出"小小铅笔用途大"的结论。可以说,这就是最初步的归纳推理的逻辑训练。又如教《小壁虎找尾巴》,我先总说一句"动物的尾巴很有趣",再让学生分述小鱼、老牛、燕子、壁虎尾巴的特点,引导学生做演绎推理的练习。

在上面这些思维训练中,学生不断地进行分析、比较、综合,思维力得到了较快的发展。

四、以训练学生语言为手段

一个人要表达思想,一定要借助于语言,语言对学生的认识起着主导作用,掌握语言是学生思维能力发展的重要环节。所以在语文教学中发展学生智力,应以训练学生语言为手段。

低年级学生模仿能力强，语言训练可紧密结合范文进行，不必舍近求远，另起炉灶。我注意针对教材特点，紧扣课文词句，从模仿开始，由易到难地进行语言训练。朗读、背诵和接近原文的复述，是经常性的训练。它可以让学生理解和记忆课文中的常用词语、句式和叙述顺序，使课文语言逐渐成为学生口头语言或书面语言的一部分。用词造句是学生学习、运用规范语言的起点，应作为语言训练的重点。例如，教"一群"这个数量词，学生就是在进行偏正式词语搭配（一群××）的训练中，理解其使用范围的。接着，我进一步引导学生说"一群××在做××"。在学生进行这些说话练习时，我要求他们开动脑筋，独立思考。于是，学生从小动物活动的状态，说到人的活动："一群小鱼在河里游来游去。""一群小蝌蚪去找妈妈。""一群小羊在草地上吃草。""一群小燕子从南方飞来了。""一群蜜蜂在花中采蜜。""一群少先队员在唱歌。"可以说，一个造句，在学生脑海里就显映出一幅图画。这是语言的训练，也是思维力、想象力的训练。

为了进一步发展学生的智力，在语言训练中，我十分注意了解学生的思维特点，掌握他们爱说的题材是什么、形式是什么，以增强效果。《一只小羊羔》中第二幅插图画的是秋华和老大爷在对话的情景，我就引导学生从画面人物的动作、神态去想象、组织人物的语言。为了激起学生练习的积极性，我让学生扮秋华，我自己扮老大爷。学生一个个兴高采烈。我提出："秋华，你捧着羊羔怎么向我这个老大爷打听的？"有学生连忙说："你丢了小羊羔吗？"我随即启发："你和老大爷讲话就这么没有礼貌吗？"学生立刻领悟，在前面加了称呼："老大爷，您丢了小羊羔吗？""老大爷"回答说没丢羊羔后，我又进一步启发学生："下面你又该怎么说呢？"学生想了想后回答得很好："老大爷，麻烦您了！"有的还把秋华焦急的心情表达了出来："那么是谁家的小羊羔呢？真急人！"学生在十分愉快的气氛中进行了生动的语言训练，语言训练又开拓了学生的思路。

训练要反复。在反复训练中，我做到：大家练，练扎实。只有反复训练，能力才会提高。要提高，就要有意识地逐步增加难度。例如，有关叙述春天特征的练习，先以课文中出现的春天的"风"、"阳光"、"花草"、"树木"等名词做主语，让学生练习说一句话，进而以"春天来了"做主导句，让学生说一段话，然后才作《找春天》的口头作文。因为体现了"先搀后放"循序渐进的原则，学生表达得比较好。一个小朋友当堂边想边说："星期三下午，温暖的阳光照耀着大地。老师带我们到人民公园去找春天。我们来到小桥上，往下一看，河水轻轻地流着，河边一排排柳树已发了芽。我们来到公园里，看见桃花开了，春梅开了，玉兰花也开了。小草也偷偷地从地下钻出来了。蜜蜂嗡嗡地在唱歌。小鸟在树上叽叽喳喳地叫着，好像在说：'小朋友，春姑娘到我们这儿来做客了。'"接着又有许多小朋友补充："春天来了，朵朵花儿张开了笑脸，大地披上了绿色的新装，啊，春天来了，我爱祖国的春天！"不难看出，语言的发展，促使学生形象思维和逻辑思维都有了不同程度的发展。这在学生"每天写一句话"（内容自选）的练习中也有所反映。他们从自然界的日月水火、花草树木、春夏秋冬，写到自己的所见所闻、所思所想、所作所为，内容丰富，思想显得很活跃。智力发展了，又促进了学生语言能力的提高。

（本文为在江苏省教育学会成立大会上宣读的论文，发表于《江苏教育》1979年第1期）

把训练语言和发展智力结合起来

小学一、二年级的学生，是六七岁、八九岁的儿童。据研究，这一时期是一个人智力发展最佳期（4~8岁）的后半期，也是儿童的语言由简单句向连贯性语言过渡、由口头语言向书面语言过渡的重要发展时期。在儿童大脑迅速发展、求知欲望最盛的时期，若只以识字为教学的主要内容，对学生语言和智力的发展，不能不说是一种损失。因为待学生读完小学二年级，已是八岁半、九岁的儿童，这就错过了儿童智力和语言发展的最佳期。在小学低年级语文教学中不失时机地给儿童以发展能力的机会，让他们尽早地得到发展，是十分重要的。

再说，现行的统编小学语文教材，提供了进行字词句篇语言训练的丰富材料，包含着可以用来发展智力的诸多因素。因此，无论是从学生发展的心理特点还是从教材内容来说，我以为识字教学应作为小学低年级语文教学的重点之一，因为不识字无法进行阅读和写作，但识字不是唯一重点，训练语言、发展智力应及早进行。

基于这样的指导思想，进行识字教学的同时，我把语言训练贯穿其中，难度适当增加，作文提前起步。一年级上学期，通过拼音、识字、阅读，进行大量的"说一句话"的训练，三个月后开始口头作文，下学期就进行每天"写一句话"的训练。二年级上学期每周写两段话，进行书面短文练习，开始命题作文。二年级下学期每天写一篇观察日记。在教学课文时，以理解、运用为原则，进行篇章和修辞的训练。

提到篇章和修辞的训练，人们总认为这是中高年级的教学内容。其实，低年级教材已包含着一定的浅显易懂的篇章知识。稍加指点，学生即可接受。加之儿童思维的条理性不强，及早进行篇章的训练，可补其缺，促进逻辑思维的发展。儿童的思维具体形象，富有想象力，他们很喜欢让小鸟小草说话，把甲事物比作乙事物，可以说，他们是擅长比喻和拟人的，只不过是不懂得术语罢了。因此，引导学生运用修辞手法，正可"扬其长"，促使他们的想象力进一步得到发展。我想，既然是教了就可以学会的东西，何必一定要拘泥于陈规而不教呢？凡是学生能理解的，就应该说是适当的。于是，我按照字词句篇"四杆齐下"、各年级有所侧重、螺旋式上升的"序"来进行教学。

此外，我还增教了古诗，加大了学生的阅读量。古诗中的许多名篇是我国优秀的文学遗产。在学生幼年记忆力强的时候，让他们多读多背些，对发展他们的形象思维和语言，增强他们的记忆力，陶冶他们的美的情操，都是有益的。因此，我每学期选十首思想感情健康的古诗，作为补充教材。

这样适当提高起点，增加难度，就把学生带入了智力的最近发展区，学生的智力便可开足马力。他们要"跳一跳"，才能"摘到果子"，也只要"跳一跳"就可以"摘到果子"。

提高起点，提早起步，发展了学生的语言和智力，也促进了其识字能力的相应提高。据不完全统计，学生平均识字2648个。1~4册统编教材要求"四会"字的1690个，默写正确率达99.4%。两年来，我班学生在学好统编教材的基础上，另外多学了85篇课文（其中包括40首古诗）。每一个学生进行"写一句话"练习90余次、短文练习39篇，作观察日记84篇、命题作文（口头和书面）30篇。每一个学生入学后，进行的这些创造性书面语言的训练，除去开始11次未写成书面的口头作文外，共达230多次。这也为学生提供了巩固识字的极好机会。学生在学习过程中轻松愉快，没有多上一节课，也没有过重地增加课外负担。

一、创设情境，带入情境

学龄初期的儿童，怎样才能提早起步、提高起点呢？有效途径之一便

是根据教材和作文题材创设情境,把学生带入情境,为学生提供具体生动的语言环境,把语言训练和发展智力统一在情境教学中。

生活是人类语言的源泉,有生活才有语言。可以说,离开了具体的生活情境,一个人在孩提时期是无法学会语言的,少年时期也是无法学好语言的。采用情境教学这种手段,具体形象,为低年级小学生所喜闻乐见。因此,我便常结合教材和作文题材,设置情境,让学生回到生活里学习语言,并促进学生智力的全面发展。

通过图画、照片、音乐和文学语言的描绘这些艺术的手段,再现教材提供的情境,让学生体会教材语言的准确、鲜明、生动。过去,讲读课运用的"发胖式"的分析法,确实流弊很大。它的症结是把文章搞得支离破碎,破坏了文章的意境和整体的美,削弱了教材的感染力,孤立地讲授基础知识。而情境教学,可以把学生带入情境中,促使学生细致地观察、了解客观事物,深切体察自己的感受,从整体上去理解词句,加深对教材的领会。《小白花》这篇课文,描绘了一九七六年四月初,首都人民在天安门广场悼念周总理的情景。但这一历史事件,离学生生活比较远,怎么使学生有所感受呢?我先出示了一张放大的当时拍摄的照片,它给学生以特别强烈的真实感。我让学生一边听录音一边观察,使学生对课文中描写的整个天安门广场花山人海的情景有了感性的认识,而后结合照片,朗读有关的课文,进行语言的训练。接着我选取了以悼念周总理为主题的小提琴协奏曲中的几个乐句,借助音乐的语言,再现人们面对纪念碑向周总理默哀的情境。音乐声起,悲哀的气氛被渲染得那么强烈,一下子就扣住了大家的心弦。学生静静地听着,想象着课文中描写的那个情境,大家低头不语,仿佛自己也来到纪念碑前,正在向周爷爷默哀。在这样的情境中我范读课文,学生轻读课文,他们深情地读着:"敬爱的周爷爷啊,我们想念您,您永远活在我们心中。"课文中的语言成了学生的共同心声。我自己好像也进入了那个情境,不禁潸然泪下,学生也忍不住哭了,晶莹的泪珠挂在脸上……接着,我要他们用"天安门广场"说一句话,描绘当时的情境,学生想象十分丰富:"天安门广场上静静的……""天安门广场上国旗低低地垂着,松树挺立着,金水桥下的河水呜呜地哭起来了……"课后学生说:"我好像看到了那个情景。"

通过师生动作的演示,设置和教材有关的情境,进行语言的基本训练。《小马过河》这篇课文,写对话时,用了许多提示语:"小马连蹦带跳地说"、"老马亲切地说"等。为了引起学生对提示语的注意,促使他们在日常生活中注意观察周围人说话时的种种神态动作,从而引导学生学习运用提示语,我设计了两个情境、两个动作——一是指名一个学生演示动作——欢蹦着进教室,同时说"我们班上得红旗啦!我们班上得红旗啦!",一是我自己微笑着说"小朋友好!"——分别训练他们说一句描写人物说话时动作、神态的句子。演示时,全班学生一个个凝神视之。从他们的面部表情可以知道,此时,他们的大脑皮层形成了优势兴奋中心。这种兴奋性越高,注意力就越集中;注意力越集中,观察得就越持久、越真切。这就向学生提供了鲜明的感知材料。加之要求他们把观察所得表达出来,这必然促进学生思维力、想象力、记忆力的全面发展。学生积极思考,竭力从他们脑海中的词语小仓库里挑出一个个合适的词加以描述:"××连蹦带跳地说:'我们班上得红旗啦!'""××欢天喜地说:'我们班上得红旗啦!'""李老师满面笑容地说:'小朋友好!'""李老师亲切地说:'小朋友好!'"……按照心理学家的说法,学生在观察、感知时,管形象思维的大脑的右半球兴奋,观察后用语言表达情境时,管抽象思维的大脑的左半球兴奋,这样大脑两半球交替兴奋、抑制,就可大大挖掘大脑潜在的力量,使之在轻松愉快的气氛之中学习语言,而不致感到疲劳。在阅读课上,我很少进行名目繁多的语文基础知识的练习,更不采用题海战术。因为语言是有生命的,而"题海战术"却抽掉了语言的生命,变成了干巴巴的文字形式上的变换和组合,学生做得透不过气,索然无味,结果收效甚微。

结合教材或作文,把学生直接带入生活的真实情境中,让学生进行口头作文和书面作文的训练。情境教学,往往是从观察入手,使学生获得丰富的感知材料。乌申斯基曾讲过:"给图画一看,教室里就谈得起来。"而生活的图画更是丰富多彩,学生就更可有感而发。我带孩子登高望远,让他们认识家乡的美景;春天来了,我带他们到公园的花丛、草坪、树下、水边找春天;秋天,庄稼成熟了,我带他们去观察秋天田野丰收景象;初冬时节,我又带他们到野外、到庭院认识初冬特有的景象。带学生去观察大自然,就是带学生去认识世界,激起学生对大自然的热爱。世界上再没有比大自然更好的教师了,因为她能教给你无穷无尽的知识。所以大自然绚丽的画面,是我常常选取的情境。

情境要让学生感知,他们才会有所表达。感知目标鲜明,才便于学生进行分析、综合,再分析、综合。这个过程正是学生智力积极活动的过程,也是学生内部语言发展的重要过程。事先我总是一个人到野外去,认真选取感知目标,并从景物远、中、近的层次确定观察的角度,安排合理的观察顺序。确定了感知目标,还得考虑好带有启发性的导语和提问。例如,我带学生观察秋天的田野,站在公社大桥旁,近看一大片丝瓜棚。我指导他们先看棚上的花的色彩、形状和花上飞舞的蝴蝶,然后看棚下的瓜,提问:"你们看,那大丝瓜该多大啊,你们的手臂和它比比看,哪个粗?""那些小丝瓜躲到哪儿去了呢?"这些导语和问题,激起了学生的想象和思维,使他们观察得精确,表达的内容也就具体了。学生这样描述丝瓜:"我们站在公社大桥上,眼前是一片丝瓜棚。棚上开满了一朵朵小黄花,真像一只只金色的小喇叭。棚下挂着一条一条大丝瓜,有的比我们的手臂还粗呢!小丝瓜呢,它比不过大丝瓜,就不好意思地躲到绿叶背后去了……"事先考虑好导语和提问,指导学生观察时才能做到胸中有数,有的放矢。当然,这也不是一成不变的,有时还要因时制宜,让学生去攫取那些充满生活气息的情境。那天,我们站在公社大桥上,刚巧刮起一阵风,我便随即指导学生看在秋风中摇曳的芦苇,以"一阵秋风吹来……"做导语,让学生描绘芦苇的动态。经过多次训练,学生作文时就无须搜索枯肠，总是言之有物，充满生活的情趣，没有空话和假话。在情境中学生的智力和语言都得到了发展。

二、注重启发，促进发展

小学低年级语文教学，又要识字，又要训练语言、发展智力，似乎头绪纷繁。一切事物都有个核心部分。语言和思维是不可分割的，而思维又是智力的核心。因此，要把语言训练和智力发展结合起来，就要紧紧抓住核心，注重启发学生的思维力。国外一些教育专家提出：就目前时代对人类的要求来看，如何充分利用人类，特别是儿童的脑的可能性与可塑性的问题，无疑是人类最重要的问题。从这个观点来看，走在儿童发展前面的教育，是最好的教育。苏联教育家赞科夫就指出："只要在发展上下功夫，学生掌握知识就更容易，知识质量才能真正提高。"语文教学同样如此。学生会想，便会说；想得多，表达的内容就丰富；想得合乎逻辑，表达起来也就有条理。因此，要把训练语言和发展智力结合起来，从根本上提高语文教学的效率，必须注重启发，促进发展。

首先要打开学生的思路。儿童虽然每天在课堂里学习，但是我们不能把他们的思想局限在这个小小的天地里，而要打开他们的思路，让他们展开智慧的翅膀在广阔的天宇翱翔。一次，我教补充教材《指南针》，要让学生知道指南针的作用，我并没有问学生"指南针有什么作用"，这样问，学生只需回答"指南针能指明方向"一句话就完了；而是问学生："你们知道什么人，在哪儿用得到指南针吗？"这一问，使学生从天空想到大海，从海面想到海底，从高山想到古老的原始森林；从飞行员说到潜水员，从勘察队员说到旅行家、考古工作者；从登山运动员说到伐木工人……学生的思路一打开，语言就随之丰富起来了。

其次，着力培养学生提出问题、解决问题的能力。爱因斯坦关于相对论的三篇论文，轰动了全世界，他就是正确地提出了别人没有提出的问题，所以爱因斯坦说："对真理的追求比对真理的占有更重要。"可以说，一个人的智慧就是体现在不断地发现矛盾和解决矛盾之中,并在其中得到发展。所以在教学中,我总是启发学生自己提出问题,自己解决问题。学生提出的问题,往往幼稚可笑,说明他们的思维还处于低级状态;学生提出的问题扯远了,说明他们的思路没有条理。要引导学生想在关键处,问在点子上。学会正确地提出问题,是促使学生思维力具有条理性、深刻性的一个重要环节。针对低年级儿童善于模仿、适宜鼓励的特点,我极力避免讲大道理或指责,而是采取了三种做法:一是示范,二是鼓励,三是评议。经过一段时间的引导,现在班上学生提出的问题,一般说来都能围绕教材的重点所在,比较集中。但其中总不免有一些离题的,这往往是因为儿童的好奇心所致。好奇心促使儿童发现问题、提出问题,因而对这些提问不宜轻易否定。

例如教学《鱼和潜水艇》,有学生提出:"如果潜水艇在海底遇到鲨鱼怎么办?"学生因为好奇,对这个问题特别感兴趣。我意识到无视或挫伤儿童的好奇心,无异于扑灭儿童智慧的火花。同时,我又考虑到,这篇教材能让学生接触一些仿生学,从而唤起学生的想象,促使他们将来也有所发现,有所创造。因此,我放手让他们大胆设想一下,我觉得这对学生创造性、想象力的发展是很有意义的。学生议论开来了。有的说:"我有个办法,在潜水艇的后面装个镜子一样的东西,船舱里装个电视屏,如果鲨鱼来了,潜水员坐在里面就能发现,迅速躲开。"有的说:"我有个好办法,潜水艇里装个东西,可以像乌贼那样喷出黑水,鲨鱼就看不见了。"但这马上遭到另一个同学的反对:"我不同意。你这样做,会污染海水的。"学生提问似乎有些离开了课文,但是结合这篇课文的具体教学要求做一些讨论,是有益的。说不定这次讨论就在某些孩子的心灵里播下了一颗运用仿生学发明创造的种子。其实他们想出像乌贼那样喷黑水的办法,不正是有一点仿生学的意味吗?

学生提出问题后,我总是有意识地引导他们自己去解决。建设"四化"的人才应该是能自己提出问题,自己解答的。爱因斯坦的"相对论",不仅是正确地提出了问题,而且他自己也做出了很好的回答。教师的教学工作应立足于儿童的明天,从明天的高度考虑今天教学的具体办法。事实上,学生智力的潜在力量是很大的,引导他们自己解决问题是可能的。一次,我教《基础训练》,猜这样一则谜语:"屋里有根藤,藤上结个瓜,一到太阳落,瓜里开红花。"学生很快猜出来是电灯。有个学生补充说明:"这是普通的电灯,不是日光灯。"接着便有学生提出:"老师,如果是日光灯,这谜语怎么编呢?"我想到编谜语是启迪学生智慧的良好手段,就因势利导启发大家动脑筋自己编。他们很乐意,想得很认真。片刻,就有一个学生兴致勃勃地说:"屋里有根藤,藤上结了个长丝瓜,一到太阳落,瓜里开红花。"学生听了,都乐得笑起来,并做了纠正:"日光灯怎么开红花呢?应该是开银花。"他们自己的创作解答了自己提出的问题,他们都高兴极了。在这个过程中,学生思维的创造性和形象化的语言,都得到了很好的发展。

最后,启发学生的兴趣,促使他们能动地发展。启发学生思考的最终目的,是达到不待老师启发,自己主动地多思、多想,这是学生智力和语言发展的一个相当重要的心理动因。具备了这一条,学生便可以能动地发展。因此,我尽量把课上得"好懂、有趣,有一定难度"。进行识字教学,我总是让学生自己动脑筋想办法,识记字形,逐渐地使他们掌握汉字的规律,有时,我还自己编写儿歌,让儿童在具体的语言环境里识记字形,体会字义,从而得到巩固。复述朗读,我也尽量安排得生动些,形式新异、多样些。例如,二年级下学期教补充教材《我在月球上》,要让学生复述,我不是让学生照本宣读,而是通过让学生假设自己坐着宇宙飞船来到月球上,要向地面报告月球上的情景这种形式进行复述。这种练习,正符合儿童的心理。他们兴致勃勃地说着:"我是阿波罗1号","我是东方1号","今天我在月球上登陆,这里是一个黑黝黝的静寂而荒凉的世界,没有水,没有空气,更没有人,只有一座座的环形山。在月球上,我还发现了另一个更大的月亮,请你们研究一下这是什么现象,请跟我联系"。学生一个个跃跃欲试，他们在欢乐愉快的气氛中，掌握了这一课阐述的月球上的知识。有时我故意设置障碍，引而不发。

在教《数星星的孩子》时，我让学生听了一篇大约一百字的极其优美的短文。那篇文章从天上的银河，写到银河两岸的牛郎星和织女星之间的距离，讲到银河系之大、整个宇宙之大，以帮助学生初步建立宏观世界的概念。听完之后，我说："张衡听了爷爷的话，晚上是怎么也睡不好，几次起来看星星；你们听了李老师读的文章，怎么想呢？"我并没有要他们回答，只是像在一个平静的池塘里扔下一块石头，溅起涟涟的波纹。接着我以发展学生想象为目的，让学生欣赏学习了郭沫若的《天上的街市》这首优美的诗篇。第二天便有一个学生告诉我："老师，昨天晚上月亮比较亮，我只数了346颗星星。"班上许多学生在星月之下，翘首仰望，观察着神秘的星星和月亮，此时他们的心，不也随之而飞往太空了吗？因为语文课已不局限于一本薄薄的语文书，而为他们展现了一个广阔的天地，所以学生爱语文课、爱大自然、爱科学、爱读书。我教了他们40首古诗，全班56人就有53人又主动自学了其他古诗，最多的自学了37首。单这一学期阅读课外书达1045本，平均每人读17本。我教新课文，他们主动找参考书、找实物标本，什么蒲公英啦、松果啦、珊瑚啦、小蝌蚪啦……他们成了学习的主人。课堂上，他们主动地分析课文的层次结构，点出中心，还想出办法把作文写好。思想活跃了，语言就丰富了。

一次命题作文《精彩的马戏》，我和他们讨论了"去、看、想"三个写记叙文的一般提纲。当时有学生提出："老师，我能不能不照你的提纲写？"小学二年级的学生写作文时，敢于想出和老师不同的思路，是十分可贵的，这正是他们思维的创造性的体现。我连忙说："当然可以。你准备怎么写？"那学生说："我想从李老师教我们学《精彩的马戏》这篇课文，回想起看精彩的马戏的情景。"我一表扬，大家的积极性都调动起来了。仅开头的方法就有十来种："每当我看到人民公园的猴子时，就想到那次看到的精彩的马戏。""前年的一天，李老师带我们去看精彩的马戏。

虽然已经过了一年了，但是它给我的印象还是很深刻的。""一天，李老师有声有色地讲了课文《精彩的马戏》，大家听得津津有味，一双双眼睛注视着老师，因为老师把我们带进了马戏场。"这些是通过联想、回忆来写的。有的则直接从看马戏开始写起："哈哈哈！灯光球场里一片笑声。""快来看呀，多精彩！小猴挑着小水桶出场了。"学生思维力的发展，必然促使智力其他方面的发展；又因为思维是凭借语言进行的，因此，学生的语言能力也同时得到发展，教学效率较高。就是对留级生，我也不例外，注意培养他们的学习信心，注重他们的发展。

两年来，我所做的一些探索，归结到一点，就是想从培养人才的需要出发，根据低年级学生的特点，寻找迅速提高语文教学效率的途径，现在只迈出了第一步。我的初步体会：在教学中把训练语言和发展智力两大任务结合起来，可收到较好的效果。

（本文为在中国教育学会小学语文教学研究会成立大会上宣读的论文，发表于《江苏教育》1980年第8、9期）

我对情境教学的认识与实践

训练语言，发展智力，是小学语文教学的两项主要任务。如何根据小学生的心理特点和小学语文教学的规律，同时完成这两项任务呢？我体会到情境教学是一种有效的手段。

情境教学是外语教学中常用的手段。它把学生带到具体的情境中，进行句型和会话的训练，为学生提供了具体生动的语言环境，大大提高了教学的实际效果。我想，外语、汉语都是人们交流思想的工具，这一共性就决定了两者在教学上也必然有许多相通之处。人类语言的源泉就是生活，有生活才有语言。儿童从婴儿时期牙牙学语，到学龄前期能听话、会话，并没有老师，也没有教科书，就是在具体的情境中学会的。可以说，离开了具体的生活情境，一个人在孩提时期是无法学会语言的，少年时期也是无法学好语言的。再说，小学生思维力的发展，总是同他们的语言发展紧密联系在一起的。同时，能力的培养、思维的发展是要以知识技能为基础的。对小学低年级学生来说，他们的任务仍以识字为主，然而进行情境教学，则为这个任务的完成创造了更为有利的条件，必然促使学生思维力和智力其他方面的协同发展。于是，我决定把外语教学中的情境教学移植到我们的小学语文教学中来进行实践。

实验开始了。起初我结合课文内容，设计了一个情境、一个动作，训练说一句描写人物动态的句子，效果很好。在此基础上，我又结合复习一组"看图学文"的教材，加大难度，设计了一个情境、一组动作，训练说一段连贯的话。我和一个学生做了这样的演示：夜晚，灯下，小红正在做功课。我做小红的妈妈，走到小红身旁，问："小红，你昨天数学考得怎么样？"小红做惭愧低头状，答："因为我粗心，错了两道题。"演示后，要学生将刚才的所见所闻表达出来。动作虽简单，但它却在课堂上再现了生活的情境，学生感到特别新鲜、亲切，吸引着全班学生的注意。此时，从他们的面部表情可以知道，他们的大脑皮层形成了优势兴奋中心。这种兴奋性越高，注意力就越集中；注意力越集中，观察就越持久、越真切。这就为想象、思维提供了鲜明的感知目标。因此，当我的问题一提出，学生便纷纷举手，要求描绘这情境。有个学生这样描绘："一天晚上，小红正在做作业，妈妈问她：'你昨天数学考得怎么样？'小红难为情地说：'我因为粗心错了两道题。'"学生的叙述清楚、完整。为了结合语言训练，发展学生求异的思维力，我又进一步提出："小红说话时的神态还可以怎么说？"学生积极思考，各抒己见："小红低着头说"，"小红惭愧地说"，"小红嘟着嘴说"，"小红红着脸说"，"小红愁眉苦脸地说"……把小红当时说话的神情、心理状态用恰切的词生动地刻画出来了。接着演示妈妈帮助小红的一组动作，演示后再练习表达。当演示完最后一个情境——夜，静悄悄，只听见小红在灯下写字的唰唰声时，就有学生主动要求从头至尾讲一遍。学生的描述，使我感到让学生在生活的情境中学习记叙事物的字词句篇，具体形象，容易收效。

　　实验后，我再从心理学的角度找到情境教学的理论根据。情境教学是让学生先感受后表达。感受时，管形象思维的大脑的右半球兴奋；表达时，管抽象思维的语言的大脑的左半球兴奋。这样，大脑两半球交替兴奋、抑制，就可大大挖掘大脑潜在的力量，学生不会感到疲劳，可以在轻松愉快的情绪中学习语言，这就更坚定了我搞情境教学的决心。

　　对事物的认识，总是在反复的实践中加深的。经过多次的实验，我感到情境教学在过去直观教学的基础上前进了一步，它不仅是通过直观理解教材、感知教材、传授知识，而且根据学生学习语文的特点，把语言训练贯穿其中，并促使学生的智力得到发展。但是，情境教学要取得如期的效果，仍有它的规律可循。因此，我感到运用情境教学，要注意以下三个方面。

一、形式上的新异性

情境在学生眼前展现时，就成为学生感知的刺激物。但呆板的、常见的、多次重复的东西，往往不能吸引学生的注意。若不能引起注意，大脑皮层就兴奋不起来，而抑制状态是不利于学生智力发展的。当刺激物具备了新异、变化的特点时，就很容易成为学生无意注意的对象。因此，所设置的情境，要考虑到它形式上的新异性，尽量使学生获得新的感受，借以激发学生观察情境、描绘情境的热情。

基于这样的认识，我注意用多种途径创设情境：或通过摄影、图画、音乐、文学语言的描绘这些艺术的手段再现教材提供的情境；或通过师生动作的演示，设置和教材有关的情境；或结合教材、作文题材，把学生直接带入有关生活的真实的情境中去……值得注意的是，情境教学本身只是一种教学手段，而不是目的。因此，是不是需要设置情境，以及设置怎样的情境、以什么样的形式出现，都必须从教材特点、教学要求出发。

《小白花》这篇课文，描写了一九七八年四月初，"我们"一家人和首都人民在天安门广场悼念周总理的三个场景。我便根据这三个场景的特点，运用了三种不同的形式设置情境。为了展示整个天安门广场上悼念周总理的情境，我出示了一张放大的当时拍摄的照片，它给学生以特别强烈的真实感，加之照片黑白的色调，更渲染了那种庄严肃穆的气氛。我让学生一边听这一节课文的录音，一边提示他们观察照片上花山人海、人群肃立、泣然无声的情境，而后进行朗读和语言的训练。

第二个场景，描写课文中"我们"一家人在纪念碑南边，面对周总理的亲笔题字默哀的情境，写得十分感人。如何让学生有所感受呢？若再以照片出现，形式单一会产生重复感，削弱教材的感染力。我想到音乐总是以情动人的，便从悼念周总理的小提琴协奏曲中选取了几个乐句，借助音乐的语言再现那个情境。听着听着，学生觉得自己也仿佛来到纪念碑前，正在向周爷爷默哀，他们深情地读着："敬爱的周爷爷啊，我们想念您，您永远活在我们心中……"课文中的语言成了学生的心声。我自己也好像进入了那个情境,不禁潸然泪下,学生忍不住哭了,晶莹的泪珠挂在他们的脸上。接着,我要他们用"天安门广场"说一句话,描绘当时的情境。学生展开了丰富的想象:"天安门广场上静静的,国旗低垂,松树挺立着,金水桥下的河水呜呜地哭着……"

第三个场景,我以深情的描述,引导学生吟诵曾经学过的诗歌《花》以及古诗中"忽如一夜春风来,千树万树梨花开"的诗句,把学生带入松树上好像积了厚厚的一层白雪的情境,然后进行"谁,怎么样地把胸前的小白花系在松树上"的句子训练,让学生进一步体会、想象、表达悼念周总理人之多、情之深的情境。随着情境的变换,学生的思维也在发展。

二、内容上的生动性

情境教学,从语文教学的目的来说,就是让学生回到生活里去学习语言,而生活本身是很生动具体的;从智力发展的角度说,就是要通过语言的实践,来促进学生智力活动的迅速发展,而这种实践,又必须符合儿童的年龄特点,注意生动活泼。

儿童对知识的学习、对事物的认识,总是从具体生动的形象开始的。因此,在情境教学中把词和形象结合起来,可以让学生获得确切的感性知识,而这正是学生智力不断发展的基本保证。再说,有些学生之所以用词不当,就是没有或者不懂得把词和形象联系起来,而情境教学就是要促使学生把两者结合起来。这里需要具备两方面的条件:一是形象要鲜明,便于学生表达;二是形象对学生来说是有所了解的,使他们能够表达所展示的内容。教《小马过河》,我针对课文运用提示语描写人物对话时的神态、动作特点,设计了一个小朋友边蹦着进教室边喊着"我们班上得红旗啦"的情境。演示的动作简单形象、鲜明生动,而且有关表示欢蹦状态的词,已结合课文教了"连蹦带跳",又由此而扩充教了"蹦蹦跳跳、一蹦一跳、蹦呀跳呀、又是蹦又是跳"等一组词,除此之外,像"兴高采烈"、

"欢天喜地"、"乐滋滋"等表示兴奋喜悦的词,学生也有所掌握。这样,当设置的情境展现出来时,学生就能把已学的词和眼前的形象联系起来,从而加以运用,并在运用中加深理解。

　　同时,情境教学还要把学习、运用修辞手法和发展学生的想象力结合起来。修辞手法的运用照理是高年级的教学内容,但是低年级学生的思维具体形象,语言也很生动,他们喜欢让小鸟、小树说话,喜欢把甲事物比作乙事物,其实这就是比拟、比喻修辞手法运用的初级阶段。我针对低年级学生这一特点,在情境教学中,有意识地引导学生运用修辞。进行《校园里的花》口头作文时,我在学生面前出示了一束美丽的鲜花,让学生一一观察、说话,当学生说到喜欢美人蕉的名字、色彩、形状时,为了唤起他们的想象,我便问:"美人蕉花儿这么美,有点像什么?"这么轻轻一点,学生的想象仿佛长上了翅膀:"美人蕉的花儿像小姑娘头上的蝴蝶结。""美人蕉像害羞的小姑娘涨红了脸蛋,不好意思地低下了头。""如果把美人蕉的叶子去掉,它就像一支燃烧的火把。"……我因势利导,进一步启发:"美人蕉只是花儿美吗?它的叶子又像什么呢?"学生望着美人蕉那大而阔的绿叶,津津乐道:"美人蕉的叶子就像一把扇子,在给小姑娘扇风呢!""早上,叶子上一颗颗露珠,就像给小姑娘戴上了闪闪发亮的珍珠项链。"……这样不仅使学生学习了运用形象化的语言,而且发展了他们思维的创造性。

　　此外,还要把安排合理的观察程序、进行篇章的训练和发展学生的逻辑思维结合起来。在情境教学中,我总让学生按一定顺序观察,使学生的思路有一定的条理,变观察的顺序为描述情境的层次,这样按照观察顺序编写提纲,进行篇章的训练,既使低年级学生易于接受,又使学生的思维受到合乎逻辑的训练。在学生分段口述后,我还常常引导学生给描述的情境拟题目,学生对命题的思考过程,就是对所观察的事物进行全面的分析综合、抽象概括的过程,学生的逻辑思维在语言训练中得到了发展。

三、方法上的启发性

情境教学是为了训练语言、发展智力，因此，在方法上必须讲究启发性。

提供鲜明的感知目标。感知目标鲜明，才便于学生进行对象的分析综合；而对象的分析综合过程，正是学生智力积极活动的过程。因此，在设置情境的过程中，我认真选取感知目标。一次，我准备把学生带到秋天田野的情境中去，事先我就一个人到野外去。一路走去，我看见梧桐树上已经结了毛茸茸的果子，枫叶也红了，稻子金黄，棉花雪白，一畦一畦的大白菜绿油油的，河边的芦苇丛中藏着一群一群的鸭子……为了让学生通过观察秋天的田野，认识秋天是一个丰收的季节这一特征，对一路所见的景物必须有所取舍。我选取了稻子、棉花、丝瓜、扁豆、芦苇这五个主要的感知目标，因为这些感知目标分布的地方比较集中，可以一眼收尽。进而，我又想到丝瓜、扁豆既开着花，又结着果，花儿色彩各异，果实又有大小之分，应仔细观察。我便取丝瓜、扁豆棚为近景，让学生站在棚边的一座大桥上看丝瓜、扁豆，以河那边的芦苇做中景，然后放眼远眺丰收的稻田。对情境教学进行事先的观察、分析、设计，教学才有可能由浅入深地启发学生的思维，从而形成智力的分析综合。

考虑好具有启发性的导语和提问。课堂教学导语和提问具有启发性，才能调动学生的主动性，打开他们的思路。在教《小虾》以后，我让学生观察一对"大铁壳虾"，我故意用小棒头逗一只大虾和另一只虾靠近，它俩撑起细长的脚搭在一起。当这有趣的情境出现在学生眼前时，我这样启发他们思考："它们靠在一起了，你们猜想它们要干什么？仔细看看，也可以想想它们可能在说什么？"这时，学生观察得更认真了，他们边看边想，内部语言同时也得到了发展。果然，一个学生这样描绘道："李老师故意用小棒头逗一只大虾，它们撑起细长的脚，我以为它们要打架呢，我的心都跳起来了。谁知它们挺亲热，好像在说：'我们到大海里去吧，这儿多闷啊!'"从这样逼真而带有儿童气味的描写中我们可以看出，学生的思想已从眼前的玻璃缸一直飞到了大海，飞到了他们想象中的神奇世界。

故意设置一些"障碍"。人的意识是从不顺应的状态中产生的。设置了障碍，学生必然会意识到问题，思维也就从这里开始。思维即是解决矛盾的过程。一次，班上的小伟知道小普的砚台掉到河里，小伟怕影响小普回家写毛笔字，就用自己的零用钱买了一瓶墨汁送给小普。我便根据这一件真人真事设置情境，让学生口头作文。当设置小伟把一瓶墨汁送给小普时，我考虑到让小普双手接过，双眼望着小伟，不说话。这就比让他说声"谢谢你"更有启发性。学生就会想，小普嘴里不说话，心里怎么想呢？上课时我就引导学生从小普的动作和眼神体会他内心的激动。有的学生说："小普望着小伟，激动得不知说什么好。"有的说："小普久久地望着小伟，觉得小伟胸前的红领巾更红了。"也有的说："小普双手接过墨水瓶，双眼望着小伟，觉得小伟好像长高了。"……这样设置了"障碍"，就促使学生从人的面部神情想到人的内心世界，从而激起学生的想象和思考，培养学生观察的深刻性。

情境教学，我尚在摸索实践之中。就我自己的经验和教训来看，只要在形式、内容、方法上符合教学的要求，符合儿童的心理特点，必然会达到训练学生语言、发展学生智力的目的。当然，限于教师的精力，限于具体的条件，要经常这样搞是有困难的。它需要结合教材和学生的实际，进行认真的选择，给以精心的设计。

（本文发表于《上海教育》1981年第1-2期合刊）

语文教学上的创设情境

小学语文教学，因其本身具有美感的特点，使它成为审美教育中的一门重要课程。美，总是存在于形象之中，语文教学中的审美教育，必须伴随着形象进行。离开了形象，就谈不上审美教育。为了给学生以完整、鲜明、生动的形象，近年来，我试着运用创设情境的教学手段，有目的地进行审美教育，培养学生的审美能力，以促使学生由爱美而动情，由动情而晓理，由晓理而践行。由此通过情感的培养，进一步发展学生的智力，并有效地提高学生的读写能力。

在小学语文教学中，创设情境，培养审美能力，是渗透在教学过程中，密切结合读写教学进行的。现行小学语文教材里，那些可歌可泣的英雄人物的故事，那些优美的诗篇、有趣的童话、蕴含哲理的寓言，描写了许多美的人和事——以优美的语言文字，反映了自然之美、社会生活之美，乃至艺术之美。可以说，小学语文课本既是学生学习语言文字的教科书，又是对学生进行审美教育的教材。因此，运用创设情境的教学手段培养审美能力，主要是凭借语文教材，并结合作文题材，创设有关的情境，让学生在其中感受美，学会鉴赏美，练习表达美，从而逐步提高审美能力。

一、引入情境，感知美的表象

培养学生的审美能力，首先要培养学生感受美的能力。美是客观存在的。一个人不懂得感受美，就无从鉴赏美，更谈不上创造美。因此，从感知美的表象培养学生感受美的能力，是审美教育的基础。

(一) 带入图画描绘的情境，要静中有动

小学语文教材中，许多课文是图文并茂的，由图画带入课文描绘的情境是常用的手段。但从图到图，局限于静止的画面，学生往往进入不了情境。恰当地使感知的客体呈现运动的状态，会增强感知的效果。如教《荷花》一课时，我在学生面前展现了一幅荷花的图画，设计了一项练习"我（　　）地看着荷花"，让学生想象课文中的"我"怎样看着荷花，使自己仿佛也变成一朵荷花，与满池的荷花一起舞蹈。要完成这一项练习，学生必须看着画，体验"我"看荷花的心情、神情。他们说："我久久地看着荷花。""我入神地看着荷花。""我深情地看着荷花。""我凝神地看着荷花。"……随即我启发学生想象：仿佛自己也来到荷花池边，把画中的花看成池中的花，也这么凝神地、深情地看着。我抓住课文中"一阵风吹来"、"风过了"表示叙述层次的词语，让学生有条理地展开想象，同时放了一段与课文内容有关的音乐，让学生凭借音乐的形象感知图画中的形象，理解课文语言的形象。鲁迅先生说过："音美以感耳"，"形美以感目"。音乐声起，学生凝神视之，细细地体察着，美滋滋地品味着。这就促使学生的视觉、听觉、嗅觉多种感官协同作用，并运用自己的想象和联想，使感知的美的表象分外丰富。学生说："我仿佛觉得荷花突然长高了。""我自己也摇摆起来。""我好像闻到荷花的清香。"显然，学生体会到了画中的情，听到了画外的音，深深感受到白荷花色彩的淡雅、静态的庄重、动态的轻柔。学生因荷花之美而产生爱荷花、爱大自然的情感，进一步激发了学生学习的欲望，他们爱读这篇描写荷花的课文，观察力和想象力同时得到了发展。

(二) 带入生活的情境，要有声有色

学龄儿童对美的感受，总是从初级的美感能力发展到高级的美感能力。自然美是小学生最容易感受到的，大自然是对学生进行审美教育的生动课堂，更何况大自然的奥秘还是启迪学生智慧的刺激物呢！绚丽的朝霞，落日的余晖，灿烂的星空，雨后的绿树，云雾笼罩的山峦，默默无声的野花，欢蹦鸣叫的鸟雀……那强烈的色彩感，壮美与柔美和谐统一的各种线条美、形体美，以及各种充满活力的声音，都给学生以特别丰富的自然美的感受，帮助学生积累了不少美的表象。正如美学家车尔尼雪夫斯基所说："美即生活。"直觉是可贵的因素，因此，我结合作文教学，常常把学生带入大自然的某一场景中，感受生活情境的美。随着学生年级的升高，还必须逐步地让学生感受社会生活的美。美虽然来源于生活，但绝不等于生活中的任何现象都是美的，还需要教师认真创设情境，选取那些生动的、形象鲜明的、健康的美的情境。这样，学生所感知的表象才是美的。

例如，我结合作文教学，开展"好哥哥好姐姐"的活动。活动的主题就使他们兴奋，让他们顿时觉得自己长大了几岁，对他们人格的形成起了良好的催化作用。那天，学生一个个兴冲冲地来到幼儿园。有的绘声绘色地讲着故事，身边围着一群可爱的小朋友；有的举着自己制作的风车领着小朋友跑，风车飞快地转动着，孩子们欢快地奔跑着；有的搀着小朋友攀上滑梯，递上心爱的望远镜，让小朋友享受登高远眺的快乐；有的像小老师那样教小朋友折飞机、折小鸟……在这种丰富多彩的活动中，小孩子乐，大孩子更乐。在幼儿园小朋友面前，小学生俨然是一个"大人"，一下子变得懂事多了。他们亲眼看到了幼儿园小朋友在"好哥哥好姐姐"爱抚下的可爱的笑脸，亲耳听到了小朋友悦耳的欢声笑语，体验到能帮小弟弟、小妹妹做点好事的愉快的心情。此情此境中，关心他人、帮助弱者的种子也悄然播撒到他们的心田里了。活动后，他们写的作文充分流露了这种感情。

（三）带入想象中的情境，要可见可闻

教材中有许多情境是无法直接进入的，而且学生也不能总是用那些能看见的形象来思维。这就需要教师通过描述,把学生带入想象中的情境。尤其是一些抒情的、富有幻想的章节,更需要运用描述启发学生。《珍贵的教科书》写的是一个壮美的、感人至深的故事。故事中的张指导员为了一捆教科书,英勇献身。教学时,我深情地描述着:"'敌机无情地扔下了炸弹,我被炸晕过去了。当我醒来时,我看见张指导员倒在血泊中。我扑过去,大声地呼唤着指导员。'现在小朋友仿佛就是课文中的'我',你怎么呼唤着指导员,你看到这时的指导员什么样?你听到指导员在说些什么?"教师的语言对学生的感知往往起着调节支配的作用。这一段话,把学生带入那战争年代,眼看着指导员为了保护一捆教科书而奄奄一息的感人场景。接着我紧扣课文中的"扑"、"大声喊"、"微微地睁开眼睛"、"叮念着"、"两眼望着那捆书"这些描写人物动作、神态的词语和表示说话断断续续的省略号,指导朗读。看得出,学生全身心地沉浸在这动人的情境中,他们仿佛看到了血泊中的指导员,看到了那沾着指导员鲜血的教科书,听到了指导员最后的嘱咐。读着,想着,一些学生激动得泪水夺眶而出,学生深深感受到这捆教科书的珍贵,理解了指导员崇高的精神境界,一个革命战士的心灵之美。

学生的认识总是从感知开始,通过感知形成表象。运用创设情境的教学手段,强调形象的鲜明、生动、完整,这就使被感知的事物达到一定强度,引起有效感知,增强感受性,使表象清晰、丰富,为思维、想象提供丰富的感知材料。创设情境的目的,就在于引导学生从"境"中见到"形",从"形"中感受到"美",进而从"美"中产生"情"。

二、分析情境,理解美的实质

审美教育的中心环节是从审美感受提高到美的鉴赏,从而理解美的实质。从认识过程来说,虽然是从感性认识上升到理性认识,但形成审美观念的认识过程的飞跃,仍然应伴随着形象。因此,必须很好地引导学生分析情境,由表及里、由此及彼地理解美的实质。

(一) 提供分析美、理解美的必要条件

理解美的实质,要经过一番去粗取精、去伪存真的过滤的过程。这对逻辑思维尚弱的小学中低年级学生来说,需要教师提供必要的条件。要促使学生从感性认识上升到理性认识,必须给予丰富的感知。为了对学生进行为"四化"立志成才的理想教育,我邀请了著名书画家范曾同志和学生见面,并以此为题材作文。那天,范曾同志在学生的一致要求下,当场作画。学生亲眼看到范曾同志在十几分钟内画出巨幅的栩栩如生的李白画像,无不感到新奇。学生钦佩、叹赏,充分感受到一个书画家怎样用手中的笔创造艺术美,为分析情境、理解美的实质提供了条件,做了必要的铺垫。于是,我让学生提出:"范曾叔叔,你怎么画得这么好的?"最后根据授课计划的安排,范曾同志又写了"苦练精思"四个字,高度概括了他成才的"诀窍"。这就促使学生从感受一个艺术家创造的艺术美,认识到艺术家为创造艺术美长期进行艰苦劳动的精神世界的美。

(二) 教师引导,帮助分析理解

提供了必要的条件,便于学生分析理解,但教师的引导仍然是不可缺少的。这种引导是在学生认识的过程中,紧密结合教学进行的。《视死如归》一课,记叙了王若飞同志在狱中的动人故事。创设情境的教学手段的运用,似乎把我和学生一起带到了课文中描写的那个旷野上。敌人色厉内荏,王若飞昂首挺胸,怒目而视。课文上这样写道:"王若飞站定了,抬头望着北边那巨人似的大青山。大青山连绵起伏,在夜色中显得更加雄伟。"学生提问:"写王若飞同志,为什么要写大青山呢?"我意识到解决这一问题,可以帮助学生认识王若飞同志崇高的精神境界。我便一步步引导学生去分析情境:首先让学生抓住"巨人似的"这个比喻词,想象苍茫暮色中大青山的雄姿,映照王若飞同志在敌人面前大义凛然、视死如归的英雄形象;进而扣住课文中"王若飞站定了"、"抬头望着"等刻画王若

飞形象的词语，想象王若飞背对敌人的枪口，远眺大青山时的所思所想；再通过让学生有感情地朗读，体会到大青山坚不可摧，王若飞壮怀激烈，为了党的利益甘洒热血的立场，如同大青山一样，决不动摇。学生的感情升腾了，他们从课文描写的"景"理解到"情"，从人物的形象理解到英雄的内心世界。所谓"意美感心"，就是把理解美的实质和情操的陶冶、道德观念的形成融合在一起。

（三）交给学生一把标尺，让学生在自我实践中学会分析理解

培养学生鉴赏美的能力，根本目的是使学生不待教师引导，自己在生活中能运用概念，分辨美丑，做出正确的判断。教了《美丽的大红鸡》后，我抓住课文中老马的话："美不美不在外表，要看能不能帮助人们做事。"这句简短的话，揭示了"美"的真正内涵。我便布置了这样一道题：用老马的话，去衡量周围的人，谁美谁不美？几天后，学生纷纷在观察日记中发表了自己的看法。

从学生的观察日记里可以看出，他们对自己观察到的生活的情境已进行了由表及里的分析，能逐渐学会对美丑做出正确的判断。青少年能分辨出真、善、美与假、恶、丑，他们所追求的、向往的必然是美好的、健康的崇高境界。在进行思想道德教育的同时，结合审美教育，就可以取得相得益彰的效果。事实正是如此，学生对祖国山河的热爱，对英雄人物的崇敬，对未来的憧憬，对老师的尊敬，对同学、对他人的热忱，甚至对小动物的怜爱，都反映了学生的情操与美的陶冶是分不开的。

这样，在感受美的基础上，通过观察、体验、想象、情感四种心理功能的综合，促使学生逐步形成对美的认识。这个认识的过程，又必然促进学生世界观的形成和逻辑思维的发展。

三、再现情境，表达美的感受

创造美是审美教育的最终目的。在小学语文教学中，创造美主要表现

在运用祖国的语言文字表达美的感受。美的感受通过表达以后，学生对美的认识会更明确，感情会随之而深化。这种以表达美的感受为内容的语言和思维的协同活动，必然促进学生创造性思维的发展。思维的创造性，正是一个人智力的最高表现。我们发展学生的智力，最高目标就是要发展这种创造性的智力。这种提升表达能力和发展智力的活动又是伴随着情感进行的，其效果就不同于一般。所以，我对表达美的教学活动非常重视，经常以美的事物为题材，结合阅读教学进行短小的、大量的句和段的训练，结合作文教学更充分地进行篇的训练。

（一）激起表达美的欲望

表达美的感受是一项创造性的劳动，充分调动学生表达美的主观欲望，尤为重要。孔子说过："知之者不如好之者，好之者不如乐之者。"这句话是很有道理的。凡是对作文望而生畏的学生，就不可能写出好文章。要激发学生表达美的欲望，前提条件是让他们充分地感受美的事物。感受越充分，提供的想象和思维的材料越丰富，学生表达美的欲望就越强烈。为此，我常常把观察、感受、表达三者结合起来，使创设的情境既是感知的客体，又是生动的语言环境。校园里的花儿开了，学生每日从花圃边走过，但并不是每个人都能充分地感受到其美的。我便请老园丁向学生介绍校园里花儿的名称和特点，再引导他们观察花的色彩和姿态。通过引导，孩子们像蝴蝶和蜜蜂似的飞到花圃里去了。清晨，他们在花圃旁边看着刚睡醒的花儿，沾着晶莹的露珠，迎着朝霞开放；课间，他们伫立在花圃旁看蜜蜂和蝴蝶怎么在花丛中采花蜜、传花粉。有一个学生，久久地站在蝶恋花旁，我问他观察到什么，他说："我知道蝶恋花蝴蝶恋它，那么蜜蜂恋不恋它呢？我看见蜜蜂也在上面飞来飞去，原来蜜蜂也爱蝶恋花。"学生看到校园里的花儿色彩各异、姿态万千，忍不住把脸贴着花儿，心里美滋滋的。有个学生双手捧着花儿闻了又闻，谁知沾了一鼻子的花粉，他竟舍不得擦掉，翘着鼻子跑来告诉我:"李老师,你看,我都变成小蜜蜂啦!"学生沉浸在鲜花盛开的美的情境中,深深地感受到校园里花儿的美。他们胸中已经装了不少美词、美句、美的形象。"情动而辞发",学生已处于一种跃跃欲试、呼之欲出的状态。作文课上,稍经指导,则水到渠成,他们谁也没有愁眉苦脸,个个表现出乐陶陶的神情。

(二) 教给表达美的方法

有了表达美的欲望,教师还必须给予方法上的指导,帮助学生表达好。美育和智育总是相辅相成的,要提高审美能力,就需要学习文化,增进知识。表达美的感受,首先要有一定数量的词汇。我经常有意识地凭借创设的情境,引导学生运用学过的词语。从学生刚入学的第一个学期起,我就帮助学生积累词汇,有计划地教给他们一定的句式和修辞手法。《放风筝》一课,描绘了三种风筝在天空飘荡的美姿。我便让学生学习课文中的叙述方法,按"( )的风筝,( )地飞着,好像……"的顺序,描写更多的风筝。学生津津乐道:"有趣的大蜻蜓,稳稳当当地在空中飞着,两只大眼睛咕噜噜直转,好像在天空中寻找飞虫。""美丽的大蝴蝶,扇动着两对大翅膀,仿佛在花丛中采花蜜。""鲜红的大金鱼摆着大尾巴,好像在和春姑娘玩耍。""绿色的鹦鹉,翘着小嘴,好像在向小伙伴学话呢!"……在这种既活又实的训练中,学生学习表达方法,并感受祖国语言文字的美。我还把通用教材第五、六册,根据课文内容归类。我把第六册教材分成"写革命艰苦岁月的"、"写革命领袖的"、"写英雄人物的"、"写科学家的"、"写动物的"、"写植物的"、"写景物的"、"写建筑物的"和"其他方面的"共九个单元。这种把同一题材的文章相对集中的做法,便于教师从同一题材的不同角度揭示表达方法的规律,促使学生进行类比,以触类旁通、举一反三。我还通过再现情境,在表达上做具体指导。前些时候,我结合"植物"这一单元的教学,带领学生去观察野花。在许多野花中,蒲公英的特点别具一格。那毛茸茸的种子随风飘去,在蓝天飘飘悠悠,最后落在哪儿,就在哪儿生根、长叶、开花。这诗一般的情境,足以陶冶学生的情操。我便以"我是一棵蒲公英"为题,让学生作文。这个题目,实际上就是蒲公英的自述。上课开始,我在题目下面画了一棵很大的蒲公英,在圆圆的花盘上,点上一对眼睛、一张小嘴巴——那全然是一个小朋友的笑脸。学生顿觉兴奋,好像自己就是一棵蒲公英。再结合题目,他们很快就懂得这种自述的文章是用第一人称"我"来叙写的。接着我便凭借这人格化的蒲公英创设情境,教给他们表达方法。我启发他们:"现在有许多小朋友不认识蒲公英,你准备从哪些方面介绍自己的特点呢?"学生想到:"首先要介绍我的名字、我的模样。""还介绍我的家。"我进一步启发:"你的家在哪儿?你家里有什么人?"学生领悟:"路边、墙头、河岸都有我的家。""野花是我的姐妹。""小草是我的兄弟。""土壤是我的妈妈。"接着我紧扣蒲公英种子会飞的特点,着重指导学生怎样写好"我的理想"这一段,使学生懂得,"自述"的文章要抓住特点一层一层地介绍清楚,而且要抓住主要特点重点介绍,教给学生有详有略的叙述方法。最后我又启发学生回忆蒲公英种子在蓝天飞翔的情景,让他们凭借已获得的美的表象,展开想象,教给他们把观察和想象结合起来的表达方法。

(三) 开拓表达美的天地

既然表达美的感受是一种创造性的活动,给学生驰骋的天地就应该是广阔的,而不是狭小的。学生在学了《富饶的西沙群岛》《珊瑚》《海龟》和《海底世界》四篇有关海的课文以后,浩瀚的大海、奇妙的海底世界成了学生心驰神往的地方。于是,我凭借教学四篇课文时先后创设的情境,引导学生做一次综合性的练习,写一篇《漫游海底世界》的作文。这个题目对学生的吸引力太大了,他们简直兴奋得想欢呼起来。光怪陆离的种种幻想,使他们的小作品也闪着奇异的光彩。他们有的幻想自己已经成了一名海底探险家;有的幻想当上了海洋研究所的所长,驾驶着高速潜水艇来到大海深处;有的幻想带了激光手枪,准备到大海探险;有的幻想带了机器人、机械手,在大海深处探索。他们有的穿过美丽的珊瑚丛来到水晶宫;有的遇上了善良的美人鱼;有的却和虎鲸大战起来……真是有趣极了。学生在美的表达中,美好的理想给他们带来了多少诱惑力!这种美感的迁移,又激起了学生去追求新的知识的欲望,并为实现美好的理想而努力。写这样的作文,学生兴趣盎然,竟然入了迷,不肯下课。学生写的最长的文章有两千字。学生乐于表达,善于表达。最近,我班三名学生参加全市看图作文比赛,二人获得一等奖,一人获得二等奖。这进一步说明了审美教育对学生的能力和智力的促进作用。

四、驾驭情境,诱发审美动因

人的审美活动是两种信号系统协同作用所反映的情感活动。没有情感的审美活动是不存在的。因此,诱发学生的审美动因,是审美教育成败的关键。既然审美活动是以情感为核心的心理活动,那么,诱发其动因,就要从诱发学生的情感着手。如何以情境教学的"境中之情"去拨动学生胸中的情弦呢?中介就是教师之情。运用创设情境的教学手段,教师必须满怀热情,创设情境,体察情境,很好地掌握情境。

(一)情要真

在小学生的心目中,教师对事物所持的态度往往是学生爱憎的标尺。教师对学生感知的客体,不以为美,无所谓爱,学生怎么会感到美、产生爱呢?"没有情感的思想是冷冰冰的",是毫无感染力的。我以为小学语文教师特别要有一颗纯真的童心,对生活中美好的事物要像小孩子那样感到新奇,无限喜爱,努力使自己的情操高尚,爱伟大的祖国,爱社会主义,爱我们的党,爱生活中一切美好的事物。教描写英雄的课文,我首先觉得英雄是我的榜样,以自己既是受教育者又是教育者的情感去感染学生。最近,中国乒乓球代表团荣获七项世界冠军,我决定作文课上让学生集体讨论,以班级的名义,给为祖国争光的乒乓健儿写封信。上课了,我郑重地报告这一喜讯。我越讲越兴奋,有个小朋友说:"李老师,您的脸都讲红了。"我说:"因为我心里太激动了。"老师的真切情意必然使学生受到极大感染。小朋友都说全班写一封信太少了,要每人写一封,还要寄上小礼物。他们有的寄上一根美丽的羽毛,愿自己变成一只小鸟,飞到叔叔、阿姨身边表示祝贺;有的在家里摘下两朵最美的长春花,一朵送给男子队的叔叔,一朵送给女子队的阿姨,愿叔叔、阿姨像长春花一样长开不败;有的寄上长江边的一块小石子,表示一个生长在长江边的孩子的美好祝愿;有的写了字,画了画,还作了诗。真是"一封信儿一颗心,小小礼物寄深情",学生和教师的感情发生了共鸣。我想,如果自己无动于衷,学生也绝不会如此心潮澎湃。

(二) 心要热

在情境中,学生能不能感知美的表象,效果如何,在很大程度上靠教师精心创设。备课时,我总是设身处地地从学生的角度去考虑:学生在情境中会听到什么?看到什么?有没有美感?好不好表达?

在学生学完《落花生》一课后,我想引导学生加深对事物品格的认识,在习作中写出其内含的哲理。于是,我想到了牛。那几天是大热天,太阳火辣辣的。早晨,我戴上草帽,骑着自行车到田野去寻找牛,可是在郊区转了几圈都没有看见老黄牛的影子。于是,我又想到了水牛,我是多么希望在浅浅的小沟里发现那长着大角的水牛。我沿着小河岸找了好久,仍然找不到水牛。我仍不罢休,心想:老黄牛、水牛找不着,那就找奶牛,奶牛场多着呢!我一口气骑到奶牛场,老远就看到了一头头白底黑花的奶牛,看到了那瓜藤、青草等饲料和一桶桶白花花的牛奶。鲁迅先生的"奶牛吃的是草,挤出的是奶、是血"的名言在这里形象地展现着。此时此刻,我为孩子的习作找到了理想的观察客体,心里就像这夏日的阳光,热乎乎的。第二天,我带孩子们来观察奶牛。作文课上,孩子们用自己的笔写出了一篇篇富有哲理的小品文，他们运用美的语言表达了这一美的情境。

（三）意要远

在审美活动中，学生需要展开想象，产生联想。要学生想得远，教师必须更上一层楼，居高临下，想得更远、更广。一次学生和书画家范曾联欢，作文描述的重点部分，无疑是看范曾作画。但是，艺术家很讲究灵感，讲究"兴之所至"，不想先画给我看。我心里很着急，如果对画面心中无数，如何启发学生展开想象、进行联想呢？我只能先看他画其他的历史人物。我挤在人群里看着，揣摩着。当我看到他在画历史人物时，历史人物一般都系着腰带，于是，我向范曾同志提出：希望他画李白时，让腰带飘动起来。他一口答应："可以。"既然腰带飘动着，说明李白是站着的，而且必然在旷野。备课时，我便抓住那飘动的腰带想象开了……课堂上，当李白的形象在学生眼前展现时，我就启发学生："此刻李白站在哪儿？是江风还是山野的风吹动了他的腰带？"一个问题，把学生带进了诗的情境中。他们从画面联想到曾经学过的李白诗的意境，有的说，李白这时站在江边目送着孟浩然，小船消失在水天之间，说着就背起"孤帆远影碧空尽，唯见长江天际流"的诗句。有的说，李白可能站在庐山上，看着香炉峰上的瀑布作起诗来，"日照香炉生紫烟，遥看瀑布挂前川"。有的想，这像什么呢？啊，这多像"银河落九天"啊！有的想到李白可能站在江边的岩石上，望着天门山。有的还想到李白和敬亭山"相看两不厌"……

我感到，教师情真，才能以情动情；教师心热，才能点燃智慧的火花；教师意远，才能在学生的前面开拓其思路。这样就可以从审美感受开始到创造美，全面诱发学生审美的动因，使审美教育收到预期的效果。

两年多来，我在小学语文教学实践中，试着运用创设情境的教学方法，从学生感受美、鉴赏美、创造美和教师诱发美四个方面，努力去解决审美教育的基础、中心环节、根本目的和关键等方面的问题，深深感到审美教育是学校全面发展教育中必不可少的重要组成部分，它对于语文教学来说，不仅是教学目的之一，也是在语文教学中进行道德教育、发展智力、培养读写能力的有效手段。

（本文发表于《教育研究》1981年第8期，于1985年12月获《教育研究》研究教育现实问题优秀文章奖）

试谈小学阅读教学中的思想教育与情感陶冶

儿童的心田是一块奇异的土地，教材为我们提供了金色的种子。教师应该及早地在儿童的心田里撒下这些闪烁着共产主义思想光辉的种子，让它们开花结果。我们在语文教学中，应该在使儿童掌握语文工具的同时，切实进行思想教育，充分发挥语文学科的教育作用。这不仅是培养全面发展人才总目标的需要，也是语文教学本身提高质量的需要。

一、准确把握教材中心

小学阅读教材思想教育的内容是很丰富的，它的题材，包含了热爱党、热爱祖国、热爱人民、热爱社会主义情感的培养，也包含了有关群众观点、劳动观点、阶级观点和辩证唯物主义观点的教育，但是就每篇课文而言，又各有其个性。因此，无论是通过阅读教学进行思想教育，还是进行语文知识的教学，首先都需要准确地把握教材的中心。问题是教材的中心因时代特点的不同，因教师着眼点的不同，而可从不同的角度去理解。因此，准确地把握教材中心，就显得十分重要。一般可从作者的思路，编者的意图，时代的特点三方面进行探求和推敲。

把握作者的思路。作者写一篇文章，都有自己创作的动机，或着力阐述某一观点，或抒发某种感情。正如叶圣陶先生所说："作者思有路，遵路识斯真。"要把握作者的思路，就必须从文章的选材、所塑造的人物形象和结构布局、遣词造句入手，来弄清作者歌颂什么、反对什么。不过，作者的思路在作品中的表现很不一致，有的较"显"，易于掌握；有的较"隐"，难以捉摸。《月光曲》属于后者，需要我们细细琢磨。这篇课文写的是贝多芬创作著名钢琴奏鸣曲的一个动人的传说。作者写这样一个传说，想告诉读者什么呢？文章的重点部分，是作者用笔墨最多的地方，我们往往可以从这里窥见作者的思路。我想，如果作者抒发贝多芬心中的不平，为什么要描写莱茵河畔这宁静的月夜，以及那联想中大海上的明月？又为什么要写这月光映照下的盲姑娘？穷兄妹听了这抒发不平之情的乐曲为什么没有伤感和激愤之意，却是"恬静"，却是"眼睛睁得大大的"，却是"陶醉"呢？经过一番揣摩，我认识到作者之所以描写这样的情景、这样的画面，是表达贝多芬用自己的音乐，把穷苦的盲姑娘带到一个自由、美好、光明的天地中的愿望，以此告诉读者贝多芬对穷苦人民寄予的深切同情。我想对中心这样的理解，比较符合实际。贝多芬自己也这样说过："我的艺术应当只为贫苦的人造福"，"当我能接近这地步时，我该多么幸福啊"。

理解编者的意图。理解编者的意图，对于准确把握教材的中心，是十分必要的。《三味书屋》，从题目到参考资料的说明，似乎都是介绍三味书屋这个有纪念意义的处所。但是翻开鲁迅先生的《从百草园到三味书屋》，其中有关三味书屋的叙述，大体和改写后的教材相似，唯独没有关于鲁迅先生课桌上"早"字的来历。那么编者在改写时，为什么要补上这一事实？这绝不是兴之所至。这就很有必要同时理解编者的意图了。编者将此篇与《我们就从这里出发》一诗组成一个单元，就不难看出《三味书屋》这篇课文的中心应该是赞颂鲁迅先生从少年时代起就磨炼时时早、事事早的进取精神。除了从单元的组合看编者意图外，还可以从书后的习题，基础训练的有关内容等方面弄清编者的意图，从而准确地把握教材中心。

结合时代的特点。通用阅读教材中，还入选了一些名家名篇。在教学这类作品时，既要从作者写作的背景出发，又必须结合今天的时代特点，审慎地确定中心。巴金的《海上的日出》写于1927年赴巴黎留学途中。巴金当时写这篇作品虽是寄给哥哥的，但文中流露了作者对光明的向往，愿"不幸的乡土"能从黑暗中见到光明的思想情感。而如今，社会主义正像初升的太阳，已经给祖国大地带来一片光明。我们就不必局限于作者当时创作的意图,而要根据今天学生的思想实际和教育的要求,以描绘自然之美为中心,侧重培养学生的审美能力,陶冶学生高尚的情操。

这样从作者、编者、时代三方面把握教材中心,就更为准确些,更切合实际些。把握了教材的中心,每一篇课文对学生进行思想教育的侧重点也就随之明确了。

二、从教材语言着手

小学语文教学大纲指出:"语文这门学科,它的重要特点是思想政治教育和语文知识教学的统一。"近年来,国外也有一种流行的说法,即阅读是领会书面语言的意义,从中获得思想的程序。我国自古以来就有"文以载道"之说,后来又有"文道结合"的提法。总之,"文"与"道"是辩证统一的关系。因为,阅读教材中的形象和思想感情,不能像图画和电影那样,直接作用于学生的感官,而必须经过语言的中介。学生只有理解了语言,才能感受到教材的思想性。这就需要:

处理好教材的逻辑关系。教材在表现中心上,往往呈现出一定的逻辑关系。归纳起来,大致有动静关系、点面关系、矛盾关系、对比关系、表里关系、因果关系等。为了使语文知识的教学和思想教育更集中地进行,有必要在把握教材中心的基础上,进一步处理好教材的逻辑关系——是动静关系,一般从静态中托出动态,以动态为主,因为动态是发展着、变化着的,它是作者思想感情起伏的踪迹;是点面关系,则着力抓"点",所谓"点",一般是典型事件或典型人物,它是最能表现教材内在的思想性的;是矛盾关系、对比关系,则根据中心抓好矛盾和对比的主要方面;是表里关系,宜着力于"表",因为儿童对事物的本质,即"里"不易理解,若忽略其"表",单刀直入抓"里",则只能是生吞活剥,适得其反,寓言的教学即属此类,教学时必须把寓言本身讲读充分,寓言的道理才能真正为学生所接受,因此,着力于"表",目的还是由表及里,使学生更好地理解事物的本质;是因果关系,则重在"因",不在"果",因为事情的结果往往是学生容易理解的，无须多讲，只有搞清楚事物的原因，才能从中得到更多的启示。这样弄清教材的逻辑关系，才有利于我们在教学中处理好"文"与"道"的辩证统一的关系。

抓重点词句的教学。中心明确了，逻辑关系分清了，教材中的重点字词句段就随之显露出来了，教学时着力的轻重也就有了分寸。所谓重点字词句段必然是牵动全篇的，应着力教好。叶圣陶先生指出："内容方面固然不容忽视，而方法方面尤其应当注意。"但是，由于教材的表现手法各异，怎样教好，并无定法，需从具体教材出发，根据教材特点，考虑教法，可以采用创设情境以及设疑、点拨、推导、比较、讲解等多种方法，让学生理解重点字词句段，并从中接受思想教育。一般说来，对形象鲜明的句段，引导学生展开联想，进入情境，在具体的语言环境中，理解教材语言，体会课文的思想感情，并发展学生的想象力；对难度较大的词句，采取设疑的方法，引导学生通过对课文内容的理解来"答疑"，从而激发学生的积极思维，使他们深刻了解课文中心；对学生易于理解的词句，则从表现课文中心的角度加以点拨，使学生加深对课文的理解；对在内容上逻辑性很强的句和段，则引导学生进行推导，弄清其间的逻辑关系、从而理解课文中心，并训练学生的逻辑思维能力；对一些学生不大能体会的词句，可以让学生将其和同类的词以及事物加以比较，通过比较，使教材中心更为鲜明，并训练学生的差别感觉。在实际教学时，或采取其中一种方法，或交叉使用几种方法，并和学生的朗读、默读以及说话训练结合进行。例如，《三味书屋》中，关于鲁迅先生在课桌上刻的"早"字的两个比喻，学生理解有一定的难度，可以这样设疑："作者为什么把这个'早'字比作含苞未放的花骨朵，又比作小巧玲珑的火把呢?"问题提出来后暂且搁一搁，待学生懂得了"早"字的来历和其对鲁迅先生一生的影响，再来理解是花骨朵儿就会开出鲜花，是火把就会熊熊燃烧，发出光和热的喻义。《我要的是葫芦》这一则寓言中，关键性字眼是一个"盯"字，学生易于理解，可以采取点拨的方法，引起学生的注意。"课文中说

'他盯着葫芦',为什么用个'盯'字,用'看'怎么样?"这样一点一比,使学生对种葫芦人看问题的片面性就理解得比较具体了。《小音乐家扬科》形象鲜明,可以采用创设情境的方法,并将创设情境和说话训练、表情朗读结合起来,再加以必要的点拨,学生就不仅能够理解教材的语言,也能体会到蕴藏在教材字里行间的感情,所谓"作者胸有境,入境始与亲"。

落实必要的语言训练。阅读教学在对学生进行思想政治教育的同时,不仅要教给他们语文知识,更主要的还要发展他们的智力,培养他们理解和运用祖国语言文字的能力。知识、能力、智力以及情感意志的教育是一个有机的统一体,需要围绕课文的中心,对照大纲规定的各年级有关培养能力的具体要求,落实理解和运用语言训练,并要通过学生自己的语言实践,加深他们对课文中心的理解。《平平在家里》向学生提出了"一个真正的少先队员在家里应该怎么做"的问题。在这方面课文并未做正面的叙述,只是以启发性的结尾,让小读者自己去思考、实践。这可以针对学生在家里的表现,抓住这个结尾,启发学生想象:"平平在听了妈妈提出的'一个真正的少先队员在家里应该怎么做'的问题后,他可能会怎么想,怎么做?你能把故事继续说下去吗?"学生很感兴趣,有的说:"有一天,奶奶在厨房里喊:'平平,快来帮奶奶提桶水。'平平连忙回答:'哎——,奶奶,我来了!'说着拿起水桶三步并作两步地提着一桶水送到奶奶面前。奶奶看见平平进步了,笑眯眯地说:'孩子,这就像个少先队员啦!'"有的还说到平平怎么照顾妹妹。学生说得很起劲,看得出他们已经把自己的愿望迁移到平平身上去了。这一方面可以训练学生的想象力、口语表达能力,另一方面为学生树起一个正面形象,激发学生去追求、去仿效。这也是一种为了加深理解课文主题而做的补充情节的训练。有时教材中心学生不易掌握,则通过提示,做一些辅助性的训练。《小马过河》一课的寓意,要学生自己说出,有一定的困难,可以给以提示,通过句子训练,帮助学生说出。

除了听、说、读的训练以外，还有必要结合阅读课的内容，进行一些写一句话、写一段话、写一篇短文的练习，以加深学生对课文主题的理解。比如学《月光曲》时，就可以让学生进一步体会贝多芬对穷苦人民的同情，陶冶学生美的情操，并可以结合"读写例话"中提出的"事物和联想"的要求，让学生想象贝多芬回到小客店追记《月光曲》的情景，当堂写一篇短文，使他们从不同的角度加深对课文中心的理解。

这样，在教材中心的主导下，处理好教材的逻辑关系，从教材语言着手，在理解和运用语言的过程中，对学生进行思想教育，内容是具体生动的，是有血有肉。事实上，也只有从教材语言着手，才能较好地完成"文"与"道"两方面的任务。

三、着眼于情感的陶冶

阅读课上思想教育的最终目的，是促使学生树立共产主义世界观，这就要求我们十分讲究思想教育的实效。

我们使用的 10 册教材共 367 篇。其中童话、寓言、故事 238 篇，诗歌 49 篇，文艺性散文 56 篇，这些以文学形式出现的课文占课文总数的 93.5%。而议论文、说明文体裁的课文 10 册仅有 24 篇，占课文总数的 6.5%。这样的比例说明，小学阅读教材，主要是通过形象来帮助学生认识世界、学习语文的。教材的特点，就决定了我们在阅读教学中进行思想教育的方法，也应该是重在形象的感染。因为形象是具体的，是儿童的感官容易感受得到的，只有通过形象来感染学生，才能诱发学生的情感。思想教育最有效的手段，可以说是引起学生情感的共鸣。伟大导师列宁说过："没有'人的情感'，就从来没有也不可能有人对于真理的追求。"一个革命者，如果没有出自对劳苦大众的深沉的爱、对于反动统治者切齿的恨，他怎么会做出为革命事业甘洒热血的壮举呢？一切道德的行动，都是与道德的情感相伴的。若忽视情感的教育，那么阅读教学的思想教育必然是空洞的说教、抽象的概念。而空洞的、抽象的概念是无法打动儿童的心灵的，相反的却会导致儿童的思想僵化，智力迟钝。

从感受形象出发。世界是通过形象进入人的意识的，儿童更是如此。儿童的年龄越小，鲜明的形象对于他们的思想影响就越强烈。别林斯基说："哲学家用三段论法，诗人则用形象和图画来说话。"小学语文教师也应该学习诗人的做法，基本上用形象和图画来说话，换句话说，我们的做法应该是"显示形象"，而不是"阐述观点"。因此，对那些情深感人的、联想丰富的、充满美感的课文，也就是形象鲜明的、有情有境的教材，可以运用情境教学法，通过图画、朗读、描述创设情境，使学生如临其境，如见其人，如闻其声，从中受到感染，从而在思想感情上受到潜移默化的影响。《草地夜行》和许多红军长征的故事一样可歌可泣，是对学生进行革命传统教育的好教材。上课开始，可以用描述的语气简要地介绍草地沼泽多、没人烟的特点，以及红军当时干粮已经吃光，只得吃树皮草根的艰苦情况，为学生进入情境渲染一定的气氛。在学生自学全文，轻读一、二两节后，再引导他们闭上眼睛想象："读着课文，在你的眼前出现了一片怎样的草地？在草地上走着一个什么样的小红军？他一个人在草地上怎样走着？"提示学生抓住课文中"茫茫的草地"、"空着肚子"、"拖着僵硬的腿"、"一步一挨"等主要词语生发开去，让他们通过自己的阅读、描述、想象进入情境。孩子的想象展开了，他们的情感也就被激发起来了。这样从感受形象出发，要比提出几个像"老红军为小红军牺牲了自己说明了什么"、"我们应该向老红军学习什么"这类看上去思想性很强的问题进行分析更切合实际些，学生的感受要更深些。"范例胜过训诫"，榜样对道德情感的形成过程起着十分重要的作用。在阅读教学中，让学生感受形象，尤其要结合教材充分感受领袖人物、英雄人物、先进人物的高大形象，可以说这是阅读教学中思想教育的核心部分，因为以道德榜样作为一种教育手段，是符合儿童的心理特点的。形象帮助儿童展开想象，想象又紧密联系着情感。这就会使学生的智力活动形成情绪记忆。正如苏霍姆林斯基指出的那样，这种情绪记忆"不仅有思想，而且有情感和内心感受"。这样从感受形象出发，无论对学生情感的陶冶，还是对教材语言的掌握，影响是深远的。

以教师的真情实感激发学生的情感。在让学生感受形象的过程中，教师的情感，对学生的内心体验、情感的诱发，是非常重要的外部条件。学生的情感是在认识对象的过程中产生的，教材中的形象、教师的情感都成为学生的认识对象。因此，要表达作品的情感，教师一定要饱含着情感。领袖人物、英雄人物、先进人物是儿童的榜样，也是我们教师自己的榜样。备课时，教师要首先从感受形象出发，使教材中高大的人物形象闪现在自己眼前、活在自己心上。记得我教《珍贵的教科书》时，当读到课文中的"我"扑到指导员身上大声地喊"指导员……指导员……"时，自己也很动情，觉得自己也在全身心地呼唤着指导员。所以，孩子们也和我一起进入了情境，他们读着读着，热泪不禁夺眶而出。倘若我俨然以一个教育者的姿态出现，自己在情境外，学生也是不可能进入情境的。这样把自己置于一个既是教育者，又首先是受教育者的位置，内心的联想也就丰富了，感情也真挚了，对教材的领会也容易深一些。在陶冶学生的情感方面，要特别注意结合描写祖国的壮丽山河、悠久历史以及新中国成立后的新成就，把自己的爱国心融注在教学中，对学生进行爱国主义教育。我以为热爱我们的社会主义祖国，应该成为每个学生的重要精神支柱。一个人有了爱国心，他就会为祖国的贫穷落后而发愤，为祖国的繁荣兴盛而骄傲，就有可能由此而树立起对党、对共产主义的崇高信仰。

从高尚的情感引向正确观念的形成。儿童的情感是容易被激发出来的，但是阅读教学中的思想教育，不能仅仅停留在情感的产生上。因为儿童的情感不是永恒的，它在认识过程中产生，也会随着认识的变化而变化。因此，有必要在产生情感的基础上有意识地引导学生形成正确的观念，即要寓"理念"于"情感"之中。"情"和"理"是互相联系、互相渗透的。针对儿童的特点，在阅读教学的思想教育中要着重情感的陶冶；但也正因为儿童情感发展不稳定，又必须重视从"动之以情"到

"晓之以理"的过渡。这样，学生的情感就会持续和深化下去。这种从"情"到"理"的概括，自然离不开语文的特点，它必须是始终伴随着形象的，而且必须在激发情感的过程中，为形成正确的观念而层层铺垫，才会水到渠成。比如教学《小音乐家扬科》，当讲到小扬科因为看小提琴而被地主管家毒打致死时，可以抓住作者对小扬科眼睛的刻画，启发学生思考："小扬科被地主活活打死了，他分明是死了，为什么还睁着眼睛？如果他还能说话，他想说什么？他要说什么？"以帮助学生从"情"向"理"过渡。学生在深切同情小扬科的同时，就会产生对吃人的剥削制度的恨，就能从"情感"走向"理念"。这样，学生思想上就会更加明确地形成剥削制度残酷、社会主义制度优越的观念。

此外，在情感教育中，美感教育的作用是不可低估的。美育会促使学生在审美感受的基础上形成道德观念，有助于学生的道德情感向道德观念过渡和发展。因为美的教育是儿童易于接受而又乐于接受的。所谓"寓教于乐"，这是美感教育的最大特点。在前面所说的形象感受中，让学生充分感受美；在由"情"导向"理"的过程中，则通过是非的判断、美丑的辨别，培养学生对美的鉴赏能力，使其逐渐形成正确的观念。这样，就可以使学生从具有道德情感（包括审美情感）发展到具有道德观念（包括美的鉴赏），又从具有道德观念发展到具有道德行为。

（本文发表于《教育研究》1982年第4期）

小学阅读教学和儿童的发展

阅读教学课包含着丰富的基础知识和培养能力、发展智力、陶冶情操的诸多因素。儿童在小学的这段时间（六岁至十二岁），是发展成长的重要时期。因此，如何不失时机地通过阅读教学促进儿童多方面的发展，是一个值得研究的问题。

下面想就这一课题，谈谈自己的看法和实践中的体会。

一、以词语教学为基础，发展儿童理解和运用祖国语言的能力

字词句篇、听说读写的"双基"教学，涉及的范围很广，但概括起来，不外乎"理解"和"运用"两个方面。理解和运用祖国语言文字的能力，是小学阅读教学作为基础课所要培养的能力。但从目前小学语文教学的状况来看，"双基"教学内容似有过于繁杂的现象。打一个不恰当的比喻，犹如在一个多边形中，人为地加上许多不必要的对角线，纵横交叉，上下左右四处延伸，成了一个"蜘蛛网"。这种把"双基"教学复杂化的做法，不仅加重了儿童的课业负担，而且影响了儿童理解和表达能力的提高。再说，小学阅读教学课时虽多，但终究是有限的，因此，很有必要采取抓住关键、以少胜多的办法，舍弃无效和微效的做法，力求高效。这不仅是发展儿童能力所必需的，也是减轻儿童课业负担、全面贯彻国家教育方针的重要措施。

阅读教学"双基"的"序"是循环往复、逐步加深、螺旋式上升的，并具有相互依存、紧密联系、一环扣一环的"链式结构"的特点。不过，每个环节作用的大小并不均等。根据这一结构特点，抓住关键，便可带动全体。语言的最小单位是词，识字要通过词，才能理解字义；句子要凭借

词,才能排列组合。儿童要理解和运用语言文字,必须建立在正确地理解和运用词的基础上;儿童要认识周围世界、进行思维活动,也同样要依靠词。词是字、句、篇的纽带。因此,以词语教学为基础,发展儿童理解和运用语言文字的能力,是符合儿童学习语言的规律的。

词语教学包括理解和运用两个方面。理解词,是为了能听、能读,即培养理解语言文字的能力;运用词,是为了能说、能写,即培养运用语言文字的能力。既然如此,进行词语教学,就应从既是目的又是手段的角度来考虑教学方法。

把理解词语和理解课文、认识世界结合起来。词,具有极大的概括性,或是形象的概括,或是抽象的概括。小学阅读课本上出现的词,更具有鲜明的形象性。这就有必要在讲读课文时,帮助儿童通过课文描写的形象,加深理解词所概括的形象。词语理解了,对课文的理解也随之而加深。值得注意的是,汉语词语的组合和变化多种多样,词义和词的感情色彩也往往随之而变化。这就更有必要紧密结合课文理解其义,即使是熟词,也不可轻易放过。举一个很简单的例子,如《春天来了》中的"麦苗醒来了"中的"醒"字作为熟词出现,词义却有了新的内涵,讲读课文时有必要突出"醒",让儿童体会麦苗舒展,一片新绿,在春天里和万物一起苏醒的生动形象。再如《小白花》中的"天渐渐暗下来,北风刮得更紧了,我默默地离开了天安门广场"和《三味书屋》中的"勤奋好学的鲁迅听了,没有说什么,默默地回到座位上",两个"默默地"虽同样含有不声不响的意思,但感情色彩是全然不同的。如果离开了具体的语言环境,孤立释词,是不可能领略词的褒贬和感情色彩的。要发展儿童理解和运用语言文字的能力,就应从这些富有感情色彩的关键词语着手。至于课文中一些抽象概括的词,往往表明了课文的逻辑关系,也应该结合课文内容理解其作用。如《伟大的友谊》第四节:"恩格斯不但在生活上热忱地帮助马克思,更重要的是他们在共产主义事业上,互相关心,互相帮助,亲密地合作。"理解了上文写的"生活上的帮助"和下文"事业上的合作"，即理解了"不但……更重要的……"关联词语的递进作用，同时也就理解了本段在全文所起的承上启下的过渡作用。课文中一些表示时间、地点的短语，往往显示了全篇的结构层次，抓住了这些词语，就厘清了全文的脉络。另有一些单词，可以与其组合的很多，一定要结合课文，讲清它的本义，这往往可以达到"教一个而学一组"的目的。例如，懂得"闻"字的含义，日后对"闻讯"；"闻声"、"欣闻"、"闻鸡起舞"、"闻所未闻"等词语即可不教自明。

此外，对能直接感知的词，可有意识地引导儿童在生活的情境中获取鲜明的词的形象。例如，带儿童到野外去活动，走到河边，水中映着树木房屋的影子，就可教给他们"倒映"；看着水波摇动的样子，可教给他们"荡漾"；看着阳光照耀的水面，可教给他们"闪烁"、"鱼鳞似的波纹"、"粼粼的波纹"等这些课文中将要出现的词语。

有一次，学生郊游回来，路过小河边，看见渔人正荡着小船在放鸬鹚。过去我教《鸬鹚》这一课时，学生未能看到这种真实的情景。现在课文虽然已经教过，也应该让学生具体感受一下，从而加深对课文的理解。我利用这个生活的情境，不仅让学生认识了鸬鹚的形态和捉鱼的本领，而且让他们进一步理解了"又窄又长的小船"、"悠然地"、"夕阳的柔光"、"湖面上留下一条水痕"等词语所概括的形象和感情色彩。这就能有效地借助词帮助儿童去认识周围世界的事物和现象，让他们在具体的情境中体会到词本身细腻的感情色彩。

把运用词语和描述课文情境、表达思想结合起来。学生要真正掌握一个词语，不仅要理解，而且要能运用。词语教学的主要任务，就是不断地增加积极词汇（既能理解又能运用的词汇）。学生的积极词汇量越大，理解和表达语言文字的能力越强，对儿童思维品质的影响也越大。谈到运用词语，就会联想到造句。造句是培养儿童运用词语的常用手段。我们常常会发现，儿童根据教师提供的词语能造句，而在口头表达和书面表达时，却不一定能用上这些词语，原因就在于儿童的语言实践不可能孤立地运用一个词语。这就有必要为儿童创设相应的情境，从整体上提高词语的运用率。《月光曲》是一篇很优美的传说，课文中出现了不少生动的词语，教学中应该有意识地引导儿童学会运用。我便结合读写例话《事物和联想》的单项训练，根据课文内容，启发学生想象贝多芬回到客店记录《月光曲》的情境，要求每人写成一百多字的短文。他们不仅创造性地描述了课文情境，把课文中的"清幽、一缕一缕、轻纱似的微云、波涛汹涌、微波粼粼、恬静"等词语普遍运用上，而且还用了许多曾经在别的课文中学过的好词语。连一个留级的学生也能在他的短文中，比较确切地用上了"云朵、穿行、倒映、微波、柔光、沙沙地、回荡、一丝微笑、像小孩子似的"这些生动的词语。

由此看来，在中高年级，结合段的训练，根据"读写例话"的训练要求，让儿童描写课文的某一情境，这对运用生动词语发展儿童的表达能力很有意义，同时，又加深了儿童对课文的理解。描述课文情境，归根结底是引导儿童运用词语反映世界，表达思想。这就需要结合阅读教学，让儿童去描述周围的世界。可以说，在每次观察活动中，都可以引导儿童去描绘眼前的情境。即使在初冬的日子里（结合教学《初冬》一课）带儿童来到农村，也同样可以进行生动的描述情境的活动。那躲在芦苇下晒太阳的鸭子，那满载着大白菜在田野上奔跑的手扶拖拉机……孩子们都觉得新鲜。我先让他们侧耳细听那些有趣的声音，模拟羊的"咩咩"、拖拉机马达的"突突"、农民的劳动号子"嘿唷，嘿唷"……以掌握一些象声词，然后让他们去观察河边的芦苇和竹子的色彩与姿态，进行对比性描述。这时，河那边传来一阵笑声，这虽然不是原定的感知对象，但在观察中对偶然遇到的富有情趣的景象及时加以捕捉，也很有必要。我便抓住这笑声，和孩子们进行了一段有趣的对话。

师：你们听，河那边传来了什么声音？

生：河那边传来了一阵笑声。

师：河那边传来一阵谁的笑声？

生：河那边传来一阵姑娘们的笑声。

师：你听到一阵什么样的笑声？

生1：我听到一阵"咯咯咯"的笑声。

生2：我听到一阵欢乐的笑声。

生3：我听到一阵清脆的笑声。

师：这笑声如果不用"欢乐"、"清脆"来描述，打个比方来说，会吗？

生1：那笑声有点像小铃铛。

生2：那笑声就像小鸟的歌声一样快乐。

生3：那笑声就像小河的水在流。

师：姑娘们为什么这样开心？

生：因为今年粮棉又丰收了。

大家想着、谈着，心里也乐开了花。姑娘们好奇地瞧着我们，河那边又飞来一串笑声……这样让儿童面对生活的画面，表达自己的见闻和感受，儿童就从眼前的形象，联想到已学的词，这就促使儿童凭借词去认识世界，运用词去反映世界。通过表达，儿童对词的感情色彩体会得细腻多了。这是词的训练，也是语言的综合训练；是观察，也是思考。这和课堂上规定他们用一个词造句，完全是两种不同的效果。儿童有了这种对词的敏感性，在阅读别人的作品时，那些活生生的词就会在他们的眼前闪烁。

这样把理解、运用词语和理解、描述课文以及认识、反映世界结合起来，就为儿童学习"双基"简化了头绪，突出了重点，有效地促进了儿童思维能力的发展。

二、从审美教育着手，发展儿童的情感意志

阅读教学的知识性，往往和它的教育性紧紧联系在一起。就教材来说，它总是在课文中心的主导下，确定要着力教好的"双基"内容，并通过"双基"的讲练，突出文章的中心，让儿童从中受到一定的思想教育。

但就阅读教学的现状来看，对于情感意志的教育，似乎还没有被摆到一个突出的位置上来。这与培养一代新人这个目标是不相适应的。

提到阅读教学的教育性问题，过去往往是在概括中心、进行总结谈话、让儿童联系自己谈感想等方面下功夫。但抽象的概念教育是不可能激发儿童的情感的，而没有激发情感的教育，是不能激起儿童的内心体验的。阅读教学中的教育任务，是要对儿童进行思想道德教育。这样的要求，需要我们讲究切实的教育效果。那么从何着手呢？郭沫若曾经指出："人的根本改造，应当从儿童的感情教育、美的教育着手。"因为完美的道德信念必然以高尚的、有鲜明方向性的美感做基础。审美教育适合儿童爱美的心理，可以给儿童带来愉快感，激发儿童的情感。小学阅读教材以生动的形式、丰富的内容，比较集中地再现了生活的美——它描绘了大自然的美，揭示了革命领袖、英雄人物、优秀少先队员的精神风貌和心灵之美，展现了伟大祖国风光秀丽、历史悠久、地大物博的壮丽画卷，汇集了许多生动有趣、想象丰富的故事、童话、诗歌、寓言。综观十册小学语文教科书（五年制），90%以上的课文描写了美的人和事。因此，针对儿童爱美的心理和阅读教材的特点，从审美教育着手发展儿童的情感意志，必然是行之有效的。

在美的感受中，激发爱的情感。人的美感建立在感觉的基础上。审美教育是从感受美开始的。不懂得感受美，就谈不上对美的鉴赏和创造。"美"是通过具体的感性形象表现的，要使儿童感受美，必须在他们的眼前显示鲜明的形象。描写大自然美的课文，要让儿童感受大自然的色彩、姿态、意境的美；描写人物的课文，要让儿童从人物的语言、神态、动作中感受人物形象的美，并通过人物的心理活动和语言理解人物内在的心灵美；对于名家名篇，则通过作品的语言和情感，让儿童感受祖国文字的美和艺术作品的美。既然让儿童感受到的是美，势必会引起儿童爱慕的情感。通过感受美激发爱的情感是水到渠成、顺理成章的事。我国教育家陶行知先生曾阐述过"爱满天下"的思想。我们今天的思想道德教育，大而言之，要教育儿童爱党、爱祖国、爱社会主义、爱人民、爱科学、爱集体、爱劳动；小而言之，要教育儿童爱家乡、爱学校、爱母亲、爱同伴、爱书籍、爱花草树木、爱清洁……这种爱美好的人和事的情感，不正是一种健康的、崇高的情感吗？我们可以设想一下，如果没有爱，怎么去陶冶儿童的情感？法国启蒙思想家卢梭说过："当儿童不爱什么的时候，他无所牵挂，只关心自己和自己的需要。"可以说，没有爱，就没有教育。不仅如此，学生一旦没有了情感，他们的思维、理解、记忆等一切认知活动都会被抑制起来。所以，我们应该凭借阅读教材，努力使学生感受到美，激发幼小心灵里爱的情感。关键的一点是，教师眼前要闪现着美的形象，心中要蕴含着爱的情感。于是，在琢磨教材的过程中，我注意抓住课文的语言，去想象课文描写的画面和人物，努力使课文中的形象在眼前鲜明起来，在自己心里"活"起来。

例如，备《小音乐家扬科》一课时，我抓住课文中对扬科眼睛的四次描写——"闪闪发光的眼睛"、"睁大了惊恐的眼睛"、"只是瞪着眼睛"、"睁着眼睛，眼球已不再动了"，想象扬科从一个富有音乐天才的孩子的形象，到受惊、任人宰割的活生生的形象，又到被折磨致死的小生灵的惨状。这些画面犹如电影中的特写镜头一个接一个地被推到我的眼前。于是，我的脑海里一下子又涌现出在美国密西西比河上被无辜杀害的黑人孩子小杰克，从韩国被贩卖到南美香蕉园里的小冬木和他墓前的小木牌，大雪寒天冻死在路边的卖火柴的小女孩……想着想着，我自己也动了感情，小扬科的形象就丰富多了。

我深深感到，只有当自己的感情和作者的感情产生共鸣时，在课堂上才能成为作者和儿童感情上的桥梁。教师的备课过程应该是一个再创造的过程，自己感受深了，教学方法也就有了。我常常通过彩色图画、示意性粉笔画、师生动作演示以及实物、音乐创设情境，把儿童带入课文描绘的情境，并通过指导儿童进行表情朗读和描述情境，进一步感受美的形象，加深儿童的内心体验。在创设情境时，我注意把自己备课时的感受和情感渗透在教学语言中，因为教师的语言对儿童的感知总是起着调节支配的作用。随着儿童年级的升高，我更多的是采用语言描述创设情境，促使儿童产生联想、感受美的形象，从而激发爱的情感，在愉悦的审美活动中情操受到陶冶。

在美的理解中，促进由"情"到"理"的过渡。感受美是审美教育的第一步，也是重要的一步。儿童在长期的美的感受中，情操得到陶冶，就会去追求美。我们可以在儿童追求美的过程中，帮助他们去理解、鉴别美和丑，这从儿童的认识规律来说，是促进儿童从感性认识向理性认识的飞跃；从思维特点来说，是引导儿童从形象思维向逻辑思维的过渡。这种由情感向观念的过渡，对培养儿童的道德情操是十分重要的。因为缺乏观念的情感是不稳定的，只有形成观念后，儿童的情感才会趋向稳定、持续，儿童也才有可能形成自觉的道德行为。这种认识的飞跃，同时可以帮助儿童更深入地理解课文中心。但是，这种由量变到质变的飞跃，需要教师的诱导和帮助。为此，我们可由表及里地提出问题，让儿童通过自己的思考去理解；可通过类比、评判去鉴别；也可通过讲读揭示中心的词句去认识；还可针对儿童思想上的疑问进行讨论，帮助他们明辨是非真伪。只是要注意在这个由"情"向"理"的过渡中，仍然是伴随着形象和情感的。

《十六年前的回忆》一课中的"他的心被一种伟大的力量占据着。这个力量就是他平日对我们讲的——他对于革命事业的信心"这一段描写，揭示了李大钊同志的精神世界。我便抓住其中的"这个力量就是他平日对我们讲的"，启发儿童回忆曾学过的课文《我的爸爸》中的情景：夏天的夜晚，爸爸一边弹琴，一边教我们唱《国际歌》。我说："李大钊同志对革命事业充满了信心，《国际歌》的最后一句一定要唱得分外坚定有力。你们记得歌词吗？"孩子们情不自禁地轻声唱起"团结起来到明天，英特纳雄耐尔就一定要实现"。雄壮的《国际歌》歌声一起，教室里顿时被一种庄严肃穆的气氛笼罩着。他们一字一字唱得很认真，自己唱着，好像也听到李大钊同志那"低沉的"歌声。音乐形象和语言形象的结合，促使孩子们从李大钊壮怀激情、视死如归的美的形象中感受到情感，同时也感受到思想和意志，从而理解李大钊同志"他的心被一种伟大的力量占据着"的革命者的胸怀。但一次感受并不能产生飞跃，只有感性的材料积累多了，才会产生认识的飞跃。为此，我们有必要纵观教材，而教材本身正是体现了这种反复加深的内在联系。以培养儿童的爱国主义思想感情来说，1~10册小学语文教材安排了不少相关课文，分散在各册，以不同的侧面描写出了祖国的可爱。处理教材时，必须把握好一篇与另一篇之间相互渗透的关系。从地理的角度讲，仿佛是在儿童眼前展现了一幅伟大祖国的疆域图——第一课带孩子来到祖国东南的台湾岛上的"日月潭"，不久又来到祖国东北的"美丽的小兴安岭"；上一课在新疆维吾尔自治区的"葡萄沟"，下一课又来到祖国南海中的"富饶的西沙群岛"；昨天游览了"金华的双龙洞"，今天又观赏了"梅雨潭"飞流直下的瀑布……从这一篇到另一篇，都以"祖国伟大可爱"的脉络贯穿其中，使儿童俯瞰到祖国960万平方公里的辽阔土地上，似有一颗颗明珠，撒在高山、草原、海岛、湖泊……同样，从历史的角度讲，又可以从一千多年前我们自己设计施工的赵州桥、蜿蜒曲折的万里长城，到今天飞越长江天险的长江大桥；从历史上杰出的人物张衡、李时珍，讲到现代的鲁迅、聂耳、詹天佑……从祖国美的景、美的人、美的事这些大量的感性材料中，儿童会逐渐形成我们的祖国是一个文明古国，有着悠久的历史、灿烂的文化，中华民族勤劳、勇敢、智慧的观念，进一步激发儿童的民族自尊心和自豪感。

在美的实践中，引导儿童逐步形成道德行为。儿童在审美教育中感受美、鉴赏美，最终是为了创造美。人类总是按照美的规律创造世界，我们应该使每个儿童成为美的创造者。青少年时代的一切学习活动，实际上都为创造美打下了基础。因此，在他们世界观形成的过程中，应引导儿童进行美的实践，引导他们形成道德行为。这种情感教育，在阅读教学中主要靠渗透，靠潜移默化。不过，在渐变的过程中，也会由于教师的引导得法，激起儿童的情感闪烁出灿烂的思想火花。这时必须及时加以肯定，予以鼓励，加强儿童行为的意识性。从他们的观察日记中，我了解到有的孩子在吃枇杷时，把最大的留给妈妈；吃鱼时看见奶奶面前骨头多，连忙把最大的鱼肉夹到奶奶碗里；上街买点心，看见队伍后面站着一位老奶奶，连忙把自己的位置让给老人，自己站到后面去；阿姨要带自己去烫发，说什么也不肯，因为她觉得那种打扮并不美……看着这些小作品，我心里不免一阵阵激动，及时地在班上表扬这些心灵美的孩子。经过五年的引导，我觉得通过情感教育，孩子们的情操受到了一定的陶冶。他们朗读《雷锋之歌》中"人啊，应该这样生；路啊，应该这样行"等片段时，读了一遍又一遍，下了课，还要求再集体朗诵一遍，他们说"心里真激动"；看到中国乒乓球队荣获七项冠军，他们又是赠诗，又是作画；春游了，他们悄悄地在经济不大宽裕的小伙伴的口袋里塞进一只鸡蛋；过春节了，他们把自己的新袜子送给一个失去妈妈的同学。春天来了，我让他们进行想象性摄影活动，与自己喜爱的景物留个影，孩子们有的愿和小鸽子拍个照，有的愿在樱花树下留个影，有的愿和刚吐绿的小树苗在一起，有的却想在大海边和翻卷的波涛一起被摄进镜头……孩子们之所以有这样的情操和道德行为，与入学五年读的三百多篇（包括补充教材）饱含美感的课文对他们的影响是分不开的。可以看出，审美观念已经影响了他们的道德行为。因为审美观是世界观的重要部分，这可证实"当儿童的心灵对于各种思想、形象以及所看到的、感知的和所想到的一切事物的情感色彩非常敏感的时候"，以美育作为强大的道德手段，效果是喜人的。

三、着力培养创造精神，发展儿童的创造才能

人的智力活动是以思维为核心的，而创造性思维又是思维的高层次活动。人类之所以有今天，就是人的创造性劳动的结果。祖国要实现四个现代化，中华民族要振兴，在很大程度上也要靠更多人的创造才能。国际上不少著名学府都明确提出要求学生有全面系统的创造性才能。因为科学在创新中形成，社会在创新中前进，历史在创新中发展。一切科学技术和文

化艺术的成果，都包含人类的创造性劳动。但由于习惯势力的羁绊，在学校我们常常以儿童能完满地回答老师的问题为满足，这样会在某种程度上挫伤儿童的创造性。毛泽东同志曾指出："考试答案正确而无创见，只应得60分。"这对于端正我们的教育思想是很有指导意义的。事实上，每个智能正常的儿童，或多或少都具有一定的创造才能。问题是儿童的创造性，如果在他的智力发展的最佳时期得不到培养，甚至受到压抑，那么这种能力就会逐渐枯竭。反之，儿童的创造性思维得到发展，他们的观察力、想象力、思维力以及记忆力等一般能力就会相应地得到协同发展。因为人的创造性活动不是孤立进行的，何况培养小学生的创造性还是提高语文教学质量的重要因素呢！但这一点却是目前阅读教学中的薄弱环节。我们一定要从现代化对人才的要求这一高度，着力培养、发展儿童的创造才能。

通过观察，储存创造性思维的表象。语文教学中儿童的观察是必不可少的，犹如植物需要阳光、空气和水一样。因为儿童靠观察去认识周围世界，观察为儿童的思维、想象活动积累表象。有许多创造发明，就是在实际观察中、从某一现象中得到启发而成功的。所以，通过观察储存表象，是培养儿童创造性思维的首要步骤。儿童的观察也有一个"序"，要使儿童能独立观察，掌握观察的方法，养成观察的习惯，必须从有指导的观察开始。从观察对象的数量来说，是从单一的到复杂的，从无背景到有背景；从观察对象的状态来说，是从静态到动态，从变化明显的到不易觉察的；从观察的程度来说，是从轮廓到细节，由表及里；从观察对象的选择来说，是从由教师确定，到学生自己学会从诸多事物中选择最典型的感知目标观察。这样的顺序，不仅要体现在观察同一事物中，而且在先后观察不同的事物时，也应注意遵循由简到繁、由表及里的顺序。

现以指导观察花为例来说明。在我教的一个班级中，结合学词学句，学习《春天来了》《喇叭花》《荷花》《冬夜杂咏》等课文，我曾先后四次指导儿童观察花。第一次是在一年级，仅让他们分别观察粉红的桃花和以蓝天为背景的雪白的玉兰花，让他们认识花的色彩，培养儿童的色彩感；第二次是在三年级上学期，观察校园里的花，同时观察爆竹红、美人蕉、百日菊、紫茉莉、蝶恋花五种花，不仅观赏它们的色彩，还要注意它们不同的姿态，并教给学生观察的方法；第三次是在三年级下学期，观察野花，引导儿童从整体到细节、由表及里地观察，认识野花虽没有人播种施肥，但到处可以生根开花的特点，从野花的无穷生命力，感受野花内在的美；第四次是在四年级上学期，在初冬的日子观察菊花，不久又观察了梅花和结着花骨朵的玉兰花，从而领悟事物变化的规律和因果关系，进一步认识这些耐寒花木的品格。当儿童在冬天里看到玉兰花满树毛茸茸的花骨朵，就自然会联想到曾经在春天里看到的盛开的玉兰花，领悟到"冬天正孕育着春天，冬天来了，春天就不远了"的哲理。这些观察活动极大地丰富了儿童的想象。当他们学习陈毅同志的《冬夜杂咏》时，就联想到深秋时节，万花纷谢，独有菊花傲霜开放，寒风阵阵，但清瘦的绿叶、婀娜的花枝依旧的情景，从而理解诗中"秋菊能傲霜"的品格，而且这些表象促使他们产生联想，显示出一定的创造性。有的说："在刑场上举行婚礼的两位革命青年，不就是盛开在刑场上的傲霜的秋菊吗？"有的说："我想雨花台的秋菊，一定开得更艳，因为它们是用烈士的鲜血浇灌的。"在这种有指导的观察活动中，我还不断地鼓励、引导儿童自己去观察有趣的事物。二、三年级两年，儿童每日一篇短小的观察日记，篇幅虽不长，但需每日去观察。一日不多，坚持下来，积累的表象就很丰富了。尤其是对大自然的观察，对陶冶儿童情操和形成儿童个性很有帮助。因为以大自然作为观察的客体，往往具有极其巨大的力量。那广阔的天宇、浩瀚的江河、巨人般的高山、高耸入云的古松、震撼大地的电闪雷鸣、磅礴的气势给儿童一种壮阔的美感，使儿童心胸开阔；那银装素裹的雪景、小河中摇动的月影、淅淅沥沥滋润万物的春雨以及那刚刚破土而出的嫩绿的小草，又使儿童感受到轻柔的美，使他们心境恬静舒坦；那金子般的谷子、转动如飞的马达、兴建中的大厦……又显示了人的无穷力量，使儿童感受到无限的生机。这些表象带着一定的情绪留在儿童的记忆中。儿童在学习描写英雄人物的课文时，就会联想到高山，联想到松柏；学习描写祖国山河秀丽的课文时，就会联想到家乡的青山绿水；学习有关日出的课文时，必然会联想到自己所观察的满天的朝霞……

凭借想象，提供创造性思维的契机。人的想象活动总是充满创造性的，即使是再造想象，也同样包含着人的创造精神。想象，是人们进行创造必不可少的思维活动。善于想象，往往是创造的前提。通过想象，可以把儿童带到世界上任何一个地方，可以上天，也可以下海。再说，要提高理解和表达语言的能力，也同样离不开想象，想象越丰富，对课文的理解就越深刻。在阅读教学中培养儿童的想象力是凭借教材进行的。一般通过想象课文描写的周围环境和场面，来想象课文中人物的神情、动作、语言和心理活动，想象课文中可能发生的情节和结局，以及欣赏课文的精彩片段。至于什么时候启发学生展开想象，想象什么，还要从教材特点和教学任务出发。

《小虫和大船》是一个寓言故事，文字十分简练，为了帮助儿童掌握寓意，我让他们想象当大船将要下沉时船主的神情和语言。孩子们讲得很好："这时候船主一定十分后悔，可能说：'我不该不听工人的话。'""可能船主会垂头丧气地说：'我真没有想到一条小小的蛀虫，竟会毁了我的大船。'""船主也可能哭丧着脸说：'我真是因小失大啊！'""这正如俗话所说的：'小洞不补大洞吃苦啊！'"儿童通过想象人物的语言和神情，理解了寓意。《就义诗》显示了革命烈士大义凛然的气概和对革命后代所寄予的无限希望。全诗只有20个字，语言高度凝练，容量很大。我就让学生想象夏明翰烈士就义时的情景。有的孩子说："可能是在一个阴森森的黑夜，牢门打开了，敌人最后一次问夏明翰说不说。夏明翰挥笔在墙上写了这首诗。"有的说："可能是在黎明即将来临的时候，东方已经发白，夏明翰望了望东方，从容就义。枪声响了，难友们涌到牢门口，看到了东方的朝霞，在牢房里唱起了雄壮的《国际歌》……"这种补充情节的想象,帮助儿童理解了烈士对革命事业充满了必胜的信心。所以,有的孩子激动地说:"我们就是后来人!"根据课文的描写,适当地展开想象,就可以帮助儿童养成在阅读过程中,把作品描写的情境生动地加以重现的习惯,从而增强了儿童的自我感受能力,并在其间发展他们的创造性。

在理解和运用语言文字的过程中,培养创造性思维。乌申斯基曾说过:"语言乃是思想的有机的创造,它扎根于思想之中,并且随思想不断地发展起来。"语言教育是阅读教学的主要任务,在阅读教学中发展儿童的创造性,必须在理解和运用语言文字的过程中进行。通过学生自己的创造性去理解,是真正的理解;通过学生自己的创造性去运用,是最有意义的运用。现以教学古诗《宿新市徐公店》为例,加以说明。

师:请你们读读诗,想一想,如果根据诗意作画,画面上要画些什么?

生:要画篱笆。

师:篱笆的距离是宽一点,还是窄一点?要说出理由。

生1:要宽一点,因为诗中说"篱落疏疏","疏疏"就是不密的意思。

生2:还要画小路。

师:为什么要画小路?要画一条什么样的小路?

生:要画一条细长的小路,因为是"一径深"。

孩子们一个个跃跃欲试,有的说:"树上只画些小叶,树下要画些落花,因为是'树头花落未成阴'。"讲到画面上要不要画蝴蝶,争论得更有趣了。一个孩子说:"要画蝴蝶,不画蝴蝶怎么说明'儿童急走追黄蝶'?"另一个孩子说:"不要画蝴蝶,诗上已经说了'飞入菜花无处寻'。"为了帮助儿童对诗的意境理解得更细腻些,我提示了一下:"注意是'追黄蝶',而不是'追蝴蝶'。"儿童从中得到启发,说:"飞入菜花无处寻,是因为菜花是黄的,蝴蝶也是黄的,分辨不清哪是蝴蝶,哪是菜花,所以还是要画蝴蝶的,不过要画在菜花丛中。"又有一个孩子补充说:"蝴蝶最好被菜花遮住一部分,露出点儿翅膀,就更有意思了,这样也才能表现'飞入菜花'的'入'的意思。"这种根据诗意在想象中"作画"的做法,实际上就是通过发展儿童的创造性来理解课文,学得既"实"又"活"。通过运用语言表达思想,更可培养儿童的创造性,这就需要安排、设计富有创造性的语言训练。为了有利于激发儿童的创造性,形式要多样、新颖,使他们的智力活动伴随着热烈的情绪进行。仅创造性复述课文,就可以是改变人称的复述、改变叙述顺序的复述,或者是改变体裁的复述。教学时,要根据教学要求,采用儿童喜闻乐见的形式。教学《要是你在野外迷了路》这篇课文,目的是让儿童能学会在野外识别方向的常识。它不同于一般的诗歌重在朗读描述,而是要引导儿童把知识用于实际。但对于二年级的孩子来说,教学方法必须是形象生动的。我让四个小朋友分别扮演太阳公公、北极星阿姨、大树爷爷和雪花姑娘,再由四个小朋友分别在白天、黑夜、雨天、化雪天四个情境中向这四个角色请教如何识别方向。在这样的设计中,儿童并没有意识到进行什么创造性的思维活动,只觉得在游戏一般,兴趣盎然。

教学《新星》,为了使儿童想象自己仿佛真的来到月球上,观看新星——人造卫星的美妙情境,我大胆地让儿童把这个科学童话故事改写成剧本,目的并不在于写剧本,而是通过这种形式启发儿童的想象,发展他们的创造才能。儿童的创造性出乎我的意料,他们从幕启后场上月宫的布置,到剧中人物的安排(不少儿童还增添了课文中没有出现的吴刚)以及人物的对话,竟是那样的周密,篇幅普遍比平时增加三分之一,连平日的学困生也乐意完成这样的作业,因为他们体验到了自己创造性劳动的愉快感。像《海底世界》《新星》这类题材的课文,向学生打开了通往未来世界的窗户,真是上天入海,更应把握好,还要有意识地通过这些课文来培养儿童的创造性思维,但不宜做详细指导,因为创造性总是和儿童的独立性联系在一起的。

本文试图从以上三点，探讨全面完成小学阅读中知识性、教育性和创造性三方面任务的途径。完成这三方面的任务，方法可以是多种多样的，我根据儿童学习语文的规律和认识世界的特点，"以词语教学为基础，从审美教育着手，着力培养创造精神"，促进儿童多方面的发展。儿童是活生生的人，他们的发展带有整体性。因此，在教学过程中需要处理好三者的辩证关系，使"双基"教学、情感教育和智力发展组成一个有机的整体。"双基"是儿童发展的基础，离开了这个基础，不但阅读教学本身的任务完成不了，而且情感和智力的培养也成了空中楼阁。"双基"教学不是零碎的、孤立的，它必须以情感教育，也就是思想教育为骨架，把内容与形式、"文"与"道"结合在一起。发展儿童的智力则是在教学过程中进行的，它必须在教师的指导下，有意识地结合"双基"教学和情感教育进行，以教学促进儿童的智力发展。儿童的智力发展了，又可以推进知识、能力的教学。简言之，要让生动的词语、鲜明的思想和儿童的创造精神充满整个小学语文阅读教学，努力塑造一代新人。

（本文收录于《训练语言与发展智力》，江苏人民出版社 1984 年版）

从整体出发，着眼儿童发展

小学语文是一门综合性很强的学科，它对儿童的智能、情感意志及个性品质的发展，影响极为深远。因此，进一步探索改革小学语文教学的途径，成为开创小学教育新局面的重要课题。

一、问题的提出

小学语文教学的根本任务是培养儿童理解和运用祖国语言文字的能力。儿童在学习祖国语言时，不仅可以掌握一定数量的词，而且可以领悟许多概念和观点，感受蕴含在语言中的丰富的思想情感、艺术形象以至逻辑和哲理，从中汲取精神的力量和民族的气质，因此，通过小学语文教学促进儿童的发展，不仅是必要的，而且是可能的。

新中国成立 35 年来，小学语文教学做了许多有益的改革，但由于传统的习惯势力的羁绊，小学语文教学在实现其任务方面，仍存在不少问题。正如吕叔湘先生指出的那样，"语言文字本来只是一种工具，日常生活少不了它，学习以及交流各科知识也少不了它。这样一个简单的事实，为什么很多教语文的人会认识不清呢？是因为传统的看法作梗"。事实正是如此，中国千百年来科举制度的恶劣影响虽已日渐削弱，然而至今仍在教育领域内广泛地起着消极的作用。"为考而教"、"为考而学"的偏向，成为当代教育实现"三个面向"的障碍，并已殃及小学语文教学，支离破碎的分析讲解，没完没了的重复性抄写，名目繁多的习题，以及不求甚解的机械背诵，充塞着儿童的生活。所有这一切是一个七八岁或十来岁儿童所不能承受的，结果造成儿童身心紧张状态。尽管儿童疲于奔命，阅读和写作的实际能力并不能令人满意。如此种种，造成了小学语文教学"烦琐、片面、低效"的弊端，压抑了儿童的发展，延误了儿童发展的最佳期，甚至扼杀了儿童的禀赋和才能。这与时代需要把青少年一代培养成为具有共产主义精神风貌和创造才能的培养目标是相违背的，新的技术革命对教育提出了新的任务，这种状况绝不能再继续下去了，必须针对传统教学中的片面性，从整体出发，使小学语文教学过程获得儿童发展的尽可能大的效果。为此，笔者自1978年至1983年进行了小学语文教学全过程的实验工作，探索改革小学语文教学的途径。

二、教材的增选及编排体系

在"教"与"学"之间，教材是媒介，是实现教学任务的凭借。教材入选的篇目、分量及编排体系，都将直接影响教学质量，关系到儿童的发展。教育部组织编写（简称部编）通用小学教材1~10册（1978年版）全套计375篇，约50万字，这一套教材从内容、形式到编排体系，均较新中国成立以来其他版本的小学语文教材更为广大师生所适用。但由于20世纪80年代儿童信息储存量不断增加，教材分量还可相应加重，尤其是三类课文更可大幅度增加，这不仅顺应儿童的发展趋势，而且可有效地把儿童带入最近发展区，使语文教学促进儿童发展。因此，实验班加重教材分量，先后增选204篇作为补充教材，连同通用教材共579篇，所增选教材类型如下表：

古诗文	名家名篇	儿童文学	自编	说明文	其他
103	18	42	18	8	15

各年级补充教材的原则为：一年级围绕所教生字编写韵文及有儿童情趣的短小故事，以提早阅读；二年级结合儿童生活实际，编写短小写话范文，让儿童初步感知事物形象与语言文字的关系，为写话做好铺垫；三到五年级根据重新组合的单元，分类补充儿童优秀习作，逐步增加名家名篇及已学过的古代寓言原著，并适当补充说明文，以提高儿童的鉴赏能力，

陶冶情操,并培养其应用语言的实际能力。根据各册选编目的,初步形成低年级为提早阅读,辅助作文起步,到中高年级提高鉴赏能力,突破"写"的难点的选编教材的序列。值得一提的是,让儿童在记忆力旺盛的童年时期学习一定数量的古诗,引导儿童感受一点优秀文学遗产的精华,体会理解诗中的意境与哲理,这无论对儿童学习语文,还是促进其情感、想象、记忆的发展,都是大有裨益的。

教材编排体系是教材的命脉,但长期以来,小学语文教材编排体系屡变不定,或以思想内容为单元,或以语文知识为单元,或取消单元随篇成册,致使语文教学或偏文或重道,随意性很大。从儿童读写实际看,无论是读的范文,还是写的习作,一般不外乎写人、记事、写景、状物四大类。从实验班三年级起,将通用教材按上述四种题材类型归类,相对集中,重新组合单元,并按单元分别补充类似教材;紧密结合单元内容,安排观察、访问、劳动、制作等第二渠道的活动及相应的习作训练。如通用教材第六册中,选入了《荷花》《喇叭花》《沙漠里的船》《松鼠》《赵州桥》《刘家峡的水电站》《人民大会堂》等状物类的课文,便将其分成写植物、写动物、写建筑物三个单元。教学植物单元,补充教学《爱莲说》(片段)、《多美呀,野花》,课外观察蒲公英,作文课上写《我是一棵蒲公英》的状物记叙文以及《蒲公英》的简短说明文。由于单元入选教材基本属同一范畴,这样不仅可以强化思想教育,而且可在习作上帮助儿童触类旁通,充分发挥每篇范文的范例作用。这样编排单元,将读与写、文与道、课内与课外形成一个整体,以单元形式集中教学、集中训练,有利于以读带写、以写促读、文道统一,促进儿童和谐的发展。

三、情境教学法的探索与实践

教材分量增加后,教材方法的改革必须跟上,否则又将增添新的矛盾。传统的灌输式的教学,把学习变成连续不断地积累知识和训练记忆的过程。它所调动的和充分利用的儿童大脑功能只是与机械的、逻辑的、无情感的那一部分相联系的。这样必然会使儿童变得呆板、迟钝。显然，这与促进儿童的发展是格格不入的。由此看来，教学方法的改进是改革小学语文教学的重要环节。

随着对外开放和教育改革工作的深入，新的教学法层出不穷，展示出小学语文教学百花齐放的灿烂前景。手段总是服从于目的的，无论采用何种教学法，关键是有利于儿童在"学"的过程中，构成儿童自我发展的动力，为儿童发展创造最优的外部条件。

为从整体出发促进儿童发展，近几年来，笔者对情境教学进行了初步的探索。首先从外语教学运用情景进行句型、会话训练中得到启示，后又从中国古代诗词的境界学说中汲取了更多的营养。早在一千多年前，我国文艺理论《文心雕龙》中就有了"情境"的论述。所谓"情以物迁，辞以情发"；到了清代，《人间词话》更有精辟的阐述："境非独谓景物也，喜怒哀乐，亦人心中之一境界"；现代叶圣陶先生的"作者胸有境，入境始与亲"的名言进一步为大家所知晓。集诸家论述，根据"形"和"意"、"情"和"物"辩证统一的原理，创造情境教学法，即遵循反映的原理，充分利用形象，创设具体生动的场景，激起学生的学习情绪，从而引导他们从整体上理解和运用语言的一种教学法。它的特点是言、形、情融为一体，理念寓于其中。运用情境教学法促进儿童发展要经过四个阶段：①在阅读教学中创设情境，把"言"和"形"结合起来，进行片断的语言训练。②通过"观察情境教作文"引导儿童观察时，在情境中加深体验，在情境中展开联想；习作时则在再现情境中构思，在进入情境中陈述，促使儿童情动而辞发。③通过"生活显示情境、实物演示情境、音乐渲染情境、图画再现情境、扮演体会情境、语言描述情境"六种不同途径，创设和教材有关的情境，对儿童进行美感教育，促使儿童由感受美而入境，因爱美而动情。④在前三个阶段的基础上，运用"形式上的新异性，内容上的实践性，方法上的启发性"情境教学三原则，进一步促进儿童整体发展。情境教学法的核心是"激起儿童的情绪"，所谓"带入情境"，即有效地调动儿童的主观能动性。运用这种教学法，把语文教学中字词句篇的知识、听说读写能力的训练统一在情境中，并凭借儿童进入情境的内心感受和情绪，使其受到道德品质、审美情感意志的陶冶，从而保证语文教学所肩负的"文"与"道"两方面教学任务的完成，促使儿童智力和非智力因素的和谐发展。这样，儿童学语文就会感到"易"、"趣"、"活"。因为教学方法一旦触及学生的情绪和意志领域，触及学生的精神需要，便能发挥其高度有效的作用。

四、掌握儿童发展要素的基本原则

若干年来，小学语文教学先后在语文基础知识的教学、能力的培养、智力的开发以及文与道、知识与能力、能力与智力等方面做了许多有益的探讨，对语文教学的科学化起了一定的推动作用。但其中不少课题是从一个局部、一个角度提出的，致使有些老师感到小学语文教学头绪纷繁，顾此失彼。事实上，上述众多方面都是小学语文教学整体中的一个侧面，一个层次。而对儿童发展而言，所有这些都是协同成一个整体，运动地、和谐地发展的，因为任何儿童的发展都具有鲜明的整体性。面对儿童发展的客观实际，需要运用辩证唯物主义的观点，指导小学语文教学的改革工作，把儿童发展的许多因素统一在语文教学中。从整体出发，着眼儿童的发展，需要我们进一步探索在教学全过程中，把握儿童发展诸要素在整体中所处的不同地位。下面就从小学语文教学中促进儿童发展的前提、基础、动因、重点、手段五个方面，试论儿童发展的基本原则。

（一）以培养兴趣为前提，诱发主动性

教学过程准确地说应该是促进儿童"自我发展"的变化过程，即通过教师的"教"控制学生的学习过程，促使其获得尽可能大的发展。而儿童发展的源泉，同其他事物变化的根源一样，是它固有的内部矛盾。因此，促进儿童发展的第一要素是儿童的主动性。

激起好奇心、求知欲。"求知"、"好奇"会驱使儿童好学、爱问。无论从现阶段诱发主动性,还是对儿童未来成才来说,这两者都是重要的心理因素。因此,对儿童的好奇、求知这固有的心理特点,既要利用、珍视,又要进一步激发调动。实验班借助新异教学手段,创设生动有趣的学习情境,激起儿童的学习情绪,使其"好奇"、"求知"的欲望得以满足。例如,在低年级教学《太阳、地球、月亮》《月食》《数星星的孩子》一组有关天体的教材,在实验班先后运用三球仪的转动,来帮助儿童理解"月亮绕着地球转"、"地球绕着太阳转";运用感知鲜明的实物,演示月食的形成和消失,并自制电化星座,进一步激起儿童探索宇宙奥妙的遐想,同时补充教学《我在月球上》,开展"天上星星究竟有多少"、"秋夜看月亮"的观察活动,在班集体中形成了以观察天体为乐的热潮。他们一颗一颗地数星星,写观察星空、月亮的日记,主动阅读有关天体知识的图书,向老师提出许多有趣的问题。事实证明,求知、好奇的欲望得到满足,便会更求知,更好奇,从而在愉快的情绪中形成新的学习动机。

树立自信心,培养自尊感。儿童既好奇、求知,又自尊、自信。能否诱发全体学生的主动性,教师的态度是关键,尤其是对学困生,教师的认可或指责、鼓励或挖苦,更会影响儿童的自信心和自尊感。儿童会十分敏锐地从教师的语调和眼神中感受到力量或压抑、殷切的期待或冷漠的嘲讽。二年级时,实验班上来了一名留级生,由于老师注意在学习过程中帮助他,鼓励他克服困难,使他开始感受到学习的愉快,在集体中他也可以抬起头走路了。两年后,他的语文成绩终于由不及格上升到中上水平,思想品德也有了一定的进步。学困生能得到教师的肯定,对激发全体学生的学习主动性更有普遍的积极意义。但这绝不意味着需要降低难度。恰恰相反,设置有一定难度的教学内容,会使学生在逾越困难中感受到自己的才智与力量,进一步树立自信心,增强自尊感。所有这些都有利于形成"教师肯定—学生满足后获得自信心和自尊感—需要学习—再肯定、再满足—需要学习更新的有一定难度的内容……"的学习程序,儿童的主动性便得到进一步调动。

此外，在培养学生学习兴趣的同时，注意培养学生良好的学习习惯，对主动性的持续是十分有益的。由爱上课到养成认真的习惯，由爱读书到养成专心读书的习惯，由爱动脑养成积极思维的习惯，如此等等，并有意识地在培养良好习惯中培养理智感。这样，即使今后学习内容较为枯燥，儿童也会凭着自己的意志和良好的习惯主动地学好。

（二）以指导观察为基础，强化感受性

教学活动从某种意义上来说是一种认识活动。课本中的每一篇教材，乃至儿童的充满稚气的习作，实质上都是人们对世界认识的记录。所以，在语文教学中促进儿童的发展，首先是发展儿童的认识能力，即儿童通过观察、思维、想象、记忆认识世界的能力。观察为儿童打开了认识世界的窗户，它是智慧的重要源泉。通过观察积累丰富的感知材料，成为儿童发展的基础。观察能力对儿童未来从事任何工作都是必不可少的。

选择美的形象。世界博大无垠，无所不包，无所不有，针对儿童爱美的心理，宜选择美好的事物作为感知目标。大自然是富有美感的。皎洁的明月、秋天的田野、丰收的作物、冬日的雪景、耸立在寒风中的松竹梅等大自然的美景，以及那淅淅沥沥的春雨、迷迷蒙蒙的晨雾、叮咚作响的冰雹、席卷大地的狂风这些大自然发生的景象，都会以它特有的丰姿、奥妙和威力激起儿童对宇宙的神往。此外，学校沸腾的生活画面，家乡喜人的新貌，社会生活中充满光明、美好的人和事，都可结合阅读教材和作文计划引导学生观察。这些富有美感的客体会带着鲜明的形象和画面，有声有色地进入儿童的意识，并直接影响儿童语文能力和心理品质的发展。

逐步增加难度。儿童感知的能力是从低级到高级、从笼统到精确的。指导儿童观察必须循序渐进地进行。从观察的数量来说，是从少到多；从观察对象的状态来说，是从静态到动态，再到动中有静、静中有动；从观察的程序来说，是从整体到细节，由表面到实质；从观察对象的选择来

说，是从由老师确定，到自己学会从诸事物中选取主要的感知目标。就拿观察植物来说，低年级可着重让儿童欣赏花的色彩、姿态，培养儿童的色彩感；中年级逐步教给学生按"茎—叶—花"的顺序观察植物，及从整体到细节的观察方法；以后通过观察多种客体，让儿童认识事物之间发展变化、相互依存的逻辑关系。这样，观察难度逐步加深，儿童对事物的认识能力、运用语言表情达意的能力便可随之得到发展。

拓宽想象空间。想象是发展儿童创造力，陶冶高尚情操的重要智力因素。在观察中，可通过教师启发性的导语和提问，把观察和想象结合起来，引导儿童由此及彼、由表及里、由今及昔，展开联想和想象。当实验班儿童登上家乡的高山顶，教师便以山腰亭台上"举目四顾海阔天空，长啸一声山鸣谷应"的诗句，开拓儿童想象的空间，让其感受家乡群山和浩瀚长江的壮阔之美；观察蒲公英时，当那毛茸茸的种子飘飘悠悠地飞向远方时，以"蒲公英带着一把伞，跟着风伯伯飞走了，我们希望他到哪儿去生根开花？"激发儿童的想象随着远去的种子展开。一次又一次的观察，强化了儿童的感知，这从实验班五年级的一次独立作文即可看出。在学习《落花生》后，让儿童选平时观察的某一无生命物体，写出它们的品格。全班共写出了《太阳礼赞》《小石子》《北极星》《路灯》《火》《铁》《绿》《歌》《蜡烛》等21种不同的题材。全班儿童都能从各自的观察所得，写出事物的主要特征。可以设想，倘若没有长期的观察活动为基础，要小学生在一次独立习作中写出这么多题材丰富且带有哲理的小品文是不大可能的。

（三）以陶冶情感为动因，渗透教育性

语文课是工具课，也是对儿童进行共产主义教育的重要阵地。语文教学的教育性必须与其知识性紧密结合在一起，它是在渗透和潜移默化中实现的。随着人们物质生活水平的不断提高，发展儿童的情感意志，使他们从小对伟大祖国怀有深厚的情感，对共产主义持有坚定的信念，以健康成

长为坚定的、能经得起新的复杂环境考验的一代新人,已日益显示它的重要性。就语文教学的现状来看,对情感意志的教育,似乎没有被提到一个突出的位置上。长期以来,由于受"左"的思想影响,阅读课上搞架空分析,离开课文谈感想,儿童说空话、说假话;作文教学程式化、概念化,缺乏情感因素,很少激起儿童的情趣,儿童难以表达真情实感,致使语文教学中思想教育收效甚微。情感是儿童思想意识、道德行为强有力的发动者和鼓舞者。早期进行的情感教育,往往会影响人的一生,而语文教学对培养儿童的情感更有它独特的有利条件。《文心雕龙》中"夫缀文者情动而辞发,观文者披文以入情"的论述,早就指出阅读、写作与情感活动是紧密联系的。因此,以情感因素为动力,对儿童进行共产主义教育,可有效地提高儿童的精神素质。情感因素是儿童发展的动力,那么从何着手呢?首先让我们纵观小学语文教材,90%以上的课文集中再现了大自然的美和社会生活的美,而美感教育的形式是适合儿童爱美心理的。它以生动形象、给人愉快和满足的独有特点,成为儿童最早和最乐于接受的思想教育的主要手段。马克思就把他对于当时社会规律的天才洞察,首先归功于自己所受的美学教育,因为完美的道德信念必须以高尚的合乎共产主义方向的美感为基础。因此,教材内容、教育对象的特点以及美感教育的优越性,都表明以美感教育为形式,发展儿童的情感意志,渗透教育性,必然是行之有效的。对儿童进行美感教育,必须从感受美开始,而在感受的过程中,势必会引起儿童爱慕的情感,激起对美的爱。这样,教材中和儿童习作中,从不同侧面一再表现的伟大的党、可爱的祖国、勤劳勇敢的人民、优越的社会主义制度,以及家乡的山山水水、校园的花草树木、自己所在的集体、同伴……大大小小的美好的人和事,便会在美的感受中激起儿童的热爱之情,而这正是儿童心灵应及早孕育的崇高的情感!换言之,假如没有对美的爱,又怎么去陶冶儿童健康的情感?可以说,没有对美的爱,就没有教育。

儿童在长期的对美的感受中,陶冶了情操,提高了鉴别能力,通过识别美与丑,他们就可分辨正确与谬误、高尚与低下,因爱美而去追求美,因认识理解了美而日趋产生创造美的愿望和行为。这样,儿童在对美的理解的基础上,逐步形成共产主义的道德观念。

(四) 以发展思维为重点,着眼创造性

为了适应社会主义现代化建设的需要,小学语文教学必须从未来出发考虑今天的教学,努力以儿童发展的明天为方向。只有当教学走在儿童发展前面的时候,才是好的教学,才能把儿童带入永远没有终结的一个一个的最近发展区,使儿童不断意识到以前没有意识到的东西。为此,必须以党的全面发展教育方针为总原则,着眼儿童的发展。它的内涵不局限于智力的发展,而是包括知识的积累和语言、智力以及情感意志等心理品质的发展。其重点为发展思维,尤其是思维的创造性,而着手处则是以科学特点为依据,在儿童理解和运用祖国语言文字的过程中促进儿童思维的发展。

1. 在词的理解和运用中发展思维的准确性

词,具有极大的概括性。所谓运用语言,从某种意义上来说,就是词的组合与运用;从人的思维活动来说,它的基本过程,就是运用一个个词进行分析综合、判断推理。因此,在字词句篇四项基础知识中,应突出词的教学,把词和形象结合起来。在理解课文、认识世界中理解词;在描述语言情境、表情达意中运用词,使第一次感知获得鲜明的印象、准确的概念,为思维准确性打下基础。

2. 引导运用修辞手法,丰富思维的形象性

儿童往往是通过形象认识世界的,他们的思维是以形象为主的。这对于他们学好语文来说十分有利。引导儿童运用拟人、比喻、排比的初步的修辞手法,会促使他们由甲事物联想到乙事物,由此时此地联想到彼时彼地,形象思维进一步得到发展。这样就可在练活语言文字的过程中,把脑

子用活。

3. 加强篇章的训练，发展思维的逻辑性

在发展形象思维的基础上，必须注意向抽象思维过渡。而篇章的训练，恰好包含分析综合、抽象概括等抽象思维的活动，使其成为培养语文能力的重要环节和发展逻辑思维的极好手段，因此，须结合教材特点，切实训练之。前三年篇章的训练是初步的，着重通过理思路、分段落、明层次，叙述有条理，使儿童思之有路、言之有序，这是思维具有逻辑性的第一步。到中高年级，可以通过教材安排的32篇"读写例话"提示的读写知识和逻辑关系，结合具体课文有步骤地进行训练。

4. 在想象性作业中，发展思维的创造性

想象力是一种富有创造性的认识功能，真正的创造是想象活动的结果。有计划地设计安排想象性作业，对进一步发展儿童的创造能力十分有益。在阅读教学中可进行改变人称、改变处所、改变结构、改变体裁、补充情节等复述。作文教学中，主要进行想象性作文，并通过观察、想象，自编童话。五年中，实验班曾引导儿童进行一系列有趣的想象性作业。二年级在指导儿童观察小鸭后，让他们想象鸭子离开学校后可能发生的种种遭遇，试写《小鸭子的奇遇》；三年级在教学《海底世界》《海龟》《珊瑚》后，让他们结合课外阅读所得，写幻想性小故事《海底世界漫游记》；中高年级先后又写了《我是一棵蒲公英》《我在想象性摄影活动中》以及《理想的中队长》《假如卖火柴的小女孩来到我们中间》等想象性记叙文。儿童带着欢愉的心情，兴致勃勃地写出一篇篇打破格局的童话和故事。这些新颖有趣的想象性语言训练，不仅陶冶了儿童的情操，而且让他们感受到了创造性劳动的愉快。

（五）以语言训练为手段，加强实践性

小学语文教学历来被人们看作一门工具课，因为每一个人都必须通过语言文字去学习、理解,通过语言文字去表达交流。既然是工具,要儿童掌握,就需通过儿童自己的语言实践,最好的办法是"在阅读中学会阅读","在写作中学会写作"。以发展性教学论的观点来看,教学过程并不等于发展过程。因此,上述所论的培养兴趣、指导观察、陶冶情感、发展思维四者均应在儿童语言实践的过程中实现。训练语言既为手段,又为目的。因为,在儿童语言实践的过程中,需根据教材的重点和特点,有目的地设计促进儿童发展的教学内容和程序,引导儿童在感知教材中感受形象,在理解与深化教材中启发思维、引导想象、训练表达,并在其间体会情感、上升理念,做到既着眼儿童的发展,又把握语言实践。为此,实验班提出"以促进儿童发展,组织教学全过程"的设想,以"读"为阅读教学程序的主线,并把知识、能力、智力、非智力因素四者统一在具体情境中,合理安排教学过程,即初读——读通,细读——读懂,精读——读透,引导儿童通过自己的阅读实践,即"一读二练三体会"来"弄清文章思路、理解关键词句、体会品赏语言"。具体做法可概括成三句话:初读课文理思路,细读课文抓重点,精读课文学欣赏。这样有效地培养了儿童的阅读能力,并促使其心理品质协同发展。据不完全统计,从二年级开始到毕业的四年里,全班43人共读6980本课外书,平均每人读162本。阅读的范围涉及童话、寓言、小说、天文、地理、历史、科普,其中还有许多名家名篇,如《格林童话选》《中国古代寓言》《西游记》《三国演义》《儒林外史》《东周列国志》《斯巴达克思》《铁道游击队》《冰心散文选》。其中吴雷同学一人四年共读800本书,升入重点中学后在同年级中成绩排第一名,品德优秀。

  运用语言方面,实验班十分警惕舍本逐末的习惯做法,不重复性抄写生词,不设所谓"练习册"、"语文笔记",不做那些流行的名目繁多的单项题海训练。因为这些训练耗时多、效率低,而且对儿童心理品质的发展不能产生任何影响。实验班让儿童从课业重压下解放出来,把时间用在短小的整体性表达训练上,把训练语言与发展思维结合起来,按照"从模仿开始，增加创造性成分，培养独立性"的程序训练。通过一年级的"每日学一句"，二年级"每天一篇短小的观察日记"，使儿童词句基本功在入学后两年中就打扎实。这样每日写一点，一日不多，坚持数年就很可观。五年来，实验班学生的整体性书面表达练习（即写句、写段、写篇）达550次以上，作文就有可能提早起步，鼓励儿童"用自己的眼睛看，用自己的笔表达自己的情趣"。儿童有了基本功，有了题材，写作对他们来说成为乐事，一般都能写文通字顺的记叙文。全班43人中有32人在《人民日报》《新华日报》《中学生报》《作文报》《少年文艺》以及教育类杂志等报刊上发表观察日记、作文共72篇。有2名学生先后在《小学生报》《小溪流》编辑部举办的全国小学生作文比赛中获得一等奖。在全市作文考试时，实验班43人中有24人获优等成绩，占55.8%，相当于城区小学比例4.58%的12倍之多。

综上所述，实践的检验证明，用辩证唯物主义的观点，从整体出发促进儿童发展，是改革小学语文教学的有效途径，可促使儿童在学习语文中，既掌握工具，又获得心理品质的主动发展。

（本文发表于《教育研究》1985年第1期，于1985年11月获中国教育学会教育论文奖，1988年3月获江苏省第二次哲学社会科学优秀成果三等奖）

情境教学着力全面提高儿童的语言能力

人的意识主要是语言的意识。马克思曾经提出语言是"实际的意识"。由此可见,语言在促进儿童心理品质的发展中所起的作用是不可替代的。

一切语言活动都是与人的感知联系在一起的。从人的语言机制来看,人总是借助于特殊的符号来进行语言表达,包括物体、图形、映象(即表象)和图式,它们构成语言活动的基础。通俗地说,语言的"发源地"是具体的情境。例如,小孩子仰望着繁星密布的天空,会情不自禁地说:"天上的星星真多呀!"参加少先队了,孩子高兴地对妈妈说:"我戴上红领巾了!"看着天下雨了,地上积了一个个小水潭,孩子心想:"让我折个纸船,放在水上漂吧……"所有这些独自语言、对话语言以及内部语言,都与感知活动相关,是由于儿童感知到具体情境而产生的。因此,情境是发展语言不可缺少的广阔场景。可以说,从广义来讲,任何情境的音响、形体、线条与结构,从整体到细节,都可以用一个又一个词去概括、去说明,其间交织着词的组合与变化。教师特意创设的狭义的情境,更呈现出一种有序的状态,无论是外部显现的,还是内部蕴含的,以及由此而延伸的广远的意象,都包含着词句段的组合、变化、扩展,包含着语言有规律的运动程序。它会唤起一个个抽象的观念,而且这些观念又伴随着形象进入意识,这样它就会长久地保持在儿童的记忆里。情境的刺激,促使儿童由情境联想到词,或由词联想到某一情境,把词与形象结合起来。这就有效地促进了儿童在感知的作用下发展语言。正如教育家乌申斯基所说:"我们的一切语言都渗透了外部物质世界的这些影响。"由此可以得出结论:语言离不开情境,情境提供了语言材料,促进了语言发展。

小学语文教学的对象是学龄期的儿童。儿童在学龄前期,虽已基本上掌握了语言交际能力，但是，他们还不善于独立地、按照一定逻辑顺序进行连贯的讲述，他们的词汇缺乏，语言不完整，书面语言尚未掌握，这些都有待于发展。儿童入学后，新的学习任务、生活内容向他们提出了自觉地、有系统地学习语言的要求。根据情境与语言发展的内在联系，在语文教学过程中，应充分利用创设的情境，有步骤、有目的地全面提高儿童的语言能力，包括发展儿童的内部语言及外部语言（口头语言与书面语言）。

一、创设情境，描述画面，发展独自语言

儿童置身于情境中，加上教师主导性的语言描绘，强化了儿童感知，他们往往会产生一种表达欲望。独自语言是主动的、有组织的语言形式。要求学龄期的儿童能随意地、连贯地组织语言，需要进行系统的、经常性的训练。为此，不仅要明确各阶段的训练要求，还要考虑到训练的形式与手段。严格地说，遣词造句的训练是贯穿于整个小学阶段的，因为任何长篇大论都是由一个个词组合成一个个句子的，并且包括句型、句式及修辞的运用。训练是从句的训练开始的，逐步过渡到段，然后从一段话到几段话。情境教学十分注重儿童自己的语言实践，利用已创设的情境，进行语言训练，并以进行独自语言训练为主。教学《过桥》一课，当在下雨天，雷锋背小同学过河上学的情境展现后，教师提出："什么时候，在哪儿，雷锋是怎样帮助小同学的，谁能说一句话？"学生说："下大雨时，在河边，雷锋把小同学一个一个地背过桥。"接着再加大难度："雷锋背小同学过桥，外面下着雨。下大雨时，天怎么样，风怎么样，雨多么大，谁能说一段话？"黑板上提示：

　　　　天＿＿＿＿＿，风＿＿＿＿＿，雨＿＿＿＿＿，河水＿＿＿＿＿，雷锋＿＿＿＿＿。

学生凭借情境展现的形象，从记忆中的词语小仓库里检索出相关词语，按要求进行有序的排列，组合成一段独自语言。他们一个个争相发

言,并不感到困难。由难度较小的语言任务逐步过渡到难度较大的语言任务,表述由依靠较多的外部支撑过渡到依靠较少的外部支撑,这样的训练是不胜枚举的。经过一段时间的训练,学生就可以逐步形成相应的独自运用语言的技能系统。

二、体验情境,扮演角色,发展对话语言

在日常工作、生活与学习中,我们常常需要运用语言这一交际工具进行对话。对话语言是不随意的反应性的语言,它是受情境及前面的发言所制约的。对话语言的训练,必须与"听话"能力的训练结合起来。由于对话语言必有角色,显得富有生趣,儿童很乐于进行这种训练。

(一)根据课文情境,扮演角色

在小学语文教材中,童话、寓言、故事都是有人物或拟人化的角色活动着的,随着故事的发展,都有对话。在课堂上,利用学生已经进入情境的情绪,让他们扮演角色,广泛分小组进行对话训练:有接近原文的复述性对话,也有改变原文情节的创造性对话。学生通过扮演角色的对话,从具体的对话语言中,领悟到对话的应答性,体验到人物对话由于情境、身份、说话内容的不同而变换语气、语调。这样的训练是经常性的。凡是有人物、有角色扮演的课文,都可进行对话训练。在训练初期,进行接近原文的复述,主要是模仿、体验,从模仿到创造,这样难度小,要求易于达到。有些课文,让学生运用想象,进行创造性的对话训练,则能收到理想的效果。因为所表述的是课文上没有的,让学生根据课文情节发展的可能,并结合自己的生活经验,进行提问、请求、陈述。谈到创造性对话训练,途径是很多的:①改变故事情节的对话。例如,《狼和小羊》一课,让儿童设想"狼扑向小羊后小羊有没有被狼吃掉"。儿童按照自己的心理,总希望小羊没有死,而且想出种种办法对付狼,这是极好的语言训练,也是求异思维的训练。教学时,便可取其一种。假设小羊在狼朝它扑过来的

刹那间，从狼的腹下用羊角顶伤了狼的肚子，然后逃走报告猎人，于是就可以凭借这一情境，让儿童扮演小羊与猎人，进行对话。②增添角色的对话。例如《新星》这篇课文是通过嫦娥与小玉兔两个角色的对话介绍新星的。为了增添情趣，适当增加难度，发挥儿童的创造性，可增加"吴刚"这一角色，进行对话训练。整个对话因为增添了新的角色，需做些改动、调整。新添角色的对话，也需结合原角色的内容而重新组织。③根据情节补充的对话。例如《一只小羊羔》的故事中写道："是谁丢了羊羔呢？巴特抱着小羊羔，到处去打听。大家都说没有丢。"为了理解"打听"一词的含义，进一步表现巴特急于找到小羊羔的主人，可以结合这个情节，让儿童补充巴特到处打听的情节以及与大爷、大娘的对话。训练后，课文内容学生学得更有趣了，对话的能力也得到一次极好的训练。④改变体裁进行的对话。诗歌、说明文一般没有对话，必要时可改变体裁，改成故事，甚至改成剧本，进行创造性的复述，为对话提供更适合的内容。《新星》让学生改编成剧本，自编自演；《蚕和蜘蛛》由诗歌改成童话，让蚕和蜘蛛比赛，再加上一个裁判员，进行评判。所有这些，都是既结合课文特点，又易于见效的对话训练形式。因为角色在情境中，情境提供了语言材料，丰富了角色的词汇，学生又通过扮演角色进一步体验了情境。

(二) 创设生活情境，练习对话

对话的实际运用是在生活之中，因此，很有必要结合教材训练语言的要求，创设生活情境，确定某一主题进行对话。例如，图书馆管理员与借书人，营业员与顾客，售票员与乘客，爸爸妈妈与孩子以及同学之间等。我自己就不止一次扮演角色，与学生对话，学生一个个快活极了。

有些涉及天体的课文，还可以采用发报对话的形式，让学生进行富有科学幻想性的对话，这更体现了对话语言的应用性。这种创设生活情境的对话，不仅易于取材，而且也提高了语言应用的效率。

三、带入情境,把观察与思考结合起来,发展内部语言

内部语言是无声思维中所发生的语言活动的一种特殊形式,它往往是在计划、酝酿准备阶段表现出来的。由于内部语言用于自我思考的过程中,无须对别人陈述,因此,它常常表现为断断续续、不连贯、意思跳跃,句子成分也多为残缺不完整,较少受语法限制,具有高度的"情境性"。因为在实际思考过程中,只用半句话,甚至一个词,自己就明白了。

内部语言是外部语言的基础,尤其在教学过程中,学生为了回答教师的问题,或为了完成有关口头表达或书面表达的作业,内部语言就会积极展开。内部语言的发展不仅促进了外部语言的发展,更重要的是促进了思维的发展。

情境教学在把儿童带入特定情境时,往往从指导儿童观察入手,而儿童感知情境客体,进行思维活动,都是借助语言,主要是内部语言实现的。所以,当情境出现后,儿童的内部语言也随之活动起来。例如教学《小蝌蚪找妈妈》,上课开始,教师联系儿童的生活实际,创设问题情境:"这两天,小朋友都在观察小蝌蚪,你们知道小蝌蚪的妈妈是青蛙,可是小蝌蚪不认识自己的妈妈,于是它就去找了。"(随即以简笔画——一张水草图,贴上一群小蝌蚪,再现这一情境)由于情境的展现,儿童的大脑语言区此时断断续续地闪过"小蝌蚪—妈妈—青蛙",并同时复现青蛙的形象,进而提出"怎么会不认识"、"现在到哪儿去找"等问题,思维敏捷的儿童还会产生"不知找到了没有"的想法。加上情境教学十分注重语言的实践性,儿童观察后,一般有明确的表达要求,或描绘情境,或表达感受。教师要有意识地调节、主导儿童的认知活动,把观察与思考结合起来,从而使儿童的思维活动与内部语言活动有明确的方向性。例如教学《小蝌蚪找妈妈》,教师边描述边变换画面,并结合画面提出表达要求:"小蝌蚪在水里游呀,游呀,看见鲤鱼妈妈在教自己的孩子捉虫时,小蝌蚪会想起谁呢?"教师要求儿童用疑问句表达小蝌蚪想妈妈的心情。儿童

凭借眼前的情境加以体验、推想，会想出："谁是我的妈妈呢？""我的妈妈是什么样的呢？""她在哪儿呢？""我什么时候才能找到妈妈呢？"因为所创设情境的鲜明形象连同丰富的美感同时进入儿童的意识，这就使儿童的情绪兴奋而愉悦，内部语言便在"想说而又乐于说"的表达欲望中积极准备起来，进入计划组织阶段，从已贮存的词语中迅速检索，跳跃式地加以组合。由此不难看出，情境教学的运用，为儿童内部语言的材料、方向、程序提供了一系列有利条件，并激发了儿童积极运用语言的动机、情绪。总之，情境教学为有效地发展儿童的内部语言创造了适合儿童的最佳的语言环境。

四、带入情境，强化感受，发展书面语言

书面语言是独自语言的另一种表现形式，它具有独自语言的一切特征，是最有组织的、最不随意的语言。它在结构上比口头语言复杂得多。它不像口头语言那样，在缩短一些内容、省去一些句子成分，即话说得并不那么完整、精确时，听者仍可以通过发言者当时的表情、手势、声音、语调、停顿这些辅助手段，领悟其语意。由于口头语言带有一定的"情境性"，在有些方面，可不言而喻。而书面语言由于是无声的语言，仅仅是凭借文字符号去表达，因此，它对于词的搭配组合、词序以及句群关系、段与段之间的内在联系等都有严格的要求，否则词不达意，读者就无法正确地领会作者的意图、要求。所以，掌握书面语言难度很大，尤其是对少年儿童来说，更是如此。只有通过一个时期的严格训练，才可逐步掌握。训练书面语言的形式，在学校主要是作文。

用书面语言表达，首先，要让学生有言可表。情境的形象性以及丰富的美感，不仅使儿童记忆中储存的词顿时复苏再现，而且美感的愉快又让儿童萌生了表达的欲望。例如，当学生观察了奶牛吃的是草，挤出的是白花花的奶时，"奶牛"的概念更具体了。由此联想到平时喝的营养丰富的牛奶便是从这奶牛身内挤出的，而它对人的要求又是这么低——一些杂乱

的干草、枯叶、瓜藤,于是觉得奶牛是多么可爱,要去表达,觉得有话可说。这就使儿童的书面表达做到言之有物。其次,要合理安排情境的逻辑顺序,使学生获得的材料是条理化的,而不是凌乱的。书面表达,很重要的一条就是条理清楚。杂乱无章的表达,读者是无法揣摩作者的写作意图的。观察活动必须有思维的参与,边观察、边思考,程序要条理化,使学生在获取材料的同时,思路清晰,思维活动进入有序状态。这样,就为学生书面表达的条理性打下了重要的基础。例如,让学生观察制氧情境,学生从制氧的原料、过程、氧气的集取以及氧气的特点展开观察,这个有序的过程本身,就使学生有可能在写《一次有趣的实验》这篇作文时做到言之有序。

只有先做到言之有物又言之有序,今后才有可能达到言之有理、言之有情,所有这些都少不了选词组句。词句的训练,布局谋篇的训练,立意切题的训练,都需严格,甚至标点符号的训练,都是必不可少的。

在做了上面的分述以后,我想概括一下,那就是情境使儿童的语言有了充实的材料,使抽象的语言有了生命力,使语言扎根于儿童的思想之中,并且在思想上不断发展起来,即"情境—提供语言材料—借助语言展开对这些材料的思维活动—通过思维活动运用语言去表达"。这种凭借情境的语言训练,符合儿童语言与思维的特点。情境呈现的现象、内容和蕴含的丰富的思想,促使儿童把思维与语言结合起来,它完全不同于那种纯粹抽象的学习语言的方法,那是把语言这一表达思想的工具阉割成一个个相互间没有联系、没有情感的单项训练,或者是把虚构的或不易理解的、互不联系的内容作为语言的材料,这种为训练而训练的形式主义方法,抽掉了语言的实质——思想。语言一旦不能用来作为表达思想的工具,就从根本上挫伤了儿童发展语言的主动性,其表达的内容也必然是贫乏的、空洞的,这就从根本上失去了凭借语言的训练来发展思维的意义和作用。

在这里,我还想特别强调儿童学习祖国语言的另一个重要意义,那就是通过祖国语言的学习,培养儿童对祖国的热爱,从而热爱我们伟大的民族。我们民族悠久的历史、灿烂的文化,都是用祖国的语言将之载入史册的。民族精神生活中所有奇迹般的涌浪和无数闪光的浪花都是依附在祖国的语言里,流淌在历史的长河中的。语言是民族的思想和感情的有机创造,是民族的最好表征。因为一个民族总是把自己全部精神生活的痕迹都珍藏在民族的语言里。运用情境教学,可以使儿童带着强烈的情感去学习语言。同时,又通过语言的学习,培养学生对民族、对祖国的爱,以达到全面地促进儿童和谐发展的目的。这是完全可以做到的。正如乌申斯基所说:"这个令人惊奇的教师——祖国语言——能以某种望尘莫及的简便方法,不仅教得很多,而且教得非常容易。"

(本文发表于《山东教育》1987年第5、6期)

情境教学与儿童思维品质的发展

一、情境学习与儿童形象思维的发展

记得乌申斯基曾经写道，儿童是"用形式、声音、色彩和感觉"思维的。也可以说，儿童的思维是艺术的、形象的，饱含情感的，即使在进行抽象的逻辑思维时，也仍然伴随着形象。显然，情境教学符合儿童的思维特点。情境教学的运用，会使儿童的思维活动在最佳的心理状态下进行。

这里仅就情境教学促进儿童形象思维的发展，谈几点认识。

（一）展示大自然的场景，形成表象的广阔性

表象的贮存是儿童认识世界的起点，也是形象思维的基础。绚烂多彩的大千世界，是促进儿童发展的理想的广阔天地。而传统的注入式教学的做法，往往把儿童囿于几十平方米的教室里，课堂教学成了唯一的途径，单一的封闭式的教学禁锢了儿童的思想，限制了他们发展，在很大程度上切断了儿童思维的活的源泉。情境教学是开放的，它可以在课堂进行，也可以到生活中去进行。大自然中经常可以选取到生动的情境，尤其是一二年级，更应以大自然为主要客体，向儿童展示一幅幅美丽的图画。春天的早晨，我带孩子们踏着露水去采野花，坐在田埂上望着疾飞的春燕。秋天的夜晚，我带孩子们在小河边，等待着月亮从河那边冉冉升起。在晚风中，我和孩子们看着在云朵里穿行的月亮，唱起优美的童谣："皎洁的圆月亮，银盘般的圆月亮，你可愿意和我来玩有趣的捉迷藏？你呀，满脸含着微笑，躲在云里……"歌声伴着习习的凉风，摇碎了水中的月影。夏天的傍晚，当雷声轰鸣、闪电划过天地，我和孩子们伫立在屋檐下，看着天

上翻滚的乌云,狂风卷起了地上的尘土,蚕豆大的雨点落下来了,孩子们跑到操场上,用圆脸、用小手接着凉飕飕的雨点。雷声夹着闪电,狂风携着大雨从天而降,巨大的轰响、雷雨强大的力度似乎摇撼着整个大地,充分显示了大自然的威力。隆冬时节,一场大雪覆盖了原野,我又带着孩子们踏着雪来到广阔的田野上。啊,远远近近、大大小小的屋宇,犹如童话里的一座座水晶宫殿,整个原野白茫茫一片。河岸上,芦苇在寒风中颤抖,草儿枯了,野花也不见了,河中的小鸭也不知躲到哪儿去了。到处是雪,白皑皑的雪。一会儿,太阳出来了,把这雪的原野抹上了金色,孩子们眯着眼,被眼前的一切迷住了……

多少回,大自然以它神奇的魅力深深地把孩子们吸引住。此时此刻,多少映象带着鲜明的色彩与音响,留在孩子的记忆中;多少个"为什么"带着迷人的诱惑力在孩子的脑海里翻腾;又有多少个生动的词语随着这一切而变得活跃起来,闪现在眼前的客体与孩子的词语仓库之间。周围世界的鲜明形象对教师来说只是一种源泉,在这个源泉的各种形状、色彩和声音里隐藏着成千上万个问题。事实也正是如此。记得孩子们在二年级时,遇上了一场大雪,站在雪中,纷纷扬扬的雪花沾在我和孩子们的身上,落在他们的圆脸上。在课堂上联系到这生动的情境,激发孩子们提出了许多疑问:"雪花为什么是六角形的?有五角形的吗?""雪花为什么这么轻、这么美?""雪花为什么这么白?""雪花为什么是从天上落到地下,而不是从地上升到空中?""雪为什么有时下得大,有时又下得小?为什么不一直下大一点儿呢?"……可以断言,倘若孩子们没有在雪中用整个心灵去感受,而是脱离了雪的具体的情境,他们的思维是不会这么活跃的。

(二) 作用于多种感官,提高感知的强度

情境往往以多种形式出现,或图画的,或音乐的,或表演的,等等。儿童看到的,或听到的,或触摸的,或既听到又看到的,促使其多种感官兴奋,加上教师语言的刺激,往往给儿童的感知带来一定的情绪色彩,从

而提高了感知的强度。正如苏霍姆林斯基所指出的那样,这种直观"是一种发展观察力和发展思维的力量,它能给认识带来一定的情绪色彩"。这样,情境在儿童的记忆里留下的不仅有表象、概念,而且有思想、情感和内心感受,所有这些,必然促使儿童的形象思维活动积极进行。就拿教学古诗来说,如果仅停留在字面的讲解、词语的注释上,学生就进入不了诗歌的意境,就不能很好地理解诗情画意,当然,也就谈不上真正地理解一首诗。例如教学《暮江吟》,作为五年级的学生,尤其是实验班的学生,通过自学,加上教师对关键字眼的指点,对全诗的大意是可以理解的,但诗的意境他们不一定能体会到。我便引导学生抓住诗中的有关词语,运用图画演示等手段创设情境,激发他们通过形象思维的积极活动去体会,从而进入情境。

(1) 让学生抓住诗中描写的主要景物,点明空间。白居易站在江边,吟诵了哪些景物?(残阳、江水、月、露)

(2) 明确时间。诗人从什么时候到什么时候站在江边?(从日落到月出,从黄昏到夜晚)

(3) 根据学生回答,用简易画创设情境。

(4) 让学生担当角色,进一步进入情境:现在就请小朋友做诗人,此刻你就站在江边,眼前的景色美极了,你犹如置身在一幅图画之中。那么,你看到了什么呢?

学生凭借眼前用简单线条勾勒出的图画,结合自己进入情境的体验,展开联想,对情境进行加工。这样,形象思维势必积极活动。下面是学生对想象中的诗的画面的即兴描述。

生1:黄昏时,我踏着夕阳,漫步来到江边,只见远处翠绿的江水微微颤动。在夕阳的照耀下,一半江水被照得红红的。我爱这九月初三的夜呀,露水像珍珠,月亮像弯弓。

生2:我站在江边,看到江水拍打着礁石,江水一半碧绿一半红。太阳渐渐地落下去了,月亮颤颤地升出水面,熠熠发光。

九月初三之夜多值得爱啊,露水像珍珠,月似弓呀!

从儿童描述的词语变化中不难看出,情境展示作用于儿童多种感官,增强了形象的亲切感,使感知具备了一定的强度。描绘的画面是可见的,对全诗的意境情感,儿童有了较为具体的体会,这就是情境激起—形象思维,内部语言积极活动—加深了对情境的理解。

(三) 缩短时空距离,增强形象的现实感

在教学中,我们会接触到许多描写异国他乡风俗人情的课文,也会接触到许多描写过去甚至是远古时代的课文。这些课文的教学,正是为了让儿童进一步认识这个广博的世界,了解人类社会的发展。但是,这与儿童的生活环境或者有空间的距离,或者有时间的距离,而这些时空之差往往因为显得遥远而难以体验,影响了儿童对它们的认识。情境教学通过一定的途径,缩短了时空距离,使远的变近了,过去的变成现实的。《小音乐家扬科》《卖火柴的小女孩》《凡卡》这些课文,揭露了资本主义国家穷苦孩子的悲惨遭遇,距离我们学生的生活甚远,不易感受。通过情境的创设,这些课文中作家笔下的一个个小主人公都再现在学生的眼前,一下子变得活灵活现、有血有肉,甚至他们的喃喃自语,他们绝望的叹息,连同那伤心的哭泣都仿佛可以听到;那瘦小的身影,渴求的双眼,甚至那淡淡的微笑,仿佛都是可以看到的。

教学《凡卡》时,上课开始,我以深沉的语调,描述故事发生的情境,促使学生进入课文情境。

> 教师说:"《凡卡》是俄国著名作家契诃夫写的一篇非常感人的小说。读着它,好像把我们带到狠心的鞋匠家的小屋里,来到了九岁的凡卡身边……"接着提示情感性问题,以增强学生的内心体验,激起他们对主人公关切、怜爱的情绪:"课文一开始

就说'九岁的凡卡,给送到鞋匠那儿当学徒',当你读到这儿,你觉得九岁的孩子应该干什么?"学生很自然地联系到自己的生活实际,为体验凡卡学徒生活的悲惨做了必要的感情铺垫。

孩子们说:"九岁的孩子应该在自己家里,在爸爸妈妈的身边,得到亲人的疼爱。""九岁的孩子不应该去当学徒,应该去上学!"……

教师以描述肯定学生的体验:"然而九岁的凡卡却离开了家,离开了亲人去当学徒。你们看书上的图,凡卡跪着,该多小啊!"

顺着课文情感的发展进一步把学生带入课文情境:"如果就在这圣诞节的夜晚,你来到鞋匠阿里亚希涅作坊的小窗口,朝里看,你会看到什么?又听到什么?"

在这样导语的支配下,学生带着关切凡卡的情感去阅读课文。那描写凡卡提心吊胆的词语——"担心地"、"斜着眼睛"、"叹了一口气",一下子扣住了学生的心弦。他们想起了"每逢佳节倍思亲"的诗句,说:"九岁的凡卡在家家户户欢聚的圣诞节夜晚,却孤苦伶仃,他想到自己没爹没娘,爷爷又离自己这么远,老板又这么凶,他实在活不下去了,所以他冒险给爷爷写信。"从学生的发言可知,教师用语言描述的情境,使儿童通过联想与想象,形成"视像",仿佛凡卡就在眼前,开始体验到凡卡的处境与悲凉的心情。在刚接触课文时,就不只是几个概念——故事发生的时间、地点、人物、情节,而是伴随着形象,激起关注凡卡命运的情感,在与作者感情有所共鸣的心理状态下,去阅读作品,理解作品,有效地促进了形象思维的活动。

所以当孩子朗读"亲爱的爷爷康司坦丁·玛卡里奇",仿佛能体验到凡卡在轻轻地呼唤着爷爷,在读到"我没爹没娘,只有您一个亲人了",都很好地读出了停顿和重音,读得那么感人,有的禁不住流下了眼泪。因为孩子们的情感与凡卡的命运紧紧地拴在一起了。他们通过自己形象思维的活动,理解了作品中凡卡写信的特定时间与具体情境,并且由此而急切地想知道凡卡的信有没有写好，在写的过程中，老板有没有闯进来……到课文快结束时，我便提出："凡卡的这封信爷爷能收到吗？结果会是怎样呢？"继续启发学生通过各自的形象思维活动展开想象。他们说：

- 等到春天，爷爷还不来接凡卡，凡卡在一个没有月亮的夜晚，逃出了鞋店，回到了爷爷的身边。
- 日子一天天过去了，爷爷一直不来接凡卡，老板和老板娘，还是不断地折磨着凡卡。凡卡又饿又累，伴随他的只有自己的泪水。最后，凡卡终于死在老板的魔爪下。

……

显然，学生是通过自己的体验与想象，用曾经积累的表象进行思维活动，那些遥远的人物及人物的遭遇，凭借着学生进入情境的内心体验，使他们的思维活动伴随着情感进行着。

同样，那些过去的，甚至是很久很久以前的事，也可以通过情境教学，使它现实化。

综上所述，情境教学的进行，不仅丰富了儿童的表象，而且由于感知强度的提高、形象的现实化，使儿童身临其境，如见其人，如闻其声，亲切而真实。这样的情境作用于儿童的心理，客观情境、主观感受促使他们的形象思维积极进行。同时，由于情境意象的广远，更使儿童的联想与想象活动随之展开，这就进一步使儿童的形象思维具有更广阔的空间和浓厚的情感色彩。因此，情境教学促进儿童形象思维的发展是必然的。

二、情境学习与儿童抽象思维的发展

儿童的智力要获得充分发展，必须学会分析、综合、判断、推理。学龄期的儿童，思维正从具体的形象思维逐步向抽象的逻辑思维过渡。作为小学语文教师，通过儿童语言的训练，有意识地促进这种过渡，是发展性教学的重要任务之一。

情境教学注重观察，强化感知，往往又将理念寓于其中，这符合儿童的抽象逻辑思维在很大程度上仍然与感性经验相联系，具有很大的具体形象性的特点。因而，情境教学不仅可以促进儿童由具体形象思维向抽象逻辑思维过渡，而且会促进抽象逻辑思维的发展。

（一）情境的逻辑顺序，有利于思维的条理化

情境是一种有序的状态，无论是生活展示的情境，还是课堂上以直观手段演示创设的情境，都符合一定的逻辑顺序，呈现并列关系或主次关系、因果关系或表里关系。《要是你在野外迷了路》所创设的从"白天"到"黑夜"、从"雨天"到"雪后"四个特定时间的呈并列关系的情境，使情境体现了有序性；在观察野花时，先让学生找野花、看野花，通过感受野花之多、野花之美，从遍地开放的野花，认识野花不要人播种，不要人浇水、施肥而能到处生根开花结籽的野生特点，使情境呈现出"表里关系"的逻辑顺序；教学《珊瑚》，用珊瑚实物演示情境，以大海画面为背景，根据教学内容，珊瑚与大海呈现出"主次关系"的逻辑顺序，珊瑚为"主"，大海为"次"；教学《富饶的西沙群岛》，以简笔画创设海底情境，有高耸的山崖、低陷的峡谷，由于海水深浅不同，因而海水色彩各异，表现出了事物的"因果关系"。

情境演示的程序本身是符合逻辑顺序的，学生通过感知获取的材料，也必然是有条理的，思维程序也易于进入逻辑顺序的状态。例如教学《我是什么》，抓住课文的主导句"我会变"，以剪贴画再现儿童日常观察能见到的"蓝天白云"、"乌云翻滚"、"红霞满天"的特征，帮助儿童理解"穿白衣服"、"穿黑衣服"、"红纱披在身上"，加上教师的语言描述，使情境呈现出从果到因的逻辑关系，学生面对眼前的形象，提出了有关"云"和"水"之间具有内在联系的问题："云为什么会走？""云是水变的，水怎么跑到天上去的呢？""为什么下雨天是乌云，晴天是白云呢？"一年级学生能提出这些问题，表明形象鲜明、具有一定逻辑顺序的情境，

激发了学生对事物的本质探究,然后以实物演示"水蒸发变成汽"的情境,认识"水—汽—冰"的变化,以及水呈三态的本质属性,从而促使学生的抽象逻辑思维积极活动,加深对课文的理解。

(二) 情境蕴含理念,促使形象思维向逻辑思维过渡

情境教学借助的图画、音乐、实物、表演、语言及生活的场景,都是其赖以表现的形式,而内涵则是其蕴含的理念。在情境教学中,通过这些形式一步步地展现,引导学生去琢磨、理解,领悟其内容——课文所蕴含的哲理及事物的本质。从教师的思路来讲,是根据课文显示的理念,考虑教学的形式、手段,创设情境,揭示理念,即抽象的理念—形象的情境—抽象的理念。从学生的认识过程来说,他们首先感受到的是形象,同时,接受教师的语言信号,调节思维活动,进行分析、综合、比较,而后做出判断,从中悟出理念,即从形象到抽象。因此,情境教学无论是从教师设计让学生感知的程序来说,还是从学生接受的程序来说,都是有利于形象思维向抽象思维过渡的。例如,《南辕北辙》这则寓言告诉学生行动与目的相反,是永远达不到目的的,寓意便是这则寓言创设情境的理念。寓言虽然短小,但寓意较深,对三年级小学生来说难以理解,需要从形象入手。教学时,我通过简笔画和表演两种途径创设情境,启发学生想象,并设计句式进行训练。

情境1:结合学生自学,以简笔画示之。从前有一个人要到什么地方去?(突出要去的目的地)而他的车向哪个方向走去?请你读一下课文,在图上用箭头表示一下。(图略)

对图进行语言描绘:"这人真有趣,南边的楚国是他要去的目的地,而他的车却向相反的方向北边驶去。"

情境2:担当角色,体会寓意。为让全体学生担当角色,首先同桌两人一组扮演坐车人和他的朋友进行表演,并启发学生想象:这个坐车人,当别人劝告他时连说三个"没关系",你们能

想象到他当时的态度和神情吗?

由于学生通过分组表演,已开始进入角色,所以能想象到坐车人是"想也没想"、"不假思索"、"十分固执"的态度。随后,请两名学生表演,学生进一步体验到这个坐车人"南辕北辙"的可笑。实践表明,学生正是伴随着对这个坐车人"不假思索"、"执迷不悟",径直向与楚国相反方向驶去的可笑形象进行分析,然后做出判断:这个人是到不了楚国的,因为他的行动和目的地相反。显然,这是在形象思维的基础上进行的抽象逻辑思维。情境蕴含的理念,正是课文本身要揭示的观点。缺乏理念的情境,便离开了教学内容的核心,成为教学过程中多余的形式。

再拿一般的散文来说,也同样可以通过情境内含的理念创设情境,促使学生由形象思维向逻辑思维过渡,《落花生》便是其中的一例。城市里有的学生虽然常吃到花生,然而并未见过长在泥土中的花生,更不大明白落花生"它的果实埋在地里,不像桃子、石榴、苹果那样,把鲜红嫩绿的果实高高地挂在枝头上,使人一见就生爱慕之心"这一特点。这就很有必要运用情境教学,以简笔画再现生长中的花生。接着进行描述:"你们看落花生,矮矮地长在地上,它的果实深深地埋在地下(说着随手以一褐色的纸沿图中的线盖住,以示泥土),人们站在它的身边,也不能看到它的果实。"然后抓住课文中"矮矮地"与"高高地"一组反义词及相关的动词"埋"与"挂",引导学生通过比较、概括,初步懂得落花生喜欢"内藏",桃子、石榴、苹果却喜欢"外露"的不同品格。实际上,这就是思维过程,从具体形象到抽象概括。由于学生此时的抽象思维是伴随着落花生的形象进行的,所以思想表现得很活跃。我进一步提出:在我们的日常生活中,有哪些事物(或人物)也像落花生一样,不喜欢外露,而喜欢内藏,样子虽不好看,却对人有用?学生思维积极活动,一下子列举了十多种事物。下面是部分学生的即兴发言。

- 藕，它虽然埋在乌黑的淤泥中，但它可以供人食用。
- 煤，虽然埋在深深的地里，它却可以燃烧，带给人们光和热。
- 石灰，生在山里，但对人的用处很大，经过千锤百炼把清白留给人间。
- 骆驼，虽然样子丑陋，但是它能长途跋涉，行走在干旱的沙漠上，为人类服务。
- 蚕，吃的是桑叶，样子并不好看，但是它把洁白的丝全部献给人类，就像人们所说的那样"春蚕到死丝方尽"。
- 陪练员，虽然不能参加正式比赛，但是为了培养冠军，自己默默地工作。一个想外露的人就不肯做这样的牺牲。
- 清洁工人，整天和垃圾打交道，却给人们带来了清洁的环境。
- 小石头，虽然不美，却能铺路，让人们踏在它的身上，走向前方。

……

从学生的回答不难看出，由于思维的积极活动，促使他们由表及里地认识事物，体会落花生及其类似事物包含的深刻的哲理，懂得"人要做有用的人，不要做只讲体面而对别人没有好处的庸人"的道理。

可以设想一下，在教学时，课文本身虽包含着理念，但如果从概念到概念，学生就不能很好地感知形象，那么由此而展开的抽象逻辑思维就不可能这样活跃。情境教学从形象到理念，符合儿童思维的发展规律。再说，这种从具体形象上升到抽象理念的思维活动，往往加速了学生观念的形成，使其逐步建立起对客观世界的正确观点，这是实现语文教学教育性的重要方面，所以，情境教学十分重视由形象思维向抽象思维的过渡。

(三) 情境中的语言训练，有助于儿童学会分析判断

儿童的分析、综合、判断、推理的思维活动，是借助于言语实现的，是在第一和第二信号系统的协同活动中完成的。结合情境中的语言训练，有助于儿童推理能力的形成。

由于世界浩瀚无边，人们不可能一一去直接认识，因此，间接认识世界就显得十分重要。推理是人们对客观事物的间接认识，是由已知推出新的判断的思维形式。一般说来，儿童由于抽象逻辑思维还属于初级阶段，推理能力较弱，但是，这种推理能力是可以培养训练的。在实验班，主要通过情境中的语言训练，引导儿童学习初步的推理方法。

由于实验班着眼于儿童的发展来组织教学，所以在设计语言训练时，常常结合学科特点，有意识地进行推理训练。前面所提到的《南辕北辙》一课，为了帮助学生自己揭示寓意，教学时设计了这样两种句式训练。

训练1：这个坐车人以为马跑得快，车夫是个好把式，带的盘缠多，就可以到达楚国，你们认为像他这样能到楚国吗？（出示句式："不但……而且……"、"因为……"）

这样的语言训练，促使学生从坐车人与目的地背道而驰的错误行为，做出"到达不了楚国"的判断，而且推导出"不但到不了楚国，而且离楚国将越来越远"，并以"因为"揭示了到达不了目的地的根本原因，这实际上是运用演绎推理的思维顺序推出寓意。

训练2：为了使学生深化寓意，做出积极的判断，提出："现在我们来帮助这个坐车人，告诉他怎样就可以到达楚国。"
（出示句式："只要……就……"、"越……越……"）

为了完成这样的语言训练，学生的思维活动势必从已知的否定的判断，推出一个新的肯定判断。这样不仅加深了对寓意的理解，而且使推理能力也在其中得到训练。

在小学语文课本中安排的《鱼和潜水艇》《蝙蝠和雷达》《琥珀》《黄河象》等有关仿生学、古生物等常识性的课文，更是培养学生推理能力的好教材。对于情境中的语言训练，实验班做了有意识的设计安排。

在备《黄河象》一课时，抓住课文最后一节（从它站立的姿势可以想象出它失足落水那一瞬间的情景，从它各部分骨头互相关联的情景可以推想出它在死后就在原地没有移动过，所以能够保存得这样完整）中的两个词，一是"想象"，二是"推想"，这就决定了教师在教学过程、教学手段上，应有意识地借助学生的形象思维让学生展开想象，通过推理训练，发展学生的逻辑思维能力。

上课开始，教师通过语言描述和出示一张简单的黄河象挂图，把学生带入"站在黄河象化石旁"的情境中。

教师这样描述"有多少同学见过大象？大象已经够大了，但古代的黄河象比现在的大象大得多，在北京自然博物馆的古生物厅里就陈列着一具黄河象的化石。假如有一天，老师带你们到北京去，来到北京自然博物馆的古生物厅里，首先映入我们眼帘的，便是那高大的黄河象的化石。此刻，我们便站在这个黄河象的周围参观。"（出示挂图，结合讲解让学生感受黄河象之大）

带入情境的目的，是为了让学生带着热烈的情绪展开想象、进行推想。于是教师这样引导："这头黄河象的骨骼这么完整，从它昂着头、左脚抬起，大家可以想象一下，看谁能推想出黄河象死的一瞬间是什么情况。"

眼前的情境，使学生一边张开想象的翅膀，一边又进行着哲理的推测，他们展开了热烈的讨论，从他们的发言可以看出他们思维活动的情况。

生1：我想，可能黄河象正在散步，火山爆发了，一声巨响，它抬头一看，惊呆了。当它抬起左脚正要逃跑时，已经来不及了，火山的岩浆把它盖住了。

生2：这不可能。火山一爆发，黄河象的骨头便会炸得四处乱飞，它的骨骼就不会这么完整了。

生3：也可能是黄河象正在寻找食物时，走进了流沙层，流沙把它深深地盖住了。

生4：也可能是它来到沼泽地喝水，当它抬起左脚要喝水时，身体就陷到烂泥里了，因为黄河象太重了。

孩子们热烈地争论后，教师热情地肯定了他们敢于推想的积极性："考古学家在发现这样的化石以后，正是根据考古学知识做科学的推想。你们的推想，从某一点来看，也有一定的道理。"孩子们受到老师的鼓励，对想象、推理思维活动更感兴趣了，并且怀着极大的兴趣，进一步阅读课文。所以，当他们饲养小蝌蚪时，就推想小蝌蚪的尾巴一定是帮助它游动时掌握方向的，像小鱼的尾巴一样。为了证实自己的推想，他们对小蝌蚪的尾巴做了试验，最后证明推想是合理的。他们开始注意怎样从现象推想出本质，怎样从原因推想出结果，又从结果推想出原因。他们通过自己的分析、推理做出判断，抽象逻辑思维得到了较好的发展。

教学《我是什么》，从"小珠子"、"落"、"小硬球"、"打"、"小雪花"、"飘"，让学生认识到水可以变成各种形状、不同质地的东西。教学时以"词儿找朋友"的游戏进行语言训练，出示"小珠子"、"小硬球"、"小花朵"、"落"、"打"、"飘"、"雨"、"雹子"、"雪花"，指导学生归类。

这样的练习，使学生进一步认识事物之间的关系，描述事物不同的状态，这一过程无不贯穿着逻辑思维的训练。

三、情境学习与儿童创造性思维的发展

实验证明，运用情境教学，可以促进儿童创造性思维的发展。

（一）观察情境丰富了表象，为组合新形象打下基础

儿童对世界认识的加深，在很大程度上取决于表象积累的广度与深度。乌申斯基曾说过："初步教学的责任是要教育儿童真实地观察，要以尽可能完全的、真实的、鲜明的形象来丰富他的心灵，这点形象以后成为儿童思维过程的要素。"观察能力是进行创造性思维活动不可缺少的一种能力。人类社会中的许多创造发明往往是建立在敏锐地观察事物的基础上，或是发现了那些被人们忽略的细节，产生顿悟而豁然开朗。通过观察储存表象，是培养儿童创造性思维的首要步骤。

情境教学，往往从观察入手。大量的观察，在儿童眼前展现了一个个富有美感而意象广远的情境，极大地丰富了儿童的表象。实验班组织儿童观察的客体包括大自然、社会生活乃至艺术作品。每一方面的观察虽不齐全，但使儿童对我们这个大千世界的各个方面，或多或少有了一定的具体感受。儿童在校五年，观察的内容是丰富多彩的。从宏观的宇宙世界来说，有日月星辰天体的神秘景象，也有风云雨雪、冰雾雷电牵动天地之间的变化，以及春夏秋冬四季的典型景象；从儿童的周围世界来说，有学校的校园、家乡的山川田野的美景，以及那些点缀我们生活的花草树木、富有生趣的鸟兽虫鱼。社会生活中光明美好的场景，学校生活中沸腾欢乐的画面，也都给孩子们留下了鲜明的印象。

情境教学经常开展的有目的的观察活动，培养了孩子们留心观察周围世界细微变化的习惯，有效地发展了孩子们的观察力，使其在粗略观察的基础上，逐步趋向精细地观察。多少个早晨，许多孩子兴致勃勃地跑来向我报告他们的"新观察"："老师，桃花开了，五个瓣的。""我发现小蝌蚪已长出了两条后腿。""昨晚，我数星星了，一共数了364颗。""昨天雷雨后，我看到一条彩虹，好像有一头搭在我心上。""我吹肥皂泡，发现泡泡上闪出的光和彩虹一样，老师，这是为什么？""我知道学校里刚锯下的那棵大树已经五岁了，因为它的年轮是五圈。不过为什么树枝上的年轮才有三圈呢?"

不仅如此,由于情境教学讲究情境的美,选取鲜明的感知目标,安排合理的观察程序,并考虑启发性的导语,所以,观察的客体贮存在儿童大脑中的印象是鲜明的,程序是有条理的,这样就不易遗忘而便于检索。五年来,实验班学生每人写的五百多篇的"一句话"、"观察日记"、"情境作文"、"想象作文"、"童话故事",这些观察活动的记录,是他们在观察中深切感受的生动体现。他们离开小学后,在中学里的许多习作中,还常常以小学的生活为题材写作文,并勾起了他们对小学生活的亲切回忆。

情境教学的观察活动,为学生今天以至将来进行创造活动,打下了必要的基础,而留心观察周围事物的良好习惯及敏锐的观察能力,为组合新形象贮存了丰富表象。

(二) 情境教学注重想象,为组合新形象提供契机

任何创造活动都离不开想象。想象是人的创造活动的一个必要因素,神奇的想象为人们提供了创造的契机。想象对于任何人都是必要的,它几乎支配着整个世界,因为想象总是包含着、孕育着创造性。

孩子是富有想象力的,这甚至是一种天性。世界在孩子的想象中,充满着奇异的色彩,就像童话一般。大人往往不了解孩子奇妙的想象天地。那些普通的小盒,在孩子的手中、心上,是"汽车",是"房子",或是"小鸡温暖的窝";那小瓶是"布娃娃的奶瓶",是"厂房上的烟囱",或是"可以射向天空的火箭";那拆坏的玩具,也往往是孩子想象的驱使所致。墙壁上斑驳的石灰,天空中多变的晚霞,在孩子的眼中更是童话般的画面——那是一条小河弯弯曲曲,一直流到天上去了;那是一只庞大的金龟,驮着许多娃娃,金龟大概带他们到龙宫去了;还有许多像长翅膀的飞马,慢悠悠地从草原腾起,飞向月球……这正是孩子想象的活力、创造力的萌芽。

作为孩子的老师,应该帮助他们飞向蓝天,潜入大海,越过崇山峻

岭,跃过历史的长河……从而让儿童潜在的创造才能得以充分发挥。

情境教学是十分注重想象的。教学中创设的情境在很大程度上属于相似模拟,粗略而简易,为孩子们留有广阔的想象余地。一位儿童剧场的创始人认为:"儿童剧场的背景和扮装若过于逼真,孩子们就没有想象的余地了,因而不能促进他们想象力的发展。"她还说:"今天的教育的欠缺就在于现实化,没有发展孩子想象力的余地。"这些话是很有道理的。我们京剧中的道具,那"马",那"船",以及那"开门"、"关门"、"跨过小沟"的动作,看上去似乎古老了一点儿,但在这里写意手法的得当运用,反而增加了京剧的内涵和韵味,因为它需要观众通过想象去感受、去理解。在这一点上,情境教学与京剧颇有相似之处。情境教学中展示的一只小船的剪纸,一排跳动的波纹线条,幻灯屏幕上一点点亮光,在特定的情境中,通过教师语言描绘,在儿童想象活动的参与下,那小船的剪纸成了正在行驶的"大船",那跳动的波纹是"翻滚着的大海的波涛",而那亮光让孩子看到了繁星闪烁的无垠的夜空。凭借远去的大雁、山鹰,孩子也仿佛飞到了古老的、南方的原始森林,僻远的荒山,广袤的沙漠……可以说,想象就是"深化",没有一种心理机能比想象更能自我深化,更能深入对象。通过想象,可以把孩子们带到世界上任何一个地方,可以上天,也可以入海……

在教学中,要激起孩子的想象,就需要了解想象活动的产生过程。想象是由需要的推动或某种直接印象在大脑皮层上引起相当强烈的兴奋中心,使大脑贮存的表象进行新的组合。由此看来,"需要的推动"、"某种直接印象"是形成想象的动因。情境教学正是给儿童的想象提供直接的印象,同时教师的导语又促成"需要的推动"。在实验班的观察活动中,我精心安排了观察与想象的场景和导语。带孩子放风筝,我有意带上蝴蝶、蜜蜂、孔雀这些动物风筝,让孩子看着一个个栩栩如生的"小动物"在蓝天上悠然摆动,给儿童的想象提供"直接的印象",并有意逗他们:"那花蝴蝶不停地扇着翅膀,在做什么?那蜜蜂此时想到哪儿采花蜜?那孔雀多骄傲,它想在哪儿张开五光十色的双翼?"这样会使儿童觉得眼前的风筝仿佛是真的蝴蝶、真的蜜蜂在天宫的花丛中飞舞,仿佛真的孔雀伸着细长的脖子,骄傲地在天街上漫步……这种情境与一串导语,推动儿童展开想象的翅膀,随着动物风筝的翱翔而高高地飞去……观察鸡冠花时,四人一朵,我让他们摆动手中的花冠,以这一假想性模拟情境表示"一阵风吹来",从而让他们看到花籽儿纷纷撒落的景象,并加以启发:"花籽儿落在土中,当春天来到,又会萌发新的更多的小花秧,谁能说说那是怎样的情境呢?"……所有这些,都是有意识安排的、启发儿童想象的"直接印象",并以导语促成"需要的推动",使儿童的想象活动得以实现。由于情绪的兴奋,留下的表象特别清晰,这就为思维的灵活性、广阔性做了必不可少的铺垫。求异思维能力在观察思考中、在美的陶冶中得到了很好的发展。

在阅读教学中,情境教学遵循作者思路,安排情境程序,运用新异的手段创设情境,使学生通过形象感受来理解课文,与作者产生情感上的共鸣。"形象"的感受,"情感"的激发,往往离不开想象。想象越丰富,对课文的理解就越深刻。因此,情境教学十分强调想象的作用。在阅读时,通过想象去理解,可以帮助儿童养成在阅读过程中,把作品描写的情境主动地加以重视的习惯,即儿童通过想象,进入课文描写的情境,从而增强儿童的自我感受能力和创造能力。儿童在想象中是通过自己的创造性去理解的,这是真正的理解。事实上,只要教师启发、诱导恰当,儿童就通过自己的想象去理解课文内容,蕴藏着很大的潜在能力。一般可根据故事情节,想象当时的环境气氛;根据课文描写的人物的神情、动作,想象人物的语言和心理活动;根据课文描写的人物语言、心理活动,想象人物的神情、动作;根据课文中心,想象故事可能发生的情节和多种结局;根据事物的状态,想象它的过去,推测它的未来……儿童在情境中展开想象,通过想象组合成新的形象。可以说,情境教学为儿童拓宽了想象空间,孩子的想象又丰富了课文情境。

（三）情境教学鼓励求异，培养思维的广阔性与灵活性

创造就是对表象的改造。要改造出新的形象，求异思维具有很大作用。"求异"即不同于一般，"求异"中往往闪烁着儿童创造性的智慧的火花。情境教学以观察为基础、着眼发展的教学思想体系，为儿童学习拓宽了思维空间。

激起情绪，培养求异的兴趣。情境教学所创设的生动形象的场景，往往有"新、美、远"的特点。因为"新"，儿童便好奇；因为"美"，儿童便感到愉悦，乐于进行求异思维的活动；因为"远"，思维空间广阔，儿童便易于"求异"，这就能有效地激起儿童热烈的学习情绪、好奇心、求知欲，强化了其学习的自信心，自尊感随之逐步树立，儿童成为学习的主人。在实验班，他们都是那样热烈地、主动地投入教学活动：是学习，也是游戏；是上课，也是美的享受。美感丰富的情境，使儿童爱看，也爱想；意象的广远，更使他们的思想无拘无束，易想也易说。所有这些，使儿童处于创造性思维积极活动的最佳心理状态。教学《捞铁牛》一课，我运用实物的演示，创设了"捞铁牛"的模拟情境，这使儿童兴奋不已。他们面对这种新异的情境，思维积极活动，想出了更妙的方法：用大吊车，用巨型吸铁石，用空气和水的浮力的联合作用……这样，发展了学生的求异思维，培养了他们的创造能力。

情境广远，提供求异的可能。激起学习情绪并不是孤立的，它与情境提供的语言训练、题材形式是紧密联系在一起的。情境的内容为学生的求异思维创设了有利的积极条件。一般来说，场景狭小，局限性大，学生的思路不容易开阔，思维活动单一；而情境意象广远，可以激起学生从不同的角度、不同的侧面思考问题。例如教学《黄河象》，凭借一张放大的黄河象的挂图，创设来到北京自然博物馆的情境，引导学生根据图上黄河象抬起的左脚、昂起的头，想象一下黄河象死的一瞬间可能是怎样的情景。学生仿佛正站在博物馆的黄河象化石旁边，眼前黄河象的挂图仿佛是真的

黄河象的化石，形象的真实感、亲切感，促使学生主动地从各个不同的角度进行推导。他们从"火山爆发"到"流沙"到"陷入沼泽"，提出了种种设想，可见学生在情境中思维的灵活。

情境教学为儿童开拓了广阔的思维空间，任儿童充分地展开想象，显然，这比传统的灌输式教学舍弃文章的情感、注重词句的解释和内容的分析，要大大有利于儿童求异思维的发展。

（本文发表于《小学语文教学》1987年第8、9期）

改革结构,提高小学语文教学的功效

——"识字、阅读、作文"三线并进初探

小学语文教学如何起步,对学生的语文基础及早期发展都将发生直接的影响。以前,我们往往习惯于"汉语拼音—识字—阅读—写作"这种直线的序列,以单向的结构教语文,只注意到前者对后者的作用,而忽略了这四者之间的相互作用,因而造成小学语文教学"结构简单,效能不高"的弊端。为此,我在第一轮"从整体出发,促进儿童发展"实验的基础上,进一步改革小学语文教学的序列与结构,"识字、阅读、作文"三线并进,同时起步,从而有效地提高了小学语文教学的效能。

一、改革学前语言教学的结构,以游戏形式教学汉语拼音

早期教育对人才培养的深远影响,越来越受到人们的重视。学前是儿童语言发展的高峰期,这一时期的儿童在学习语言上,具有不可估量的能力。他们学习语言不但快速,而且模仿准确。因此,在幼儿园大班教学汉语拼音,既有利于儿童语言的发展,为提前识字、早期阅读提供了可能,又可减少幼小之间的坡度。基于这样的认识,我们适当增加幼儿园大班的教学容量,以适合幼儿特点的游戏方式为主教学汉语拼音。具体目标为认识字母,学会拼读,辅以语言训练,以分散难点,不要求书写。例如,教学复韵母"ai",老师和孩子们做"呼唤、应答"的游戏,促使孩子们在应答时自然发出"ai",然后再进行四声练习,并辅以语言训练。这种生动有趣的教学方式,既让孩子们学得兴致勃勃,又突破了第一个复韵母 ai 发音的难点。事实表明,大班儿童不仅完全可以学会汉语拼音,而且感到新鲜、有趣。孩子们高兴地说:"学了汉语拼音,我能上一年级了!""学

习汉语拼音,我就能识字了!"这样,前后共花33课时,计990分钟,约合小学25课时,提前教学了汉语拼音的声母、单韵母、复韵母及基本的拼读方法。至于书写,则待儿童进入小学学习了汉字的基本笔画后再教。

二、改革起步阶段教学内容的单一结构,实行三线并进

"耗时多,效能低"已成为小学语文教学普遍存在的弊端。这不能不追究到它的单向直线序列和单一的教学结构。教学的功能与其结构是紧密相关的,按照传统的先识字、后阅读、再作文的序列,儿童入学后,每天几乎要上两节语文课,学习汉语拼音,少则4~6周,多则8周,一下子不但要求认识,还要求书写、默写,直到基本会直呼音节后才开始识字。识字亦是从"一二三四五"、"人口手"、"上中下"学起,到12周后方能读到短小的韵文。如此单一的教学内容、慢悠悠的教学过程、过少的信息量,显然不能满足儿童早在幼儿园就孕育的强烈的求知欲——"上了一年级就能识字、读书"。这就在不同程度上挫伤了儿童学习的主动性。

结构决定功能。单一的结构只能是低微的功能。为了克服这种弊端,使小学语文教学在起步阶段就能达到最优化的标准,以低耗获取尽可能高的效能,实验班从改革教学序列、结构着手,将原来的单一结构、直线序列,改为多向结构、螺旋式的序列。采取"识字、阅读、作文"三线并进,同时起步,充分发挥儿童在幼儿园已初步掌握汉语拼音的优势,凭借汉语拼音识字,进行注音阅读、说话、写话,并通过识字、阅读、作文巩固汉语拼音,在运用中加快拼读速度,逐步达到直呼音节的熟读程度。另一方面,通过汉字注音阅读,可多识生字,巩固识字,培养阅读兴趣,学习字词句篇,为作文打下基础;反过来,通过作文又巩固识字,加深了学生对阅读课中所学词句的理解,并让其加以运用,从而促进了以思维为核心的智力诸因素的发展。

在教学实践中,改革教法,纠正了过去几个字、几个词、几句话教几课时的"少慢差"的现象,针对学龄初期儿童的特点和教材特点,运用情

境教学，使儿童学得有趣、有效、有难度，大大加快了教学的进程。在一、二年级四学期内，儿童不仅学完五年制通用小学语文教材14册，计108篇，约三万字；同时学完自编的注音阅读教材1~4册，计200篇，约15万字，并进行了近72次观察说话、写话练习。课堂阅读量相当于一般班级的3倍，在200篇汉字注音阅读课文中出现的生字约为12911个（部编教材"四会字"不在其中）。我们分别于一年级下学期、二年级上学期、二年级下学期三学期期末，由南通师范学校教科室对实验班每个学生进行延伸识字的测试，测试结果为人均识字1028个，加上部编教材规定的识字量1660个，实验班学生入学两年识字数不仅超过2500个的大关，而且达到人均2688个，加上308篇课文的阅读（部编教材和自编教材1~4册总数），培养了初步的阅读能力。课内获得的效能，必然反映到课外。一般报刊和少儿读物，实验班学生均可独立阅读。因为可读懂，阅读兴趣普遍浓厚，知识面不断扩大。这样的识字量和阅读能力，对儿童阅读数学、自然常识等其他教材，理解应用题，自编应用题，都较早地提供了工具，有效地促进了儿童的整体和谐发展。正如赞科夫所指出的那样："小学的主要任务就是教会儿童使用工具，一个人在他的一生中就是借助这个工具去掌握知识的。"为此，实验班摆正"发展"与"基础"的辩证关系，"把眼睛盯在发展上，把功夫落在'双基'上"。原则为：从发展着眼，从基础着手。部编教材要求的"四会字"，实验班按教材编排的从独体字到合体字、从学词学句到课文的序列，扎扎实实打好识字的基础。教师结合独体字认真教好笔画、笔顺，让学生掌握好字的间架结构，认识64个偏旁部首，为理解合体字的形旁、声旁打好基础，从而使学生掌握好字的部件，培养识字的能力，加上200篇汉字注音阅读课文的学习，不仅让学生多识了字，而且部编教材"四会字"、"二会字"在自编的注音阅读教材中多次再现，提高了巩固率。

至于注音阅读，则不做硬性要求，主要是通过"多见"而"多识"，可达到"耗时少，效率高"的效果。

三、改革语文教材体系的结构,自编汉字注音阅读教材

语文教学的根本任务,是促进儿童的整体和谐发展,包括语言的发展、智力的发展,以及现代科普知识的早期渗透,并通过这些,发展儿童的审美情趣和高尚的道德情感。这一教育目标必须在教材中体现,以保证目标的实现。因此,我们自编了一套汉字注音阅读教材。

教材入选标准是有利于儿童道德观念和审美情感的发展;有利于儿童创造性思维的发展;有利于儿童热爱科学,强化求知欲。入选的作品,必须语言规范,文字优美,达到完美艺术形式和健康内容的有机统一,使学生可读、要读、爱读。

每册汉字注音阅读教材结合季节特点和儿童生活编排单元,促使教学与儿童生活结合,从而有利于儿童的整体发展。如入学后的第一年(包括一年级下学期和二年级上学期)全年编排的单元如下:

春夏季(一年级下学期)	秋冬季(二年级上学期)
春姑娘的笑脸	金色的秋天
插上想象的翅膀	可爱的祖国
要做好孩子	多好的孩子
我爱祖国妈妈	多问几个为什么
青蛙又唱起歌	迷人的太空
大自然真美呀	美的歌唱
走进科学的大门	生活中的老师
从小学会动脑筋	有趣的童话
生活中的道理	奇妙的幻想
我爱读的古诗	冬天的朋友
	我爱读的古诗

针对当代信息量不断增加的特点和应用性语言普遍使用的趋势,汉字注音阅读教材还入选了知识性说明文,如《近大远小》《聪明的海豚》

《大地为什么叫地球》《登月日记》《指南针》《大海的光》《海洋里的声音》等15篇课文,以培养儿童阅读说明应用性文字的能力和阅读科普作品的兴趣,激起儿童对科学的热爱,从而促使他们渐渐步入科学的大门。

四、改革学科间各自封闭的结构,逐步形成综合开放的系统

语文学科在基础教育中是主要学科,即所谓"基础的基础"。然而它又不是孤立的,它既与其他学科互为系统,又自成体系。要使语文教学起步达到最优化,不仅需要考虑学科结构各个要素之间的相互作用,还必须把握各科之间的相互联系。所以,实验班以语文为领头学科,与其他各科沟通,相互渗透,互为补充。这就为三线并进的改革创设了广阔的智力环境。开学初,实验班老师互读教材,知己亦知彼,相互铺垫,协同步骤,将有关内容列入教学计划,体现了教育的整体性原则,打破了传统教学各科之间相互隔绝的封闭式教学模式。例如,一年级下学期数学课教学除法,难度较大,对名词术语,儿童不易理解,语文学科便特地在阅读教材中编写了故事《分香蕉》,使学生对"平均"、"分成几份"有了一定的认识,并通过故事情节的发展,培养了学生学习除法的兴趣。其他各科也在保持自身体系的同时,结合学科特点,纳入为语文和其他学科做铺垫或加以深化的内容。如阅读课上教了《大西瓜》《驴子和冰》这些有趣的童话寓言,图画老师让儿童根据故事情节画连环画,在想象画中,培养学生绘画的兴趣,训练其绘画的技能。

从发展的要求来看,极为重要的一点,是要使教材内容尽可能产生广泛和多方面的联系,通过综合的渠道,为学生所理解并接受。为此,各科教学结合季节、纪念日、学科教育中心,围绕同一主题,由语文学科领头,进行单元教学。如秋天来了,各科进行"金色的秋天"主题教学:语文学科教学描写秋天的课文,让学生观察秋天的果园并进行观察说话;自然常识学科抓住秋天收获的特点,让学生认识各种果子,剖开果子,观察果皮、果肉、果核;数学学科则用树上的果子编应用题,以强化学科的综

合性，促使儿童通过各种教学，协同发展。

为开辟综合教育的渠道，实验班隔周进行一次野外活动，把学生带到大自然的怀抱中去。绿色的草地、美丽的田野、家乡小河旁、高高的光孝塔、桂花树下、雪后的原野都是野外活动理想的广阔场景。儿童在这里进行观察、描述、绘画，认识数与形。丰富的教学内容，充满生气与美感的学习环境，使儿童流连忘返，既认识了周围世界，贮存了丰富的表象，又愉快了身心。

实验班通过日常各科间的沟通、渗透、单元教学、野外活动等途径，使教学逐步形成综合开放的系统，从而获得了较好的整体效益。

（本文发表于《人民教育》1988年第9期）

情境教学的理论与实践

小学语文是一门综合性很强的学科，它对儿童的智能、情感、意志及个性品质的发展，影响极为深远。语文学科的重要特点是思想政治教育和语文知识教学的辩证统一。因此，小学语文教学本身，包含了促进儿童全面发展的诸多因素，通过小学语文教学促进儿童全面和谐地发展，不仅是必要的，而且是可能的。

新中国成立以来，小学语文教学做了许多有益的改革，但由于传统习惯势力的羁绊，致使小学语文教学在实现其任务方面，仍存在不少问题。如长期以来，"为考而教"、"为考而学"的偏向，造成小学语文教学"呆板、烦琐、片面、低效"的弊端，压抑了儿童的发展，延误了儿童发展的最佳期。如何针对传统教学的片面性与当今儿童发展之间的矛盾进行一番改革，从整体出发，在语文教学过程中促进儿童智能及心理品质的全面发展？近年来，我就小学语文教学（一至五年级）全过程进行探索改革，从外语教学中运用情景进行语言训练得到启示，借鉴我国古代文艺理论中的"境界学说"，吸取传统教学注重读写以及近代直观教学的有效因素，总结出"情境教学"体系。

情境教学的探索经历了"创设情境，进行片断语言训练"、"带入情境，提供作文题材"、"运用情境，进行审美教育"、"凭借情境，促进整体发展"四个阶段，实验由初具雏形到日臻完善，逐渐形成了以情景（境）交融为主要特色的小学语文教学新体系。

一、情境教学的特点

情境教学的出现，受到学生的普遍欢迎。在小学语文教学中运用情境教学，学生学语文就感到"易"、"趣"、"活"，极大地提高了课堂教学的效率。语文教学在运用情境教学后，不再是那薄薄的一本教材，不再是那没完没了、单调重复的各种习题和可有可无的乏味问答；学生的视野，学生的思想，也不再被禁锢在小小的教室里。那丰富有趣的教学内容，鲜明生动的形象，真切感人的情意，以及耐人寻味的哲理，使教学变为具有吸引力的有趣而又有意义的活动。这是由情境教学本身具有的"形真"、"情切"、"意远"、"理念寓于其中"的特点所决定的。

（一）以鲜明的形象，强化学生感知教材的亲切感

叶圣陶老先生曾指出："作者胸有境，入境始于亲。"只有感受真切，才能入境。进入了情境，便可见可闻。教材中，无论是革命战争年代的英雄刘胡兰、黄继光、李大钊，还是异国他乡的小音乐家扬科，以及托尔斯泰笔下的桑娜、渔夫；无论是山明水秀的漓江风光、四季如画的小兴安岭，还是日出的壮观、海底世界的奇景；也无论是大榕树下鸟的鸣叫、瀑布的轰响，还是小茅屋里、月光下贝多芬为盲姑娘弹奏的《月光曲》，凡卡给爷爷写信时轻轻地哭泣，通过情境教学，学生仿佛都看到了，听到了……情境缩短了久远事物的时空距离，增强了形象的真实感。这才有可能引起儿童对课文中人物、事件的关注，才能使儿童产生细致的情感体验，得到精神的力量，促使儿童的情感敏感起来，并由此情此景打开认识更远、更广阔的世界的通道，而对语言的感受也必然敏锐起来。

"形真"是情境教学的第一特点。但这并不意味着所有情境都必须是生活真实形象的再现。所谓"形真"，并不是实体的复现，而是通过简化的形体、暗示的作用，获得与实体在结构上对应的效果，给学生以真切感，即神韵相似，能达到"可意会，可想见"就行。如同京剧中运用的白描手法一样，演员操一把船桨，就表示船在水中行驶，着一根竹鞭，就意味着跃马奔驰……中国画里的白描、写意，简要的几笔勾勒出形象，并不要求重彩，看来同样是真切的、栩栩如生的。"神似"显示"形真"，形

象才更有典型意义。

(二) 以真切的感情，调动学生参与认识的主动性

情境教学在小学语文教学中运用的目的，是为了促使儿童心理品质、智能及个性的和谐发展。儿童的情感易于被激起，一旦他们的认知活动能伴随着情感，那他们对客观世界的认识会更为丰富、更为深刻，也更为主动。情境教学是以生动形象的场景，激起学生的学习情绪，从而促使他们主动积极地投入整个学习活动中。情境教学正是抓住促进儿童发展的动因——情感，展开一系列教学活动的。它是以教师的真切情意去感染学生，从而激起学生相应的情感，使教学成为学生主观所需，成为他们情感所驱使的主动发展的过程。

情境教学的"情"并非是凭空产生的，它植根于教材及生活之中。情境教学通过再现教材的有关形象，引导学生对优美的或丑恶的、崇高的或卑劣的、愉悦的或悲惨的种种不同事物，做肯定的或否定的评价，体会到自己所表现的爱与憎、满意与讨厌的情感，进而对课文塑造的领袖人物、英雄人物从心底升腾起崇敬之情，受到激励，并决心付诸行动，对课文描写的祖国山河的秀美感到赞赏、惊喜，甚至骄傲，而对课文揭露的资本主义制度摧残下的小伙伴的不幸，倾注不安的关切与忧虑……在这一点上，情境教学"情真意切"的特点，有它特有的教育功能。

(三) 以广远的意境，激发学生拓展课文的想象力

教材所选取的是生活中或大自然中典型的形象，其内容来源于现实生活。"情境教学"取"情境"不取"情景"，其原因就在于情境要具有一定的深度与广度。情境教学是把学生带入作者创作时所置身的意境中，因而使所创设的情境意境深远。

情境教学讲究"情趣"和"意象"，因此，它不是图解式地机械地运用情境。情境，它总是作为一个整体展现在学生的眼前，而且为学生开拓

广远的想象空间。情境教学把教材内容与生活情境相联系,如此由近及远、由此及彼、由表及里、由今及昔以至未来……因为情境给学生想象造成"直接的印象",在情境中,学生激起的情绪又成为"需要的推动",这种"直接的印象"、"需要的推动"会引起大脑皮层相当强烈的兴奋。在这种状态下,大脑贮存的表象便会进行新的组合,这就形成了想象。因此,情境往往成为学生想象的契机。教师可凭借学生的想象活动,随着学习课文或观察活动,带学生一同进入广远的意境中,可以飞向蓝天、潜入大海、越过崇山峻岭、跨过历史的长河,把学生带到世界上任何一个地方……情境教学所提供的广远的意境,发展了儿童的想象,儿童的想象又丰富了情境。教学效果表明,意境的广远,不仅发展了学生的创造性,而且促使学生更深地理解教材内涵。

(四) 以蕴含的理念,诱导学生提高对事物的认识力

情境教学所创造的鲜明的形象,所抒发的真挚的情感,以及所开拓的广远的意境,融成一个整体,其命脉便是内涵的理念。情境教学失去理念就如同没有支柱一样,站不起来,深不下去,只能是内容贫乏、色彩苍白的花架子。如《桂林山水》,其理念便是祖国山河的壮丽,而漓江的山水则是这壮丽山河中的明珠。《詹天佑》则是表现一个爱国者不畏千难万险,在崇山峻岭中创造的奇迹,表现了詹天佑火热的爱国心。因此可以说,情境教学所蕴含的理念,是教材所要显示的、阐述的思想观点,也可以说是课文的中心。情境教学的"理寓其中",正是从教材中心出发,借助图画、音乐、实物、表演、语言及活动场景一步步地展现,引导学生去琢磨、领悟。因此,情境教学"理寓其中"的特点,决定了儿童获得的理念是伴随着形象与情感的,是有血肉的。这不仅是感性的、对事物现象的认识,而且是对事物本质及其相互关系的认识。

正是情境教学具有的"有形"、"有情"且"意境广远"而"理寓其中"的特点,使它为学生学好语文,并同时促进诸方面发展提供了一条有

效的途径。

二、情境教学的理论依据

情境教学为什么具备以上特点，能为学生喜闻乐见？这便要追究到情境教学的理论依据。情境教学所具有的"形真"、"情切"、"意远"、"理寓其中"的特点，之所以形成独特的优势，这是由它的科学性所决定的。

1. 从心理学看

研究表明，人的大脑的左右两半球既有分工又有合作：大脑左半球是掌管逻辑、理性和分析的思维，包括言语的活动；而大脑右半球则负责直觉、创造力和想象力，包括情感的活动。传统教学中，无论是老师的分析讲解，还是学生的单项练习，以至机械的背诵，所调动的主要是逻辑的、无感情的大脑左半球的活动。而情境教学，往往是让学生先感受而后用语言表达，或边体验感受边促使内部语言的积极活动。感受时，管形象思维的大脑右半球兴奋；表达时，管抽象思维的大脑左半球兴奋。这样，大脑两半球交替兴奋、抑制或同时兴奋、协同工作，大大挖掘了大脑的潜在力量。学生可以在轻松愉快的气氛中学习。因此，情境教学可以获得比传统的注入式教学明显良好的教学效果。

2. 从方法论看

情境教学是利用反映论的原理，根据客观存在对儿童主观意识的作用进行的。而世界正是通过形象进入儿童的意识的。意识是客观存在的反映。儿童的意识也同样是客观世界的反映。情境教学所创设的情境，因其是人有意识创设的、优化了的、有利于儿童发展的外界环境，这种经过优化的客观情境，在教师语言的支配下，使儿童置身于特定的情境中，不仅影响儿童的认知心理，而且促使儿童带着积极的情感参与学习，提高了儿童学习的主动性。

3. 从儿童的思维与语言特点看

儿童的思维是处在表象思维的阶段，即直观的形象思维，以后逐渐向抽象的逻辑思维阶段过渡、发展。情境教学正是让儿童从感受形象开始，去感知教材，去认识大千世界。儿童在感受形象时，观察的客体和词语之间会建立相应的联系，他就会努力检索贮存在大脑中的词语仓库，并迅速地按一定顺序进行词的组合来描摹眼前景物的情态、声色。"视觉经验的词语化"即把词与形象沟通起来，语汇及表象的贮存随之丰富。而注入式的词语教学注重学生背熟词的解释，但往往不会灵活运用，因为凭记忆是不可能形成词和它所显示的那个形象之间的联系的。这种在儿童记忆中没有形象的词，是无法投入周转的。而运用情境教学，词是带着生动的形象，连同色彩、音响活生生地进入儿童意识的。因此，情境教学成为丰富儿童语汇、发展儿童语言的好途径。

综上所述，所创设情境本身丰富的美感、鲜明的形象，伴以教师情感的抒发、渲染，又激起儿童的情绪，使儿童纯真的情感参与学习活动。这样，在运用情境教学的过程中，儿童不光是靠耳朵听、靠眼睛看教师的演示，而且被教师的情拨动心弦，从而用"心眼"去学习。这样，主客观的一致，智力、非智力因素的和谐，使整个情境成为一个多向辐射的心理场。儿童置身于这样特定的心理场中，会产生一种驱动力，主动地投入学习活动，而对具体情境的感受、领会，一般又要比所表述出的语言更加深入，处于"未尽人意"中。这种整体和谐的情境，必然带来儿童知识、能力及心理品质协同发展的令人愉快的效果，从而保证语文教学任务的全面完成。

三、情境教学的实际操作

运用情境教学首先需用"着眼发展"的观点，全面地提出教学任务，而后优选教学方案，根据教学任务、班级特点及教师本人素质，选择创设情境的途径。

（一）创设情境的途径

创设情境的途径可初步归纳为生活展现情境、实物演示情境、图画再现情境、音乐渲染情境、表演体会情境、语言描述情境六种。

生活展现情境：即把学生带入社会、带入大自然，从生活中选取某一典型场景，作为学生观察的客体，并通过教师语言的描绘，鲜明地展现在学生眼前。

实物演示情境：即以实物为中心，略设必要背景，构成一整体，以演示某一特定情境。以实物演示情境时，应考虑到相应的背景，如"大海上的鲸"、"蓝天上的燕子"、"藤上的葫芦"、"珊瑚礁的珊瑚"，通过背景，激起学生广远的联想。

图画再现情境：图画是展示形象的主要手段，用图画再现课文情境，实际上就是把课文内容形象化。课文插图，特意绘制的挂图、剪贴画、简笔画都可以用来再现课文情境。其中剪贴画、简笔画更简便易行。

音乐渲染情境：音乐的语言是微妙的，也是强烈的，给人以丰富的美感，往往使人心驰神往。它以特有的旋律、节奏，塑造出音乐形象，把听者带到特有的意境中。用音乐渲染情境，并不局限于播放现成的乐曲、歌曲，教师自己的弹奏、轻唱以及学生的表演唱、哼唱都是行之有效的办法。关键是选取的乐曲与教材在基调上、意境上以及情境的发展上要对应、协调。

表演体会情境：情境教学中的表演有两种，一是进入角色，二是扮演角色。"进入角色"即"假如你是课文中的××"；"扮演角色"，则是担当课文中的某一角色进行表演。由于让学生自己进入角色、扮演角色，课文中的角色不再是在书本上，而就是自己或自己班集体中的同学，这样，学生对课文中的角色必然产生亲切感，很自然地加深了内心体验。

语言描述情境：以上所述创设情境的五种途径，都是运用了直观手段。因此，情境教学十分讲究"直观手段与语言描绘的结合"。在情境出现时，教师伴以语言描绘，这对学生的认知活动起着一定的指向性作用，提高了感知的效应，情境会更加鲜明，并且带着感情色彩作用于学生的感官。学生因感官的兴奋，主观感受得到强化，从而激起情感，促进学生进入特定的情境之中。

随着年龄的升高，直观手段逐渐减少，单纯运用语言描绘带入情境日渐增多。

（二）情境教学在阅读教学中的运用

阅读教材中的每一篇课文，几乎都描写了一个特定的情境，而一个情境便是一个整体，其中包含着作者所要抒发的情感、表达的思想或说明的道理。所有这些，都是由具体的字词句篇构成，以一定的表现形式展现在读者面前的。情境教学正是从这个具体的整体出发，把知识、能力、智力、情感综合起来进行教学的，但在教学过程的不同步骤上有所区别。

1. 初读——创设情境抓全篇，激发动机理思路

初读是学生第一次感知教材，这在教学一篇课文的全过程中，显得分外重要。因此，实验班在教学一篇课文的起始阶段，或通过语言描述情境，或描绘画面，或揭示实物，或联系学生的已有经验来导入新课，激起学生阅读全篇的兴趣，使学生主动地去读全篇，弄清作者思路。学生不像在注入式教学中那样等待灌输，被动接受，那样也就无动于衷了。写人、写事的课文，通过情境的创设，唤起学生对故事中主人公的关注；写景、抒情的课文，通过情境的创设，把学生带入丰富的美感中，使学生因爱美而乐于读全篇，主动地了解、欣赏课文所描写的景物，从而体验作者抒发的情感；状物的课文，则通过情境的创设，让学生对所摹状的物体获得具体的表象。在此过程中，教师充分利用已激起的学习兴趣，培养学生良好的阅读习惯。引导学生从"爱读"到"认真读"，每次读全篇，做到要求明确，激起思考，防止因追求情节而对语言、文字不求甚解，并注意培养学生自己下功夫读通、读懂课文的独立性，教给学生一套自学符号。

2. 细读——突现情境抓重点，从整体上理解关键词句段

在概览全貌后，准确地掌握重点段，区分主次，这是培养学生实际阅

读能力的十分重要的方面。情境教学一般通过带入教材描绘的具体情境，并结合使用点拨、设疑、对比等方法，引导学生去理解关键词句。作者总是通过一定的语言文字去表达胸中某一情境的，由此也可推论，一旦学生进入了作者描写的那个情境，就可以从整体上、从内在的相互联系上去理解作者用来表达这一情境的语言文字，即形成"作者用语言文字表达胸中之境，学生进入作者所描述的情境理解、描述作者胸中之境的语言文字"这样的阅读程序。就拿教学叶圣陶先生的韵文《小小的船》来说，文章虽是短短的四行，但是教给小读者的却是丰富而有趣的内容。不过丰富而有趣的课文往往也会因为教授不得法而致使学生学得单调而乏味，如果用"弯弯的月儿像什么？"（像小船），"小小的船是什么样儿的？"（两头尖，"尖"就是下面大、上面小），"我坐在小船里看到了什么呢？"这样纯客观的、抽象的分析，作品中描写的蓝天、明星、弯月的美感，小朋友凝望月亮而展开的奇妙联想、登上月亮的无穷乐趣，一年级学生怎么能感受理解呢？又如何通过课文学习，激起他们长大去探索宇宙奥秘的遐想和志趣呢？而情境教学，正是细致地体会了作者的写作意图，引导学生进入课文描写的情境，突出课文重点即三四两句的教学"我在小小的船里坐，只看见闪闪的星星蓝蓝的天"。教学时，教师以一张画有蓝天、星月的很简单的挂图，结合语言描绘把学生带入月夜小朋友凝望像小船一般的弯月的情境中，启发学生在其间观察、思考、想象："课文中那个小朋友想飞到月亮上，你们想上去吗？""好，现在老师带你们飞到月亮上，想象现在你们正坐在院子里，你看着月亮，听着琴声，慢慢地眯上眼睛，于是你一直向月亮飞去……"图画、音乐与教师形象的描述结合，使情境具备一定的强度，学生产生多种感官的兴奋和强烈的情绪，想象开去，一个个圆脸上露出甜甜的笑容。这表明他们已进入看着月亮，仿佛飞到月亮上的情境中。片刻，学生睁开眼睛，兴奋地说："我到月亮上了！""我也上去了！""我觉得身子轻了！""我的腿好像长长了！""我好像有了一对翅膀！"……真实的感受、美妙的遐想，不仅有眼前的景，也有广远的境，且激荡着美好的情感,使学生一个个成了课文中的"我"。这就不是课文上的那个小朋友上了天,而是"我"飞到了月亮上,这种感情体验的真切感、对课文的亲切感,使学生兴奋不已。学生在阅读过程中多种心理因素积极活动,读出韵文的情味,而且是百读不厌。当进行"我在月亮上,看见在蓝蓝的天上……"的句式训练时,学生恰到好处地表达了自己真实的感受,这与那种搜索枯肠用规定词造句的情绪与效果是大不一样的,因为情境为学生提供了运用语言的整体的、具体形象的场景。在细读过程中,通过创设情境将学生带入情境,引导学生从蕴含在教材字里行间的情理上来整体理解词句和重点段,这样的理解是伴随着形象与情感的理解,这才是真正的语言学习。同时,通过语文教学渗透教育性,发展审美情感及道德情感也随之得到落实。经过如此引导训练,日后不待教师带入情境,学生即可运用"视像",自己进入作品描写的情境,从而理解作品语言,深受作品感染——应该说,这是情境教学的理想境界。

3. 精读——凭借情境品语感,欣赏课文精华

所谓"精读",就是要求能在读懂全篇的基础上,抓住课文精华读深。课文精华即绝妙之笔,或一段,或一节,或一词一句。多读精华之处,是体会教材思想感情、提高文字表达能力的重要环节,也是提高学生阅读能力、欣赏水平的有效步骤,学生还能从中形成关于"美"与"丑"、"是"与"非"的审美观念。因此,培养初步的鉴赏能力显得十分重要。

在实验班,主要做法是引导学生体会语感。读画,要能悟出其中神韵,体会"画中之情,画外之音"。同时,读书也要能悟出文章中传神的字句。一个读者对文章神韵的敏锐的感受,便是语感。抓住语感便抓住了语言最本质的东西。苏霍姆林斯基曾强调"学校里应该有一种高度的言语素养,有一种对词的高度敏感的气氛"。在实验班组织学生精读时,教师十分重视对教材语言的形象、节奏、气势以及感情色彩的推敲、品味。文章的语感,非读者在阅读过程中亲自体会不可,教师的讲授、解释是不能代替学生对语言的感受的。到精读阶段,凭借所创设的情境,抓住教材传

神之笔,让学生体会其语感。做法:一是比较,二是诵读。"有比较,才有鉴别"。比较的方法是最有效的。具体说来,有如下几种:①"增"与原文相比;②"删"与原文相比;③"替换"与原文相比;④"前后改动"与原文相比。引导学生比比、读读、想想、讲讲,从而体会到课文语言的整齐与错乱、细腻与粗略、形象与干巴、具体与空洞、准确与牵强之间的差异,从而在比较中加深感受。例如《巢米》一课中有这样一句话:"'还是不要巢的好,我们摇回去放在家里吧!'从简单的心里喷出了这样的愤激的话。"句中"简单的心里"就用"删"与"留"相比的方法,而"喷"则用"替换"与"原文"相比的方法。经过这样的推敲、比较,学生对语言的敏感程度必会逐步提高,在阅读中就会较敏锐地抓住一些富有神韵的词句,在自己的书面表达中也逐步懂得锤炼词语。

文章的语感除了内含的神韵,还可以通过声音和语调显示出它的气势和节奏。因此,在实验班的语感教学中,常常把比较词语与比较朗读结合进行。这样一比一读,学生通过自己的运动觉发出声响,又传到听觉,多种感官一起活动,从而体会到语感,对文章语感的体会就更深了一层。长此以往,语言的功底才会逐渐打好。

如上所述,实验班在情境教学的探索中,摸索出了"带入情境读全篇"、"强化情境抓重点"、"凭借情境品语感"这一适用情境教学的阅读程序,达到"初读——读通,弄清作者思路"、"细读——读懂,理解关键词句段"、"精读——读深,学会欣赏课文精华"。这是顺应学生学习生活及将来工作实践的阅读程序。

(三) 情境教学在作文教学中的运用

1. 指导方式:以观察情境为基础

"观察情境作文"可为作文教学的主要形式。所谓"观察情境",它的内涵就是去观察世界,不过它更讲究观察客体的意境和观察者本身的情致。从儿童的思维特点、心理特点以及学习语言的特点可看出通过观察情境教作文的科学性。

那么，让儿童观察些什么呢？主要是观察大自然，观察社会生活（也包括学校生活），此外也要观察一些艺术作品或具体的实物。这三者从美学原理来讲，正涉及自然美、社会美和艺术美的审美范畴。这样，儿童在学习作文的同时，也势必会感受到美，从而使儿童的情操得到陶冶。在这里，应该十分强调儿童对大自然的观察，那是艺术语言的发源地。我常常把学生带到大自然，带到美的世界中去。在大自然的怀抱中，学生心情愉悦，爱美之情升腾起来，学生的语言便会伴随着情感而产生飞跃。生活中种种充满活力的声音，简直像音乐一样诱惑着孩子们。在实验班，学生观察大自然是持续进行的，概括起来，大致是五个方面，即春夏秋冬、日月星辰、山川田野、风云雨雪、冰雾雷电。到了中高年级应有计划地引导学生去认识社会生活。观察社会生活，一定要选取那些光明的、美好的人和事。我总是让我们社会主义祖国那些光明的美好的东西作为主流，首先进入学生的意识，为此选取那些美的人和事作为作文题材，让学生在情境中观察体验，培养学生健康、纯真的情感。这样有选择地带领学生去观察社会生活，不仅丰富了写作题材，而且在此过程中使学生受到了良好的审美教育和道德教育。

在观察情境中，努力选取鲜明的感知目标，安排合理的观察程序，考虑好富有启发性的导语，那么，学生便有可能做到"多见而识之"。学生通过自己实际的感受去说、去写，表达的是真实的感受。这样，学生的作文便是有感而发。

2. 指导重点：激发情趣，开拓思路

要想发展学生的语言能力，首先应该发展他们的思维能力。不着力开拓学生的思路，指导得再详尽也无济于事。事实上，只有注重儿童思维的发展，尤其是创造性思维的发展，学生的作文才能写出自己的感受。作文指导"统得过死"，无益于学生语言和思维的发展。"观察情境教作文"，通过观察情境，学生获取了题材，写作欲望也随之激起。在作文指导课上，通过教师的引导、描述或某些直观手段，将观察的情境再现于学生眼前，唤起他们亲切的回忆，进一步激发其写作动机，使其思维活动处于最佳的情绪状态。这时教师利用学生急于表达的心理，把重点放在拓宽学生的思路上，促使学生在情境中构思、在情境中表达，进入"情动而辞发"的境界。至于审题立意、布局谋篇的能力，不是靠注入式的教学、靠教师的讲解所能形成的，而是要靠学生在一次又一次的写作实践中、在成功与失败之中去体会、去领悟的。

拓宽学生思路的具体做法，可概括为以下四点：

(1) 确定题材范围，自我选材命题；

(2) 灵活运用提纲，提倡多种组合；

(3) 抓住重点段落，帮助生发开去；

(4) 鼓励大胆创造，进行想象性作文。

3. 指导原则：范文引路，实行读写结合

一篇教材就是一个例子。以范文引路，实行读写结合，是提高小学语文作文教学质量的重要原则。同样，在运用情境教学的过程中，为进一步发挥范文的作用，实验班对教材的增选编排以及使用都做了初步的改革。

运用情境教学对小学语文作文教学进行改革，不仅是教学途径、手段的问题，重要的是教学内容，即教材。我们的实验以发展儿童的创造精神和审美情趣为重点，带动儿童的全面发展。因为人的创造精神及审美情趣，不仅影响着人的智力发展，而且直接影响人的道德情感、道德观念的形成。实际上，这正是语文教学发展性与教育性的体现。这种指导思想需要通过教材去体现。于是，我们除了使用部编教材，又自行编写了一套补充教材（共10册，已由江苏教育出版社出版）。这套教材在编写意图上：①体现了实验目标的重点，侧重发展儿童的创造性和审美情趣；②体现学科特点，以能力训练为主线，使儿童提早掌握读写工具；③考虑未来社会对学生能力的要求，早期渗透科普教育，注意应用性语言的训练。总的编写原则是"着眼发展，着手基础"。每册50篇，全套500篇，入选文章注重语言规范、文字优美,名家名篇所占比重逐年增加,以真正发挥范文的示范作用,使学生可读、要读、爱读。

一、二年级从改革教学序列和结构着手,采取"识字、阅读、作文"三线同时起步,结合学生生活组成单元,然后根据单元主题进行观察说话、写话。三至五年级,为强化感知效应,帮助学生掌握规律,采取"四结合"大单元教学强化。将部编教材按题材类型归类,相对集中,重新组合单元,并紧密结合单元内容,安排观察、访问、劳动、制作等课外活动及相应的习作训练。一个单元的入选教材基本属同一范畴,这样不仅可以强化思想教育,而且可在习作上帮助学生触类旁通,充分发挥每篇范文的示范作用。教学内容这样编排单元,在教学途径上采用情境教学,使读与写、认知与情感、课内与课外、训练语言与发展智力相结合,形成一个整体,以单元形式集中教学、集中训练,有利于以读带写、以写促读、文道统一,促进儿童诸方面的和谐发展。

4. 训练程序:提早起步,螺旋上升

儿童发展的诸多方面,是通过语言实现的。小学生还处在语言发展的最佳时期,需及早地加以培养训练。为了不失时机地促进儿童的发展,实验班的语言训练提早起步,提高起点。从一年级起,在识字的同时进行大量的语言训练,以词句训练为主,同时开设口头作文课,包括简单的字词句篇的综合训练。从二年级写观察日记到三年级写情境作文,有词句段篇的训练,克服注入式教学搞大量单项的习题式训练的弊病,而是从整体出发,各年级有所侧重,螺旋上升,有效地促进了儿童语言的发展。具体做法概括为四句话:①从写"一句话"开始;②观察日记打下认识与表达的基础;③情境作文是训练的主要方式;④辅以各种应用性语言训练。

情境教学的运用,使实验班的作文教学出现了生机勃勃的现象。观察情境作文极大地丰富了学生的表象,他们不再为无话可说而苦恼。学生语言文字的基本功,在早期得到扎扎实实的训练。因此,实验班学生的思维与语言通过情境作文这项创造性的作业得到较大的发展。实验班93个学生中有33人在报纸、刊物上发表了观察日记、作文70余篇，有3名学生的作文在全国获小学生作文一等奖，作文成绩达到优良的占93.5%，其中55.8%达到优秀。

情境教学在操作过程中，注重情感的作用，把儿童的情感活动与认知活动结合起来，二者互为手段、互为目的，不仅促进了学科能力的发展，而且促进了儿童智力、情感意志的全面发展。从这样的理论高度再思考、再探索，情境教学将获得进一步的发展。

（本文发表于《人民教育》1991年第5期）

情境教学：学得生动活泼的有效途径

教学活动理应顺乎儿童发展规律，点燃他们智慧的火花，滋润他们情感的幼芽，让他们显示各自的聪明才智和潜在的力量，从中获得认识的快乐、创造的快乐、道德向上的快乐、成功的快乐。但是，事实上并非所有的教学活动都能给儿童带来如此之多的快乐，相反，有的教学却给儿童带来压抑，带来失望，带来苦恼。毛泽东同志早在20世纪20年代末就提出要废止的注入式教学就属此列。时隔半个世纪，在中国的大地上，亿万儿童仍然深受"注入式"教学之苦，儿童的兴趣、特长、志向、态度、价值目标，这些影响人才素质的重要方面，被挤到教学工作的末位，它们甚至成了课业、分数的牺牲品。这是对儿童的扼杀！毛泽东同志曾在1962年的春节座谈会上郑重指示："要减轻学生的课业负担"，"让学生学得生动活泼"。毛泽东同志的这一思想与邓小平同志的"三个面向"的指示，是当代社会主义中国教育的方向，是提高人才素质的必由之路，作为教育工作者，必须身体力行。

根据教育理论与长期的教学实践，笔者探索的情境教学运用于小学语文教学之后，较为有效地克服了注入式教学的种种弊端。在情境教学过程中，教师努力激发学习动机，丰富儿童的感知，并协调大脑两半球的相互作用，平衡两个信号系统的发展。现在看来，确实从根本上提高了教学的科学性和艺术性。可以说，情境教学成了促使儿童生动活泼学习的有效途径。

一、带入情境：在探究的乐趣中持续地激发学习动机

教学是有目的的行为，它是儿童求得发展的有意义的活动。教学的目

的，只有通过学习者本身的积极参与、内化、吸收才能实现。教学的这一本质属性决定了学生是学习活动的主体，其能否主动地投入成为教学成败的关键。小学语文教学更是如此。因为中国的汉语言文字对于步入世界不久的、阅历很浅的儿童来说，要学好它"非下苦功不可"，这样儿童的主动性就显得更为重要。而儿童是具有主动性的人。我曾在幼儿园大班教孩子学汉语拼音，他们是那样认真地告诉我："学了汉语拼音就可以上一年级！""学了汉语拼音就能识字，就能有文化！"这"上一年级"、"识字"、"有文化"，在儿童的意识里，是一些模糊的却又富有诱惑力的概念。类似的情景在我们与儿童的接触中是普遍存在的。由此可见，学龄前期的儿童已经孕育着学习语文的动机。他们想努力地去认识这个奇妙的世界，他们想从学校、教师，从小伙伴那儿知道关于世界的新鲜事儿；他们想识字，想读书，想学到本领……儿童正是怀着这样美好的愿望跨入了学校的大门。可是，渐渐地，不知道在哪一天早上，这些曾经连做梦也背着书包上学的孩子，却不愿背心爱的小书包了，让爸爸妈妈代劳了；上课也觉得有点受不了，巴不得快点下课；作业更是拖上几个小时才能完成。这说明儿童的学习动机是十分脆弱的、不稳定的。而缺乏学习动机的学习，必然是被动的学习、苦恼的学习。因此，要让儿童生动活泼地学习，首先要激发儿童学习的动机，培养其学习的兴趣。

情境教学正是针对儿童既蕴藏着学习的主动性，而这种主动性又有可能消失的可变的心理特点，把儿童带入情境，让其在探究的乐趣中，激发学习动机，又在连续的情境中，不断地强化学习动机。一般说来，激发学习动机在导入新课时进行。这是学习新课的重要一步。情境教学十分讲究对这一环节的掌握，根据不同的教材，采用不同的形式：或创设问题情境，造成悬念，让儿童因好奇而要学；或描绘画面，呈现形象，产生美感，让儿童因爱美而要学；或揭示实物，在观察中引起思考，让儿童因探究而要学；或联系儿童已有的经验，产生亲切感，让儿童因贴近生活形成关注而要学；或触及儿童的情绪领域，唤起心灵的共鸣,让儿童因情感的驱动而要学……无论是因好奇求知,还是因情感、关注的需求求知,都促其形成一种努力去探究的心理。这种探究心理的形成,对具有好奇心、求知欲望的儿童来讲,本身就是一种满足、一种乐趣。其过程可简单地概括为:探究→满足→乐趣→内发性动机产生。这就保证儿童在接触新课时,带着热烈的情绪,主动地投入教学活动中来。

儿童的学习动机被激起后,若教学过程刻板、单一,儿童又会因失望而使已形成的动机弱化,以至消失。因此,在把儿童带入情境后,根据课文情节的发展、内容的需要,应使情境成为一个连续的动态的客体。教师要有意识地把儿童一步步带入课文描写的相关情境,让儿童感到"情境即在眼前","我即在情境中"。课文中描写的一个个人物形象栩栩如生地再现在儿童的眼前;课文中描写的一个个特定空间,儿童可涉足其间,仿佛进入了其人可见、其声可闻、其景可观、其物可赏的境地。客观的教学情境一环环引人入胜,儿童进入情境后的热烈情绪又反过来丰富了入胜的情境。他们发自内心地微笑,忍不住地哭泣,争先恐后地表述自己的感受、见解……这都使儿童的学习动机在这种"情"与"境"相互作用的持续中得以强化。教学终于成为"我"高兴参与的有趣而又有意义的活动。他们禁不住挥动着小手,向老师暗示:"我知道!""我会!""老师让我讲吧!"学习已成为儿童的"自我需要"。在实验班五年的1000多节语文课里,可以说,每当下课铃敲响时,孩子们都会情不自禁地发出惋惜之声:"怎么敲下课铃了!""时间好快呀!""我们不下课,再上!"在这里,没有丝毫沉闷的学习空气,没有强制,没有指令,完全摆脱了被动应付的状态。探究的乐趣,也绝不仅属于少数拔尖的学生,而是属于全体学生。在这种热烈的内驱力的推动下,学生群体为求知而乐,为探究而兴奋、激动,到达了一个比教学预期目标还要丰富得多、广阔得多的境界。而当老师让他们下课时,他们又涌到老师的跟前,甚至自觉排好队,把上课没来得及提的问题、心里想说而未能有机会表达的感受,倾诉给老师。在老师听完了他们的表述微笑点头时,"求知—满足"的平衡感使他们感到无穷的乐趣,得到一种精神的享受。在此情境中的老师,自己的情感也禁不住升腾了,一种工作的乐趣,驱动着他以更饱满的热情投入教学活动,进一步激发学生的学习动机,培养学生的学习兴趣,培养学生努力丰富精神世界的兴趣,真正变被动学习为"自我需要",使学生的学习动机稳定、持续、强化,从课堂到课余,乃至到日后漫长的学习生活中。

二、优化情境:在体验审美的乐趣中感知教材

学习动机激发起来后,儿童会兴致勃勃地去学习教材。现行的小学语文课本可以说是充满童趣的。入选的教材生动形象,情文并茂,并以儿童喜闻乐见的各式文体,向儿童展现了一个绚丽多彩世界。这表明我们的语文教材力求通过形象,通过美,让儿童去学习祖国的语言文字,去认识世界,从而达到促进儿童发展的目的。因此,小学语文教材是孩子普遍爱读的。他们每每拿到新书便迫不及待地想一口气读完,便是很好的说明。类似的丛书,孩子们只要有闲暇,也往往是争相阅读,以至爱不释手。他们企望通过书籍,通过阅读,去认识奇妙的世界。按理说,儿童是喜欢上语文课的。而我们在不少课堂上看到的,却是另一番景象:老师分析不断,提问不止;学生被动应付,乏味厌倦。注入式教学正以"发胖式的分析"向学生进行大剂量的灌输,把学生当成了容器。其现象的普遍,使我们不得不提出一个问题:教师如此滔滔不绝地进行分析,学生听完分析究竟得到了什么?问题的答案在现实中是明摆着的。学生得到的只能是抽象的概念,没有血肉的几根筋,作者笔下的人物看不见,洋溢在字里行间的情感体验不到,在学习语言文字过程中,应该获得的关于生活的认识、智慧的启迪、审美的体验,都受到干巴巴的分析的排挤,并被取而代之。即使对课文本身语言的理解、运用也是抽象而肤浅的。如此教法,如此学法,课复一课,孩子怎能不失望?怎能学得生动活泼呢!最后,孩子学习语文的兴趣都被分析殆尽。话得说回来,语文老师也并不乐于这种无效的注入式

的分析,问题是不分析又怎么办?对小学语文教学损伤儿童发展的焦虑和全面实现教育目标的责任感,迫使我们寻找一个突破口,一个着手处。小学语文教材本身的美感帮助我们打开了思路,即通过优化情境,引导儿童从感受美的乐趣中感知教材。相比之下,从美入手,较从字词入手整体,较从思想内容入手形象,较从篇章入手更贴近儿童的生活。对其优越性、可行性可做如下粗浅的分析。

其一,儿童生来爱美,审美感受的愉悦会促使儿童主动地去接受富有美感的教育。然而,儿童的审美能力并不是天生的,而是需要通过后天的教育、培养及熏陶才会形成和发展。

其二,在语文教学中对学生进行审美教育并不是外加的,而是语文教学本身应该完成的任务之一。明确地说,我们必须通过语文教学对学生进行审美教育。

其三,我们不仅要对儿童进行审美教育,而且还要加以利用。通过审美教育,为儿童接受思想道德的教育做好情感的准备。由此也可走出一条我国语文教学中"文道结合"的新路。

简言之,审美教育与认知教育的结合,可以促使语文教学全面地完成认知、教育、发展三个方面的任务。所有这些,都是由审美教育本身具有的普遍性、综合性、主动性所决定的。情境教学则运用艺术的直观手段与语言描绘相结合的多种途径,创设教材描绘的富有美感的情境,引导儿童从形中、从情中去感知教材。由于美感的综合运用,儿童在此过程中可以获得多侧向的感受,其收获远远超过单一的"听分析"。因为那"分析"是无形、无情、抽象的。

丰富形象的感染。小学语文教材的题材,不外乎写人、记事、写景、状物四大类,即由美的人、美的事、美的景、美的物交织而成。课文的这些美感是以形象为载体展现到读者跟前的,情境向儿童展示的是可感的生活场景、生动的画面、音乐的旋律、角色的扮演或是实物的演示。这些具体生动的形象,为儿童理解语言做好了认识上的准备,而且是笼罩着情感色彩的认识的准备。在进入情境后，儿童作为审美主体，通过感官与心智去感受、去体验。引导儿童用他们的眼睛去凝望，用他们的耳朵去倾听，用心灵去体验……在形象的感染中他们渐渐地感受到作品赋予的美，或是一种轻柔的美，或是一种壮阔的美，或是一种崇高的美……

真切情感的体验。学生在情境中感受着形象的同时，教师的语言描绘不仅吸引着儿童的注意，而且促使儿童因美感产生愉悦，愿意对情境这一客体持续地注意、主动地接受，从而产生或满意的、或愉悦的、或悲伤的、或热爱的、或憎恨的、或愤怒的态度的体验。学习描绘祖国山河的课文《富饶的西沙群岛》《桂林山水》《草原》《美丽的小兴安岭》，可通过假想旅行进入情境，使学生徜徉其间，感受祖国山山水水的秀丽和壮美，产生对祖国河山的爱恋之情。学习英雄人物的课文，通过教师深情的语言描绘，结合恰当的音乐或图画，创设想象情境，越过历史长河，缩短时空距离，让课文描写的黄继光、邱少云、王若飞、刘胡兰等英雄的光辉形象，呈现在孩子们的眼前。从孩子们屏住呼吸的倾听、闪着光亮的眼睛以及那发自内心的有感情的朗读中，都可以知道孩子们深深地为英雄的壮举而激动不已。真切的体验，激起了悲壮的、崇敬的情感。学习科普类的常识性课文、说明文，让儿童进入创造发明的模拟情境中，扮演他们喜闻乐见的"科学家"、"小博士"、"潜水员"等向往已久的角色，进行模拟操作，体验创造成功的快乐，产生热爱科学、探求未知的情感。

潜在智慧的启迪。丰富形象的感染，真切情感的体验，不仅为儿童思维提供了"能源"，而且热烈的情绪使儿童的思维活动进入最佳的心理状态，迅速地沟通、复合、运转。一方面，形象思维积极活动，联想、想象活动随之展开。情境的模拟性使情境呈现的形象粗略而神似，给儿童留下了广阔的想象余地，他们展开想象的翅膀，飞到教材描写的广远意境之中……另一方面，由于形与情的作用，儿童的抽象思维由难变易，对课文的理解，不仅有具体的形象感染，有情感的体验，而且也有对课文内在思想,即蕴含理念的由表及里的理解。就拿二年级学生学习《萤火虫》来说,当他们感受到萤火虫"提着一盏小灯"、"在夏夜的草地上"、"小心地照看着花草世界"的生动画面时,教师抓住"小心"、"照看"这两个内涵丰富的词让儿童展开讨论。孩子们是那样真切地回答:"因为萤火虫怕吵醒了花草"、"萤火虫怕自己的灯火烧着了花草"、"萤火虫知道晚上花儿睡得好,白天花儿才能开得更美"、"萤火虫还怕坏家伙来伤害花草"……从孩子们的回答中,不难看出他们是在用自己的"心"学习,用自己的"情"读书。这样,他们对课文语言的理解也大大超越了那种注解式的字面讲解,"小心"就不是一般的"细心"、"不粗心","照看"也就不单是"照着"、"看着",而是包含着"细致的关心与照顾"。这样,词义、词的形象、词的感情色彩及细微的差别孩子们都一一领悟了。最后让孩子们设想"自己就是萤火虫",他们带着真切的情感做了生动的概括:"我想,只要能照看着花草世界,我就安心了"、"我就高兴了"、"我就满意了"、"我就心满意足了",甚至跳出一句"我就没有遗憾了"。学生就是这样由具体到抽象地思考,了解课文蕴含的哲理。

现在不难看出,通过优化情境,学生在审美的乐趣中获得形象的感染、情感的体验、智慧的启迪,学习动机在其间不断强化,所有这些都有效地促使儿童掌握教材语言。这样,情境就由这些因子构成了相互作用的网络,成为一个连续体不断地推进,整个情境也随之而丰富。儿童的道德教育、思想教育、审美教育就在这个过程中潜移默化地进行着。这样,语文教学对儿童来说,就不仅是工具的掌握,也包含了思想、道德、智慧、审美的收获。

三、凭借情境:在创造的乐趣中,自然地协调大脑两半球的相互作用

情境教学追求的不仅是让学生在审美的乐趣中有情有义地感知教材,而且还要在此过程中,竭力发展学生的创造才能。应该说,每一个大脑功

能正常的儿童，都潜藏着一定的创造性。当然，这种创造性是微弱的、稚嫩的，存在着很大的可变性，既可发展强化，也可压抑泯灭。从目前的语文教学来说，从课堂上的注入、分析，到课后"题海式"的作业，都是通过复现式的记忆去学习语言的，因而造成大脑左半球接受过度教育。脑科学告诉我们，"大脑在完成一个特定任务时，只允许一个半球占优势"，长此以往，将导致右脑的弱化。而右脑受抑制，最终会阻碍儿童潜在创造才能的发展。作为教师，我们往往注重学生知识的掌握、分数的高低，而很少考虑教学内容、教学形式、手段是偏重于运用大脑的哪一个半球，是否会因教学抽象概念，缺乏形象与情感而影响右脑的激活、兴奋，以至造成压抑，甚至损伤儿童的创造才能。这是教学领域长期以来注重认知、忽视情感而造成的带有普遍性的问题。近年来，心理学、脑科学、思维科学一再呼唤教育工作者要重视开发儿童的右脑，尤其当计算机问世后，人的左脑的功能都可通过计算机完成，而右脑的功能，计算机则是无能为力的。因此，开发右脑更有其特殊的意义。这是人类挖掘大脑潜在力量，科学地优化人才素质的唯一途径。

　　情境教学由于本身具有的形真、情切、意远、理寓其中的特点，能巧妙地把儿童的认知活动与情感活动结合起来，从而平衡、协调大脑两半球的相互作用。教学时，教师凭借情境展现的生动形象，带着与作者相共鸣的真切的情意，全身心地进入情境。此时的情境，就不光是一种"物"与"形"组成的场景和画面，而是渗透着甚至饱含着教师的情感。在这种"情"与"境"的合力之下，儿童的情感也被激发起来了！"儿童是情感的王子"。情感为情境教学的纽带。师生情感的交流、互补，极大地丰富以至升华了单纯的直观手段与词结合的"物境"，从而使教学活动进入师生共处的忘我的状态。这种"形"与"情"的刺激必然激活右脑，而使左脑处于暂时的"休息期"，这能调整儿童心理，并能促使儿童精神饱满、生动活泼地继续投入学习活动。在这特定的教材相关情境中，可以有效地训练感觉，培养直觉，发展创造。从教育的远大目标即提高学生的悟性、培养创造性人才来说，情境教学对儿童右脑的发展已显示了它的价值。

训练感觉。感觉是人类认识世界的第一通道。"进入人类理性的所有一切的东西，都是通过感觉实现的。"（卢梭语）儿童的感官，通过训练可以日益敏锐起来；不着意训练，则会变得迟钝。而感官的迟钝必然会成为儿童提高直觉、提高悟性的障碍。因此，我们应该在儿童感官可塑性极大的时候加以培养。这个任务，不只是交给音、体、美的教学，语文教学也是可以承担的。情境教学的生动手段，都是可以作用于儿童感官的，或听，或看，或操作，儿童的感官就在这不断感觉中训练起来。在情境中，教师的语言描述，从教学目的来说，是在引导儿童感知、体验情境的主体或是细节；而从训练感觉的角度来看，正是在指导儿童"看"、指导儿童"听"、指导儿童"操作"。儿童的视觉、听觉、运动觉就在这不断的有指导的兴奋中变得敏锐、完善起来。事实也正是如此，实验班的孩子，确实眼睛特别亮，耳朵特别灵。墙边放着一根锯下的枯树枝，他们会不约而同地围上去，发现主干与枝干年轮的差别；观察日环食时，他们会发现地下的树影也变得异样；夜晚听到吧嗒吧嗒的"雨声"响得异乎寻常，而走到屋外，发现是下冰雹，于是在冰雹打落中观察起冰雹落地的蹦跳状，拿在手中看到其透明状……无数事实证明，感觉的训练使儿童对周围世界日渐留心、敏感，这就拓宽了他们进一步认识世界的通道，并且成为他们思维、想象、创造的重要基础。

培养直觉。情境教学注重训练感觉，激活右脑，十分有利于直觉的培养。人类社会的许多创造，可以说都是"直觉跳跃"的结果。我们要提高人才悟性，就必须从小培养儿童的直觉。直觉虽然不同于感觉，但直觉的培养离不开感觉。只有感觉敏锐，才有可能产生直觉。在儿童进入特定的富有美感的情境后，由于感官接受鲜明的形象，右脑非语言思维积极活动，往往会促使儿童在瞬间产生一种"很自然的感觉"，或者是直觉的反馈，诸如"这篇课文真美呀"、"大龙虾一定爬得比海龟快"、"红珊瑚与白珊瑚，我更喜欢红珊瑚"、"蒲公英是吸土壤妈妈的奶汁长大的"、"小蝌蚪的尾巴断了，一定游不起来，那就找不到妈妈了"类似这些直观的、笼统的、带有猜测性的臆想，一下子做出的判断，就是儿童直觉水平的显露。当然这是极初步的、低级的直觉水平。对于这种直觉的萌芽，实验班的教师应十分珍爱，做到尊重直觉、利用直觉、培养直觉，及时予以热情的鼓励，肯定"感觉不错"、"一下子看出来真不容易"，并利用直觉反馈，激发、强化学习动机，引导儿童通过简单的演绎进行初步的逻辑推导，以验证自己的直觉正确与否，进一步认识事物本身，加深理解课文含蕴的理念。通过天长日久的情境观察、感官训练，强化感知觉，积聚大量表象与经验，并突现、强调情境的某一部分，使儿童潜在的直觉在外界有利因素的碰撞下，迸发出直觉思维的火花。这种培养虽然是初级阶段的启蒙，然而是不失时机的，对激活、发展右脑潜力，提高儿童的悟性，是十分有意义的。

发展创造性。情境教学注重感觉的训练、直觉的培养，实际上都是为了发展儿童的创造性。情境中鲜明的形象、热烈的情绪，使眼前形象与儿童视觉记忆系列中的形象，联动地跳跃式地进行着。联想、想象活动近乎无意识地展开，右脑的非语言思维显得十分活跃。实验班教师因势利导，以师生的情感交流，营造创造的氛围。在此时此境中，儿童潜在的创造性易于突发表现出来，但需要启发引导，促其进行新形象的多种组合，并结合学科特点，变复现式的记忆为创造性的语言训练。从课文出发，或改变体裁，或转变人称，或增添角色，或续述故事，或抒发情感，或阐述道理。从语言形式讲，有独白，有对白，也有多角色的表演，灵活运用已学的词句篇和修辞手法，使儿童的创造才能得以表现。实验班教师在儿童进行创造性语言训练后，及时赞扬，使儿童体验到创造的愉快，从而产生创造意识，享受创造成功的快乐，以激发进一步创造的热情。儿童的创造是可敬佩的。不久前，我给一年级小朋友上的单元综合思维训练课给我很深的体会。教学时，我让孩子们进入本单元主题"插上想象的翅膀"情境，让孩子们体会特设的小主人公"最爱想",体会课文作者奇特想象的思维轨迹,孩子们深受感染,并从中得到启发。当他们画一对翅膀,思考送给谁时,竟能想到数十种答案。在这画翅膀、送翅膀的过程中,孩子自己想象的翅膀也展开了。请听他们的美好遐想:"我把翅膀送给面包,让它快快飞到世界上没饭吃的地方,让外国的穷人尝到中国的新鲜面包!""我把翅膀送给李老师,李老师外出开会就不用坐火车和轮船了,这多节约时间呀!""我把翅膀送给我自己,我要飞上月亮,看看月亮上是不是真的有小玉兔。"……不难看出,孩子的创造性在求知、求异、思想、情感和伦理中表现得多么令人兴奋不已啊!

情境教学注重感觉的训练、直觉的培养、创造性的发展,其中渗透形象、情感、想象,给儿童带来无限的快乐与活力,促使其右脑兴奋、激活。而情境教学又不囿于此,还引导儿童有机地将形象与课文语言(词)结合,通过朗读、复述及一系列的运用、推敲、鉴赏等语言活动,加深对教材语言的理解,并通过教材语言,引入对作品内在情感的体验,对教材思想观点的概括、认识。这就很自然地促使儿童进行语言逻辑的思维,或弄清因果,或比较评判,或分辨是非,这又得依靠左脑的功能,激起左脑的兴奋。而已获得的形与情,则作为儿童进行语言思维、逻辑分析、推导的"资源"供给。这就使大脑两个半球交替兴奋,产生互补,协调大脑两半球的相互作用。大脑两半球兴奋的变换,使儿童不断获得新鲜感,兴奋的情绪得以持续,课堂上自然呈现出生动活泼的景象。儿童的想象力、直觉、创造精神,就在教学过程中得到较好的培养与发展。

四、拓宽情境:在认识周围世界的乐趣中,平衡两个信号系统的发展

人类是大自然之子,大自然是人类生活的根基、智慧的源泉。大自然的万千姿态、绚丽色彩及富有音乐感的声响,又成为对儿童进行审美教育的课本。现在的注入式教学已经忘却了大自然这本好书，忘却了它是一个广阔的、多姿多彩的生动课堂。语文教学已经将学校的高墙与大自然隔开，单纯的语言思维不仅打破了第二信号系统与第一信号系统之间的平衡，而且已经逐渐导致第二信号系统源泉的枯竭。根据巴甫洛夫学说，词和符号需要从形象方面得到不断的强化，其途径就是与周围世界、与生活接触。我们不会忘记，人类从婴儿时期到学龄前期，从单词到短语，从多个词排列、组合成句，逐渐达到语言自动化的复杂过程，是在没有老师、没有教科书的情况下，独立地克服了最初学习语言的种种困难完成的。婴幼儿在大自然的怀抱里吮吸丰富的营养，在生活的具体情境中，迅速地发展了感知觉，在这样的基础上，才逐渐学会语言、掌握符号，保持着两个信号系统的平衡。但是我们却常常会丢弃儿童独立学习语言的这一成功经验，在不知不觉中，把儿童自然保持的两个信号系统的联系割断，使之失去两者之间的平衡。我以为这是小学语文教师很容易犯的一个错误。我们应该顺乎自然，利用儿童学习语言的经验，让儿童回归大自然，投入周围世界宽阔而丰厚的怀抱。

情境教学根据儿童认识世界、学习语言的规律，注重儿童与大自然的接触，引导他们由近及远、由表及里地渐次地认识周围世界。实验班特设观察说话、写话课及野外活动。这就在开设的课程类型上为儿童接触大自然、接触周围世界、保持两个信号系统的平衡提供了保证。通过这些课型的开设，老师带儿童去感受春天的生机、夏天的繁茂，体验秋天的奉献、冬天的孕育；去观察太阳怎样使人类从黑暗走向光明，月亮怎样跟着地上的孩子在云朵里穿行的微妙动态；感受日出的气势、光亮、色彩、炽烈，体验月行的恬静、温柔和所展现的神话般想象的意境；思考宇宙天体与人间四季变化的因果关系。那春雨的淅沥、雷雨的轰响、晨雾的迷蒙、白雪的纯洁，这些大自然发生变化的景象，实验班都让孩子细细地观察过，并在其中领略、品赏、思索……

实验班在带领儿童投入大自然的怀抱时，从求近、求美、求宽的角度去优选周围世界的生动场景,并因地制宜,在学校附近的田野建立野外活动基地。那里的一条小河、一块农田、一片小树林、一座古老的宝塔,成了儿童较早认识的周围世界的一角。实验班正是从这儿,从儿童身边开始,小心地、有序地打开了一扇扇通向更广阔世界的窗户。

在实验班五年的学习生活中,儿童不断地与周围世界接触,充分领略到大自然赋予的美感,逐步地认识社会生活。儿童智慧的火花在其间被点燃,丰富的感知广泛地储存了关于周围世界的表象,为第二信号系统开拓了取之不尽的源泉。在此过程中,实验班也注意到让接触周围世界、认识大自然与启迪智慧、与道德和审美教育有机结合。

渐次认识大自然。周围世界是一个相对的空间,一个由大自然与社会生活构成的光怪陆离的天地。其中大自然以它特有的丰姿、无与伦比的美感,成为对儿童来说特别富有魅力的场景。但不宜将它一览无余地兜露在孩子面前,必须渐次地在儿童眼前揭开大自然的面纱。就拿校门口的小河来说,要想经常带孩子去而又不至于重复,只有逐一地渐次进行。第一次,老师把孩子带到小河边,帮助他们认识这是一条小河,一条弯弯的小河,河上有一座桥,河两岸有树、有芦苇,让儿童认识小河的形状、空间位置及岸边的主要景物。第二次来到小河旁,让孩子们坐在小河边静静地听着小河水哗哗地向前流去的音响,看着小船儿悠闲地在水面上摇着,小鸭子也跟在后面嘎嘎地叫着。然后,让孩子从河上的景物猜想河底还会有什么。于是,小虾、小鱼、小石子、小螺蛳、小乌龟,一下子闪现在孩子的眼前。《小鱼巧遇小虾》的童话、《乌龟和螺儿赛跑》的故事,就在这诗一般的小河边、在大自然的怀抱里诞生了。一篇"弯弯的小河,穿过石桥,绕过田野,哗哗地向远方流去"的带有八个生词的课文,一年级刚入学的孩子竟然轻而易举地学会了。这些词语带着鲜明的色彩与音响进入了孩子的意识,给孩子留下了难以磨灭的视觉记忆。倘若不在小河旁,不通过感官认识小河,文中的"石桥"、"田野"、"远方"以及动词"穿"、"绕"、"流",该费多大的劲向孩子讲解;即使讲了,孩子还可能不知所云。这充分说明,只有第一信号系统提供"资源",第二信号系统的语言思维发展才有基础。基础丰厚,发展必迅速。后来在这小河边,还进行了《小河上吊桥的不平常的经历》《我们沿着小河走》《小河边的青蛙音乐会》《小蝌蚪到哪里去了》《小河边的芦苇丛里》《小河结冰了》《小河畔的野花》等课文内容的观察活动。仅从某个小角落,儿童就可由此去感受周围大自然的美、趣、情。如果其他的场景也都如此渐次地进行,大自然的美貌在孩子的心灵上就永远是新鲜的,富有诱惑力的。儿童对大自然的感情,也在这有意无意间日积月累地积聚起来。反之,离开大自然奢谈自然之美、生态平衡,只是一席空话而已。因为没有感性,哪里有理性呢?

潜心启迪智慧。周围世界的某一场景虽然是广阔天地的一隅,但此物与彼物、甲现象与乙现象的变化及因与果的相互关系都可以激起儿童的思考。面对具体情境,感觉真切,思维就有了材料,推理就易于找到依据。这对正处于具体的形象思维向抽象的逻辑思维过渡、发展的学龄期儿童更为合适。例如,带三年级的儿童去认识菜花,进行《菜花冠军》的情境作文时,学生由于亲眼看到了金子般的油菜花、花蝴蝶似的蚕豆花、那比大包子还要大的菜花,又闻到了春风吹来的浓艳的菜花的芳香,似乎进入了菜花的世界。鲜明的形象,使感觉获得了丰富的源泉,思维活动积极展开,他们自己提出:"菜花比赛,谁做裁判?"又是他们自己做主:"请蝴蝶和蜜蜂当裁判。"在田野上,孩子们像一群小鸟叽叽喳喳地、欢快地叫开了:"蚕豆花躲在豆叶下,它的谦虚谁也比不上。""油菜花好看、籽儿多,榨成的油可以流成河,它才是真正的菜花冠军呢!""野菜花遍地都是,锄不净,挖不完,就是野火也烧不尽,它的生命力是最强的。""菜花比赛"变成了孩子思维能力、想象能力、运用语言本领的比赛。至于在观察天体、天象的情境中,儿童思想的活跃就更不用列举了。因为两个信号系统的平衡,使孩子表象丰富、思路开阔。

与道德、审美教育结合。大自然并不是孤立存在的。它与人相连,就必然与社会相通。涉及社会就包含着思想道德、审美情趣。因此,在引导儿童认识周围世界时，实验班有机渗透思想教育、道德教育及美的熏陶。就在那美丽的田野上，从老牛的"哞——"到拖拉机马达的轰响，从方整的农田到在田野里辛勤劳作的农民，从田野边寥寥无几的低矮的小屋到耸立在村边的一幢又一幢新建的小楼房，从老街上石子铺成的小路到今天宽阔繁忙的大街，无不包含着对儿童进行热爱劳动、热爱美丽的家乡、热爱优越的社会主义和热爱伟大的党的生动形象的教育。尤其是带有主题的单元教学中的野外活动，更可以把感受自然美与思想道德教育结合起来。春天去祭扫烈士陵园，烈士墓前的苍松翠柏、墓前的花束正散发着泥土的芳香，宁静的田野盛开着桃花，河岸边飘荡着柳枝，连同孩子手中的小白花，构成了自然美与社会美交织在一起的生动画面，两者相互迁移、相互强化——因为烈士牺牲的悲壮，更觉松柏的庄严肃穆；因为田野的美好，更感烈士的丰功伟绩。诸如此类的许多有关近代史的教育、国情的教育，在实验班常常是在认识周围世界的过程中相机进行的。情境教学帮助儿童走出了封闭很久的几十平方米的小教室，来到广阔的天地里，自由地呼吸新鲜的空气，看到了广袤天宇下的大千世界。大自然及社会生活中的各种事物直接间接地作用于儿童感官，这种开放式的信息储存，为第二信号系统提供了丰富的资源，使儿童得到源源不断的思维"材料"，并且随着儿童视野的拓宽，其思维的领域也日益扩大。事实表明，只有保持两个信号系统的自然平衡，儿童的思维才会具有广阔性、深刻性、灵活性的品质。

　　情境的运用给课堂带来了生气，带来了欢乐，改变了注入式教学那种闭门读书、单一地"听分析"、运用复现式的记忆学习语言所造成的儿童负担重、效率低的被动学习的状况。它针对儿童的思维特点和认识规律，以"形"为手段，以"美"为突破口，以"情"为纽带，以"周围世界"为智慧的源泉，促使儿童合理地使用大脑，且又有和谐的师生关系为保证，儿童在学习语文的过程中，终于获得了探究的乐趣、审美的乐趣、认识的乐趣、创造的乐趣，从而使教学真正成为生动活泼、满足自我需求的活动。儿童学习的兴趣、审美的兴趣、认识的兴趣乃至向往丰富精神世界的兴趣，也在其间培养起来。这样的小学语文教学为儿童将来成长为社会主义的建设者和接班人，成为有益于人民的脱离了低级趣味的高尚的人打下知识的、能力的、智力的、情感意志的重要基础。

（本文发表于《教育研究》1991年第11期）

从情境教学到情境教育的探索与思考

近一个世纪来,中国的教育受凯洛夫教育思想的影响极深,注重认知,忽略情感,学校成为单一传授知识的场所。这就导致了教育的狭隘性、封闭性,影响了人才素质的全面提高,尤其是情感意志及创造性的培养和发展。历经十余年探索,情境教学把儿童的认知活动与情感结合起来,开辟了一条促进儿童主动发展、学得生动活泼的有效途径。教育是面向未来的事业,21世纪人才活动的舞台是更加广阔、更加活跃、更加复杂的国际国内大时空。未来大教育的目标,激励着千百万中国的教育工作者,用广角度的思维方式构建教育的模式,也促使我的研究从语文教学单科运用情境教学向情境教育发展。

一、探索历程

首先,我们从情境教学运用于语文单科的成功经验,抽象、概括出符合儿童心理特点和认识规律的带有共性的创设情境的"四为"和"五要素"。"四为"即以"形"为手段,以"美"为突破口,以"情"为纽带,以"周围世界"为源泉。"五要素"即以培养兴趣为前提,诱发主动性;以指导观察为基础,强化感受性;以发展思维为中心,着眼创造性;以陶冶情感为动因,渗透教育性;以训练学科能力为手段,贯彻实践性。然后,我们提出了情境教学向整体优化发展的设想,确定了"优化情境,促进整体发展"的总课题,逐步形成情境教育的实践基础和理论构想。运用"四为",各科教学创设情境就有了依托;掌握"五要素",各科进行情境教学就有了统一思想。只有有了统一的教育思想,才能有和谐的教育。

(一) 从学科教学着手

在学校各年级语文教学运用情境教学的大环境下，情境教学首先向相邻学科——思想品德课延伸，针对思想品德课需情感参与才能动情晓理的特点，创设形象生动的德育情境，向学生展现正面的感性形象，激起儿童的道德情感，让儿童伴随着道德情感形成健康的道德认识，使长期以来抽象的说教式的思想品德课变得生动活泼、有血有肉。有了情感的铺垫，儿童道德观念的形成就不再是概念的、公式的、空洞无物的。通过模拟生活情境进行的正确行为习惯反复训练的养成教育，更加符合儿童特点，易于被儿童接受而不致引起他们的逆反。

情境教学向思想品德课延伸实验的成功，推动了其他各科实验的发展。音、体、美等艺术学科由于本身具有的丰富的形象性，比较顺利地探索出了各自运用情境教学的要领、途径及方法。以"趣"激发动机，以"美"愉悦身心，创设教材相关情境，让儿童在其中进行感受、得到陶冶；促使儿童在审美愉悦中，借助想象的作用，训练技能技巧，即把想象与科学技巧的训练紧密结合起来。这样，技能技巧的训练是"实"的，但方法是"活"的，儿童学起来是有趣的。

较为难攻的"堡垒"是理科，即数学和自然常识。我们冷静地做了分析，觉得无论是自然常识，还是数学，虽然是抽象的，然而它们如同文学艺术一样源于生活，是由于生活的需要才产生了数学和自然常识，而最终又运用于生活。它们体现了宇宙间的秩序，蕴含着科学的、和谐的美。追根究底，它们都是具体的，是有形象可感应的。而现在数学与自然常识教学的弊端，往往是唯逻辑的，完全脱离了生活，这使其变得过于抽象、不可捉摸，而令孩子们兴味索然。于是，我们还理科的本来面目，把"数"与生活结合起来，让儿童在生活的情境中，理解"数"与"形"的关系，又在模拟的情境中加以操作，强化理科的应用性、趣味性，强调在形象思维的伴随下，训练发展逻辑思维能力。我们还根据自然常识是科学探究的结果的特点,创设一种探究的情境,让儿童通过自己的探索理解自然常识,培养儿童学习自然常识的兴趣,发展儿童对科学的热爱和探究精神,并通过情境培养出将科学知识应用于生活的热情和实际操作能力。

这样实验按照单科→相邻学科→其他各科,以课堂教学为中心环节,一步步推开,取得了初步成效。

(二) 从课堂教学向课外活动延伸

活动是培养儿童自主意识、自主能力,从而获得自主发展的重要渠道,这是其他任何教育手段不可替代的。因此,从课堂到课外、到校外,应该留给儿童更多的活动余地。我们把情境教学延伸到课外活动中去,就是依据环境无不对儿童发生作用为根本出发点,优化儿童的活动空间,以吸引儿童主动投入、主动参与。我们用现有的物质条件,创设了一个"洁、美、智"的校园情境,渲染了美好、智慧、宜人的氛围,让儿童觉得生活在学校舒适、快活、智慧,由此培养儿童喜欢校园、热爱学习的情感。我们以丰富多彩的形式组织经常性的文体活动、科技活动等,构建主题性大单元教育活动,努力使活动在学校占有一定的地位。实践表明,只有课内与课外相通,教学与活动结合;学校与社会相通,认识世界与锻炼自主能力相结合,才能为儿童打开更多的认识世界的窗户,拓宽儿童施展各自才能的天地。在儿童活动的生活空间的不同区域,均以"智"为中心,以"美"为感人形式,并以各区域自身的特点创设"趣、美、智"的教学情境、"洁、美、智"的校园情境、"乐、美、智"的活动情境以及"净、美、智"的家庭情境,构成一个广阔的目标一致的整体优化情境。教育的协调、同步,保证了教育的整体效应,显示了情境教育的可行性、优越性。

二、基本模式

情境教育的探索,给学校教育带来了勃勃生机。在探索过程中,我们以儿童的个性全面发展为目标，依据马克思关于人的活动与环境有机统一的哲学原理，借鉴心理学中暗示、移情以及心理场等理论，构建情境教育基本模式。

情境教育针对以往学校教育的弊端，通过优化环境、优化活动进行改善。我们根据教育教学的远期目标和近期要求，针对儿童特点，通过图画、音乐、表演等艺术的直观或现实生活的典型场景，直接诉诸儿童的感官和他们的心理世界。艺术手段的力度、优选的现实生活场景的美感，正符合儿童的兴趣和需求，且与他们的思维想象能力相协调。这种不显露的、用创设情境的间接方式对儿童心理及行为发生影响，从而一步步达到既定的教育目标的过程，就是暗示的作用。儿童进入这样特定的情境，在教师语言的调节下产生强烈的情绪，内在的心理倾向趋于教育过程，便情不自禁地投入教育教学活动中。情境教育的形真、情切、意远、理寓其中的特点，无不显示了情境教育特定的环境对儿童心理倾向发生的作用。我们用"无意识"导引"有意识"，用"情感"伴随"理性"。也就是说，情境教育正是利用暗示，通过周围环境与儿童心理产生共鸣的过程，充分激活了儿童的潜能，迅速推进教育教学活动。儿童是最富有情感的，儿童情绪在暗示的作用下被唤起后，又易于将自己的情感移入所感知的教育教学内容中的人、物、事件或景物上。情境教育正是利用儿童心理这一最宝贵的特点，以情感作纽带，把儿童内心的情感移入所认知的与教育教学相关的对象上，从而加深儿童对教育教学内容的情感体验。这种伴随情感的认知活动，就比缺乏情感的认知活动丰富得多、深刻得多。

而这种暗示的移情的作用，正是依赖于心理环境进行的。我们创设的教学情境、人际情境、活动情境、校园情境的诸多区域构成了儿童的生活空间，一个渗透着教育者意图、富有美感、充满智慧和儿童情趣的生活空间。这就是情境教育特意创设的或者优选的情境，而不再是一般意义上的客观环境。儿童进入这优化的情境，情境的力度、真切感和美感，在暗示、移情作用下都足以影响儿童的心理世界。丰富形象的感染，真切情感的体验,潜在智慧的启迪,可使儿童得到一种需求的满足。这种心理需求得到满足时的愉悦,就形成了一种向着教师创设情境的目标推进的"力",从而使儿童主动地投入教育教学活动。儿童对这种教育教学活动主观需求的态度、情绪、语言和行为,使已创设的情境更为丰富,情境渲染的气氛更为浓烈;置身其中的教师,便即时感受到育人成功的快乐,又以更饱满的热情投入教育教学活动。这样"情境—教师—学生"三者之间形成相互推进的多向折射的心理场,促使儿童用"心眼"去学习,教育教学活动时时可以进入一种沸腾状态,从而加速顿悟,改变认知结构。

(一) 拓宽教育空间,追求教育的整体效益

每一个儿童都是在一个十分具体的环境中成长起来的。环境与在其间活动的人群,构成了一个静态与动态、物质与精神交织在一起的儿童生长环境。这个环境对儿童的影响虽然是不知不觉的,但却是极其深远的。

儿童生长的环境是非常宽阔的,然而,受"学校是传授知识的专门场所"的传统固有观念的影响,加之教育目标被"考试→分数→升学"所扭曲、阉割,教育空间变得那样狭小。校园的高墙乃至教室的门窗,阻隔了儿童与社会、与大自然的联系。在这样一个狭窄天地里怎么去培养能适应未来、适应世界,可以驾驭现代化的人才呢?在这封闭的狭窄天地里,在陈旧的知识、禁锢的意识笼罩下培养出来的学生,只能"继承"文化,只能"复现"知识,对未来大时空中信息的辐射要敏锐地去感应、接受、发展,是十分困难的。既然国门已经打开,教育应随之形成一个开放的系统,拓展教育空间,从课堂这一教育的主体区域延伸开去。儿童活动的每一个空间都是一个教育源,或正效应,或负效应。情境教育旨在把儿童活动空间中的每一个区域构成一个连续的、目标一致的和谐整体,以充分利用环境、控制环境。

1. 通过多样性的课外活动,渲染学校欢乐向上的氛围

儿童总是在自身的活动中获得发展的,可以说没有儿童的活动,就没

有儿童的发展。而活动内容单调则不能吸引儿童参与，更不能形成理想的氛围。为保证多样性活动的顺利开展，学校以年级为实体，保证文体活动的开展，普及兴趣小组活动，促使全体儿童身心愉快，特长、爱好得到培养和发展。为使课外活动综合化，我们分别将"信息交流"、"艺术欣赏"、"故事大王"、"作品朗诵"、"行为训练"多种活动项目列入每天20分钟的综合课内。为使课外活动具有广泛性，结合节日、时令设"教育周月节"，并形成传统：上半年二月设"爱书周"，注意培养儿童对书籍的热爱，做到班班有图书角、人人有图书柜（箱）；三月设"学雷锋周"，广泛开展学习雷锋活动，并针对社会弊端，着重进行责任心与社会公德的教育；五月结合国际劳动节设"创造周"，集中进行创造教育，广泛开展科技小制作、科学小论文的少儿创造活动；七一前设"幸福节"，继续对儿童进行艰苦朴素的传统教育，引导儿童了解国情，抑制超前消费。下半年结合迎国庆，设"爱国月"，把热爱祖国的教育作为整个思想道德教育的主线；十一月结合秋收设"丰收日"，从丰收果实的展示培养儿童对劳动、对劳动人民的思想感情；十二月结合孩子们喜欢的圣诞老人和元旦，设"童话节"，让儿童在童话世界里尽情享受生活的美，插上想象的翅膀，激起创造的热情，在新年的爆竹声中把多彩的课外活动推向高潮。此外，各年级还开展丰富多彩的周末活动，如营火晚会、元宵灯会、三八节"与妈妈同乐"、"十岁生日"等，这些都使儿童兴奋不已。就拿元宵灯会来说，从中年级起学生各自扎灯，集中展览，分班观赏，最后在元宵之夜大家举灯畅游校园。盏盏灯光与天上的星光共明，对儿童来说，那是一种多么美妙的情境啊！至于"动物运动会"、"猜灯谜比赛"、"故事比赛"、"小能人比赛"、"普通话比赛"，各类小规模竞赛活动更是形成连续不断的激励机制。多样性的课外活动有效地拓展了教育空间，其形式的生动、场景的美感、师生的积极参与，无不作用于儿童的心理世界，从而让儿童感受到校园中的欢乐、友爱，感受到群体向上的力量。

2. 通过主题性大单元教育活动，强化教育的效果

传统教育的离散性，削弱了教育的整体效应。各科教学、课外活动，各行其是。而这些来自学校各方的信息终将直射到学生身上，作用于学生的心理世界。因此，组成教育整体的各要素之间若相互协调，则相互强化；若抵触阻隔，则相互削弱。为了追求教育的整体效应，情境教育"以德育为主导，以语文科学为龙头，以课堂教学为中心环节"，实行大单元教育，充分利用教育教学内容中的"相似块"，将其集合在一起，确定主题，从各个不同的侧面集中进行。利用大单元活动组成部分的一致性，加大教育的力度，使有时限的教育教学活动从深度、密度上拓展教育空间，强化教育的效果。我们从儿童的特点出发，以他们喜闻乐见的形式，创设活动情境。具体围绕传统的道德教育、时代精神的自主教育、体现社会主义特点的"三热爱"（热爱共产党、热爱祖国、热爱社会主义）教育确定主题，"从未来着眼，从现在做起"；针对当代独生子女由于养尊处优普遍存在的依赖、娇弱、"唯我"的缺陷，着重培养儿童的集体意识、责任意识、竞争意识、自主意识，发展儿童的动手能力、交往能力、组织能力、"三自"（自我教育、自我管理、自我学习）能力。例如，在新年到来之际，为了培养儿童关于时间的价值观念，把语文、思想品德以及其他学科中有关"时间、时间价值、惜时"等内容进行调整、相对集中，组合成以"与时光老人赛跑"为主题的大单元教育活动，各班则举行"一分钟的价值"队会，而整体环境则是以"深圳速度"为主体背景。这样看的、听的、读的、算的、画的、唱的、做的都以时间价值为主线，相互作用，多向迁移，相互补充，强化了教育教学效果。学生领悟到的"时间"不再是在课本上，而在生活里具体存在着，每分每秒就从我们身边匆匆溜过，从不停步。再加上"比××快"各类小竞赛的开展，使整个的环境、气氛构成了快节奏、争效率、紧张兴奋的教育情境。从教室到操场，从学习到日常行为习惯，让学生感觉到当今时代跳动的脉搏，具体而深刻地理解速度就是效益、时间就是生命，激励儿童在日常行为中珍惜时间。

大单元教育活动每学期虽然只有2~3次，但由于它具有较强的力度，通过情感的弥散，能得到较为持久的稳定的教育效果。在大单元教育主题的主导下，班队活动也以相应"小主题"做铺垫，使教育在连续的情境中、逐步推进、逐步深化，使得从班级到全校都弥漫着一种健康向上的氛围。

由于大单元教育活动一般具有"主题明确"、"情感伴随"、"儿童自主"、"角色众多"、"场景转换"五大特点，加之活动的动态连续、综合，因此教育情境既具有生动性，又具有一定的深刻性，并促使儿童按捺不住热烈的情绪主动投入。这样，学校教育把儿童认知、情感水平提高到一个新的发展阶段，使教育获得了知、情、意、行的整体效应。

3. 通过系列性野外活动，不断丰富课堂认知活动的源泉

大自然是人类赖以生存的环境，大自然无与伦比的美感连同种种景象所包容的、所显示的因果关系，都会引起儿童的喜悦、惊叹和思考。儿童所掌握的词汇在其间复活，同时又在其记忆屏幕上留下丰富鲜明的表象。在很大程度上，儿童的发展是与周围世界相互作用的前进运动。为此，我们极力扩大儿童的视野，拓宽教育空间，开设了野外活动课程，低年级两周一次，中、高年级一月一次。

在条件尚不具备建立野外活动基地前，我们会优选学校周围的典型场景，由近及远，由单一的大自然的场景到以大自然为背景的社会生活的一角一隅，初步形成野外活动的网点。从学校后的田野、小河到学校西侧古老的光孝塔，然后沿着绕城而过的壕河至城郊的山麓和浩荡长江……一个点就是一卷画，是一个用"美"编织的生活空间。古老的光孝塔下的野外活动不仅是观察说话的好题材，那一层层飞檐塔角叮当作响的铃铛也是数学现场教学的生动数据，当然也是图画老师让儿童作画的好题材。大家在河畔采野花、捉小蟹、捡落叶，乘着龙船环游壕河。龙船在碧波上缓缓行驶，孩子们的歌声在河上飘荡，两岸的美景缓缓地从身边移过。每一次，孩子们去郊外的萝卜地、果园、稻田、瓜地，丰收的场景都使他们沉浸其

中。对劳动、劳动果实、劳动人民的情感，就在这具体生动的一幕幕场景的认识过程中培养起来了。野外活动的高潮便是在家乡的青山绿水之间、江边的芦苇荡里，尽管这里很少有行人涉足，但它们对孩子们来说是那样富有魅力。一班又一班的孩子从这儿钻过，脚下是水草丛生的沼泽，头上是轻轻吹拂的白絮般的芦花，鲜红的队旗在队伍的前头迎风飘扬。战胜了艰难与曲折，孩子们终于钻过了一眼望不到边的芦苇荡。绿色的军营更是孩子们向往的地方，白天，解放军叔叔全副武装指挥操练；晚上，夜宿军营点燃篝火，在篝火旁战士们为孩子们讲传统、讲战斗故事，孩子们在军营中度过了难忘的白天和黑夜。一篇篇军营日记诞生在20世纪90年代少先队员的日记本上……更催人奋进的是毕业前夕的"夜行军"——孩子们在太阳升起之前，登上山峰，当朝霞满天、旭日跳出地平线时，孩子们欢呼起来，不约而同地朗读诗歌《太阳颂》。置身于此时此景，孩子们可真是忘情了，那不仅是对日出的感受，更主要的是对光明、对博大、对无穷自然力的最形象、最完美的心灵的领悟。

作为课程设置，野外活动得到了保证。孩子们可以经常地走出学校，接触大自然，感受到美，获得丰富的感性材料。这使他们一次又一次接触思维和活的言语的源泉，展开联想和想象，进行逻辑的分析推理。这些活生生的信息资源，大大地丰富了儿童课堂上的认知活动；同时，这又是对儿童心灵的塑造。

（二）缩短心理距离，形成最佳的情绪状态

多少年来，学校的教育活动是被动式地进行的，给学生一种"距离感"。所谓"距离感"，表现有三。其一，教育者与被教育者之间有"墙垛"。师生之间常处于一种"我教你学"、"我灌输你接受"、"我出试卷你答题"、"你犯毛病我训斥"的状况，老师的权威、尊严拉大了师生之间的距离。儿童不敢接近老师，不敢爱老师。对老师不爱，老师所教的学科学生怎能感兴趣呢？其二，学习者之间有"隔膜"。同班同学在学习上、

道德行为上相互之间漠不关心。谁成绩下降了，谁道德行为出了偏差，很少有人为之焦虑不安，这是真正的隔膜。这种隔膜成为形成热烈学习气氛的障碍。其三，学习者与教育内容之间有"鸿沟"。从理科讲，概念、定义不可言状，"它们来自哪儿?"、"学了又做什么用?"难以思议；从文科讲，教材中无论是战争年代的英雄、远古年代的名人，还是祖国山水名胜、异国他乡的风俗人情，都觉得它们属于古老的岁月、遥远的地域，加上老师的纯理性分析，学生更觉它们陌生而格格不入。这种对教学内容的"距离感"，怎么能让儿童从中获得真切的感受呢？又如何唤起学生的学习情绪呢？缺乏热烈的情绪，就缺少投入学习活动的"力"，儿童的心理倾向就很难主动地趋向教学过程。

由此不难看出教育的"距离感"，影响了儿童主动投入教育教学活动的积极性。情境教育便通过创造一种"亲、助、乐"的师生人际情境和"美、趣、智"的教学情境来缩短儿童与老师、与同学、与教学内容之间的心理距离，促使儿童以最佳的情绪状态，主动投入、主动参与，获得主动发展。

1. 创设亲、助、乐的人际情境，缩短教育者与被教育者及被教育者之间的距离

沟通师生情感交流。儿童是最富情感的，老师在他们心目中是最有权威而又最值得爱的人，这种情感孕育在儿童的内心，他们总想表露这种爱，也总希望老师能爱自己。而对于老师是否可以爱，又是否爱自己，儿童幼小的心灵会十分敏感地触摸到老师的内心情弦。于是，我们提出了"一切为学生的发展服务"的总体要求，要珍爱学生的情感，奉献自己的爱心，使师生关系首先成为一种情感交流的十分亲和的人际关系。教师应以自己的爱心触及学生的情感领域，以"爱生乐教"作为座右铭，帮助每个学生树立起成功的信心。学生们则会从老师那儿十分敏锐地感到一种期待、一种力量，从而转换成学习的内部诱因。这种群体的信心，老师和学生之间情感的相互作用和良性循环，逐渐形成一种"诲人为乐"、"学而

感趣"的教风和学风。优良的教风和学风的形成,成为儿童热爱学习、主动学习的情绪背景。亲、助、乐的师生人际情境的情绪效应得到发挥。

师生共同参与活动。老师、学生共同组织、一起参与活动,使师生之间有了更多的交往,提供了更多的相助的机会。例如,在"伸出友爱的手"的救灾活动中,老师和学生一起把钱塞进"友爱箱";野炊中,老师、学生一起生炉子,烧菜做饭;在燃烧的营火旁,在欢腾的歌曲声中,老师和学生一起拉起手跳舞;在模拟军事演习中,老师想的是学生的安全,学生希望的是看到老师的身影,于是,老师和学生一起匍匐前进,一起攻"碉堡"。在优化的活动情境中,师生共同进入了忘我的境地,师生间无形的"墙垛",不知在什么时候被推倒了。

在活动情境中建立起来的融洽的师生关系,必然反映到教学活动中来。教师情感的投入,儿童感受后再作用于教师,形成一种教与学相互推进的合力,使教学活动在亲、助、乐人际情境的作用下,构成了适宜促进儿童主动投入教学过程的心理世界。"学生尽可能大地发展",成为教师育人、育智的目标,成为班集体,也成为个人自我发展的目标。

2. 创设美、趣、智的教学情境,缩短教学内容与学习者之间的距离

各科教学内容,在儿童已知—未知间必有距离;而且,事实上各科教学内容中有许多并不是来自儿童身边,而是既有时间的距离,也有空间的距离。加之教师纯客观的分析、灌输,更拉大了教学内容与学习者之间的距离。对这种"有距离"的教学,儿童感到陌生遥远,很难激起学习的情绪。情境教育以生动的直观与语言描绘相结合创设情境:或实体情境,或推理情境;或模拟情境,或想象情境;或语表情境,或操作情境,再现教材的相关情境,使各科教学贴近儿童,使其因感受真切而产生亲切感。

情境教育所创设的情境,首先注意渲染具有一定力度的氛围,使儿童对客观情境获得具体的感受,从而激起相应的情绪。在把儿童带入情境后,通过情境的强化,即从生活的展现、实物的演示、音乐的渲染、图画的再现、角色的扮演以及语言的描绘六大途径中,择其相应的进行综合运

用,或音乐、图画并举,或音乐、图画、角色扮演同步,或角色扮演、实物演示合二为一等,使情境作用于儿童的多种感官,加深儿童的感受。儿童由"近"感到"真",由"真"感到"亲"。在老师语言提示、描绘的调节支配下,儿童情不自禁地将自己的情感移到教材的对象上,在想象的作用下,仿佛"我就是××",进而到达"我他同一"、"物情同一"的身临其境的心理场中。随着情感体验的加深,在教学活动起始阶段儿童产生的激情,通过情感的弥散,处于相对稳定的状态,并随着情感活动与认知活动在不同学科、不同年级延续、反复、发展,儿童的审美情感、道德情感及初步的理智感,也随之受到了很好的陶冶。而儿童高级情感的发展正是提高人才素质的主要基础。情境教育的优越性在某种程度上就是通过移情,使之既成为促进儿童发展的有效手段,又达到培养儿童高级情感的最终目的。"关注"—"激起"—"移入"—"加深"—"弥漫",在情绪发展的过程中,认识态度更为明确。

这种美、趣、智的教学情境及亲、助、乐的人际情境的协同作用,有效地缩短了教育者与被教育者、教学内容与学习者以及学习者之间的心理距离,师生以最佳的情绪状态共同投入教育教学活动,从而达到儿童主动参与、主动发展的境界。

(三)通过角色效应,强化主体意识

儿童应该是学习的主体。但在灌输式的教育中,学生很难形成主体意识,这种缺乏主体意识的学习者,很难获得主动的发展。在整个教育教学过程中,要使儿童主动投入、主动参与活动,关键在于学习者主体意识的形成,即其学习态度、情感和意志的作用。而对小学生更多的是动机、情感的作用,因此,如何使教育教学活动成为儿童的主观需求,是情境教育需要着力的方面。

教育情境的拓展,儿童生活空间的各个区域的和谐气氛,使教育教学的各个组成要素相互推进、相互强化;师生间心理距离的缩短,教育教学内容的现实化、亲切感,都促使学生学习动机的形成。但要儿童持久地、主动地投入教育教学活动,则需要持续地强化动机,强化儿童的主体意识。为此,我们在已创设的特定情境中,让儿童担当角色、扮演角色。利用角色效应,使儿童由"被动角色"转化为"主动角色"。

通过角色活动产生"有我之境"的角色效应,很易于激起儿童对角色的喜爱,从而乐于担当角色、扮演角色。在此过程中,由于需要进行角色的转换,儿童的想象也随之展开。老师利用儿童进入角色后对角色的体会、对角色在情境中地位的理解,以及与其他角色的关系,进一步引导儿童体验角色的情感。在此过程中,儿童对角色的情感就很自然地移入所扮演的角色,自己仿佛变成了那个角色——"我与角色同一",角色的喜怒哀乐就是自己真情实感的表露。在这种移情的作用下,儿童面对所处情境会情不自禁地按自己所扮演的角色的身份、处境思维,根据大家对角色的期待,合情合理地表现出一系列的行为和恰切的语言表述。角色变了,语言行为也随之变了。角色扮演的热烈的情绪渲染了整个学习情境,不仅是角色扮演者,全体学生都在无意识作用下不知不觉地进入了角色。"观众"的一切活动也在热烈的氛围的作用下,凭借想象同步进行。此时,儿童的整个身心都投入教育教学活动中了,他们成了真正的主角。这正是在情境的作用下,儿童思维、创造的结果。其过程可概括为"进入情境—担当角色—理解角色—体验角色—表现角色—自己与角色同一、浑然一体"。此时,学生在教学过程中就由习惯上的等待接纳的"被动角色"转变为"主动角色"。既然他们成为主动角色,也就产生了主动投入、主动参与教学过程的推动"力"。儿童作为教育教学活动主体的意识,就在这"力"的推动下逐步形成,逐步得到强化。

根据教育教学活动进展的需要,我们让学生扮演的角色除教材中的角色外,还有三类,都是儿童喜爱的。

1. 担当向往的角色

向往,是顺应了儿童渴求的情感驱动。所以,对于担当向往的角色,儿童的情绪会特别热烈。我们常常根据课文内容和活动主题的需要，让儿童担当科学家、宇航员、作家、诗人、画家、记者、旅行家、解放军战士……让学生以一个特定的角色去学习教材内容。担当这些向往的角色，并不要什么道具，只是通过语言的支配，就能让儿童进入角色，产生一种特定的角色意识，一下子激起儿童热烈的情绪，把自己推上教育教学的主体位置。

2. 扮演童话角色

童话角色在拟人化的作用下，使那些普通的小动物和常见的物体、自然现象都富有人的情感，变得神奇而可爱。因此，童话角色对儿童特别富有吸引力。在情境教育中，我们让学生扮演童话角色，使教育教学内容与学生更为贴近。儿童在情感的驱动下，主动投入的那种"力"几乎是无法遏制的。教育变成了儿童自我要求、自我践行的多姿多彩的活动。让儿童扮演童话角色，为教育教学增添了活力。在儿童想象的作用下，这种象征性移情使角色笼罩了浓烈的童话色彩，儿童的情感活动一下子达到高潮，于是教学化"难"为"易"，变"单调"为"多彩"。

3. 扮演现实生活中的角色

根据教育教学内容的需要，我们常常让学生连同老师扮演现实生活中的角色：农民伯伯、售货员阿姨、司机叔叔以及妈妈爸爸、爷爷奶奶……这些角色虽然在现实生活中就在儿童的身边，但是，由于儿童要从自己"本角色"到"他角色"进行转换，所以会感到既亲切又新鲜，情绪很兴奋。儿童仿佛进入了现实生活的情境，在这一情境中，通过角色的对白、角色的情感交流，教育教学内容变得更加现实、形象，由此可收到意想不到的效果。此外，为了体现所学知识、所悟道理的可操作性，我们常常创设某一职业范围的工作情境，让儿童担任职业工作人员进行应用性操作，使儿童"一看就懂"、"一做就明"、"一用就行"，并因此产生顿悟，求知欲得到满足。

总之,无论担当什么角色,都顺应了儿童情感活动和认知活动的规律,这里有审美的、道德的、艺术的,也有理智的、科学的,都由于角色的转换,因新异感激起热烈的情绪,让儿童作为一个活生生的人,在角色意识的驱动下,全力地投入,全面地活动起来,忘我地由"扮演角色"到"进入角色",由教育教学的"被动角色"跃为"主动角色"。儿童的主体意识经过这样的培养,随着年级的升高,在理智感的主导下,以"小学生"的"本角色"也能形成主体意识,获得充分发展。

(四)注重应用操作,落实全面发展的教育目标

儿童通过情境教育形成学习动机,伴随着情感的驱动,主动地投入教育教学活动中。作为教育者,必须充分利用儿童已经激起的这种热烈的情绪,落实全面发展的教育目标,促使儿童获得尽可能大的发展。情境教育强调"着眼发展,着力基础","从未来出发,从现在做起",进行有序的系统的应用操作。

基础教育为提高人才素质、促进全面发展打基础,这一育人、育智的过程,离不开学习者自己的实际操作。情境教育在注重"情感"的同时提倡"学以致用",各科教学以训练学生能力为手段,贯穿实践性,把现在的学习和未来的应用联系起来,因此十分注重儿童的应用操作。我们充分利用情境教育特有的功能和已拓展的宽阔的教育空间,创设了既带有情感色彩,又富有实际价值的操作情境,为各种形式的操作提供了可能,让儿童在其中动脑、动手、动口。儿童的应用操作,根据教育教学内容的性质、特点,大致有下列三种。

1. 实体性现场操作

学校的教育教学活动,应尽可能与儿童生活沟通,与应用相联。在必要的条件具备时,让儿童进行现场实地操作,这对培养儿童的学习兴趣和实际能力很有意义。教育要面向现代化、面向世界、面向未来,再不能用分数把儿童拴在教室里,捆在作业本上,阻隔在学校的高墙之内。情境教育的现场实地操作,就是要打破"灌输式"教育的禁锢,让学生从小步入生活、面向社会,在实地操作中增长才干。

现场实地操作用得较为普遍的是数学。高年级学习统计,就让学生担当小小统计员,到实地调查、收集数据,然后自行设计、自行制作统计图表。这样,那些直线的、折线的、条形的、扇形的单式、复式图表很快就被他们掌握了。通过实地操作,儿童不仅掌握了制作统计图表的实用价值,还有效地锻炼了用数字反映社会生活的应用能力。

思想品德课也常把学生获得的道德认识,引导到现实生活的场景中。如组织学生到幼儿园去"争当好哥哥好姐姐",到残疾人上下班的地方"向残疾人伸过友爱的手",在家里"我当妈妈的好助手"等,促进儿童将道德认识转变为行为方式。另外,对于儿童在语文教学和音、体、美教学中掌握的技能技巧,也要有意识地组织他们在课外活动、社会生活的相关情境中去表现。所有这些都是十分生动、切实可行的综合性现场操作。这里有知识向能力的转换,有认识向践行的飞跃,有思想感情的倾注,也有认识兴趣的培养。

2. 模拟性相似操作

实体性现场操作效果之佳显而易见,但由于教学内容的局限性,不能在现实生活中一一找到操作的情境。因此,模拟性相似操作更有普遍意义。所谓"模拟",是创设一种与现实生活相似的情境,其中亦包含儿童的模仿。由于在模拟操作中,有角色的模拟,有空间转换的模拟,有行为仿照的模拟,还有实物替代的模拟,儿童既感亲切又乐于接受;且又因为通过儿童自己动手、动脑,极易产生顿悟;还会因为模拟性操作的新异感,驱使儿童的心理、思维方式、情感倾向都不是按习以为常的小学生角色进行,所以,模拟操作特别能吸引儿童。例如,学完了《小蝌蚪找妈妈》,根据课文要求,要从童话里抽出常识知识,让儿童简要复述青蛙的成长过程。对这样的操作形式,学生若将其作为一种学习任务去完成就很难激起情绪。我们便采用了模拟操作,利用新课中的图画模拟"展览会",

让学生做小讲解员,来介绍"小蝌蚪→青蛙"的成长过程。这种转换场景、扮演角色与陈述对象明确相结合的模拟操作,就使学生们进入了特定的模拟情境。另外,还针对培养学生良好习惯中的一些关键问题,开展各种模拟性操作活动。在特定的情境中进行操作,将儿童的行为规范、操作标准和实际行为相结合,会使儿童印象深刻,利于"导行"。多次反复再现,则可帮助儿童形成良好的行为习惯,大大提高了养成教育的效果。

3. 符号性趣味操作

初等教育让儿童掌握的基础知识,主要是通过符号性操作去教授的,如汉语拼音、语言文字、数、公式、定律、音符乐曲等都是儿童应该掌握的符号。但由于符号性操作的抽象性,给儿童操作带来难度且不易引起儿童的兴趣。情境教育则通过情绪的作用,为符号性操作添"趣",以"趣"为形式、以"符号操作"为实质进行的符号性趣味操作,可贯穿在教学过程中进行,亦可在巩固阶段完成。老师根据教学需要确定设计符号性操作的内容,然后选取儿童喜闻乐见的形式进行设计。上面提及的角色扮演、模拟操作等很多也是为进行符号性操作添趣,从而取得良好的效果。创设情境并不是目的,它忠实地为教育教学目的服务。情境创设后,绝不可虚设,老师应凭借情境进行一系列的符号性操作训练。例如,在语文教学中让学生在身临其境的深切感受下轻读、听读、分角色读、默读,有效地通过文字符号的操作训练,提高儿童读的能力。而写的训练,更是凭借情境进行,达到"情动而辞发"的境界。我们所设计的观察日记、情境作文、童话创作都是在情境中进行写的训练。数学则利用情境的情节开展角色的趣味计算、野外活动中的现场编题和计算或动物演算竞赛、小博士答难题竞赛等,使儿童在热烈的情绪中进行符号性操作。

除此之外,情境教育所渲染的氛围,那种孩子们之间争先恐后、跃跃欲试地参与的热情,都应该用来落实符号性操作。在符号性趣味操作中应注意"情绪性"、"整体性"、"应用性"和"连续性"。我们要做到"趣"为了"实",从"实"中见"活",使儿童的基础知识、学科的特殊能力及思维、想象、情感都得到和谐的发展。

儿童蕴藏着无限的潜能，具有极大的可塑性。情境教育正是把握了马克思主义关于人在主体与环境相统一的活动中得到全面发展的基本理论，为儿童提供一个宽阔而又贴近生活的最适宜的成长环境。要以拓宽教育空间、缩短心理距离，促进他们以最佳的情绪状态，带着与日俱增的主体意识，投入教育教学过程中，使自身的潜能得到尽可能大的发展，让智能、创造性、高级情感诸方面获得充分发展的一代新人，去建造伟大祖国绚丽夺目的未来世界。

（本文为"纪念邓小平'三个面向'题词十周年"会议发言稿，发表于《教育研究》1994年第1期，发表时题目改为"'情境教育'的探索与思考"；后于1994年8月获中国教育学会优秀论文一等奖）

运用情境教学　发展儿童语言

发展儿童语言，使之逐步掌握祖国的语言，是小学语文教学的重要任务之一。语言，作为一种工具，在儿童发展中显示了它特有的职能。除了通常所说的语言是交流思想（或交际）的工具的一般职能外，对于儿童更有其特殊的作用。首先，儿童是以语言的形式，即借助语言、借助词的符号系统去领会、理解教材内容及教师的讲述的。简言之，儿童通过语言去学习知识，掌握不了语言，也就掌握不了知识；从儿童的智力活动来说，语言是儿童进行知觉、记忆、思维、想象等一系列智力活动的工具。由此看来，语言是儿童发展必不可少的重要工具，尤其是汉语言文字，特别讲究神韵，课文又以情景交融为主要特色，在促进儿童心理品质的发展中所起的作用更是其他不可取代的。对于以引导儿童学习掌握语言为己任的小学语文教学来说，如何通过有效途径来发展儿童的语言，促使他们更好地掌握知识、发展智力、陶冶情操，就显得十分重要了。

这里提出的"情境教学"，是以生动的直观与语言描绘相结合的手段，创设典型的场景，激起儿童热烈的学习情绪，从而促其主动参与教学过程的一种教学模式。运用情境教学发展儿童的语言，巧妙地把儿童的认知活动与情感活动结合起来，可以获得意想不到的效果。

发展儿童的语言在小学教育中主要是通过阅读教学、说话，以及作文教学的训练进行的。下面就主要探讨如何在说话、作文教学中引导儿童通过运用祖国的语言文字来发展语言。

一、观察情境，在认识周围世界中获取语言材料

小学生的说话、习作表明，如果儿童对周围世界缺乏认识，而要他们

去表达、去反映，这是不可能的。要发展儿童的语言，必须引导他们去认识周围世界，到语言的源泉中去汲取养料。情境教学正是抓住了儿童认识世界、学习语言的规律，十分注重儿童与大自然的接触和观察情境，引导他们由近及远、由表及里，渐次地认识周围的世界。

在大自然的怀抱中，无论是初升的朝阳，还是皎洁的月亮；无论是蒙蒙的细雨，还是电闪雷鸣；无论是盛开的花朵，还是默默无闻的小草……都是大自然为儿童早已准备好的观察材料。在观察静态的基础上，要渐渐地再引导儿童观察大自然的动态，即大自然中那些处于发展、变化中的事物和现象，比如日出、月食、雷雨。在观察大自然的动态时，应该引导儿童注意它们变化的过程。例如观察雷雨的景象，就应该留心一下雷雨到来之前、雷雨到来时以及雷雨后的变化过程。总之，大自然永恒的状态和大自然发生急剧变化的景象，都应在指导儿童进行具体观察时结合进行。

就拿四季来说，怎么选取鲜明的感知目标呢？一年四季，循环往复，大自然随着季节的更换而变化。四季的景象，可以说是儿童承受大自然之美的集中的、典型的场景，我们应该让孩子去尽情地享受。他们来到这个世界，自懂事开始，也只不过是屈指可数的几个春秋，万物在四季里发生的变化对他们来讲该是多么新鲜；而每个孩子每日每时又都生活在一定的季节里，让他们去观察季节的景象是取之不尽的，也是他们喜闻乐见的。因此，在实验班，让孩子们去观察四季的景象几乎是"传统的项目"，比如春天的田野、夏夜的繁星、秋天的明月、冬天的雪。春天，去观察春雨后的新绿；秋天，去编写《秋叶讲的故事》，去循着桂花的芳香找桂花、看桂花，站在桂花树下与桂花问来答去，坐在草坪上编写《桂花姑娘》的童话……大自然浓郁的芳香、庞大的形体、鲜艳夺目的色彩和沁人心田的美感，使我和孩子们不止一次地陶醉了，美得、乐得流连忘返，获得了具体生活的语言材料。

当然，观察季节，也同样得优选具有季节典型特征的时间和背景。春天，当然应该让孩子看到百花盛开、万象更新的景色。于是，当春姑娘的脚步走近了时，我总是那么热切地等候着阳春三月的到来，选择风和日丽的日子，带着孩子们来到郊外"找春天"，具体感受春风拂面、阳光和煦的明媚春光，仿佛看到春姑娘正在向他们微笑，然后再让他们作"我看到春姑娘的笑脸"的观察说话；而并不是毫无选择地在初春的时候出去活动，那时春寒料峭、棉衣在身，孩子怎么能获得春天的最典型的映象呢。看月亮，当然是中秋最佳了，所谓"月到中秋分外明"。秋夜深蓝的夜空显得分外的明净，我带孩子去看月亮，写下《秋夜看月亮》。要看秋天的田野，当然要到收获的时候，稻子要黄有黄，棉田要白有白，广阔的田野呈现出一派丰收的景象。孩子站在丰收的田野中，常深深地领悟："秋天确是一个收获的季节。"而深秋，则又可领略傲霜的秋菊、红似二月花的枫叶等另一番景象。这样，孩子们产生的印象是强烈的，认识是较为具体、深刻的。

在带孩子去认识四季时，我还常常选取一些表明季节特征的小生灵，让孩子们进一步领略大自然的生趣，培养孩子们美好的情趣和仔细观察的能力。春天，我总尽力设法让孩子看到春天的使者——燕子在柳枝间、田野上疾飞的矫健身影，以及小蜜蜂、花蝴蝶在花间飞舞的充满美感的画面，这样在说话、作文时，他们的语言就丰富多了。为了让孩子们连续观察一个物体，我还发动他们进行一些饲养活动。如养蚕，观察蚕的全部生长过程；观察小蝌蚪，了解"蝌蚪→青蛙"的发展变化。夏天，引导孩子们倾听蝉鸣蛙叫，从整体到部分观察分析蝉和蛙的生理结构、生活特点，从而加深对事物的认识。春去秋来，让孩子去看一看南飞的大雁，引导孩子们去想象大雁南飞的艰苦历程和孤雁的忧愁，同时认识候鸟的特征。冬天，虽是万物萧索，而那冬眠的乌龟、雪后的小麻雀……都可以诱发儿童用新奇的目光去看这色彩斑斓的世界。

在观察日月星辰、山川田野等其他自然景观时，同样要选取富有美感的典型场景，并要随着年级的升高逐步增加难度。

除了观察大自然外，还应该引导孩子去观察社会生活。每个孩子都是社会的人，都生活在社会之中，认识周围世界必然包括认识周围社会的生活空间。通过观察社会生活的典型场景，逐步引导儿童去认识社会，对周围生活空间中的人和事能表述清楚，并能分辨美与丑，区分是与非。要观察社会生活，总离不开对周围人的观察，因为"人"是社会生活的主体。因此，在引导孩子认识社会生活时，要从身边开始教会孩子观察人物，观察生活情景。例如，对我们的老校长，一位热爱教育事业的好老师，孩子能写什么呢？写来写去不就是老校长"两鬓斑白"、"鼻子上架着一副高度近视眼镜"、"矮矮的身材"、"每天上班最早、下班最迟"等带有共性的印象。但是在引导孩子观察情境以后，情况就两样了。我优选、创设了一组有关老校长生活的情境，让孩子去观察、去认识老校长。

傍晚，暮色降临大地，校长室亮起了电灯，我让孩子们轻轻地走进校长室，看到老校长正伏案工作，专心致志。这是一个鲜明的形象——一个为教育忘我工作的老教育工作者的形象。在这感人的生动情境中，有孩子情不自禁地问老校长："老校长，天都快黑了，你怎么还不回家？"这一问题的提出，说明孩子在对生活进行思考。老校长亲切地说："我有一个习惯，一天的工作不做完，回家吃饭也不香。"简单朴素的一句话，使孩子们惊异了，第一次懂得对于老校长来说，工作比吃饭还要紧。

在这感人、亲切的氛围中，孩子们和老校长谈起心来："老校长，你几岁就当老师了？""你过去教的学生还记得你吗？"老校长拿起年轻时当老师的照片，拿出学生从他乡、从国外给她寄的照片、信件，又一次使孩子们领悟到老师是多么了不起，学生对老师是多么爱戴。第二天，我又让孩子观察老校长早晨的工作情景以及放学时在校门口护送着一班班学生回家的情景，老校长的爱生之心再一次感动了孩子们。这样"跟踪观察"后，孩子们对老校长就有了更多的了解。几天后，我让孩子们去写老校长，他们为之雀跃欢呼，由衷地去赞美老校长，因为"情"既然"动"，"辞"也必然"发"。他们写得具体形象，不少孩子写出了许多生动的细节。这一例子说明观察社会生活情境的重要性。

无论是观察大自然的景象，还是观察社会生活的场景，在选择观察的客体后，对观察的时间也很有讲究。观察荷花，最好是在清晨或雨后，荷叶上水珠滚动，荷花上清水滴滴，更可显示荷花的美。要写《奶牛》《我爱奶牛》，一定要在奶牛产奶前赶到，让儿童亲眼看到奶牛吃的是"草"、挤出的是"奶"的真实情景。学生观察日出、月出，也应事先了解某个季节当地日出、月出的时间，确定好提前到达的时间。只有这样精心优选，感知目标才能鲜明。

同时，要安排合理的观察程序。观察客体选定后，如何指导孩子一步步去认识，也需要在孩子观察前老师在实地构想、合理安排。这样一方面使观察活动有顺序地进行，让孩子获得的材料是有序的；另一方面，观察程序的合理安排能够使观察活动更为引人入胜。观察有程序，孩子们观察中的思维活动便是有序的，表述起来不致杂乱无章。例如"看桂花"，就安排了"找桂花—看桂花—闻桂花—捡桂花"这由近及远、由观察客体到进入客体，通过学生的认识活动与感情活动的结合来认识桂花、欣赏桂花的程序；"秋夜看月亮"，则安排了"等待月亮升起—看月亮升起—看月亮越升越高—低头看月亮照耀下的河水、河畔—再看明月中天—看月亮在云朵里穿行—听晚风中，我们与月亮捉迷藏的歌声"这样的程序。月亮升起时渐变的美好景象，从宁静中感受到一种微妙的渐渐扩大开去的景观，让学生进入从地上到天上，再到地上，然后又到天上的转换视线角度的诗的意境中。记得那次我带孩子去观察奶牛，粗看上去似乎是按照从整体到局部的观察程序，但带学生观察奶牛是为了让学生认识奶牛的品格。我先带领学生远远地看一头奶牛温顺地站在牛棚里吃饲料的情景，再近看牛吃的饲料是粗劣的干草、山芋藤，然后看挤奶工人给奶牛挤奶的情景。此时提醒学生注意观察奶牛那温顺柔和的目光和桶里那白花花的牛奶，让学生认识奶牛对人的要求之低，吃的是"草"而挤出的却是"奶"的带有哲理的品格特点。这样的安排程序是由观察的目的决定的。如果先让学生看牛的身体，再看牛的眼睛、鼻子、嘴巴，这似乎是从整体到局部，但那是认识动物外形的一般程序，与认识牛的品格的观察目的就不相吻合了。这样的顺序由于顺应了儿童的认识规律，往往可以激起学生的好奇心和对美的追求，使他们的认识活动可以伴随着情感进行，这就有可能使他们达到"情动而辞发"。

此外，还要设计富有启发性的导语。在安排合理的观察程序的过程中，教师应估计到学生可能产生的情绪和做出的反应，同时设计好相应的启发性的导语。导语的内容主要是三方面：一是激起学生的情绪，二是指导学生进一步观察客体，三是利用儿童做出的反应引导学生进行即兴表述，从而达到加深对观察客体的认识的目的。例如观察奶牛，当孩子们看到挤奶工人从奶牛的身体里挤出一桶一桶的牛奶时，老师设计了这样的导语："看到这白花花的牛奶时，你想到些什么？"这一问题就促使学生展开联想："我想到自己每天喝的牛奶，就是从奶牛的身体里挤出来的。""我想到有许多小孩生下来，他们的妈妈没有奶，就用牛奶代替人奶。牛奶养活了多少小生命。""我想到奶牛把这么好的奶奉献给人类，而它们对人类的要求是那么低，就是那些草、那些瓜藤。""我想到我们小朋友吃的奶糖、冰砖、冰淇淋、奶油饼干里面都有牛奶。如果没有牛奶，这些食品远远没有现在这么好吃。"这些即兴的表述，不仅讲出了奶牛的特点、奶牛对人类的贡献，更重要的是促使学生在情绪最佳的状态下，把眼前形象组合成新的形象，并用恰当的语言表达出来；与此同时，也培养了学生对奶牛的情感。

情境教学让学生通过听觉和视觉非常具体地认识了周围世界。这种亲眼所见、亲耳所闻的实际感受，即"多见而识之"，使他们获得了说话、写话的丰富题材，不必为无米之炊而苦恼；让学生在语言发展较为敏感的时期，就一景一物地说出、写出一篇篇短文，虽短却言之有物。这正是因为通过观察，学生才能做到语言准确、鲜明、生动。

二、体验情境，在审美愉悦中激发表达欲望

儿童的语言活动，无论是说话，还是作文，都需要综合地运用字词句

以至篇章知识及基本技能去表情达意。这种具有一定难度的创造性作业必须引导儿童主动参与、主动投入。那种视运用口头语言或书面语言去说话、作文为苦差事的畏难情绪，是儿童语言发展的情绪障碍。因此，在儿童观察情境、获得语言材料后很重要的是激发儿童的学习动机，使之产生表达的欲望。叶圣陶先生在他的《作文论》里就指出："语言发生的本身，是为着要在人群里表白自我，或要鸣发内心的感兴，顺着这两个倾向，自然会不容自遏地高兴地说。"可以说这"两个倾向"，正是激发儿童写作欲望的基本途径。而对初学说话、作文的儿童来说，尤其要以引导"鸣发内心的感兴"为主。因为"内心的感兴"正是儿童从生活中、从周围世界中获得的真切的感受。所谓"感兴"，便是"感受"与"情致"。如何使儿童在观察情境中获得真切的感受，激起情致，产生一种兴奋地急于表达的欲望呢？针对儿童爱美的天性，选取的感知目标、创设的情境，不仅要是鲜明的，而且要是美的——或外表呈现美，或内在蕴含美，从而使情境作为审美客体展示在儿童眼前；而儿童则作为审美主体观察情境，通过感官与心智感受美，获得审美体验。在审美愉悦的冲动下，儿童便会高高兴兴地、不容自遏地去说。因为表达美的景、美的人、美的事、美好的情绪本身便是一种极大的快乐——美与创造融为一体的快乐。

1. 在情境中把观察与审美感受结合起来

针对儿童的心理，作为儿童感知的目标，情境教学优选周围世界中美好的事物。这种现实生活场景的美感，正符合儿童的兴趣和需要。初升的太阳、绚丽的晚霞、雨后的彩虹、雾中的塔影、轻轻流淌的小河、路边默默开放的野花，以及社会生活中的画面——那静立的路灯、黎明即起的清洁工、灯下孜孜不倦的老师等生活中熟知的事事物物，由于儿童的认识及鉴赏能力所限，并不一定会引起儿童的惊叹、赞美。也就是说儿童的审美能力、对美的感受是需要精心培养的。要让儿童在美中感受美，需要老师的诱导和富有情感的提示、唤醒。因为儿童的美感是在对客体的认识过程中产生的，是通过感官获得的。在把儿童带入情境后，我常常引导儿童去看、去倾听，用整个心灵去感受那些情境中最富美感的、静态的或动态的美。对于低年级的小朋友，首先要学会体验大自然的静态的美，比方说，应该注意一下那绿色的田野、远处的群山、清澈的小河，它们是什么颜色、什么样儿、好像什么，感受大自然色彩、线条、形体的美。在此基础上，再引导他们观察大自然动态的美，即大自然中那些处于发展、变化中的事物和现象，比方说日出、月食、雷雨，感受大自然特有的磅礴气势和力量。还应该引导儿童针对大自然的声音展开联想。例如，春雨落地是什么声音，寒风呼号是怎样的节奏，夏日的蝉鸣、青蛙的歌唱是怎样的热烈，秋夜的蟋蟀、纺织娘、金铃子演奏的乐曲又是怎样的和谐……当孩子们听到秋夜蟋蟀的叫声，他们会别有兴致地狂想小蟋蟀唱的什么歌，是在说"今晚月亮特别好"，还是在"为谁召开音乐会"？当听到田野上奔跑的手扶拖拉机的马达声，他们会猛然醒悟：农村变化太大了，难怪老黄牛很少看到。有"铁牛"在田野上欢快地跑着，老黄牛怎么好意思还那么慢悠悠地走着？莫如躲起来吧！孩子们由此感受到大自然中美妙的音响，感受到生活中明快的节奏。例如，让二年级的孩子去观察秋天的田野，孩子站在扁豆棚、丝瓜架下，这朴实无华的瓜豆，孩子开始并未感受到多少美。我便热切地告诉他们：这是扁豆，你们看它的花多有趣，不是一朵一朵的，而是一串串的。这一说，立刻引起了孩子的有意注意。于是他们开始注意扁豆花的色彩，看到了开始孕育的小豆荚，由此又迁移，注意到丝瓜。我便因势利导：这金黄的丝瓜花像什么？孩子们叫起来："像金色的小喇叭。"他们又看到在豆棚瓜架上翻飞的蝴蝶，听到小蜜蜂嗡嗡的吟唱，终于从扁豆花、丝瓜花的繁多，色彩的鲜艳，姿态的奇丽，感受到田间瓜豆的美。"美"生"情"，"情"激"趣"，他们站在瓜架旁，伸出手臂与大丝瓜比粗细；又在绿叶中，寻找手指那么大的小丝瓜。经过这一点、一拨，孩子们美在其中、乐在其中，于是就有了"大丝瓜比我们的手臂还粗"、"小丝瓜大概是比不过大丝瓜而不好意思地躲到绿叶背后去了"的生动描述。因为他们感受到了美,急切地想把眼前的景物表达出来,实现了从"感受美"到"表达美"的水到渠成。

2. 在情境中把观察与想象结合起来

想象是发展儿童创造力、陶冶儿童高尚情操的重要智力因素。通过展开想象活动,观察的客体便会带着主观的想象,在儿童眼前呈现出鲜艳、瑰丽的画面,显得分外丰富。想象参与观察就强化了主观感受性。早在实验班孩子还在低年级时,我就引导他们看看、想想:"眼前的景物,那色彩、那姿态,像什么?""你看着它,它是不是也在瞧着你,还想跟你说些什么?"这样一想,孩子的心就好像插上了想象的翅膀。有小朋友看到月光洒在河面上,河水波光粼粼的情景像星星在眨眼,又像银色的小鱼在蹦跳。因为他们观察得细致,边观察边思考,所以他们写的河水好像在流动。这样展开想象,孩子的语言也就会生动形象起来。

由于想象是将积累的表象加以改造,这就必须开拓想象的空间,让孩子想象的翅膀能在一个广阔的天地间翱翔。为了做到这一点,在观察中要选取、利用那些粗略的客体,为儿童的想象留有未尽之意。远方的群山、变幻的云霞、模糊的雾景、飘忽的种子、高飞的鸟雀以至那刚破土的小苗等意象广远的事物,都是孩子想象的理想情境,他们可以凭借眼前的事物想象开去。观察风筝时,我让学生以猜想的方式展开想象:"你们猜想,蝴蝶风筝飞得这么高,蜜蜂风筝跟在它身后,它们到哪儿去啊?""小金鱼风筝也甩着尾巴飘来飘去,好像在找什么。"我有意运用拟人的手法进行激情。于是,学生也美美地想开了:"蝴蝶和蜜蜂一起去采花蜜,因为天上有个大极了的花园,里面有许多地上没有的奇花。""那小金鱼大概在找池塘、找小河,可是天上怎么留得住水呢?小金鱼还是游到地上来吧!"拟人手法的运用,很有效地将儿童的情感移到风筝上,仿佛那蓝天上的风筝有了生命。有了情感,儿童的想象随着远去的风筝情不自禁地展开了,儿童语言便随着情感活动、思维活动一下子丰富起来,表达欲望油然而生。

3. 在情境中把观察与即兴描述结合起来

当孩子们在情境中感受到美时,往往会情不自禁地惊呼其美,津津乐道或同伴之间窃窃私语,交流美的感受。应该说,这是表达的自然流露,老师必须不失时机地加以强化,以形成明确的较为稳定的表达欲望。因此,老师应善于利用儿童的情绪,在获得美的感受时相机引导儿童进行片断式即兴描述。

当我带孩子们观察校园里的花的时候,孩子们看到了朵朵鲜花,都兴致勃勃地赞美起来,我便引导他们即兴描述:"小朋友们,校园里的花美丽极了,你们爱哪些花?"

孩子们踊跃地把自己的感受告诉我:"我喜欢翠菊、爆竹红和美人蕉。""我喜欢鸡冠花,还喜欢万寿菊,更喜欢千日花。""我爱万寿菊,我爱美人蕉,我爱鸡冠花。在这许多花里,我最喜欢美人蕉。"

我继续引导:"你为什么喜欢美人蕉呢?你觉得美人蕉的什么好看?"孩子们面对花红叶绿的美人蕉,争先恐后地说:"美人蕉的名字好听。""美人蕉的形状漂亮。""美人蕉的色彩鲜艳。""我站在美人蕉前,美人蕉像小姑娘头上的蝴蝶结。一阵微风吹来,美人蕉摇摆几下,好像对我们微笑哩!"

下雾了,让儿童去看大雾笼罩的朦胧景象;太阳出来了,雾消退了,地面上的景物又恢复了先前的明亮。教《初冬》前,让孩子们特地观察了雾景。这样,他们对课文中描写的"白茫茫的一片大雾"、"田野、树林像隔着一层纱,模模糊糊看不清"、"太阳……发出淡淡的光,一点儿也不耀眼"这些雾中的景象就感觉特别亲切。

再例如,他们在认识冬天时,看到苍翠的松树觉得很新奇,于是我便引导他们面对情境展开描述——

师:你们看,这棵雪松像什么?你们用手摸过松树的叶子吗?

生：松树的叶子摸上去是刺人的，一根一根像针一样。

师：松树的叶子就叫松针，冬天来了，松树一点儿也不怕冷，还是那么绿。它知道我们小朋友来看它，在寒风中把身子挺得更直了。大家向它问个好，和它说说话。

生：松树爷爷，你的叶子到了冬天还这么绿。

生：松树爷爷用绿叶打扮着寒冷的冬天。

生：松树爷爷，我们要像你一样不怕寒风。

小朋友又来到梅花树下，有了这段师生对话——

师：小朋友，这花在冬天最冷的十二月开，叫"蜡梅"。你们仔细看看梅花的形状、梅花的颜色。

生：蜡梅花有五个花瓣，小花朵圆圆的挺可爱。

师：你们深深地吸上一口气，闻一闻，能闻到什么？

生：蜡梅花好香啊！

生：蜡梅花真坚强，天这么冷，它还能开出这么好看、这么香的花。

生：蜡梅花使冬天更美了。

这些一、二年级的小朋友能说出这么生动的句子，正是由于他们从周围世界中获得了真切的美的感受，产生了兴奋的情绪。观察后让他们写话，作文都写得具体生动。高年级的孩子，甚至写得很动情，文笔很清新。正如叶圣陶先生指出的那样："有了优美的原料可以制成美好的器物。"周围世界的新奇、美感，引发了儿童"内心的感兴"，老师顺势启发，带领大家展开想象，引导学生把所见、所闻、所感即时表达，这便顺乎儿童内心的驱动，进入"情动而辞发"的状态。

三、优化情境，在观察与表达的指导中拓宽思维空间

说话、作文是语言的训练，也是思维的训练。因为语言是思维的直接

现实。乌申斯基曾经说过:"语言乃是思想的有机创造,它扎根于思想之中,并且随思想不断地发展起来。"所以,应该注意儿童思维的发展,尤其是创造性思维的发展,学生才能说出、写出自己的感受,表达能力才能得到较快的提高。因此,在今天发展儿童语言的有关课程的教学与训练中,必须着眼于儿童思维的发展。情境教学则通过优化情境,在指导观察与表达中拓宽儿童的思路,把训练语言与发展智力结合起来。倘若儿童的表达训练亦步亦趋,作"遵命之作",那势必限制儿童的思维。在狭小的思维空间里,儿童的语言是很难发展的。

那么,我们怎么优化情境来拓宽儿童的思维空间呢?

1. 通过丰富情境拓宽思路

在优选生活的场景为儿童提供观察客体时,往往因为情境的真切、富有美感而使学生获得说话、作文的题材。为了进一步打开儿童的思路,应精心设计情境,可以在广阔的情境中围绕主题再添加细节——或一个小景,或一两个角色,或一两件小道具,那样顿觉情境增色不少、添趣不少。例如带儿童观察冬天,在优选的冬天的场景中,可以利用校园的假山洞添加一只"小黑熊";利用小池塘边凹形的一角,安排一只冬眠的"乌龟"和一只冬眠的"青蛙",这会让孩子感到特别惊喜。小动物的出现,把孩子们进入冬天情境后的兴奋情绪一下子推向高潮,他们按捺不住内心的激动,喊起来,跳起来,拍起手来。这就帮助儿童从冬天的静景联想到动物是怎样过冬的情态,且又和课本学习内容紧密结合,他们说话、写话的思路也就大大地开阔了。再例如,让四年级的孩子写《稻草人冬游小园》,在创设的冬天小园的情境中,在后院放置一个大水盆作为模拟的小池塘,盆边插着几根枯黄的芦苇,芦苇边放着两只"小鸭"。添上这一景,犹如使单纯写景的画面有了动态,有了生趣。孩子进入小园情境后,看到这小景,仿佛看到了真的小池塘,看到了小鸭偎依在芦苇丛中的真切生活情景。这丰富的情境非常有效地帮助儿童打开了思路。这说明,情境本身需要有一定的包容量,情境过于单调,不易于拓宽孩子的思路。

2. 通过赋予情境理念拓宽思路

既然是情境，就不可能是平面的。也就是说，情境实际上是一个多维的、典型的生活空间，并且是蕴含其理念的。教师带领儿童观察情境，也必须是多侧面的，尤其是情境蕴含的理念，往往在观察生活情境时容易被忽略。优选的情境反映了周围世界（包括大自然的或社会生活的）的一种现象、一种场景，需要给儿童有关世界的初步认识：或知识的，或思想的，或道德的。例如二年级说话课《圣诞老人的礼物》，创设了圣诞老人带着许多新年礼物来到孩子们中间的情境。从圣诞老人的慈爱形象到圣诞树上挂着小彩灯、小糖果、小蛋糕、小玩具……这个生动的情境使孩子们乐不可支。在设计情境时，当圣诞老人出现在孩子们中间和他们亲切交谈时，增加了一个情节。圣诞老人对孩子们说："孩子们，我今天给你们带来了许多礼物，你们猜有哪些礼物？"孩子们越猜越带劲。就在这热烈的情绪中，圣诞老人说："这些礼物都是送给你们的，不过得有个条件，那就是用这些礼物你准备怎样去帮助认识的和不认识的人？"一个问题情境，使孩子们的情绪不再停留在表面的热烈上，而是促使他们带着热烈的情绪往深处想。当一个小朋友接到圣诞老人送的一把小梳子时想了想说："我奶奶年纪大了，手不怎么举得起来，我准备用这把小梳子帮奶奶梳头。"当圣诞老人拿出一把小剪刀时，孩子们抢着说："我要用这把小剪刀帮幼儿园小朋友剪指甲。""我要用这把小剪刀剪最漂亮的窗花，贴在老师的玻璃窗上。"显然，这有利于发展儿童思维的深刻性，提高思维品质。

3. 通过想象情境拓宽思路

为儿童提供的观察的情境，似乎是有限的生活空间，然而，人的想象是无限的。通过想象的展开，便可以拓宽情境，而且正是这种想象情境才构成情境的广远的意境。例如带孩子拔萝卜，孩子们来到萝卜地里，先让他们观察萝卜的茎叶，紧接着利用突出地面的红萝卜唤起学生的注意，他们想象到萝卜已经长大，它在地下闷得慌了，急于想出来。于是，孩子们怀着帮助萝卜娃娃从地下来到这个美好世界的情感，起劲地拔起萝卜。萝卜被拔出来了，接着让孩子们将萝卜头朝上、叶子朝下，仔细地端详这刚出土的萝卜：那红红的、圆圆的脸蛋，上面的根须宛如娃娃头上的小辫子，下面的萝卜叶不正是绿色的围裙吗？孩子们兴致勃勃地嚷起来："萝卜真像个小娃娃！""对，就是萝卜娃娃！"老师说："萝卜娃娃在地下闷得慌了，现在就让她到这田野上呼吸呼吸新鲜的空气，好好看看这美丽的田野。"于是孩子们带着萝卜娃娃先看蓝天、白云，再看田野、小河，然后走到农民伯伯的身边感谢农民伯伯辛勤的栽培。这里不难看出，一次拔萝卜的活动情境由于想象的展开得到了拓宽，从地下到天上，再从天上到地上，从景物到人物，从参加劳动到观察农田，极大地开阔了孩子们的视野。想象的展开、情感的参与，使孩子们一个个兴致勃勃。不知道在什么时候，孩子们不约而同地从田埂上挖了小泥巴，捏成几小块，贴在萝卜娃娃的脸蛋上，让萝卜娃娃长上"眼睛"、"鼻子"、"嘴巴"。这样就可以在移情的作用下，他们用萝卜娃娃的眼睛新奇地看着蓝天、田野、小河。他们很深情地对农民伯伯说："当我口渴的时候，是您给我水喝；当我肚子饿的时候，是您给我施肥；当虫子咬我的时候，是您给我捉虫……"最后老师顺着孩子的思路、情绪给这次观察说话、写话出了个孩子喜欢的题目——"萝卜娃娃看到了田野"，孩子心理上感到一种满足，写出了很好的短文。事实上，孩子是最富有想象力的，离开了想象，孩子就写不出有儿童情境的习作。想象情境正是针对孩子的思维特点因势利导地进行的，也正因为是顺势，所以在教学过程中开展起来也很方便，很容易见效。只是要老师有意识地点拨、启发。

4. 通过表达方式的自择拓宽思路

小学生作文主要是写记叙文，但是记叙文在表达方式上应该是灵活多样的。儿童在说话中、在作文中的语言往往是他们思维活动、情感活动留下的痕迹，表达方式的择定同样是发展儿童思维和语言的重要因素。所以表达方式应求异，不应求同，由学生各自择定为最佳。

首先从题目上就要能激起儿童的情趣，给他们各自选取合适题材以比较宽泛的思维空间。通俗地说，文题上应"放"，而不是"收"，要写出孩子自己以为熟悉的、亲切的人和景。

这正如欧阳修所说："作文之本，初欲奔驰。"从文题的宽泛做起，抓住关键。文题宽泛也并不等于完全让学生自由命题。因为我们的对象是小学生，十来岁孩子的生活阅历是极其简单的，让他们完全自由命题，他们会感到困惑。所以比较好的办法就是明确写作的范围，从时间上、空间上或人物关系上大致提供一个范围，这样就便于学生从这一范围中去收集材料，然后通过比较进行选定。例如写《春节记事》，这样的文题就只是提供了一个时间范围，只要是在春节里的事都行，至于写哪一件事，孩子自有主张。如果是这样，孩子就可以写《我第一次放鞭炮》，可以写《妈妈给的压岁钱》，也可以写《买年货》《恭喜发财》《我穿上了新大衣》《大年初一》等，都是孩子们自己确定的自己想写的题目。既然是自己出题目自己作文，其写作的主动性当然要比"老师命题要我作"强多了。

儿童确定了题目，材料基本上也就定了。在一般的指导课中，老师出题后，带领全班学生集体讨论，编写提纲。四十来个学生一个思维程序，那显然忽视了学生经验的差异。严格地说，这违背了儿童的认识规律，离开了孩子们各自喜好的情感驱动。在指导过程中，应提供提纲的多种组合，灵活编排。老师在指导时，似乎应把握这两条："顺叙"是"有序"的，"有序"的并不只是"顺叙"。掌握这两条，孩子在编写提纲时，思维状态是有序的，但又是灵活变通的。例如，让四年级孩子写《我有一双灵巧的小手》，副标题为"我制作××"，由孩子自定。有一个孩子在交流时说："我准备分三段来写。第一段：我有一双小巧手；第二段：我用小巧手制作了一架小飞机；第三段：我的小飞机上了天。"老师说："这个提纲很好，你只想到这一种顺序吗？同样的内容，是不是还有其他的顺序？"这一问，孩子的思维就定不了"式"，必然会变通"求异"；思维变通了，思路也就随之而打开了。于是甲学生说："第一段可以先说我的小飞机上天了,然后再说制作小飞机的过程,最后赞美自己的一双小巧手。这个顺序由原来的'1、2、3'的排列顺序变成'3、2、1',这就是倒叙。"乙学生又说:"可以不写第一段,直接写我制作小飞机的经过,然后再说制作的结果。这是把'1、2、3'变成'2、3'。"这就是鼓励学生说话、做事要有自己的思路,儿童思维的创造性也就在这普通的篇章训练中得到发展,思维程序也变得富有逻辑性。

情境教学为了发展儿童的语言,着眼于儿童思维的发展,努力从整个情境的设计、优选在具体实践中指导学生进行观察、想象、表达,多方面拓宽思维空间。这收到了很好的效果,既训练了语言,又发展了思维。在文题及提纲自择后,还应该引导学生运用最能表达自己真情实感的方式来表述。改变人称是表达方式之一,如把记叙客观对象是第三人称的改为第一人称——《我是一棵蒲公英》就有效地激起了孩子们表达的兴趣,缩短了记叙对象和小作者之间的距离。用第二人称也是一种促使儿童运用语言文字生动抒发情感的理想记叙方式,因为运用第二人称仿佛描写对象就在身边,学生可以直接与之对话。例如写妈妈,用"妈妈,您太累了"就比"我的妈妈真辛苦"更能激起儿童的情绪,让他们更感亲切。再如运用拟人手法进行表述,往往使学生展开联想,使描写的客体人格化,通过移情作用,把客体描写得有情有义。例如前面提到的拔萝卜的活动,让孩子用"萝卜娃娃看到了田野"这种把萝卜人格化的表达方式,就能写出一篇篇富有情趣的习作。

四、描述情境,在多样化的语言训练中练好基本功

作文对于儿童来说是件难事。因为作文一要题材,二要感受,三要综合运用字词句篇的能力。然而儿童对生活、对人的情感缺乏理解,感受不深;用语言表情达意的功夫不够,对语言工具尚未掌握好。由于作文的客观要求和儿童主观能力的不足,儿童作文的难度是比较大的,并非轻而易举能完成好的。因此,作文训练的形式应该多样化,切忌以"命题作文"

这种刻板的、被动应付的方式作为唯一的训练方式，应针对儿童的特点、儿童的情趣、语言的实际能力、应用的需要，辅以多种形式的训练。

目前说话、作文的形式过于单一，一般是统一命题，这样学生习作千篇一律就难免了。这给儿童语言的发展造成了很大的障碍。情境教学充分利用情境的美感、宽阔的思维空间，使学生乐在其中。

1. 训练从说、写"一句话"开始

引导儿童从生活的情境取材。我总是引导他们写自己一天里最想说的、最高兴说的一句话。于是孩子就把他们看的、听的、想的、认为最有趣的，用一句话表达出来，这可以是写人的、写事的，也可以是写景的、写物的。渐渐地，孩子们从他们写的许许多多的"一句话"中，懂得了一个句子可以回答"什么，怎么样"，"什么人，做什么"，"什么东西，怎么样"，"什么地方，怎么样"，等等。句子的概念也就在这个过程中得到渗透。他们每天把自己写得好的句子说给大家听，在不断地语言实践中，用一句话完整、通顺地写出了自己的情趣。在一个月之后，许多孩子很自然地由写一句话发展到主动写三五句，以至七八句。一学期，每人至少进行了90次的训练，这对从小打好词句基本功作用很大。

2. 通过观察日记打下认识与表达的基础

在每日写一句的基础上，进一步提高要求。从二年级开始，每日写一篇短小的观察日记，不要求篇幅，但每天都要写，这样孩子就得每天去观察。这可以培养学生从小留心观察周围世界的好习惯。长此以往，儿童大脑里贮存了不少表象，这是他们今后思维与创造的基础。与此同时，学生综合运用字词句篇的能力也得到了很好的锻炼。

在实验班，观察日记在二、三年级持续了两年。在儿童口头语言向书面语言过渡的重要时期，每个孩子四学期共写了360篇观察日记。有了这样的基础，学生作文会是主动的，而且是乐意完成的，因为他们有得写，也会写。有了乐趣，才有主动性；而有了主动性，才有创造性。因为我是他们的老师，我自己也学会用孩子的眼睛不断地看着这个世界。天上的星星少了，孩子们会看到吗？他们会用怎样的语言去描述？市场上卖的刚出壳的毛茸茸的小鸡是那样可爱，我也会伫立在那儿，看小鸡挤来挤去，嘴里"叽叽叽"地叫个不停，用孩子的思路猜想着：是肚子饿了，还是在找他们的鸡妈妈，或者是在为自己从黑乎乎的蛋壳里来到这个新奇的世界而兴奋不已呢？夜晚刮风了，风摇曳着树影，门窗一下被吹开，这阵阵风声是那样地牵我的心。我会情不自禁地想起我的学生，会站在院子里看着、想着，他们会不会看一看朦胧的月影下树木婆娑的画面呢？夜晚时分，孩子们已经回到家里了，天气闷极了，一阵狂风后，忽然"叮咚叮咚"地下起冰雹来。那一个个圆溜溜的雹子从天而降，那响声简直是一曲神奇的交响乐。我弯下腰捡起一个，放在手心上，看着雹子在我暖和的手上渐渐化小……我呆立在院子里，我多么希望我的学生此时此刻也和我一样在好奇地观察这透明的冰球。第二天，我一到校便问孩子："昨晚的××景象，今天早晨的××景象，谁观察了？"观察的孩子是那样乐陶陶地举起手来，迫不及待要向我报告观察所得。此后，当大自然发生急剧变化的时候，尽管老师不在他们的身边，但是他们也会主动地而且怀着探求的心理去观察，千方百计地想去了解大自然的奥秘。事实上，孩子持续的观察需要老师的指导，也需要老师的鼓励，更需要老师像他们一样对周围世界、对大自然，怀着极大的热情去注视、思考。

所以，我和实验班的老师经常同他们一起到周围世界的某一角，去呼吸野外的新鲜空气，感受大自然的绚丽色彩，和他们一起坐在小河边、田埂旁、山坡下，谈论着自己看到的、听到的、联想到的，再一起将观察到的现象按照自己的意愿去编写那一篇篇色彩斑斓的童话……

看着孩子的观察日记，我总觉得似一滴一滴晶莹的露珠，它们在早晨的阳光下是那样透明、那样晶亮，映着红花绿草的身影……于是，我常常给他们念他们自己的作品。

3. 观察说话、情境作文是提早起步的极好形式

无论是观察情境说话，还是观察情境作文，都是在学生观察的基础上进行的。学生通过观察获得了题材，到课堂上老师通过将语言描绘与直观手段结合，再现观察的典型情境，唤起学生对观察客体的回忆和急于表述的动机，然后根据年级的不同进行不同层次的语言训练——在低年级主要是句子的训练。

例如，二年级孩子在观察冬天后，让他们进行《冬爷爷的礼物》的情境说话。我神秘地告诉孩子："我的名字叫'冬天'，许多小朋友都亲热地叫我冬爷爷。孩子们，你们好！"孩子们又惊又喜，异口同声地说："冬爷爷好！"我便提出要求："看你们能不能用完整的句子回答冬爷爷的问题？"这里，"冬爷爷"给孩子们的亲切感、新异感，使他们乐意回答"冬爷爷"的问题。冬天里通过观察储存在大脑里的映象也顿时鲜明起来，语言训练无形中被罩上了情感色彩。在这里不妨引几个片段。

训练之一

冬（师）：孩子们，你们猜，冬爷爷给你们带来了什么？

出示句式：冬爷爷给我们带来了_____。

生：冬爷爷给我们带来了雪花。

生：冬爷爷给我们带来了蜡梅。

生：冬爷爷给我们带来了天竺。

生：冬爷爷给我们带来了新年。

结合学生回答，出示句式：冬爷爷给我们带来了_____、_____和_____。

生：冬爷爷给我们带来了雪花、蜡梅和天竺。

生：冬爷爷给我们带来了寒风、雪花和冰凌。

训练之二

冬（师）：大家都很喜欢冬爷爷带来了雪花姑娘，前几天我

们这儿下了一场小雪，我们都观察过了，雪花是怎么飘下来的？雪花落在哪儿了？

出示句式：雪花_____。

生：雪花很美。

生：雪花是雪白雪白的。

生：雪花一片一片从天上轻轻地飘下来，落在树上，树上就白了。

生：雪花落在地上，地上就白了。

然后又通过角色扮演进行对白语言的训练。学生戴上雪花姑娘的头饰，一个个美滋滋的。

雪（师）：我的名字叫雪花，大家都叫我雪花姑娘。小朋友，你们喜欢我吗？

生：我们喜欢你，雪花姑娘。

雪（师）：我这么冷，你们为什么喜欢我呢？

出示句式：有了你，可以_____。

生：有了你，我们可以堆雪人。

生：有了你，我们可以打雪仗。

生：有了你，世界变得美丽了。

生：有了你，麦苗儿不怕冷。

生：有了你，可以杀死地下的害虫。

这样的情境说话，使学生借助老师提供的句式，把观察情境较具体地表述出来，帮助学生做到"有话可说"、"有话会说"，同时使学生在学习书面语言的最初阶段就受到规范化的语言训练。这样的训练进行多了，就为今后学生的书面表达打下了比较扎实的基础。在中高年级主要是进行段、篇的训练以及对重点段落中某一细节的描述训练。例如作《稻草人冬游小园》的情境作文，主要是帮助学生理出叙述的脉络，然后选择他们易忽略而又需多费笔墨的细节，让他们在情境中描述，如"天竺的红果子怎么吸引了稻草人?","那含苞未放的蜡梅花朵,一点儿也不引人注目,但是稻草人却收住了脚步,这是为什么?"。这样经过引导进行相应的语言训练,学生就能对观察客体做生动细致的描绘,使情境作文写得有情有境。

4. 学写童话是最受儿童欢迎的训练

童话可以培养儿童对作文的兴趣和用词选句的基本功,以及发展儿童的创造性。

写童话虽然也像故事一样需要有时间、地点,然而童话的时间是模糊的,跨度可以很大,"以前"、"有一天"、"多少年以后"都可以。童话的地点也是一个宽广的空间,可以是"在森林里"、"在一条小河旁"、"宽广的宇宙",这表明童话的时间和地点是任意的、虚拟的。但它是童话角色活动的空间,直接影响童话的角色和经历。童话的时间和地点要首先向儿童展示,并且让儿童自己选定。童话角色是童话的主体,童话的时空确定了,童话的场景儿童就依稀可见。在教师的启发下,儿童便会联想到生活在这个特定天地里的童话角色:在大森林里,是狐狸、狗熊,还是小兔、长颈鹿;在小河旁,是柳树公公、野花妹妹,还是鸭子大嫂、青蛙王子、乌龟卫士;在海底世界里,是大鲨鱼、海豚,还是美人鱼、海龙王;在天地间,是春姑娘、冬爷爷,还是风伯伯、雷公公,都可由孩子根据自己的兴趣去选定。任何没有生命的物体都可以赋予其生命,任何没有情感的物体在童话世界里都有了情感。也就是说,教师首先要赋予童话角色以生命和情感,让没有嘴巴的会讲话,没有腿的会走路,不会飞的可以插上翅膀,不会游泳的能在大海里独来独往。总之,春夏秋冬、鸟兽虫鱼、花草树木、山水日月、风雨雷电、冰雹,甚至泥土、石块、桌椅、墙壁,都可以通过拟人成为童话角色。这些角色便是童话的主人公,它们的出现使童话场景顿时活起来。有了童话角色,童话便有了生命,还有形体、动态、语言、声响,所有这些都模模糊糊地产生了。这些模糊的题材,是最便于加工、最易于塑造,也最可以延伸的。它们简直成了孩子手中的橡皮泥,可以捏出他们自己喜欢的对象,可以边捏边讲,捏好了放在眼前看看，无拘无束地讲他们自己幻想的美妙的童话故事。在此过程中，老师要善于捕捉孩子们的情境，引导他们抓住童话角色。在这里，要注意抓住童话角色的特点展开想象，没有幻想就没有童话。例如，对"鸟儿有翅膀，会飞也会唱，飞累了还有窝，这也是它生儿育女的地方"，孩子就会从地上想到天上，然后又回到地上，会从鸟妈妈想到鸟爸爸和它们的孩子。而青蛙却有两个家，一个在陆地上，一个在水上，眼睛看四方，嘴巴宽又大，会唱歌，会跳远。鱼儿会游，尾巴甩来甩去。它们有许多的兄弟，有许多的朋友，也有不少凶恶的敌人……老师结合孩子选定的童话角色，有意识地引导、提示，让孩子们编织美丽的童话，孩子们会感到快乐无比，因为童话的创作顺应了儿童情感的驱动。

实践表明，创设情境，让孩子们学编写童话，大大提高了他们对作文的兴趣，让他们具体地感受到创造的快乐，并有效地发展了儿童的想象和语言表达能力。

情境教学的运用，极大地丰富了学生的表象，他们不再为说话、作文时无话可说而苦恼，相反，情境的生动、形象、有趣激起了他们的表达欲望。指导课上着重思路的开拓，学生的思路不再受程式化作文指导的条条框框的束缚，而是显得相当活跃，思维活动积极主动地开展。"范文引路，读写结合"的指导原则，使阅读课为学生提供了作文范例，并在其间帮助学生学习遣词造句、布局谋篇的基础知识，通过提早起步、螺旋式上升的训练序列，使学生语言文学的基本功提早得到扎扎实实的训练。因此，实验班学生的思维与语言通过作文这项创造性作业，得到了良好的发展。

（本文为 1994 年春参加台湾会议所写的发言稿，后在《中国教育学刊》1995 年第 6 期摘要发表）

创设情境 教好童话

童话是儿童的良师益友，儿童爱读童话，也爱写童话。因为童话是美的、智慧的、充满趣味的。小学课本没有使孩子失望，几乎每一册语文课本都安排了童话。作为小学语文老师，如何教好童话，以充分利用童话促进儿童的发展，是个很有价值的课题。

那么如何教好童话呢？对于这个问题似乎目前还没有得到充分的讨论，要教好童话，必须体现童话的教育性、趣味性、幻想性、科学性，这是最基本的。教学实践表明：富有美、趣、智特点的情境教学成为教好童话的理想途径和有效手段。

一、显示形象，感受童话的美和趣

童话是写给儿童看的，所以作家们在创作童话时总是带着浓厚的儿童的情趣，运用拟人和夸张的手法，塑造出一个个活泼可爱的童话形象。丰富的美感笼罩着神秘感，使童话形象分外逼真而逗人喜爱。作家让这些活灵活现的童话角色在童话世界里蹦跳闪现，出没在森林里、小河畔、小洼里、马路上……让他们像植根于现实生活中一样，有欢乐，有悲哀，有懊恼。他们的情感、他们的语言连同他们的智慧，总和孩子们的心相通。故事情节就沿着童话角色活动的踪迹一步步展开。既然童话是用形象来展开故事，让学生学习童话，就应从显示形象入手。

（一）用直观手段再现童话形象

创设情境常用的图画、剪贴画、音乐、表演都是很好的再现童话形象的直观手段，这些手段的运用使童话形象变得能让孩子看得见、摸得着。

只是在再现童话形象时，并不是把生活中的、自然界中的人和动物的本来面目原原本本地照搬，而是运用了作家创作童话时的夸张手法、拟人手法，使童话形象更鲜明、更逗人喜爱。例如，《小白兔和小灰兔》里两只小兔和老山羊的形象，并不是像自然界的兔和羊一样，而是把小兔和老山羊人格化了，让他们可以像人一样站立起来，可以穿上衣服像小朋友一样。老山羊的胡子画长一些，神情显得特别温和；穿上一件长袍，就像我们生活中的慈祥的老伯伯。《小猫钓鱼》中的小猫从"三心二意"到"一心一意"，就像顽皮可爱的小孩子。还要尽量让她长得可爱些，脸胖胖的，眼睛大大的，小胡子翘起来特别神气，脖子上也可以加上一个蝴蝶结，让孩子一看就觉得美，就觉得有趣。

童话常常运用夸张的手法，我们再现童话形象时也应夸张一下，这样才能传神。例如，《美丽的公鸡》里的公鸡挺骄傲，觉得自己特别美，一心要和别人比美。但后来，他也努力为人们做好事，催大家早早起，所以公鸡就不是按一般的比例画的，而是把鸡冠画得大大的，胸脯挺得高高的，尾巴翘起来，把公鸡的美、公鸡的骄傲充分体现出来。再现童话形象，色彩是不容忽视的，要特别鲜艳、明快，让孩子一看就喜欢。像刚才讲到的公鸡，鸡冠要画得特别鲜红，颈子上的羽毛要鲜艳夺目，正如公鸡自己描述的那样："大红冠子花外衣"、"油亮脖子金黄脚"。为了提高感知强度，这些活灵活现的童话形象不宜用一幅一幅的静止的画面展示，而是要对主要角色进行特写，随着故事情节的变化不断用剪贴画的形式进行新的组合，给画面增添动态的新奇感。

在扮演角色再现童话形象时，所戴的头饰也应该是生动活泼、鲜艳夺目的，角色的语言、语调和动作都应根据童话的内容加以适当的夸张化，让学生充分感受童话形象的"美"和"趣"。

（二）用语言描绘再现童话形象

童话角色一般都用图画再现，而当图画出现在孩子面前时，必须结合语言描绘,使童话形象更为鲜明。例如教学《美丽的公鸡》,当公鸡的图像出现在孩子眼前时,老师不能很简单地介绍"这是一只美丽的公鸡",而应以富有情感色彩的形象化的语言加以描绘,这样学生才能充分感受童话角色的可爱。从童话的内容来讲,它的基调大多数是欢快、有趣的,但是也有少量的童话写得很凄凉,例如《卖火柴的小女孩》就是很典型的一篇。安徒生用他的情感塑造了卖火柴的小女孩这个美丽动人的形象,深刻地揭露了资本主义社会的冷酷,并通过幻想给予小女孩温暖和怜爱。这样凄凉的氛围,强烈对比的场景,令人动情的美丽的小女孩的形象和悲惨的结局,必须要通过老师的语言描绘得到再现,让学生从中感受童话角色的"美"。记得我自己在教这一课时,描述贯穿始终,或单纯地描述,或进行描述性提问,或进行描述性指导朗读。我是这样用语言描述图画的:

> 这里,图画把我们带到了遥远而古老的丹麦——安徒生的故乡。这是大年夜,远处的高楼灯火通明。此刻人们都聚集在自己的家里,迎接新年的到来。外面下着雪,一个卖火柴的小女孩此刻正赤着脚迎着寒风,在大街上漫无目的地走着……

这样的描述在孩子们刚接触课文时,就把他们带到了遥远的丹麦。孩子们依稀看到了那个卖火柴的小女孩,促使孩子们带着深切的同情、美好的幻想来学习课文。

二、展开想象,进入童话世界

生动活泼、充满美感的童话形象和富有诗意的场景,构成了色彩斑斓的童话世界。童话世界是令孩子们浮想联翩的天地,孩子只有进入童话世界,才能感受童话的童心童趣,才能领略童话的奇妙和神秘。而我们的孩子是处在最富有想象力的年龄段,他们自己的语言、行为往往就充满着童话的色彩。他们听见小鸟的叫声,会说"小鸟在对我唱歌呢";看见孔雀开屏了，会说"孔雀要和春姑娘比美"；挎着玩具小篮摘小草，说是"我上街去买菜啦！"……由此可以想见孩子是喜欢想象的。教学时稍加启发、点拨，孩子是很容易凭借着想象进入童话世界的。

（一）想象童话场景

要进入童话世界，首先要进入童话故事发生的场景，也就是童话角色活动的舞台。那些场景有孩子很熟悉的，也有距离孩子的生活比较远的。例如从时间上来讲，常常是"从前"、"很早很早的时候"；从空间来讲，有"森林里"、"大海边"、"小河旁"、"山崖上"……要孩子从现实回到从前，从教室走向河边、村庄，都需要凭借想象才能进入那特定的场景。

于是，情境教学借助教师的语言，调节、支配儿童的认识活动，结合一些直观手段激起孩子的想象。老师的语言和直观的图景唤起孩子已经储存的表象，并激起组合新形象的需要。例如《彩霞姑娘》画面很美，就可以边描述边贴画，组合成图画，让儿童去想象故事发生的场景。剪贴画可以随着老师的描述逐一出现：很早很早的时候，有一座山叫北山，山脚下有条小河，小河边有个村子（出示"山"、"小河"、"村庄"的图画）。村子里有个老太婆。老太婆是个大财主，有羊群有果树，但长得特别丑，又黑又胖，简直像头狗熊，人们就叫她大熊婆。大熊婆身边有个听她使唤的丫头叫彩霞姑娘，早上听见北山上的鸟儿叫就要去砍柴；看见小河里的鱼儿吐第一个泡，就要去洗衣服。就这样，小鸟、小鱼都成了彩霞姑娘的好朋友。就在这北山脚下、小河旁边，发生了一个令人感动的童话故事。

在老师语言和眼前画面的协同作用下，孩子脑海里的童话世界要比这眼前的画面更美、更生动。那山大概很高很高，山上有许多树，这可能是一棵大树，也可能是一片小树林。树上有鸟窝，清晨有许多小鸟吵醒了小河里的小鱼。那河水是绿的，清清的，不是很深；也可能是一条大河，很深很深……反正孩子已经通过想象可以看到、感觉到童话故事发生时生动的场景。

(二) 想象童话角色

童话场景是童话角色活动的空间,童话的主体无疑是童话角色。童话角色是可爱的,它既是作家生活的积累,也是作家创造性思维的产儿。童话角色带有浓厚的幻想的色彩,童话角色的形象,包括它的神情、动作、心理及语言都不可能描写得很具体。可以说作家所刻画的童话角色,为小读者留下了宽阔的想象余地。因此,引导儿童想象童话角色也是顺乎自然的事。通过想象,童话角色会变得更为鲜明、更为具体,伴随儿童的想象和情感活动,童话角色会活在孩子的心田。

想象童话角色,关键要抓住角色的特点来进行想象。只有抓住童话角色的特点,童话角色才是活生生的。例如《森林爷爷》是一篇科普童话,它生动地刻画了森林爷爷与风魔王、雨魔王、旱魔王四个主要角色。魔王的特点必定是凶残、狂暴,而故事并没有对三个魔王的形象进行具体描写,教学时可引导孩子结合生活经验,想象三个魔王袭击森林爷爷时气势汹汹的架势和张牙舞爪的模样。老师可以这样启发孩子:"你们看见过微风轻轻吹动枝头的情景,也看见过狂风刮得小树站不住的情景,而风魔王可厉害了,它是专门用极大极大的飓风给人们带来灾害的。这一天风魔王来了,你们是不是听到了风魔王吼叫的声音?他那魔鬼般的脸一定难看极了,这些你们都能想象到吗?"因为有生活经验为基础,因为有童话角色的神秘、新异,孩子的情绪特别好,想象的翅膀一下子就展开了。他们说:"风魔王还没来,已经听到嚎叫的声音,呼——呼——好像一下子要把整个世界掀翻。""风魔王披着长发,还有长长的胡子,连尾巴也有一尺长。那个专门吹风的两只大鼻孔像两只水桶的口,那个吹大风的嘴巴比锅口还大。""风魔王一路上吹得尘土飞扬,吹得路边小树断了腰,一间间小屋被它吹得哗哗地倒塌了。"

这样让孩子去想象童话角色是扣人心弦的,孩子一方面痛恨魔王,一方面为森林爷爷担心,一旦森林爷爷战胜了风魔王,他们就高兴得禁不住拍手叫好。

（三）想象童话角色的语言

童话角色既然是人格化的，就有语言的表达。根据故事情节的展开和曲折推进，通过想象童话角色的语言，孩子可以丰富童话的内容，更深地进入童话世界。想象童话角色的语言，往往可以体验童话角色情感的起伏，从而加深对童话思想情感的理解。例如教学《卖火柴的小女孩》，老师就几次让孩子想象小女孩的语言。当小女孩划着了第一根火柴仿佛坐在温暖的火炉边时，安徒生没让小女孩说话，只是细腻地描写当时的情景，写得很感人。为了让孩子们体验这幻觉中刹那间的温暖，教学时老师启发孩子想象小女孩可能自言自语什么。老师说："读到这里，我仿佛听见了小女孩的声音，你们听到了吗？那么轻，那么细，你们好像听到她在说什么？"孩子也是那样轻轻回答着："我们仿佛听到卖火柴的小女孩在说：'好温暖呀！''多好的火炉呀！''我的手和脚已经冻僵了，让我多烤一会儿吧！'"这样的补白使已经创设的情境更真切、更感人。同样，在小女孩第四次划着了火柴，仿佛见到奶奶时，可以让孩子进一步想象："现在，假如你们就是小女孩，当那么温和、那么慈祥的奶奶出现在你的眼前时，你会怎样情不自禁地叫起来？又会怎样急切地祈求奶奶把你带走？"孩子们都动情了，他们深情地喊着"奶奶"，激动的泪水都涌出来了。课文的表情朗读获得了意想不到的效果。应该说，只有深深地进入了童话世界，孩子才能体验到童话角色的喜怒哀乐。

（四）想象童话的语言形象

要孩子真正进入童话世界，一切直观的手段都是辅助性的，都是为了帮助孩子很好地理解童话语言，因为这是语文教学最根本的任务。我们一方面不能脱离形象，一味分析教材，解释童话语言；另一方面也不能只顾再现形象，忽略语言本身的理解和运用。事实上，只有突出童话语言中那些传神之笔,让学生细细咀嚼,才能真正地进入童话世界。即使在低年级也应该有意识地引导学生想象童话的语言形象。就拿《小猴子下山》这篇一年级的童话来说,虽然故事短小,学生年幼,但同样不能忽略对童话语言的理解。例如,故事中"又……又……"这个并列关系的词组出现多次,如"又大又多"、"又大又红"、"又大又圆"。现以"又大又红"为例,老师这样描述:"(指着黑板上的简笔画)又把猴子带到桃树下,桃子'又大又红'。小朋友想想看,桃子又大又红是什么样儿?"孩子们甜滋滋地说:"一个个桃子长得圆圆的,像娃娃的脸蛋。""桃子长得红红的,说明桃子已经熟了,咬一口,一定是蜜甜蜜甜的,老多的汁。"……孩子们通过自己的想象已经理解了桃子"又大又红"的形象,于是老师相机指点:"这就馋坏了贪吃的小猴子。"如此抓住教材语言,结合已经创设的情境,就能使孩子不自觉地一步步进入童话世界。

再例如《小蝌蚪找妈妈》中,青蛙作为有益于人类的动物,作者用精彩的语言把它写得很美:"荷叶上蹲着一只大青蛙,披着碧绿的衣裳,露着雪白的肚皮,鼓着一对大眼睛。"教学时,老师抓住展示青蛙形象的关键字眼"蹲"、"披"、"露"、"鼓"等一串动词和"碧绿"、"雪白"等表示青蛙色彩美的形容词,启发学生比较推敲:"如果把'鼓着一对大眼睛'换成'瞪着一对大眼睛',怎么样?把'露着大肚皮'换成'挺着大肚皮'又怎样?"接着,老师抓住两个描写青蛙色彩的地方——"青蛙披着绿的衣裳,露着白的肚皮"和"青蛙披着碧绿的衣裳,露着雪白肚皮",哪个美?相比之下,对这些词的神韵学生便不难领悟了,童话语言的形象学生也可鲜明地感知。学生语言的鉴赏能力,也就在这经常进行的训练中得到有效的提高。

想象童话场景、童话角色、童话的语言形象,不仅能让儿童进入童话世界,而且能充分发挥童话的特色,利用童话的幻想性发展儿童的创造性。

三、通过系列训练，全面提高能力

要充分发挥童话的育人功能，除了上面所说的显示形象，感受童话角色的美和趣；展开想象，进入童话世界，还必须通过系列训练，全面提高儿童的语言能力、判断能力和创造能力。

在教学童话的过程中，应该进行哪些训练呢？

（一）评判角色，辨是非、悟美丑

由于童话是在现实生活的基础上虚构而成的，其教育性寓于其中，但童话常运用夸张、拟人的手法，因此读罢童话，学生就必须搞清楚什么是对、什么是错，即要能分辨清楚美与丑、是与非。要做到这一点，不是靠注入、靠说教，而是要抓住童话形象，通过评判童话角色来进行。

在教学中，可以采取这两种方式：一是让学生"当裁判"，评童话角色；二是"交朋友"，帮童话角色。这两种方式都是行之有效的。例如教学《小蝌蚪找妈妈》，当小蝌蚪找妈妈时，遇到的鲤鱼妈妈和乌龟的话说法不一样，可通过评判帮助小蝌蚪，让学生分清对与错。当然，也可以与小蝌蚪交朋友，帮助小蝌蚪找妈妈。

师：鲤鱼和乌龟的话讲得不一样。现在，你们评一评，小蝌蚪照谁的话去找能找到妈妈，照谁的话就找不到妈妈？为什么？

生：鲤鱼妈妈说青蛙四条腿、宽嘴巴。而四条腿、宽嘴巴的动物很多，这是青蛙的一部分特点，不等于四条腿、宽嘴巴的动物就是青蛙。乌龟就是四条腿，也是宽嘴巴，但它是乌龟，而不是青蛙。所以，照鲤鱼妈妈的话小蝌蚪是找不着妈妈的。

生：乌龟讲的也不全面。小蝌蚪把鲤鱼妈妈和乌龟讲的加起来——"四条腿"、"宽嘴巴"、"大眼睛"、"绿衣裳"，就把青蛙的主要特点弄清楚了，小蝌蚪就能找到自己的妈妈了。

从这一案例看出,这样评判角色,实际上是教给学生如何去认识事物,让他们懂得部分不能代替全体。在此过程中,学生的思维程序会经过分析、比较,然后做出判断。

在孩子读的童话中,可以让他们通过帮助角色的办法来弄清是非。例如《小马过河》,当小马听到老牛和松鼠讲的话完全不一样时,小马为难了,是过河,还是不过河?这时,孩子是很愿意帮助小马的。

老师提出:"小马这时候应该怎么想就对了?你可以让小马先想想同一条河,老牛为什么说'浅',松鼠为什么说'深'。"随即在原先已经创设的"小马来到小河边"的情境中,再增添老牛和松鼠,借助直观形象引导学生进入推理情境,而这种帮助童话角色的形式又使思维推理活动变得有情有趣。

在引导儿童评判角色时,主要是引导儿童辨别是非,理解童话蕴含的理念。在此过程中,也可以进行语言训练,把评判得出的结论概括成一两句话。例如教学《小马过河》,通过角色的评判,学生知道老马说的"做事自己不动脑筋,不去试试,是不行的"是正确的;接着引导学生改成"做事要……要……才行"的句式该怎么说,学生随着语言训练则认识到做事"要自己动脑筋,自己去试试才行"的道理。

(二)进入角色,读童话、演童话

童话常常有许多生动的角色,且有对白,是进行分角色朗读的好材料。教学时让学生进入角色、争当角色,在各小组里大面积地进行练习,一下子整个教室都会沸腾起来。儿童进入角色以后,往往产生一种表现欲,教师便可因势利导,索性让学生选取角色演童话,这可以全面强化教学效果。演童话剧应在全班分组练习的基础上进行,让全体学生进入角色,因为大家都是童话世界的主人。表演可以用原来已创设的童话场景作为背景,最好都戴上童话角色的头饰,有可能的话也可以添加一些小道具。例如表演《小猫钓鱼》,可以拿一根小竹竿代替渔竿;表演《小白兔和小灰兔》，老山羊给的一包菜籽可以用一个小纸包代替；表演《神笔马良》，则可以拿一支大毛笔。这些小道具，一定要有必要才用；若觉得累赘、画蛇添足，则一定要去掉，总之要"简单、易行、出效果"。至于动作、神情及语言，应该允许、鼓励孩子自己用童心去创造，那样更容易激发孩子的主动性和创造性，更容易为全班儿童所接受。教师稍作指点即可，不必做过多的示范。

(三) 引导创造，改动原文讲童话

童话故事要读、要演，也要讲，事实上孩子们喜欢童话，喜欢演童话，也喜欢讲童话。讲童话便是复述童话。谈到复述，有简要复述，有详细复述，也有改变人称、改变处所、改变情节、添加角色、续说结尾等各种各样的创造性复述。一般童话都可以进行详细复述，而简要复述主要是用在科普童话中，即抽掉童话的形式，讲述童话中所讲明的科学知识和科学现象。至于创造性复述，因为要讲究创造性，一般老师不常采用。其实由于童话本身具有幻想性，让孩子进入其中进行创造性复述是不难的。下面列举几种。

1. 改变人称的复述

童话一般是用第三人称写的，基于儿童对童话角色的喜爱，可以让孩子自己担当童话角色——"我"就是"要比美的公鸡"，"我"就是"下山的小猴子"，"我"就是要"过河的小马"……这样改成第一人称，可以加深孩子的情感体验，增加他们学习童话、讲童话的兴味。

2. 增添角色的复述

在童话故事中启发孩子增加一两个童话角色，可以有效地激发孩子的想象力和组织材料的能力。《小猴子下山》就可以增加一个老猴子的角色——下山时老猴子怎么吩咐小猴子；当它空着手回到家时，老猴子怎么说，小猴子又怎么说。《小壁虎借尾巴》为了扩大儿童的知识面，还可以

增加角色，比如加一个小松鼠就很有意思，而且可以让孩子们懂得小松鼠的尾巴能遮风避雨、使睡觉安稳的功能。由于角色的增加，故事的情节就会更加曲折逗人，使原来的童话故事趣上添趣。

3. 接述续篇

有些童话故事常常从反面告诉孩子一个教训。为了加强教育性，发展孩子的创造性，可以通过接述续篇的办法，进一步强化正面教育。例如，学完《小白兔和小灰兔》就可以接着讲《小灰兔也吃上了自己种的菜》或《小灰兔要进步了》的新编童话故事；学完《猴子下山》可以续述《小猴子又下山》；学完《卖火柴小女孩》就可以假设小女孩没有死，续述《卖火柴的小女孩来到我们中间》，这一方面能展示新中国儿童的幸福，另一方面可以引导孩子关心黑暗制度中受苦受难的孩子。

这样一系列的综合训练，可以促使儿童爱学童话、学好童话，有效地提高儿童的语言能力、创造能力和初步的分析判断能力。

（本文发表于《课程·教材·教法》1995年第3期）

创设情境　教好寓言

寓言是一种隐含着讽喻意义的简短的故事，有比较强烈的夸张性和讽刺性。其讽喻的意义便是寓言给人的教训。寓言讽刺和夸张的对象往往是社会生活中的人，因此寓言有较强的教育性。在表现形式上，寓言常常采用拟人、比喻的手法，深受儿童的喜爱。

小学语文教材选入了不少寓言。人民教育出版社编写的小学五年制语文教材选入的寓言集中编排在二、三、四年级，6册课本中共19篇、25则，其数量超过了入选的童话。这些寓言无论是选自伊索寓言、克雷洛夫寓言，还是中国古代寓言，都有"寓体生动形象，寓意抽象概括，手法讽刺夸张，语言简明准确"四大特点。针对寓言的特点，运用情境教学教寓言，可以收到很好的教学效果。

一、利用寓言手法上的讽刺夸张，再现寓体情境

寓言作家总是借助比喻，运用讽刺、夸张的手法，塑造生动的寓言角色。那狡猾的狐狸、井底的青蛙、喜欢别人阿谀奉迎的乌鸦、怜悯毒蛇的农夫、"好龙"而怕龙的叶公、掩着耳朵盗铃的人等，都是可笑而又发人深思的人物或角色。作家对这些角色并不作形象的描绘，主要是通过角色出乎意外的语言、行为、思想方法及可笑而可悲的结局，构成一个完整的耐人寻味的小故事。儿童概括寓意、理解题意，是在充分感受寓体形象的基础上进行的。所以，教学寓言最忌急于揭示寓意，那样，寓言幽默讽喻的色彩就令人顿觉暗淡了。因此，运用情境教学教寓言，就必须利用寓言手法上的讽刺夸张，再现寓体生动的情境。

(一)运用夸张的手法,再现寓言角色的形象

情境教学常用图画再现的手段创设寓体情境,让学生仿佛看到了寓言中的角色。这可以是简笔画,也可以是剪贴画。由于寓言运用了夸张讽刺的手法,所以寓言形象不必着力细描细画,而是用粗大的笔触勾勒,通过适当的变形,达到夸张的效果,渲染讽喻的情调。如《狐狸和乌鸦》,在学生初读课文后,老师可随着描述出示一棵勾勒得很怪的大树,形成一种发生寓言故事的氛围,点明故事就发生在这棵大树下。情境教学强调直观手段与语言描绘相结合,要能使儿童仿佛看到寓言角色的形象,这里老师的语言描绘是很重要的。例如乌鸦角色出场时,老师描绘:"有一天,乌鸦从外面叼回来一片肉,准备给她的孩子吃,此时她正站在这棵大树上。"老师随手出示一只乌鸦并贴在大树上。这只乌鸦看上去黑白分明,眼睛傻愣愣地瞪着,样子并不可爱。狐狸的嘴画得特别尖,眼睛眯着,一条又大又粗的尾巴,让孩子一看就觉得狐狸特别狡猾。寓言的角色随着老师的语言描绘,鲜明地展示在学生面前。这样,学生就会带着关注乌鸦、同情乌鸦以及对狐狸设下的圈套特别注意的情绪阅读寓言。

(二)扮演寓言角色,体验角色的荒诞可笑

为了让儿童充分感受寓体的形象,师生可以扮演寓言角色,担当寓言角色。由于角色的担当,学生对寓言角色语言行为的可笑有了切身体验,从而体会到寓言的讽喻意义,为理解寓意做好铺垫。仍以《狐狸和乌鸦》为例加以说明。

在学生阅读寓言后,老师饶有兴味地说:"刚才同学们自己读了寓言,一定会觉得这只乌鸦又可怜又可笑,而狐狸又可恶又可恨。现在老师来做狐狸,你们来做乌鸦。此刻,乌鸦正叼着一块肉站在树上,狐狸也出来找食了。"下面是开始的一段对白:

师（狐狸）：（笑着，讨好的语气）您好，亲爱的乌鸦！

生（乌鸦）不作声。

师（狐狸）：（笑着，很关心的语气）亲爱的乌鸦，您的孩子好吗？

生（乌鸦）还是不作声。

此时学生扮作乌鸦。狐狸的"亲爱的乌鸦"、"您的孩子"，都是直接向乌鸦陈述的，扮作乌鸦的学生听来特别真切；学生虽然学着乌鸦没作声，但他们已经进入角色，有了真切的体验。学到这儿，老师插问："狐狸对乌鸦这么有礼貌、这么恭维，你们这些扮乌鸦的怎么不作声？"孩子笑着回答："因为我嘴里叼着肉，一开口肉就会掉下去呀！"趁着孩子们情绪十分热烈，老师说："好，现在我继续当狐狸，你们还是站在树上，嘴里叼着那片准备给孩子吃的肉。"

师（狐狸）：（怪声怪气，进一步讨好）亲爱的乌鸦，您的羽毛真漂亮，麻雀比起您来可就差多了。您的嗓子真好，谁都爱听您唱歌。您唱几句吧！

生（乌鸦）：哇……

老师再追问："你这只乌鸦一开口，发生了什么意想不到的事？"学生带着沮丧的情绪回答："没想到我一张口，嘴里的肉就掉下去了，眼睁睁地看着狐狸叼去了我为孩子准备的肉。"学生已体验到乌鸦懊恼的情绪，悟到了爱听奉承话容易上当受骗。

通过角色扮演，学生进一步进入课文描写的情境，体验加深，情绪推向高潮。他们在情境中伴随形象思考问题，为理解寓意做好了铺垫。

二、凭借寓体可笑的形象，在情境中揭示寓意

法国寓言作家拉·封丹曾说过："一个寓言可以分为身体和灵魂两部分，所述的故事好比是身体，所给予人们的教训好比是灵魂。"只有了解

了寓言的灵魂，才能从中吸取教训，而揭示寓意是对寓言的具体形象和故事情节最高的抽象和概括。这对于小学生的思维能力来说有一个跨度，必须来一个飞跃。

（一）凭借寓体形象，引导推论

前面所讲的利用寓言手法上的讽刺夸张来再现寓体的生动情境，最终目的便是让儿童能从具体而深切的感受中体会到教训之所在。这样的过程是引导儿童从具体形象思维向逻辑抽象思维的过渡。没有形象的伴随，没有两种思维类型间的过渡，小学生一般抽象概括不起来。因此，在引导儿童概括寓意时，必须凭借已经再现的寓体的具体形象，一步步引导，帮助学生进行分析推理，做出判断。如寓言《刻舟求剑》带有哲学观点的寓意，要小学生概括，显然是有难度的。教学时，便以可移动的硬纸板船进行演示，与学生担当寓言角色相结合来创设情境。老师以"你们就是那个丢宝剑的人，现在正坐在船上"来引导学生担当寓言角色进入情境，指导学生用夸张的语气自言自语："哎呀，我的宝剑掉到河里了，赶快刻上记号（动作演示），我记好宝剑是从这儿落下去了，等船停下来，我再从这儿下去，一定能捞到宝剑！"创设的情境再现寓体形象的可笑，充满幽默、讽喻的意味。然后老师随着船的移动启发儿童思考："现在船已经到了码头，这个人从刻着记号的地方跳下去，能捞到宝剑吗？"老师还提出了触及寓意的问题，利用角色效应让学生带着情绪色彩去思考："假如你是同船人，你能不能帮助这个人一下，这样做为什么捞不到宝剑呢？"由于儿童在思维的过程中伴随着形象，他们认真地给予这个人帮助："老乡，你没看见船已经移动了吗？""事物变化了，你脑筋没变，这怎么行呢？"然后找出这个人的思想方法错就错在"用静止不变的方法解决问题"。生动的形象、真切的感受，使儿童的思维活动产生飞跃，从而理解了寓意。

（二）紧扣展示寓体形象的关键词语，领悟寓意

寓言的寓意寓于其中，寓言的语言文字内涵十分丰富。凭借寓体形象

进入推理的过程，应紧扣寓言中的传神之笔，引导儿童推敲词语、体会语感，从而领悟寓意。下面举两例进行说明。

例1

《小虫和大船》中最后一句"小小的蛀虫，竟毁了一艘大船"中，一个"竟"字，从语气、语意上强化了意想不到的严重后果，教学时应突出。让学生将"小小的蛀虫，毁了一艘大船"和"小小的蛀虫，竟毁了一艘大船"进行比较，学生从"竟"感受到教训的沉痛，体会到"竟"的语感，并可通过已经创设的学生扮演船主和工人的情境，想象当大船下沉时，船主懊丧的神情和不禁发出的无限感叹："真没想到一只小虫竟是这样的厉害。""真是小洞不补，大洞吃苦啊！""我真是因小而失大呀！"此时顺势教给学生一个与此相反的褒义的成语"防微杜渐"，学生就比较深刻地领悟了寓意。

例2

《我要的是葫芦》中的"他盯着小葫芦"的"盯"，把种葫芦人看问题的片面性表现得惟妙惟肖。教学时便可借着已创设的画着葫芦藤、挂着葫芦的背景，让学生扮种葫芦的人，表演"看着葫芦"、"望着葫芦"、"盯着葫芦"，让学生通过自己所接收的视觉形象，体会"看"、"望"、"盯"三个同是表示眼睛动作的词的不同分寸，从而领悟一个字眼饱含着对寓言角色的讽刺，形象地反映了种葫芦人不管叶子只要果实的极端片面性。

三、针对寓言语言简洁的特点，进行多种语言训练

寓言篇幅短小，语言十分简练。教学寓言不仅应引导学生感受寓体形象，吸取其中的教训，而且应引导学生鉴赏寓言语言的独特之处，与各种形式的语言训练相结合，全面提高学生的语言能力。

(一) 句式训练

为揭示寓意，可结合寓言故事的情节设计句式，进行语言训练，引导学生通过推理与判断的思维过程领悟寓言。下面举两例进行说明。

例1

教学《南辕北辙》一课，为了帮助学生揭示寓意，老师设计了这样两种句式训练——

训练之一：这个坐车人以为马跑得快，车夫是个好把式，带的盘缠多，就可以到达楚国，你们认为像他那样能到楚国吗？出示句式："不但……而且……"、"因为……"这样的语言训练，促使学生从坐车人与目的背道而驰的错误行为中，做出到达不了楚国的判断，推导出"不但到不了楚国，而且离楚国越来越远"，并以"因为"揭示了到达不了目的地的根本原因。这实际上是运用演绎推理的思维顺序得出寓意的。

训练之二：为了使学生深入理解寓意、做出积极判断，老师又引导学生进行第二种句式训练：现在我们来帮助这个坐车人，怎样就可以到达楚国？请用上"只要……就……"、"越……越……"。学生为了完成这样的语言训练，必从已知的否定判断推导出一个新的肯定的判断："只要掉转车头，向着目的地楚国驶去，就能到达目的地"，"马跑得越快，车夫驾车的本领越大，到楚国越早"。这就从正面补充了寓意，帮助学生初步建立行动与目的必须一致的哲学观念，而且推理能力也在其中得到了训练。

例2

《惊弓之鸟》中更羸回答魏王的一段话是因果倒置的句式。先说果后说因，难度也较大，因此可让学生来扮更羸，换成先说"因"后说"果"的顺序，用上"因为……所以……"来叙述课文的内容："因为它受过箭伤，伤口没有愈合，还在作痛，所以它飞得慢。""因为它离开同伴，孤单失群，得不到帮助，所以它叫得惨。"这样让学生向魏王的陈述是由因到果进行逻辑推理分析，从而使概括寓意的难度减小了。在此基础上，再设计"……就像惊弓之鸟一样……"的句式，让学生举例，引导学生从惊弓之鸟的本义，通过比喻，比较容易地理解寓意，并为之提供运用"惊弓之鸟"这一成语的语言环境。

（二）创造性复述

由于寓言语言简练、角色少，而故事总是从反面给读者以教训，所以给学生留下很大的想象余地，是指导学生进行创造性复述的好材料。其形式有：①添加情节做铺叙；②增添角色做对白式叙述；③续写故事做正面叙述。

先说添加情节做铺叙。如《刻舟求剑》就可增加丢剑人在船上刻记号处下水去打捞，结果白费气力的情节。又如《滥竽充数》可以增添南郭先生知道齐湣王要一个挨一个听吹竽，吓得偷偷逃走，被一管家发现，南郭先生支支吾吾与管家的一段对白，充分暴露了南郭先生弄虚作假的狼狈相。这种增加情节的创造性复述，丰富了寓言的内容，使寓意更加显露。

再说增添角色做对白式叙述。寓言中角色少，可增添合适的角色，促使学生重新组合内容，想象角色间的对白。一般来说，一些寓言往往有角色相持不下的场面，这就可增添一裁判的角色。如《井底之蛙》可增加一蝴蝶或一蜜蜂当评判，使寓意得到进一步的证实。《狐假虎威》可增加大象的角色，在小动物看着老虎来了纷纷逃走时，一只大象来了，它建议让老虎站在旁边观看，让狐狸独自向前走，结果老虎恍然大悟。

最后说续写故事做正面叙述。由于寓言的特点就是给人以教训，既是教训必是反面的，因此可针对儿童易于接受正面教育的特点续写故事，做正面叙述。如《南辕北辙》，可以续写那个去楚国的人，他的马跑得筋疲力尽，车夫累得再也赶不动车，盘缠也全部花完，这时，他再去打听楚国在哪里，才猛然醒悟，原来方向和目的应该是一致的。再如《农夫和蛇》，从农夫死后续写，第二年农夫的儿子又遇到一条冻僵的蛇，这条蛇挺可怜，发出微弱的呼救声，但农夫的儿子牢记父亲临死前的话，毫不留情地把这条冻僵的蛇打死。

以上这些形式的创造性复述，极大地调动了学生的学习积极性，有助于学生把寓言学活，而且也有效地发展了学生的创造能力和语言表达能力。

（三）改写成寓言剧

由于寓言都有角色，有因有果有情节，因此可改写成寓言剧。

改写成寓言剧，老师应提示改写成剧本的注意点。例如，要交代清楚时间、地点、人物以及幕启时场上的背景，以让学生对剧本的格式有个初步的了解。现以《我要的是葫芦》为例。

  时间：从前。
  地点：院子里。
  人物：种葫芦的人、邻居。
  幕启：一模拟的葫芦藤，种葫芦的人正在欣赏白白的葫芦花。

设计角色对话，应提前确认角色，然后点上冒号，不加引号，将角色的对白分别写在后面，角色的神情、动作可以夹注在括号里。例：

  种葫芦的人（自言自语地）：啊，多漂亮的葫芦花呀，小小的、白白的，过几天就可以结葫芦了。
  邻居：花开得多，不等于结的葫芦多，你还要好好管理。
  （数天后）
  种葫芦的人（大声叫喊）：呀，小葫芦长出来了！小葫芦长出来了！

改写成了寓言剧就要让学生演。演之前，在课堂上应充分指导学生进行分角色朗读，这样剧中角色对白才有基础。表演时可根据角色的需要戴上头饰和其他小道具，以增添趣味性和真实感。

（四）试学古文原著

在入选的寓言中，有相当一部分是中国古代寓言，它们都有古文原著，如《狐假虎威》《刻舟求剑》《南辕北辙》《自相矛盾》《掩耳盗铃》《拔苗助长》《守株待兔》《叶公好龙》《滥竽充数》《画蛇添足》《买椟还珠》《亡羊补牢》等。这些寓言是一个故事一个成语，在学生理解了寓言的内容、寓意和关键性词语后，让学生再读古文原著，他们会感到既亲切又有趣，而且大意即可明白。例如教《自相矛盾》，为帮助学生扫除理解文言词语的障碍，可加上注释，先让学生自读古文，自学注释；再让同桌两人讨论，试着解释、翻译；然后结合学生回答，把关键词语讲清；最后让学生扮作古代卖矛和盾的人，用古文回答，摇晃着脑袋大声夸自己的盾："吾盾之坚，物莫能陷也。""吾矛之利，于物无不陷也。"再让学生回忆课文用白话回答："我的盾坚固得很，什么东西也不能戳穿它！""我的矛锐利得很，不论什么东西都戳得穿！"老师随时指点："坚"就是"坚固"，"利"就是"锐利"。接着，老师启发："如果你现在正站在卖矛和盾的人身边听他这么说，你会怎么反问？"学生会兴致勃勃地说："用你的矛戳你的盾，会怎么样呢？"紧接着老师说："那引用古文又怎么说？"学生当即回答："以子之矛陷子之盾，何如？"学生在具体的语言环境中理解了"子"即"你"的意思，"何如"就是"怎么样"。就这样，学生一面扮演角色，一面联系已学的白话文的内容来理解古文，老师再加以必要的指点，学生即可基本上学懂原文。这样做不仅可以使学生加深对课文语言的理解，而且可以使学生学到一点文言词语，为培养学生学习古文的兴趣做了有效的铺垫。

（本文发表于《课程·教材·教法》1995年第5期）

优化教材结构,进行"四结合"大单元教学

长期以来,语文教学大都是一篇一篇地教范文。每册教材的课文之间有的并没有一定的联系。这种教材结构显然是从一篇一篇课文着眼,通过部分的相加,求得整体的功效。布鲁纳等人曾做过一项实验,将受试的学生分为两组,一组采取整体法的策略,从整体出发,注意各部分的联系,以解决问题;另一组采取部分法的策略,从部分出发,然后将各部分总合起来,以解决问题。研究结果表明,整体法优于部分法。同样,技能学习的实验也证明,整体法优于部分法。对于教材编排的结构,我们很习惯于部分法。至于如何从整体入手,把系统论中的整体原理应用到教材结构的编排之中,还未很好地展开充分的研究。正因为如此,在一定程度上造成小学语文教学"读得少,写得少,耗时多,效率低"的弊端。与世界上一些国家相比,我国小学语文课本的内容、分量是比较轻的。根据20世纪70年代的统计,我国小学比苏联小学多两年,可是我们的语文课本却比他们的简单得多。苏联在一年级学生入学不久即开始阅读。他们称作《祖国语言》的全套阅读课本共有500多篇,包括一百几十位著名作家的作品或片段,其中有契诃夫、屠格涅夫、莱蒙托夫、高尔基、列夫·托尔斯泰、普希金等世界文学巨匠的原著。仅一年级就要读196篇课文,包括近90位著名作家的作品。语文教材这样的"量"、这样的"质",是我们目前的小学语文教材难以望其项背的。相比之下,我们的小学语文教材明显地存在着"量少、难度低、名篇所占比例少"的"两少一低"的缺陷。我们现在整个小学阶段,以六年制计算,12册书,约26万字。每学期翻来覆去地读那2万多字的文章,何况文章的神韵也没有引导学生很好地感受、体验,而作文是半年才写那么八九篇。这样的量是不可能让儿童真正

学好语文的。

　　这就涉及教材的"选"与"编"的问题。新中国成立以来,在相当长的时间里,我们的教材或多或少地受到"左"的影响,片面地强调政治,大量入选政治思想性强而缺乏文学艺术性和语言示范性的篇目。教师在课堂上搞架空分析、微言大义,结果学生脑子里装了许多空洞的政治思想概念,而语言文字的工具并没有掌握好,这也是造成中小学生在作文中说大话、说空话的原因之一。改革开放以来,这种情况在很大程度上得到扭转。但是分析课文的教学模式,不求实效,只管教师单方面讲解分析的方法,以及强调一个个零散的"知识点"、一道道互不联系的习题的讲解、回答的偏向,仍在很大的范围里存在着,并造成了不可低估的负效应。

　　由此看来,如何通过教材的选编、使用,来改变语文教学已成定式的教学模式,是个很值得探讨的也亟待解决的问题。在我看来,应加大阅读教材的量,强化语言的规范性,入选较大比例的名家名著、优秀文学作品,以及一定数量的科普、应用、说明文体的范文。

　　许多大家的言论也都阐明"多读"对儿童语言文字水平提高的积极影响。可以说,"多读"是我国传统语文教学的"精华"。所谓"多读",就是从一定的"量"中读出"质"来,悟出规律来。

　　如何在不增加儿童负担的前提下,加大名家名篇的比例,提高阅读质量呢?看来只有从优化教材结构着手。我们现在提出的"多读",并不是一篇一篇地累积,而是运用系统论的整体原理编排教材,进行大单元教学,沟通教材篇与篇之间的联系,使每个单元不再是点滴的零散的"知识点",而是一个"知识链"、"知识块",从而有效地改变儿童的认知结构。

　　大单元如何组合?它的依据是什么?那就是系统论的整体原理。儿童"读"与"写"的范围,不外乎"写人、记事、写景、状物、说明应用"五大类。教材的编写就应该顺应儿童读写的需要,使他们学会"读",学会"写"。至于口头语言的理解和运用,则渗透其中。

经过这样的思考，笔者进行了尝试，把教材分成上面所说的"写人"、"记事"、"写景"、"状物"、"说明应用"，加上"古诗文诵读"共六个单元。题材上的相似，经过归类，组成单元，就可以在篇与篇之间进行迁移，帮助学生掌握规律，达到举一反三、学以致用的目的。中高年级把人民教育出版社编写的教材和自编的汉字注音阅读教材加以组合，将题材相近、贴近儿童生活、便于进行相应的习作训练的范文排列组合，真正做到以"读"导"写"，以"写"促"读"。由于是"学一组"、"写一篇"，这样就不大会产生单一模仿的弊端。

课文是单元组合的主体。由于同类题材的课文组合、集中教学而形成教育的较强力度，学生一篇又一篇地集中感受人物精神的高尚、心灵的美好、景物的和谐、美感的丰富，这就从根本上促进了"文"与"道"的结合，增强了语文的教育性；根据每个单元的中心，我们把课堂教学与课外活动结合起来，不仅深化了教育效果，而且丰富了儿童的写作内容，又及时引导他们把生活感受表达出来。这样，单元中学得的词句篇章由于题材相近、相似，儿童很容易学习与掌握。这就把"读与写"、"文与道"、"课内与课外"、"语言训练与思维发展"等构成一个相互联系、紧密结合的整体，即"四结合"大单元教学。这一方案，笔者首先在所教实验班试行，后又在校内以至全省500多个实验班推行，都收到明显的效果。

在进行"四结合"大单元教学时，首先从整体入手，根据单元总要求上启示课；再到部分——单元主导篇精读，组合篇略读；再回到整体，进行总结，揭示规律。"四结合"大单元教学，把语文教学中的相关要素有机地结合起来，既有对整个单元的"共性"的掌握，又有对一篇一篇课文"个性"的领悟。总之，学生从单元之中，从一篇一篇课文的有机联系之中，真正做到"触类"而"旁通"。这样运用整体原理，从整体入手，使各个要素之间相互作用，利用集合的办法，使知识连成"线"、聚成"块"。新储存的信息与大脑中已经储存的相关信息联系起来，成为更加复杂的、更加有序的结构,从而获得事半功倍的效果。大单元教学中,根据单元主题,开展相关主题的课外教育活动,形成开放的教育系统。如写景单元,结合课堂教学内容,观察大自然的典型场景或观察家乡的一隅一景,让学生在观察中亲身感受大自然的美,使课本上、作家笔下描写的景物具体化、形象化。课本上那些词在具体的场景中获得对应的鲜明形象,使学得的"词"与看到的"形象"沟通;而且一个单元学得的词语也往往易于归类,在同类中,又可细细体会有关写景的词之间的细微差别和不同的情感色彩。可以说,结合单元教学的课外观察,使词一组一组地、一群一群地得到"再生"。那些修辞手法的运用,在特定的场景中,也变成是情感的自然流露,成为自然表达的需要,而不再是语文练习册上的"比喻"、"拟人"、"排比"定义的生吞活剥的背诵,搜索枯肠的例句的生搬硬套。即使是有关"以时间推移为顺序"、"以地点、空间转移为顺序"的那些篇章知识,也在情境的观察体验中具体化了。这就使学生能做到不仅有话说,而且有话会说,甚至善于说、能说好。这就摆脱读一篇习作例文、学写一篇习作的模仿的束缚。整个单元在儿童学习语言文字的训练过程中,着眼于儿童思维能力、想象能力的发展。实践表明,这是学生学好语言的十分有效的途径。

在内容上采取优化结构的办法,途径上运用情境教学,使语文教学从内容到形式都具有较强的科学性和艺术性,这样学生不再苦学,而是乐学,而且学得多、学得好。

附:第五册单元组合及其与班队和课外活动、习作横向沟通的总体安排
("习作"包括口头与书面两种,"〇"为阅读课文)

主题单元	课文	活动	习作
写人单元 《中国人的骄傲》	《八角楼上》 〇《周总理的睡衣》 〇《罗盛教》 《你们想错了》	班队活动:介绍抗日战争、解放战争、抗美援朝中的故事	看图说话:《伟人或英雄的一则故事》

续表

主题单元	课　文	活　动	习　作
写人单元 《天才出自勤奋》	《做风车的故事》 ○《聪明的小高斯》 ○《爱迪生》 ○《弹琴的姑娘》	班队活动：举行"科学家小时候"的故事会	《一个敬爱的科学家的故事》
写人习作单元 《身边的榜样》	《亮亮》 ○《造桥的小孩》 ○《父亲小时候的故事》 ○《桃树爷爷》	课外：观察自己熟悉而喜爱的一个小朋友	《可爱的小朋友》
写事单元 《用生命和鲜血写下的故事》	《大雪山》 ○《游击队之歌》 《雨花石》 《一个粗瓷大碗》	班队活动：讲长征的故事，重温入队誓词	《记自主队会》
写事单元 《生活中的故事》	《踢鬼的故事》 ○《雪战》 ○《新衬衫》 ○《菲菲和鲁鲁》	学校与家庭结合开展"三自"活动	《做爸爸、妈妈的好助手》
写事习作单元 《丰富的课余活动》	《课间十分钟》 《记一次乒乓球赛》 ○《三只蝈蝈》 ○《打猎》	开展课间游戏	《下课了》
状物单元 《美丽的花草》	《爬山虎的脚》 ○《山茶花》 ○《迎春花》	课外：观察校园里的花	《校园里的一种植物》
状物单元 《美丽的花草》	《从岩缝里长出来的草》 ○《野菊》	自己种植花草并学会养护	《我种的花》
状物习作单元 《植物、动物、建筑物》	《丝瓜和瓢瓜》 《翠鸟》 ○《壁虎》 ○《三味书屋》 《南京长江大桥》	野外活动：参观桥	《家乡的桥》
写景单元 《祖国大海美如画》	《富饶的西沙群岛》 ○《美丽的日月潭》 ○《白云》 ○《大海是你们的》 《大海的歌》	野外活动：家乡河边看月亮	《秋夜看月亮》

续表

主题单元	课　文	活　动	习　作
写景习作单元《记忆中的美景》	《外婆家》 ○《瑞雪》 ○《冬天》 ○《雨》	课文朗诵比赛	
写景单元《冬日的美》	○《瑞雪图》 ○《星的山》 ○《下雪的早晨》	观察：冬天的小园	《冬天》
说明应用单元《走进科学的大门》	《划船的启示》 ○《地球多大了》 ○《会说话的灯光》 ○《国防千里眼》	介绍儿童读物、"小百科全书"	《记一次科学小实验》
说明应用习作单元《说得简洁明白》	《黄鹂和山雀》 ○《柳条鱼灭蚊》 ○《白矮星的故事》 ○《晒太阳比赛》	介绍工人叔叔制造铅笔的过程	《铅笔的故事》或《我是一支铅笔》

（本文发表于《课程·教材·教法》1995年第12期）

在散文的情境中教散文

散文是一种随意的短小的文学样式。它通过作者的所见所闻,连同所产生的联想的描写来表现作者在其间所受到的感动、得到的启发、产生的情感和认识。小学语文教材选入了一定数量的散文,其中有许多名家的作品,如巴金的《海上日出》、冰心的《寄小读者》、许地山的《落花生》、老舍的《养花》、夏衍的《种子的力》以及郑振铎的《燕子》《别了,我爱的中国》,等等。教好、读好这类散文,对提高儿童语言能力及审美情操很有意义。这些散文的选材范围很广,但创作的核心却是相同的,那就是情感、形神、意境。从散文的创作特点看,运用情境教学教散文是最合适不过的,那就是充分体现散文的"情""神""境"。

一、从"美"入手

"美"是散文共有的,它蕴含于每一篇散文中。无论是大自然的一景一物,对自然风光的描绘,还是社会生活中的一人一事,对生活场景的记叙;也无论是历史长河中的一朵浪花的追忆,还是异国他乡风土人情的纪实,都给读者以丰富的美感,即所谓美的人、美的事、美的景。因此,教学散文宜从作品的"美"入手,以美的形式,展现作品形象的美、场景的美、境界的美、含蕴哲理的美。如《鸟的天堂》,那音乐般的鸟鸣、千姿百态的飞鸟,那场景,那无与伦比的大自然的美,如何通过教学使学生与作者产生共鸣呢?又例如《养花》一课所描绘的高雅的生活情趣,又怎么让学生体验、感悟教材含蕴的意境美呢?这就很自然地使我联想到,情境教学要把音乐、美术、戏剧这些艺术手段与声情并茂的语言描绘相结合,在学生眼前展示散文的美。

初读课文时，老师应充分利用儿童的生活经验，从他们的经历中选取与教材内容相关的具有丰富美感的情境进行描述。这可以使儿童已经储存在大脑中的相关形象，在老师语言的刺激下，一下子鲜明清晰起来。例如教学《鸟的天堂》，老师从学生曾经获得的美的生活经验入手，进行诱导："小鸟是人类的朋友，许多人都喜欢小鸟。你们喜欢吗？为什么喜欢？"孩子们兴致勃勃地说开了。有的说小鸟叫声怎么动听，有的说小鸟的羽毛怎么漂亮，有的说小鸟能在蓝天飞翔，怎么叫人羡慕。孩子们美滋滋地讲着，老师便乘着孩子的兴致引入新课："如果我们能到聚集着成千上万只鸟的'鸟的天堂'去看一看、听一听，那简直美不可言，小鸟会让你们流连忘返的。"孩子们情不自禁地流露出一种向往的神情，老师很自然地把学生带入课文描写的美的情境中："假如现在是清晨，我们乘着小船来到鸟的天堂。在大榕树下只要一拍手，你们听——"随即播放一阵悦耳的鸟鸣声，听觉的美感使学生心旷神怡。老师以导游的身份通过范读课文来做介绍，学生在美的引导下，不知不觉进入了课文描写的情境。与课文相关的美景仿佛在学生眼前再现，并唤起先前获得这些形象时的美好而亲切的回忆，产生一种愉快感。情境教学及时地利用学生的这种形象的复现和愉快的情绪，从已知的美的景象向未知的课文描写的美的景象过渡。学生这种对美的渴望，实际上便形成了学习新课的内驱力，激起了学习新课的动机。学生带着对美的向往的情绪听老师读课文，接着自己又高兴地读起课文来。

在用美感把学生带入课文情境时，老师的语言应具有描述性与启发性。例如教学《燕子》，上课开始老师出示特写的燕子剪纸，并这样描述："深蓝色的天空中，一只矫健的燕子在飞翔。小燕子在空中飞着，一会儿飞到东，一会儿飞到西，现在小燕子飞到了我们教室里，就在我们眼前，请小朋友先仔细看看燕子的模样。"这样可以让学生充分感受燕子形象的美。结合学生的回答，老师很自然地教学了"双翼"、"两翼"、"翼尖"、"剪尾"，让学生从燕子具体的美的形象，理解了"光滑漂亮"、"俊俏"、

"剪刀似的"这些富有美感的生动词语所显示的形象和色彩。

二、以"情"相联

情感是散文的生命,"情者文之经"。作家在创作散文时,不管选取什么题材,也不管运用什么表现形式,他们所着力的是抒发内心的情感,表达内心的体验,或直抒胸臆,或借景、托物、叙事抒情。郑振铎的散文《别了,我爱的中国》描写了作者为求得更好的战斗武器、驱逐帝国主义而离别祖国时的情景,抒发了作者痛惜祖国山河破碎、对祖国无限眷恋的深情;许地山的《落花生》赞美落花生的朴实无华,借表达自己对落花生品格的爱,来表现自己做人的态度和爱憎。在教学散文时,情境教学着力体现散文创作的这一特点,以情感为纽带,展开教学过程,以作者之情去感染学生,引起学生情感上的共鸣,并不断地激起学生积极向上的情绪,促使学生主动地参与教学活动。因此,为了教好散文,老师必须先行一步,从作品中感受作者的情感,从作品的字里行间理解作者寄予的情感,产生情感体验,才可能以情动情,引导学生进入作品描写的情境。简单地说,即以"文"之情,激起"师"之情;再以"师"之情,激起"生"之情。这种情感的传递和延伸并不是单向的。因为情感往往是互为传递的,学生被老师、被作品激起的情感,会反过来移入作品描写的对象上,更深地理解课文,领悟课文的情和理;同时又会通过他们的神情、语言,连同整个氛围传递给老师,作用于老师的心理,使老师以更为饱满的情感,和学生一道融入课文的情境中,从而更热烈地投入教学活动。这样,老师、学生、作品三者之间就形成以情感为纽带,相互联系、相互推进的关系。(见右图)

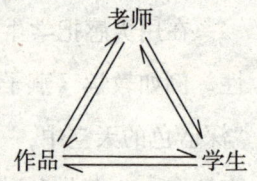

在这情感相互推进的关系中,老师的情感是至关重要的。例如《桂林山水》这篇优美的写景散文,抒发了作家对桂林山水、对祖国山河的爱。老师饱含着对祖国江山的热爱之情,仿佛真的和学生来到桂林、来到漓江之畔。在教学重点段时,她深情地描述着:"漓江之畔,有好些小船正等着我们,老师和你们一起坐上小船。现在我们一起乘着小船,轻轻地荡舟在漓江之上,让我们一起轻轻地哼唱《让我们荡起双桨》的曲子,眯上眼,看着眼前这幅美丽的图画去想象一下,漓江的水怎么静,体会一下'静得让你感觉不到它在流动'是什么情景,看哪些同学仿佛像老师一样也真的来到漓江。"学生哼着曲子,那"荡起双桨"特有的旋律和哼唱出的给人一种宁静感的曲调,再加上眯上眼所获得的朦胧的画面,这种"直接的印象",结合老师富有诱惑力的语言描绘所形成的"需要",学生想象的翅膀扇动起来了,他们充分体验到了漓江的宁静。

生1:偌大的漓江上好像只有我一个人。

生2:漓江的水好静啊,我只听见船桨哗啦哗啦的响声。

生3:漓江的水平静得就像一面镜子,要不是看到两岸的青山向后退去,我还以为我们的小船就停在江上呢!

从学生的发言,可以看出他们已经进入散文描写的情境了,他们已经在情境的渲染下,不知不觉地喜欢漓江了。这种情感的产生,又帮助学生体验全文字里行间的情感,"通过桂林山水课文的学习,培养学生热爱祖国山河的情感"这一教学目标,才得以实现。

但是,话得说回来,倘若同样的画面、同样的音乐,但老师却是一种漠然处之的、自己远离漓江的情绪、态度去"执行"教案,可想而知,学生是进不了那个情境的;进不了那个情境,情绪就激不起来,也就没有上面所说的那些具体生动的感受。老师纯客观的教学,会使学生无动于衷。这说明运用情境教散文,"情"是起决定作用的;而老师的情感则是桥梁,是导体,是火种,它会传导,会点燃。

三、以"神"贯穿

散文从结构特点及表现手法上来看,是十分灵活、自由的。作家往往兴之所至，可以时而叙事，时而勾勒描绘，时而抒发情感，时而侃侃议论，但都有一个鲜明的主题思想贯穿其中。其主题思想即散文的神韵，因此"形散而神不散"成为散文的重要特点。虽然近来有文艺理论家对此持有异议，但是对于小学语文中的散文教学体现"形散神不散"的特点是十分贴切和必要的。通过"形"，把握"神"，以"神"贯穿全过程。这才不失为散文的教学。例如《伏尔加河上的纤夫》这篇散文，描写的是19世纪俄罗斯著名画家列宾的一幅名画。文章从画面上晴朗的天空写起，写伏尔加河上远处的轮船、近处没有张帆的货船，然后引出一群穿着破烂的沿着河岸拉纤的纤夫。显然，这是对整个画面的粗线条的描写。文章的第二部分则对画面上十个纤夫的形象逐一进行了刻画，一个个写得栩栩如生。虽然有的写年纪，有的写个子，有的写穿着，有的写神态，但是无论从哪一个角度写，都写出了纤夫生活的悲惨、不堪忍受的情绪。这些都鲜明地显示了文章的神韵，即在文章结尾点出的"俄国劳动人民处在沙皇的黑暗统治和残酷剥削之下，过着非常贫穷、非常痛苦的生活"这一主题。

　　教学时就必须紧紧把握好主题，紧扣课文语言，突出课文所描绘的人物生动形象的内在精神世界。因此，教学着力的并不是一个"老头儿"、一个"中年人"、一个"小伙子"，而是从他们身上、从他们的眼睛里流露出的对黑暗现实的怨恨、诅咒和抗议，如同电视镜头那样，由远及近，然后将人物一个个以"特写"或"大特写"的方式推到孩子的面前，让他们通过在如见其人的情境中，体会纤夫内心的情感。教学时，老师用深沉的情感轻声唱着《伏尔加舡夫曲》，再让学生看着放大的课文插图，加上语言描绘，把学生带到了遥远而古老的俄罗斯的伏尔加河畔。沉重的、激昂的曲调和纤夫群体的画面，使学生初步感受到纤夫脚步的沉重、劳动的繁重，学生的心也随之而绷紧。在师生情绪的共同作用下，课堂气氛也显得凝重，学生的情感随着情境的强化而深沉起来。然后从十个纤夫中择其典型形象，引导学生扣住描写细节的词语加以理解，结合人物的心理，加深对主题、对课文神韵的体会，把学生的认识从感性推向理性。例如，其中那个穿着红上衣的少年便是最感人的典型形象,老师充分利用已经渲染起来的气氛,采取描述性的谈话,抓住作品神韵,引导学生从课文语言、从人物形象一步步领会其神韵。

师:你们看图上这个穿红上衣的少年,他的皮肤似乎还没有被晒黑,那圆脸上还留着孩子的稚气。这告诉我们什么?

生1:我们看得出他年纪不大,一脸的孩子气,是个大孩子。

生2:正如书上所说是个"少年"。

生3:这纤夫的苦力活儿与他的年龄"很不相称"。

师:这么大的孩子像我们这儿的中学生一样,还是一个少年,他本应该去做什么?

生4:这么大的孩子应该去上学,应该得到老师的培养和教诲,应该得到父母的温暖和爱。

生5:应该得到国家和社会的关心。

师:(深情地描述)然而他却在这儿和这一群被生活逼得没办法的中年人、小伙子一样在拉纤,不管风吹雨打,他总是和大人们一样忍饥挨饿,不分白天和黑夜,肩上背着沉重的纤一步一步向前走。这么繁重的劳动残酷地折磨着少年,这样沉重的负担就可以称为"重荷"。

师:(愤慨的情绪引向对课文实质的揭露和抨击)这样繁重的劳动少年受不了,这与他的年龄太不相称了!他实在不能干,实在不愿干,也不应该干,然而他却不能不干,因为他必须填饱肚子!

到这儿,学生已经理解了课文中描写少年的这段文字。从课文主题出发,老师又很自然地引导学生理解对其他纤夫的描写。那"漠然地望着前方"的老头儿、"没精打采"的高个子、"又虚弱又疲惫"的老头儿,以及最后的"神态沮丧的"、"无可奈何的"、"拖着沉重步子"的老头儿,让学生从个别到一般,加深理解所有纤夫被迫贱价出卖自己劳动的残酷现实。这样从纤夫不堪忍受的生活的悲惨这一主线组织教学过程,情境以"神"贯穿,学生对语言文字的理解就不是字面的、肤浅的、零碎的,而是有丰富内涵的;对课文主题的理解也不是那样"本文记叙了什么,反映了什么"的公式化、概念化的生吞活剥的注入,而是有形象、有情感的对理念的掌握。

四、以"境"拓宽

在散文创作中,作家要表达思想、抒发感情,必有一个空间。或自然景物,或生活的图景,以此作为依托去表达、去抒发。作家所选取的自然的、生活的图景,经过思想的渗透、情感的倾注,在情与思的作用下,就不再是原先个别的生活图像的复现,而形成有情有境、能诱以读者想象和思索的一种典型生活空间,一种艺术的境界。

当老师通过语言描绘与直观手段相结合,再现作家创作时的那一种境界,并引导学生进入这种境界时,学生便会产生与作者所抒发的情感相似的或相一致的情感体验,并由此而展开联想与想象。这时,老师通过激起学生想象和联想的活动,再结合语言训练,便可拓宽课文的意境。"境"的拓宽,超越了作品描写的情境本身,极大地丰富了课文内涵,从而加深了学生的情感体验;并伴随形象积极展开想象,促使学生内部语言迅速地组合、跳跃式地排列。这种心理状态构成一种表达的欲望。此时,可以设计相关的语言训练,及时引导学生表达内心的感受,使情感进一步升华,认识随之加深。

例如教学《落花生》,当学生已经进入和爸爸一起吃花生、赞花生、谈做人的情境时,学生的思维活动就表现得相当活跃。老师由此而展开,提出:"在我们日常生活中,有哪些事物或人物也像落花生一样,不喜欢外露而喜欢内藏,样子不好看,但却对人有用?那画面想象得到吗?"学生一下子列举了十多例。

生1：藕。它虽然埋在乌黑的淤泥中，但它可以供人们食用。

生2：煤。虽然埋在深深的地里，它却可以燃烧，带给人们热量和温暖。

生3：石灰。它生在山里，但对人的用处很大，经过千锤百炼后把清白留在人间。

生4：骆驼。它虽然样子丑陋，但是它能长途跋涉，行走在干旱的沙漠上，为旅行者服务。

生5：蚕。它吃的是桑叶，样子并不好看，但是它把体内所有洁白的丝全部献给人类，所谓"春蚕到死丝方尽"。

……

"境"的拓宽，使文章神韵更加鲜明，更加深刻，更有普遍意义。通过境的拓宽，学生对事物的认识随之加深。但"境"的拓宽，要靠老师的启发诱导。老师备课时，需深入钻研教材，明确散文主题思想，较深地体会散文描绘的意境，展开合理的想象，这样教学时学生才能心驰神往。例如教学《燕子》，抓住课文最后一句中燕子落在电线上"这多么像正待演奏的曲谱啊"来拓宽课文的意境："这燕子停歇的画面，课文把它比作'曲谱'，而且是'正待演奏的曲谱'，比方打得好在哪儿？从这个比方你又想到了什么？这春的使者会演奏什么曲子？"于是，学生美美地联想到"是曲谱就好演奏，小燕子要演奏一首《春之曲》"、"小燕子要演奏一首《祖国的春天》"、"要演奏一首《我从南方飞来》的曲子"。教学效果表明，意境的拓宽不仅能激起学生的想象和联想，而且能使学生更深地体会到课文的神韵。

综上所述，运用情境教学教散文，做到从"美"入手，以"情"相联，以"神"贯穿，以"境"拓开，确实可以充分体现散文的特点，从而教好散文。

（本文发表于《课程·教材·教法》1996年第4期）

为全面提高儿童素质探索一条有效途径
——从情境教学到情境教育的探索与思考

自 1978 年起我怀着对教育的赤诚,为促进儿童素质全面提高寻求一条有效途径,进行了从情境教学到情境教育的研究。

上篇:情境教学

一、探索过程

作为情境教学的探索者,对它的认识是在实践的基础上逐步加深的,实验由局部到整体,认识也由感性逐渐上升到理性。情境教学的探索过程大致经历了下列四个阶段。

(一)创设情境,进行片断语言训练

为了使学生的潜在智能得到早期开发,实验一开始我提出了"提早起步、提高起点"的观点,但是如何得以实现呢?在苦苦求索中,一个偶然的机会,我获得了外语运用情景进行语言训练大大提高了教学效果的信息。在查阅了有关资料后,我产生了一种设想:外语的情景教学是否可移植到我们中国汉语教学中来,使小学生学习汉语的语言文字不至于那么困难、枯燥、苦恼。于是,我开始了语文情境教学的实验。教学实验中出现的热烈的现实场景,使我朦胧地意识到,以往我们的教育教学活动似乎过于理性,从而开始关注情感在儿童学习活动中的作用。

这一阶段的实验表明:在课堂教学中展现生活的情境,会使学生感到新奇有趣,学习情绪倍增;生活是语言的源泉,在生活的情境中学习记叙

事物的字词句篇，具体、形象，易于理解，易于运用，效果显著。

(二) 带入情境，提供作文题材

情境教学能真正走出自己的路，主要是从我国古代关于"意境"的理论中汲取了丰富营养的结果。刘勰在他的《文心雕龙》中提出"物色之动，心亦摇焉"、"情以物迁，辞以情发"等观点，说明客观外物会激起人的情感活动；情感活动又会触发语言表达的动机，提高运用语言的技巧。这使我逐渐悟出"物"激"情"、"情"发"辞"、"辞"促"思"的相互作用的联动关系。

由此，我萌生一个新的设想，即运用情境教学，为学生提供作文题材，突破语文教学的难点，为有效地提高儿童的写作能力开辟一条新的途径，真正地让儿童用自己的笔去表达自己的真情实感。这就使儿童在学习语言的初级阶段，让词语伴随着形象、带着情感色彩进入他们的意识。对情感在教学活动中的作用，已经从前一阶段朦胧的意识变得清晰起来，更加具体化。

这一阶段的实验表明：观察情境教作文，是提高学生作文水平的有效途径。观察情境把孩子带到了永不枯竭的活的源泉中。学生情绪热烈，带着情感色彩去观察、体验客观情境，在情感的驱动下，想象、思维积极展开，进而激起表达动机，且达到"不容自遏地说"的"情动而辞发"的境界。

回顾这一阶段的实验，正是借鉴了古代关于"意境"的理论，才使情境教学迈出了比外语情景教学更为大胆的、以我们民族的"情景交融"为主要特色的关键一步。

(三) 运用情境，进行审美教育

在探索的第二阶段中，我直觉地感到儿童在观察、体验、想象情境的过程中，之所以能激起热烈的情绪，是由于情境具备美感的缘故。于是，新的设想又开始酝酿,即运用情境教学对学生进行审美教育,不仅发展儿童的一般情感,而且进一步培养儿童的高级情感。

这一阶段的实验表明:情境教学正是利用儿童的情感活动,加深了对课文语言及字里行间的情感的理解,并通过一定的语言训练,引导儿童表达这种渗透着对客观世界的美的感受及情感体验。这就使单调而枯燥的对语言的理解和运用,成为儿童的审美活动。而在这感受美、鉴赏美、表达美的过程中,学生便受到了很好的审美情趣的熏陶与感染,他们的高级情感就在这点点滴滴中得到培养,并由此做出"美"与"丑"、"是"与"非"的判断,使理融入情。

(四) 凭借情境,促进整体发展

"实践—认识—再实践—再认识",当我回过头来看实验走过的路时,顿觉前三个阶段虽是每一个阶段探索一个具体的课题,但并非孤立单一进行的,而是相互联系、相互作用着的,情感则是贯穿于其中的一根纽带。每一过程中都包含着语文基础知识的教学、能力的培养、智力的发展以及情感意志的陶冶诸因素。我深切地感到,没有情感,儿童就不可能获得充分的、全面的发展。于是在实验进行了4年后,即在1982年,以马克思主义关于任何事物都是相互联系的哲学观点以及关于人的全面发展的哲学理论为基础,我提出了"凭借情境,促进整体发展"的课题,为第二轮的整体实验从理论与实践上打下了必要的基础。

回顾探索的四个历程,实验是从教育实践的实际出发,一步一步地提出问题,并从语言学、意境说、美学及哲学等方面得到及时的理论借鉴,集诸家论述,对情感的认识一步步加深、一步步具体和系统化。从"情"与"境"、"情"与"辞"、"情"与"理"、"情"与"全面发展"的辩证关系,加上自己二十多年的积累,方探索出情境教学——创设典型场景,激起儿童热烈的情绪,把情感活动和认知活动结合起来的一种教学模式。

二、情境教学操作体系

在探索过程中，筛选出行之有效的做法，进行概括、构筑，形成了以"美"为突破口、以"情"为纽带、以"思"为核心、以"练"为手段、以"周围世界"为源泉的情境教学操作模式。

（一）优化结构

1. 低年级三线同时起步

学龄初期的儿童，怀着极大的兴趣与强烈的求知欲跨入学校的大门。但是一般班级，前8周每日必修的两堂语文课，仅仅是单调的汉语拼音字母的教学。整整两个月，对刚刚入学儿童来说，该是何等漫长！如此单一的内容，慢悠悠的教学进程，微小的信息量，造成整个启蒙教育的单调。儿童原先在学龄前期已孕育的求知欲、主动性，便在这单调枯燥的启蒙教育的最初阶段被挫伤了。

结构决定功能。单一的结构，必然导致功效的低微。于是，我从改革教学结构着手，首先在幼儿园提前教学汉语拼音，使幼儿掌握识字拐杖。这样入小学后便可识字，亦可阅读、作文，三者同时起步，充分利用语文教学内容三要素之间的相互作用，得到协同发展，形成多向结构、螺旋式上升的序列。结构由单向到多向，其功效势必明显提高，获得大于部分相加之和的整体效应。

信息量加大，但课时并未增加。11课时分设三种课型（当时按实验五年制教学大纲规定课时划分）：①课文课，7课时，掌握部编小学语文教材从独体字到合体字，从学词、学句到学课文的序列，扎扎实实地打好识字的基础，结合独体字，认真教好笔画笔顺，让学生掌握间架结构，认识64个偏旁部首，掌握好识字的部件，培养识字的能力；②注音阅读课，3课时，使用自编的汉字注音的补充阅读教材，凭借儿童已掌握的拐杖提前阅读；③观察说话课，1课时。

如此优化的结构，不仅使儿童能够多识字、多阅读、多运用语言表达，而且储存了周围世界的表象，为中高年级学好语文以及其他各科，连同发展思维，打下了重要的基础。

2. "四结合"大单元教学

对于教材编排的结构，我们很习惯于"部分法"，以"一篇课文"+"一篇课文"，累计三四十篇即是一册课本。这种忽略教材整体效应的编排体系，在一定程度上造成小学语文教学"读得少，写得少，耗时多，效率低"的弊端。针对我们的小学语文教材明显存在着"量少、难度低、名篇所占比例少"的"两少一低"的缺陷，实验班在不增加儿童负担的前提下，实行"四结合"大单元教学，从优化结构的角度着手把数量提上去，适当加大难度，提高名家名篇比例，让学生能从一定的"量"中读出"质"来。由于同类题材的课文组合，学生可以一篇又一篇地集中感受人物精神的高尚、心灵的美好、景物的和谐、美感的丰富，以及其中含蕴着的自然美、社会美、艺术美等。因单元组合集中教学而形成教育的较强力度，从根本上促进了"文"与"道"的结合，增强了语文的教育性。根据每个单元的中心，我们把课堂教学与课外活动结合，这样不仅深化了教育效果，而且丰富了儿童的写作题材，又及时引导儿童把生活感受表达出来。这样单元中学得的词句篇章，由于题材相近、相似，儿童易于触类旁通。这就把"读与写"、"文与道"、"课内与课外"、"语言训练与思维发展"等构成语文教学的诸多因子，组成一个相互联系、相互作用的整体，即"四结合"大单元教学。

3. 自编补充教材，为优化结构提供凭借

为弥补20世纪70年代末、80年代初小学语文教材"量少、难度低、名篇所占比例少"的缺陷，笔者随着实验班学生的升级，逐一编写补充阅读教材，前后共编一套10册，共68万字（现已公开发行）。对入选的教材，要求有利于儿童道德观念和审美情感的发展，有利于儿童创造性思维的发展，有利于促进儿童热爱科学、强化儿童的求知欲。入选的作品语言规范，文字优美，力求完美的艺术形式和健康的内容的有机统一，使学生可读、要读、爱读。教育教学的重点在教材中反复、逐步加深，其中还编入了中外名家的作品，加上100首出自古代名家之手的脍炙人口的古诗，使名家名篇占教材总量的40%。儿童在阅读起步阶段，即能读到他们可理解接受的优秀作品，无疑是得益匪浅的。

针对当代社会信息量不断加大、应用性语言得到普遍使用的趋势，补充阅读教材还选入了知识性强的说明文，以培养儿童阅读应用性文字的能力和阅读科普作品的兴趣，激起儿童对科学的热爱，从而促使他们渐渐步入科学的大门。补充阅读教材丰富的美感、宽阔的想象空间和对理科的早期渗透，有效地培养了儿童的阅读兴趣、审美情感及探索精神，促进了儿童的早期发展。

我们采取"多读、少讲、精练"的办法，加快教学速度，使学生在5年内不仅读完10册部编教材，而且多读补充教材中的100篇好文章，极大地增加了信息量，丰富了儿童的语言，为儿童阅读数学等其他教材，理解应用题，自编应用题，较早地提供了工具，有效地促进了儿童的整体和谐发展。

（二）优化途径

小学语文课本虽然以语言文字为中介，但是课文本身多为文学作品。文学与艺术有着很深的渊源。艺术的魅力是惊人的，那是因为艺术让人看到了"形"，体验到了"情"，享受到了"美"。小学语文教材每一篇课文几乎都向儿童展示了生活中的美，有形亦有情。这表明教育与艺术虽是两个不同的范畴，然而都是相通的。教育应该探索艺术，将艺术引进教育，使教育像艺术那样吸引着儿童，成为儿童主动地、乐于参与的活动。因此，让艺术走进课堂，走进语文教学，应在情理之中。于是，我借助图画、音乐、戏剧这些艺术形式创设情境。

图画普遍受到孩子的欢迎。这是因为画面是形象的，儿童正是通过形象去认识世界。小学语文课本中的课文描写了许多动人的画面，闪现在字里行间。用图画再现课文描写的情境，课文形象一下子就鲜明起来。

音乐是一种抒情功能极强的艺术形式，很易于激起儿童情感上的共鸣。音乐用它特有的感人的语言，展现鲜明的形象，渲染广远的意境，因而更易于使学生激起与课文相似的想象和联想，以至心驰神往。这种热烈而微妙的教学效果，不是其他手段可以替代的。把音乐与课本文学两者结合起来，作用于学生的听觉和视觉，会起到相互渗透、相互补充、相互强化的作用。

孩子喜欢表演，也喜欢看别人表演。那富有情趣的角色形象，特别接近儿童生活的戏剧形式，不仅能唤起他们的新异感、好奇心，使他们激动不已，而且能产生巨大的角色效应。根据课文需要，让学生担当童话角色、向往的角色，或是现实生活中的角色，在这样的情境中，儿童对教材中角色的语言、行为动作以及思想情感都有很真切的理解。儿童的语言表达能力、表现能力，也得到了有效的训练。

除借助图画、音乐、戏剧这些艺术的手段创设途径，根据作文教学及一些说明文教学的需要，往往还需要以生活来展现情境，以实物来演示情境。

值得一提的是电教媒体更是丰富多彩，给学生一种新异、真切的感觉，而且又呈现于连续的动态中，非常能吸引学生的注意。随着办学条件的改善，电教画面已经成为创设情境途径之一，而且展示出美好的前景。

根据课文创设情境的需要，可以是图画与音乐同步，可以是图画为角色表演做背景，可以是扮演角色演示实物，也可以是音乐、图画、表演融为一体⋯⋯不管优选哪一种或哪几种途径，在情境教学中，这些直观手段必须与语言描绘相结合。这对学生的认知活动起着一定的指向性作用，同时，教师的语言往往又强化了情境，传递着自己的情感，渲染了情境的氛围，使情境展示的形象更加鲜明，并笼罩着情感的色彩。它作用于儿童的感官，激起儿童的情绪，使之主动地进入情境，产生情感的体验。

（三）优化过程

儿童的发展是过程化的。从学科来说，它们是在教学过程的连续推进中，促进儿童发展的。因此，情境教学十分注意过程的优化。它分别体现在组成语文教学的三大因子——识字、阅读、作文的教学过程中。

1. 识字教学

（1）利用汉字造字原理创设情境，使独体字形象化。

汉字是从象形文字演变而来的。儿童识字是从认识独体字开始的，情境教学便根据汉字造字原理创设情境，使抽象的汉字符号形象化，把对字形与字义的感知结合在一起。

（2）利用汉字结构创设情境，认识形声字的构字特点。

儿童在认识一定数量的独体字后，也就掌握了相应的偏旁部首，便开始了对形声字的学习。形声字是汉字的主体，根据形旁表意、声旁表音的构字法则创设情境，突出形旁，学生对形声字的特点就有了具体的认识，记忆牢固，不易混淆。

（3）凭借情境丰富词汇，在整体中认读运用。

在情境教学中，在教给儿童识字的同时，十分注意词的教学。凭借情境进行语言训练，这样，一个字，学生不仅会识、会写，也会用。学生通过识字、学习词语、学习说话，达到识字教学及促进语言发展的目的。

（4）利用汉字的同音、形近，高年级进行阅读前的归类识字。

学生升到高年级后，课文中的识字量相对减少，且学生本身具有一定的识字能力，对事物表象的积累增多。因此，高年级采取阅读前归类识字，"以熟带生"，利用迁移，不仅识得快、记得牢，而且保证了阅读教学过程的连贯性。

2. 阅读教学

阅读，是一种多种因素组成的复杂的心理活动。情境的创设、优化，是贯穿在整个阅读教学过程中的。

（1）初读——创设情境抓全篇，重在激发动机。

初读，是儿童第一次感知教材。在教学一篇课文的起始阶段，教师要根据教材特点，或通过语言描述情境，或创设问题情境，或描绘画面，或揭示实物，或联系儿童的已有经验，或补充介绍与教材内容有关的背景、人物来导入新课，激起儿童阅读全篇的兴趣，使儿童主动地去读全篇。

（2）细读——强化情境，理解关键词句段。

课文重点部分的关键词句段，是最能本质地、集中地表现全文内容的，重点段的词句往往牵动全篇。情境教学通过带入教材本身描绘的具体情境，并结合使用点拨、设疑、对比等方法，引导学生去理解关键词句。一旦学生进入了作者描写的那个情境，就可以从整体上、从内在的相互联系上去理解作者用来表达这一情境的语言文字，即形成"作者运用语言文字——表达胸中之境，小读者进入作品之境——理解语言文字"的阅读程序。其过程为：①强化感知，充分利用情绪，加强内心体验；②提供想象契机，展开联想与想象，丰富课文内容；③设计训练，语言与思维积极活动，在运用中加深理解。

（3）精读——凭借情境品尝语感，欣赏课文精华。

精读，是体会教材思想感情、提高文字表达能力的重要环节，也是提高阅读能力、鉴赏水平的有效步骤。在实验班引导学生精读时，教师十分注重对教材语言的形象、节奏、气氛以及感情色彩的推敲、品味，凭借所创设的情境，抓住教材传神之笔，让学生体会语感，悟出文章中传神的字字语语。做法：一是比较，二是诵读。在比比读读中，体会到课文语言的啰唆与简洁、整齐与错乱、细腻与粗略、形象与干巴、具体与空洞、准确与牵强的差异，并加深了对词的形象及情感色彩的理解。

优化阅读教学过程，有效地达到"初读——读通，弄清作者思路"、

"细读——读懂,理解关键词句段"、"精读——读深,学会欣赏课文精华"的教学目标。这是顺应儿童的学习生活以至将来他们工作中阅读的规律的。

3. 作文教学

儿童言语的表达,是以他们对世界的认识为基础的,并与思维、观察、情感的活动紧密联系在一起。因此,作文教学直接影响到儿童观察能力、思维能力的发展,以至情感的陶冶、思想观点的形成。作文教学在儿童全面发展中具有深刻的意义。情境教学顺应儿童运用语言的规律,采取下列步骤优化其过程。

(1) 观察情境,提供源泉。

儿童作文离不开生活。世界对于儿童来说,是一个新奇的、富有魅力的天地。通过观察,周围世界中那些鲜明的形象、色彩,像一幅幅图画,会久远地保留在儿童的记忆里。"观察情境教作文",是作文教学的有效方式。情境教学以"选取鲜明的感知目标,安排合理的观察程序,考虑好富有启发性的导语",安排儿童的观察,使儿童做到"多见而识之",作文有感而发。

(2) 进入情境,激发动机。

作文要求学生综合运用字词句篇去表情达意,具有一定创造性的作业,必须引导孩子主动参与。情境教学引导儿童从生活中、从周围世界中获得真切的感受,又由这种真切的感受激起儿童"内心的感兴",在感兴之际,老师顺势引导,就形成表白的欲望。可谓"情以物兴"、"感物吟志",进入"情动而辞发"的状态。事实上,每次上作文课,学生拿起笔写作文时,总是那样兴致勃勃。他们热烈的情绪使我想起赞科夫的一段话:"只有在学生情绪高涨,不断要求向上,想把自己独有的想法表达出来的气氛下,才能产生出使儿童的作文丰富多彩的那些思想、感情和词语。"正是这种高涨的情绪和强烈的写作愿望,才促使学生写出一篇篇富有儿童情趣的作文。

(3) 拓宽情境,打开思路。

语言的训练,也是思维的训练。以当代教育的培养目标来要求作文教学,更应该将训练学生的思维、发展他们的创造性列入教学要求。情境教学从"丰富情境"、"想象情境"、"文题范围的宽泛"、"材料安排的求异"、"表达方式的多样"等方面打开学生的思路。情境教学给儿童宽阔的思维空间,为他们的习作提供了思想情感、用词造句、布局谋篇可以自由驰骋的天地。

(4) 范文引路,教给方法。

叶圣陶先生说过,一篇教材就是一个例子。从一定的意义上来讲,教材是儿童学习写作的范文。充分发挥范文的作用,以范文引路,实行读写结合,乃是提高小学语文作文教学质量的重要原则。在运用情境教学的过程中,同样要遵循这个原则。为更好地发挥范文的示范作用,还对教材的增选编排以及使用都做了补充建设。"四结合"大单元教学、对教材的增选编排,在某种意义上就更集中地体现了"范文引路"、"读写结合"的原则,做到"读"中导"写"、"读"中学"写"。

(5) 提早起步,螺旋上升。

为了不失时机地促进儿童的发展,实验班的语言训练提早起步,提高起点。从一年级起,在识字的同时进行大量的语言训练,以词句训练为主,同时开设口头作文课,包括简单的字词句篇的综合训练。从二年级起写观察日记到三年级写情境作文,有词句段的训练,也有布局谋篇的训练。这就克服了过去"字—词—句—段—篇"单一训练的弊病,从整体出发,各年级有所侧重。螺旋上升的序列,有效地促进了儿童语言的发展。

实验班摈弃舍本逐末的习惯做法,不做重复性抄写生字词工作,不设所谓"练习册"、"语文笔记",不做那些流行的名目繁多的单项的"题海训练"。因为这些训练耗时多、效率低,而且对儿童心理品质发展不能产生促进作用。因此,为了把儿童从课业重压下解放出来,我们把有限的时间用在短小的整体性表达训练上,将训练语言与发展思维结合起来,按照

"从模仿开始,增加创造成分,培养独立性"的程序,从写"一句话"开始,以观察日记打下认识与表达的基础,将情境作文作为训练的主要方式,辅以各种应用性语言训练,使儿童的词句基本功在入学头两年就打扎实。这样每日学写一点,一日不多,坚持数年就很可观,实现作文提早起步。五年来,实验班学生共做整体性书面表达练习(即写句、写段、写篇)超过550次,有效地培养了儿童写作的兴趣,提高了儿童写作的水平。

情境教学的实验,让儿童体验到了学习的快乐、成功的喜悦,使他们对学习、对未来充满信心,有效地培养了儿童的读写能力,并促使他们的心理品质协同发展。在南通市作文考试时,实验班43人中有24人获优等成绩,占55.8%,相当于城区小学的12倍(实验班为五年制,城区小学为六年制),五年来合格率达100%。

为了进一步考核实验班儿童的读写能力,在升学考试后不做复习准备的情况下,上级领导和有关部门组成命题考核小组,就默写、阅读、朗读、看图作文、提供情境编写童话、观察实验后写记叙文、实验报告、代人写留言条等10个项目,对全班儿童的语文能力进行全面考核。考核结果各项总平均成绩达优、良的,分别占全班总人数的51.1%、32.5%,优良率达到83.6%。

三、情境教学理论框架

在整个情境教学的实验与研究中,我作为一个实际工作者,主要在实践中研究,又在研究中进一步实践;边做边研究,边研究边做,到一个阶段,再努力上升到理论上加以概括。就这样,从朦胧到清晰,从局部到整体,从感性到理性,借鉴有关大脑两半球的理论、暗示原理、场论等心理科学以及儿童学习语言的规律的学说,构建了情境教学理论框架。在这里着重阐述"四特点"及"五要素"。

(一) 情境教学的"四特点"

苏联教育家赞科夫曾经说过:"教学法一旦触及学生的情绪和意志领域,触及学生的精神需要,便能发挥其高度有效的作用。"情境教学正是触及长期被忽略的儿童的情绪领域,形成了它独特的个性,即"形真"、"情切"、"意远"、"理寓其中"。

1. 形真

叶圣陶先生曾指出,"作者胸有境,入境始于亲"。只有感受真切,才能入境,把学生带入情境。课文中无论是久远年代的历史人物、异国他乡的角色,还是自然界的山山水水、森林草地,都一下子推到学生眼前;无论是那山谷间瀑布的轰响、大榕树下鸟的鸣叫,还是小茅屋里,月光下贝多芬为盲姑娘弹奏的《月光曲》,连同凡卡给爷爷写信时轻轻地哭泣,通过情境教学,学生也仿佛听到了……情境缩短了久远事物的时空距离,增强了形象的真实感,引起儿童对课文中的人物事件的关注,产生细致的情感体验,对课文语言的感受也随之敏锐起来。"形真"便是情境教学的第一特点。

所谓"形真",主要是要求形象富有真切感,即神韵相似,能达到"可意会,可想见"就行。情境教学以"神似"显示"形真","形真"并不是实体的机械复制,或照相式的再造,而是以简化的形体、暗示的手法获得与实体在结构上对应的形象,从而给学生以真切之感。

2. 情切

儿童的情感是易于被激起的,一旦他们的认知活动能伴随着情感,教学就成为儿童主观所需,成为他们情感所驱动的主动发展的过程。情境教学正是抓住了促进儿童发展的动因——情感。在情境教学中,情感并不仅仅是手段;通过语文教学对学生进行情感教育,也是语文教学本身的任务。由此可见,情感既是手段,又是目的。

在这个过程中，教师的情感对于儿童来说，是导体，是火种，教师要善于将自己对教材的感受及情感体验传导给学生。这使我联想到郭沫若的《地球，我的母亲》。诗人在创作这首诗时，激动得脱下鞋，赤着双脚在大地上行走，恨不得要弯下腰亲吻大地。我们教师，虽不是诗人，也需进入课文描写的情境，以自己真切的情感激起儿童的情感，即所谓以情动情。情境教学情真意切，促使儿童的情感参与认知活动，充分地调动了儿童学习的主动性。"让情感进入课堂"这极高的境界，通过情境教学这一模式，便得到了实现。

3. 意远

"情境教学"取"情境"而不取"情景"，其原因就在于"情境"要具有一定的深度与广度。古人云："文之思也，其神远矣。"便道出了作者著文时，已置身于广远的意境之中。情境教学便是顺应作者的思路，体验作者情感的脉搏，创设有关情境，从而把学生带入作者创作时所处的情境之中，使创设的情境意境深远。

情境教学讲究"情绪"和"意象"。情境，总是作为一个整体，展现在儿童的眼前，造成"直接的印象"，激起儿童的情绪，又形成一种"需要的推动"，成为学生想象的契机。教师可凭借学生的想象活动，把教材内容与所展示的、所想象的生活情境联系起来，从而为学生拓宽了广远的意境，把学生带到课文描写的那个情境中。情境教学所展现的广远意境激起儿童的想象，而儿童的想象又丰富了课文情境。

4. 理寓其中

情境教学所创设的鲜明的形象，所伴随抒发的真挚的情感，以及所开拓的广远的意境，这三者融成一个整体，其命脉便是内涵的理念。情境教学的"理寓其中"，正是从教材中心出发，由教材内容决定情境教学的形式。因此，教学过程中创设的一个又一个情境都是围绕着教材中心展现的。这样富有内涵的具有内在联系的情境，才是有意义的。

情境教学理寓其中的特点,决定了儿童获得的理念是伴随着形象与情感的,是有血有肉的。这不仅是感性的、对事物现象的认识,而且是对事物本质及其相互关系的认识。

情境教学形真、情切、意远、理寓其中的特点,正确体现了理性与感性、认识与情感的辩证关系。充分利用形象、情感激活右脑,提高儿童的悟性,协调大脑两半球的活动;情境广远的意境、蕴含的理念,又促进儿童在学习语言文字过程中的形象思维和抽象思维的相互补充、相互促进,进而带动儿童素质的全面发展。

(二) 情境教学促进儿童发展的"五要素"

促进儿童的全面发展,是情境教学坚定不移的目标,而儿童发展是联动地、和谐地进行着的。因为任何儿童的发展都具有鲜明的整体性。面对儿童发展的客观实际,在实验班,我们把儿童发展的诸多因素统一在语文教学中,从整体出发,着眼发展。这就需要在教学全过程中,把握儿童发展诸要素在整体中所占的不同地位。下面就情境教学促进儿童发展的"五要素",即其前提、基础、重点、动因、手段五个方面,阐述情境教学促进儿童发展的基本原则。

1. 以培养兴趣为前提,诱发主动性

教学过程,准确地说,应该是促进学生自我发展的变化过程。情境教学的目的,就是促进教学过程变成一种不断能引起学生极大兴趣的、向知识领域不断探索的活动。心理学家告诉我们,除无意、有意注意外,还有第三种注意,即后继性有意注意,这种注意便是靠兴趣来维持的。情境教学借助新异的教学手段,创设生动有趣的情境,激起学生的学习情绪,使学生固有的好奇心、求知欲得以满足。在情境中,教师所表现出的鼓励和期待学生逾越学习障碍的情感,又进一步激发、强化了这种心理。因为好奇、求知的兴奋情绪使他们的注意力非常集中而且可以持续,但无须做意志的努力。所有这些都有利于学生主动性的调动。而且学习的主动性又必然会迁移到今后的生产劳动、科研工作中,形成可贵的工作主动性。可以说,情境教学将诱发主动性放在促进儿童发展的首位,正是因为人的主动性在养成教育中对克服怠惰、激扬奋发的良好的素质具有至关重要的意义。

2. 以指导观察为基础,强化感受性

半个多世纪来,我国的语文教学习惯于"分析法",使师生陷入烦琐哲学,导致了小学语文教学的形式主义。因此,情境教学提倡"强化感受,淡化分析",把学生带入大自然的怀抱,去接触社会,认识周围世界;在课堂上再现富有美感的生活情境,引导儿童从感受美的乐趣中感知教材。所有这些观察活动都帮助学生积累了丰富的感知材料。情境教学一般优选具有深远意境的观察客体,又通过启发性导语激起观察者的情致。它利用大自然的色彩、丰姿、奥秘,拓宽想象空间,激起学生对它的神往;优选社会生活中光明美好的人物和景象,多角度地显示祖国、家乡的美好,社会主义的优越,培养学生对生活的热爱……总之,情境的美感激起了学生的情绪,情绪又激起了想象的展开,加上语言的表述,使学生的感受丰富而深刻,并且由于"情绪记忆"的形成,使所获表象带着情感色彩,久远地保持在学生的记忆中,成为学生发展的基础。

3. 以发展思维为重点,着眼创造性

情境教学以发展作为教学的目的。其"发展"的内涵,并不仅仅局限于智力的发展,而是以全面提高儿童素质为目标,包括知识、能力、智力以及情感、意志等心理品质的整体和谐发展,其重点为发展思维力,尤其是思维的创造性。

要提高人才的素质,必须提高人的悟性。古今中外,科学家、发明家、文学家、艺术家以及各行各业的能工巧匠,如果没有极高的悟性,则绝不可能有他们的辉煌成就。对于儿童来说,悟性是一种潜在的智慧。每一个大脑健全的孩子都蕴藏着丰富的,甚至无法估量的发展"资源",那就是人的潜在智慧——"沉睡着"的力量。人的潜在智慧作为一种"可能能力",有它的发展的最佳期。小学阶段是人的潜在智慧发展的最佳时期,儿童的可能能力如果不在这时发展、不被唤醒,就难以再发展了,最后便像灿烂的火花一样因得不到氧的供给而泯灭。小学语文作为"育人"工程的一个重要组成部分,便有了一项特殊的任务,那就是不失时机地在儿童学习和运用祖国语言文字的过程中,发展儿童的潜在智慧。因为小学语文内涵丰富,非常有利于儿童形象思维、抽象思维、创造性思维的发展。借助优化了的情境,学习可成为儿童的主观需求。在这样热烈的学习氛围中,他们积极、主动思考,从而迸发出一个又一个令人欣喜的智慧的火花,并燃烧、升腾,从而产生逾越障碍的力量;而越过了障碍,便会获得成功的快乐。由此看来,儿童的情感活动参与了认知活动,"用情感伴随理性",二者交织起来和谐进行。这种最佳的心理驱动,正是挖掘儿童潜在能力的重要通道。

在实验班,促进儿童思维发展的基本途径,是把训练语言与发展智力结合起来。即在字词句篇教学中,发展儿童思维的诸品质,在培养听说读写能力的过程中,发展儿童的认识能力。具体而言,就是在词的理解和运用中,发展思维的准确性;引导运用修辞手法,丰富思维的形象性;加强篇章训练,发展思维的逻辑性;在想象性作业中,发展思维的创造性。

4. 以陶冶情感为动因,渗透教育性

我们的小学语文教材都是有情之物。可以说"情"是文的命脉,即所谓"情者文之经"。教文,也要教做人,这是语文教师神圣的使命。那种离开课文空谈感想,作文教学中程式化、概念化的做法,由于缺乏情感因素而不能激起儿童的内心体验,致使语文教学中的思想教育收效甚微。儿童的道德行为都以道德情感为先驱。情境教学正是以激发学生情感为主要特点的。一方面,让学生从感受形象出发,教师以真实情感激发学生的审美情感及道德情感,引导学生在初读课文、激发动机中"入情",在感受课文描写的形象中"动情",在领悟课文语言的神韵中"移情",在表情朗读、语言训练中"抒情"。在整个教学过程中,以情感为动因,以爱国主义教育为起点,以审美教育为手段,通过感受"美"去激发"爱",以教材语言作为工具,采取"滴水穿石"的办法,把语文教学的教育性渗透其中,从而促使正确的道德观念逐渐形成,达到思想教育的目的。另一方面,这种热烈的情绪及丰富的美感、高尚的道德感,又必然会成为学习的动机。这样,学生在美感中感受到愉快,在道德感中感受到高尚,在学习中体验到自己的智慧,享受到创造的愉快。

5. 以训练语言为手段,贯穿实践性

上述所论及的语文教学中培养兴趣、指导观察、发展思维、陶冶情感四者并不是外加的,而是贯穿在学生语言的实践过程中的。这样才是语文教学中的"发展",是"着眼发展"的语文教学。儿童的语言能力和智力,像其他能力一样,只有通过逐步训练才能形成。叶圣陶先生指出:"学生须能读书,须能作文,故特设语文课训练之。"显然,语文课就是要讲究训练,加强学生的语言实践,并将其贯穿于整个语文教学过程中。情境教学强调基础,注重训练:①突出以词句为主的基础训练;②加强以应用为目的的整体训练;③结合以感知为媒体的思维训练。"训练"贯穿在整个教学过程中,"训练"成为小学语文教学的主线。实验班讲究通过语言的训练来发展思维,或通过思维的发展来提高语言能力,做到以"活"促"实","实"中见"活"。可以说,这是整个训练的一个原则问题。

为促进儿童获得尽可能大的发展,实现全面提高素质的教育目标,情境教学明确提出了以培养兴趣为前提,诱发主动性;以指导观察为基础,强化感受性;以发展思维为重点,着眼创造性;以陶冶情感为动因,渗透教育性;以训练语言为手段,贯穿实践性,从各个不同侧面构建了情境教学的理论框架。

可以想见,儿童在理解和运用语言文字的过程中,培养出学习的主动性,对周围世界的感受得到强化并做了认识和情感的铺垫,潜在的智能得到较早的开发,且在其中受到道德情感、审美情感的陶冶,领悟到做人的道理。如此让儿童从小乐学、多识、善思、求美，这正是良好而可贵的人才素质，也是我们教育工作追求的一种理想境界！

下篇：情境教育

一、情境教学向情境教育的拓展

由情境教学概括出的促进儿童发展的"五要素"，符合儿童心理特点及发展规律，带有普遍意义，推动了学校的整体改革。于是在第一轮实验结束后，我即提出"情境教学向整体优化发展"的设想，确定了"优化情境，促进整体发展"的总课题。我自己与一年级7个班的年轻教师一起投入了整体改革的实验中。实验班运用情境教学，以"美"为突破口，以"情"为纽带，以"思"为核心，以"练"为手段，以"周围世界"为源泉，使各科任课教师有了统一的教育思想，加上"四结合"大单元教学的实施，推进了情境教学由单科向多科、从课堂教学向课外活动延伸，及向整个小学教育拓展，情境教育实验由此迈出了可喜的一步。

二、情境教育的基本原理

情境教育是依据马克思关于人的活动与环境相一致的哲学原理构建的。"情境教育"之"情境"实质上是人为优化了的环境，是促使儿童能动地活动于其中的环境。这种根据教育目标优化的环境，这种充满美感和智慧的环境氛围，因与儿童的情感、心理会发生共鸣而相契合，促使儿童在现实环境与活动的交互作用的统一和谐中获得全面发展。因为这种人为优化的情境可以做到主体的能动活动与现实环境优化的统一，激发儿童潜能与培养塑造的统一，最终达到素质的全面提高与个性充分发展的统一。

情境教育不仅从哲学上找到依据，而且还从科学上借鉴现代心理学研究成果，使其构成情境教育的基本原理。

（一）情感驱动原理

情境教育利用移情作用，形成身临其境的主观感受，且在加深情感体验中陶冶情操。儿童是最富有情感的，真情总是激荡在儿童纯真的心灵间。在客观环境的作用下，儿童很易于将自己的情感移入所感知的对象。情境教育正是利用儿童心灵上这最可宝贵的特点，最大限度地发挥了情感的纽带作用和驱动作用。

情境教育所创设的情境，首先注意渲染具有一定力度的氛围，使儿童对客观情境获得具体的感受，从而激起了相应的情感。在此过程中，儿童从关注、产生对教育教学内容的积极的态度倾向，到激起热烈的情绪投入教学活动；然后，自己的情感不由自主地移入教学情境的相关对象上；随着情境的延续，儿童的情感逐步加深，最终由于弥散渗透到儿童内心世界的各个方面，作为相对稳定的情感态度、价值取向逐步融入儿童的个性之中。经历了"关注—激起—移入—加深—弥散"的情绪发展过程，儿童对教学内容所持的态度就更为明确，这种情感态度在情境"含蕴理念"的主导下，包含了对美与丑的判断、是与非的分辨。这种情感活动与认知活动的结合过程，在不同学科、不同年级延续、反复、发展，对儿童的心灵必然产生潜移默化的作用。儿童的审美情感、道德情感和理智情感，受到了很好的陶冶；而儿童高级情感的发展是提高人才素养的重要基础，情感陶冶既成为促进儿童发展的有效手段，又可达到培养儿童高级情感的最终目的。

（二）暗示倾向原理

一般认为，教育教学活动是具有鲜明目的的行为活动。因而多少年来，学校老师习惯于把教育教学的信息、意图直接地灌注给学生，师生都处于一种纯理性的有意识状态中。学习很难成为儿童的主观需求，被动接受是必然的结果。既然是被动，就势必阻碍儿童潜在能力的充分发展。

情境教学正是针对这种灌注式教学"直接传递"的弊端,通过优化环境予以改善。我们根据教育教学的远期目标或近期目标,针对儿童特点,运用图画、音乐、表演等艺术的直观或现实生活的典型场景,直接诉诸儿童的感官。艺术手段的力度、优选的现实生活场景的美感,正符合他们的兴趣和需求,且与他们的思维、想象能力相协调。儿童进入这样的情境中,很快就会被激起强烈的情绪,形成无意识的心理倾向,情不自禁地投入教育教学活动。这种不显露目的,用创设情境、优化情境的间接方式对儿童的心理及行为产生影响,从而一步步达到既定的教育目标的过程,就是暗示的作用。情境教育形真、情切、意远、理寓其中的特点,无不显示了情境教育特定的环境会对儿童心理倾向发生作用。按照洛扎诺夫的理论——"凡是影响心理的都是暗示",而每个儿童身上天然存在着接受暗示的能力,因为"这是人类个体之中一种普遍的品质"。由于它,人和环境间的无意识关系才发生作用。这种主客观的一致性,表明情境教育运用暗示倾向原理进行教育教学活动的可行性和普遍性。

暗示的效果就是氛围的作用。我们把跨度广的教育教学的空间,用各种暗示手段联动起来。也就是说,情境教育正是利用暗示倾向,通过周围环境与儿童心理产生共鸣的过程,迅速推进教育教学活动的过程。我们将"用无意识导引有意识"、"用情感伴随理性"二者交织起来和谐进行。这种最佳的心理驱动正是挖掘人类潜在能力的重要通道。情境教育利用暗示倾向,其最终目的就是使儿童的潜在能力得到充分的发展。

(三) 角色转换原理

多少年来,学校教育习惯于把学生看作接纳的对象,学生的主要任务是"静心"听讲,思维活动无形中养成一种依赖和定式,学生成了单纯吸收的被动角色。学校教育远离社会生活,舍弃学生原有的经验,将教师的主导作用过度夸大、强化,形成了一个教师掌握,甚至是牵制的一个划一的集体，排斥或者忽略了学生的活动。在这样的集体中，学生不可能成为主体。

情境教育则与儿童生活相联、相通，使学校呈现出贴近儿童的生气勃勃的生活场景。

经过优化的教育教学的特定情境中，蕴含着教育者意图；结合教材特点所设计的角色，体现了主客体的统一。它既引发儿童再现教材角色或相关角色的活动，又引发儿童进入角色、体验角色、评价角色的心理历程。新的教育教学内容设置了儿童曾经历的熟悉的背景，这种"有我之境"可产生一种巨大的、无形的导引效应。儿童随着角色扮演的进行，顿时产生进入角色的知觉，凭借这种如临其境的知觉，会很快地理解角色在情境中的地位、与其他角色的关系，设身处地地体验角色的情感。儿童的经验在情境教育中被充分地利用并延续，同时变得日益丰富起来。在此情此境中，儿童的身心就很自然地移入所扮演、担当的角色。于是，自己仿佛变成了那个角色——"我与角色同一"，角色的喜怒哀乐仿佛是自己真情实感的表露。由于角色的转换，儿童面对所处情境会情不自禁地按自己所扮演角色的身份、处境思维，根据教材与同伴对角色的期待，合情合理地表现出一系列的行为和恰切的语言表述。角色变了，语言行为也随之变了。角色扮演的热烈的情绪渲染了整个学习情境，不仅是角色扮演者，全体学生都在无意识作用下不知不觉地进入了角色，最深切、最生动地经历了角色的心理活动过程。总之，整个教育教学活动随着角色的活动、熟知的背景一下子进入沸腾状态。儿童情绪热烈，使自己全身心地投入教育教学活动中去，成了真正的主角。教材中原有的逻辑的、抽象的、符号化了的内容，一下子变得那样生动、形象、真切。这正是在情境的作用下角色转换所产生的积极结果。其过程可概括为"进入情境—担当角色—理解角色—体验角色—表现角色—自己与角色同一，产生顿悟"。通过角色转换，学生就由教学过程中等待接纳的"被动角色"，转变为"主动角色"。既然成为主动角色，也就会主动投入、主动参与教学教育过程。儿童作为教育教学活动的主体的意识，就在其间逐步形成，逐步得到强化。

（四）心理场整合原理

情境教育利用心理场，形成推进教育教学活动的正诱发力，在顿悟中改变认知结构乃至心理结构。情境教育始终把教育与儿童的发展统一起来，"着眼发展，着力基础"是情境教育的思想。儿童的发展是建立在一定知识的基础上的。要打好基础，而又不增加过重的负担，关键是学生能够对自己的学习、自己的行为做主。这就需要有一种"力"的推进。根据心理场理论，儿童生活的空间，无不对他们的心理发生作用。任何一个人不可能超越这个空间。即使是一个旅行者漂泊到孤岛，那天涯海角就是他赖以生存的生活空间。无边的海、孤零零的岛，似乎空荡无物，也无不对他的心理发生作用。因此可以说，一个人（包括儿童）连同他的心理环境，是同时出现在他的生活空间中的。当儿童对周围环境有所觉察、感受时，他不可能若无其事、漫不经心，而会调动、激活他的思维、想象和情感体验。人为创设的教育情境、人际情境、活动情境、校园情境都是渗透着教育者意图的，它们使儿童的生活空间不再是一个自然状态下的生活空间，而是富有教育内涵、富有美感、充满智慧和儿童情趣的生活空间。这就是情境教育特意创设或者优化的情境。这样的情境与活动其间的儿童显然不是互不相干、各自孤立存在的关系，而是处于相互依存的变量的状态，是网络式的联动着、推进着的，就形成了一种向着教育教学目标整合的"力"。这便是正诱发力。在这种正诱发力的推动下，儿童主动投入教育教学活动的态度、情绪、语言和行为，使已创设的情境更为丰富，情境渲染的氛围更为浓烈。置身其中的教师也即时感受到教学成功的快乐，又以更饱满的热情投入教学活动。这样"情境—教师—学生"三者之间形成良性推进的、多向折射的心理场，从而得到优化整合，促使儿童情不自禁地用"心眼"去学习，教学便可进入一种沸腾的状态。这种热烈的情绪、真切的感受，促使儿童的顿悟加速产生，从而不断改变儿童的认知结构和心理结构，使不增加负担、不受强制而能自主学习、自我教育的理想境界得以实现。

此外，情境教育从四方面构成了基本模式："拓宽教育空间，追求教育的整体效益"，把狭小的课堂、校园通过教育的系列活动拓宽，让儿童在课堂、在校园感受到世界的广阔。"缩短心理距离，形成最佳的情绪状态"，将远距离陌生的教学内容、敬畏的教育者，借助于人际情境的亲和、相助，一下子拉到学生身边，让学生感到宽阔的世界仿佛就在眼前，甚至已涉足其中，从而为儿童提供一个既宽阔又贴近的最适宜的成长环境。"通过角色效应，强化主体意识"以及"注重应用操作，落实全面发展的教育目标"，使儿童成为真正的学习活动的主体，在优化的情境中操作、活动，让儿童潜在的智慧、能力等获得充分发展，为全面提高儿童素质探索出一条行之有效的途径来。（关于四大基本模式，已在前面《从情境教学到情境教育的探索与思考》一文中详细介绍，此处不再赘述）

从情境教学到情境教育的探索历程，至今已有18年了，我在各级领导及许多专家的支持与鼓励下，在学校领导及老师的支持与参与下，把实验坚持下来了。其中的艰辛，可想而知。我没有任何好高骛远的奢想，想在教育理论上做什么贡献，但是我总觉得从自己的起步到今天，是从坎坷的小路上深一脚浅一脚地走过来的。这表明实际工作者，只要虚心地拜理论工作者为师，坚持不懈地学习理论，脚踏实地、充满信心地坚持实践、探索，同样可以为中国的教育科学研究做点事情。教育科学实验就是要用最少的投入，让中国儿童受到尽可能好的教育，使他们各方面的素质从小就得到培养和提高，从而能在21世纪的国际国内大潮中出色地到达胜利的彼岸。因此，我们就应该有具有中国特色的、又富有时代气息的研究方法，使教育研究更具科学性、应用性、艺术性，并具有大众性，能引导千百万实际工作者充满信心地在科研的宽阔大路上迈步，从而使亿万少年儿童受到全面的素质教育，成为社会主义的一代新人。

（本文发表于《教育研究》1997年第3、4期，于1999年12月获江苏省哲学社会科学优秀成果二等奖）

重要的观念：教学过程中必须让学生充分活动

　　对"教学"一词，最简单的理解便是"教"与"学"；也可理解为"师教生学"或"以教导学"、"以教促学"。归根结底，"教"是为了"学"。正是因为有那么多的学生需教、需导、需育，也才有老师的存在。说到底，课堂是属于学生的；倘若不属于学生，课堂与老师便失去了存在的价值。但在现实中，老师往往自觉不自觉地取代了学生的主体位置，"学"几乎等同于"听讲"、"记忆"、"抄写"、"答题"；老师的"教"往往简约成"讲解"、"灌注""考试"、"评分"。对老师主导作用的过度夸大、强化，造成了老师决定、掌握，甚至主宰着全班学生的"学"的情况。划一的内容、统一的答案、定式的思维，忽略或排斥了教学过程中孩子应有的活动。"不及林间自在啼"的道理，并非为每个老师所接受。在笼子里长大的小鸟在鸟笼打开后仍不知所措，飞不高也飞不远，这将是必然的结果。我们不能"一心只教圣贤书"，"两耳不闻童子声"。我们应该清醒地意识到，许多孩子从"爱学"变成"厌学"，有的中途辍学，甚至离家出走，许多触目惊心的悲剧，正是在这狭窄、封闭、捆住手脚的教育空间里发生的。"教"与"学"中本末倒置、越俎代庖的种种片面性，导致学生的亦步亦趋、囫囵吞枣，最后只能是拔苗助长。

　　学生，尤其是小学生，在他们身体迅速成长的时候，往往是通过自身的活动去认识世界、体验生活、学习本领的。因为"人正是在活动的时候，才进行思考、作出判断的"。这就像雏鹰的翅膀是在飞翔的活动中练硬的一样。"爱动"是每一个孩子的天性。在生活与学习中，孩子总是喜欢亲眼看一看，亲耳听一听，亲手摸一摸，亲自试一试。应该说，没有孩子的活动，就不可能有他们人生的第一步。我们的教学理应顺应孩子的需求与发展规律。因此,在进一步推进素质教育的今天,我们应该确立一个重要的观念:在教学过程中让学生充分活动。

一、活动融入学科课程,以求保证

每日走进教室,就会觉得勃勃生气迎面扑来。眼前是一个个生龙活虎般的孩子,是一群蕴藏着智慧、洋溢着情感的活生生的人,但又绝不是"小大人"。他们具有大人已很少具有的可塑性、强烈的求知欲,他们比大人更富有情感,更充满活力与主动性。

在我近 20 年的从情境教学到情境教育的探索中,知识的系统性、活动的操作性、审美的愉悦性融为一体。强调特定的氛围,激发儿童热烈的情绪,让儿童在优化的情境中主动地活动起来,产生动机,充分感受,主动探究,进行情感体验、比较鉴别、判断正误、模拟操作、语言表达等观察、思维、语言、触摸一系列活动,加上通过图画、音乐、戏剧创设情境,便又有了包括唱歌、舞蹈表演在内的艺术活动。

这种学科情境课程中的活动,必须遵循教材体系,以儿童的知识、智能、情感意志获得尽可能大的发展为目标导向。如教一年级的孩子学古诗《春晓》,倘若我们在教学过程忽略学生的活动做单纯的分析讲解,然后提问,让学生再回答,接着反复练习、背诵,那学生会觉得这种形式比较单调,便感到乏味。这样的教学,学生只是被动地听着,使劲地记着。至于对审美情趣的陶冶、诗的意境的体会、祖国优秀文学遗产的热爱等语文教学的文化性,就不能体现了。而人的情趣、品位、境界,尤其在童年时期,往往就是在一篇篇优秀文学作品的陶冶、鉴赏中得到的。教文,也要教做人,这并不是靠说大道理实现的,在小学主要是凭借语文教学的人文性点点滴滴地渗透、滋润,为之铺垫的。于是,教学时我通过系列活动,引导学生学习这首诗,效果就不一样了。

我让全体学生担当诗人,听着老师的描述活动起来。"夜深了,诗人读书、写诗困了……"孩子们微闭上眼睛,甜甜地伏在桌上做睡眠状,蒙眬中听到外面的刮风、下雨声，孩子们不约而同地抬起头，注意听，听着、听着又"睡着"了。不知什么时候，听到小鸟的叫声，孩子们"醒"了。此时老师提示："天亮了，你这位'诗人'听着鸟叫心里好高兴，你哼出了哪两句诗？"孩子们身临其境，争先恐后地吟诵："春眠不觉晓，处处闻啼鸟。"后来回想到半夜的风雨声，想到一场风雨后花儿被打落的情境，"小诗人"又兴致勃勃地哼出诗的三、四句："夜来风雨声，花落知多少。"诗句仿佛是孩子亲身经历、兴致所至的产物。

活动不仅唤起学生学习新诗的兴趣，让学生弄清这首诗先写早晨，然后回想到半夜风雨中的另一番景象的倒叙结构，而且通过角色活动，让学生体验到诗的意境，为理解关键词语做好铺垫。接着再让"小诗人"说诗、背诵，解释"眠"、"晓"、"闻"、"处处"等关键字眼，他们都能很容易地、高兴地说清楚。最后学生作为"本角色"，创设自己回到家里的活动情境，老师做"奶奶"进行复习巩固。

学生在优化的情境中活动起来，他们在活动中为可以显示自己的力量、表现自己的聪明才智，感到无比兴奋。客观环境与主体活动的充分的和谐协同，使学生全身心地沉浸其中，通过自身的感悟、操作、体验、陶冶，得到充分的、主动的发展。在教学过程中，让学生充分活动并不排斥老师的主导，恰恰相反，只有在老师的主导下，学生才能活动得更好。

实践表明，活动融入学科课程，为学科教学增添了活力，使教学化"难"为"易"，变"单调"为"多彩"。

二、活动利用角色效应，以求主动

活动进入学科课程，必然受到孩子的欢迎。但是从"学生"到"学生"的固有角色，往往摆脱不了"被教授"、"被接纳"的习惯地位的羁绊。这种角色的消极状态，也会影响孩子在教学过程中活动的充分性。角色决定着人的思维、情感和语言的活动，因此利用角色效应，让孩子扮演、担当特定的但又与教材相关的角色，是很有意义的。角色的出现使教学内容与学生更为贴近,让他们以特定的角色去朗读复述,或报告见闻,或演示操作,或描画表演,或主持裁决,都促使他们带着情感色彩去学习。活动中孩子担当、扮演"他角色"的新鲜感与情感体验,使孩子们兴奋不已。他们在情感的驱动下,主动投入的那种"力",几乎是无法遏制的。教材中原有的逻辑的、抽象的、符号化了的内容,一下子变得那样生动、形象、真切。这正是在特定情境下,角色转换所产生的积极结果。

让孩子在活动中担当的与教材相关的角色大致有三种:

担当向往的角色。当孩子一旦担当向往的角色,科学家、天文学家、画家、诗人、裁判员、解放军、记者、节目主持人……他们的情绪就会特别热烈,仿佛人格也升腾了。因为"向往"顺应了孩子渴求的情感驱动,促使他们带着浓烈的情感、带着美好的憧憬参与活动,从而积极投入教学过程。如教学《太阳》一课,让学生以小小天文学家的身份对太阳天体提出疑问,进行探究,学生学得既有趣又深入;一般课文则可以让学生根据课文描写担当作家,用作家的眼睛去看课文描写的景物,去听课文描写的声响,教材内容、教材语言便会给学生以真切之感。

担当童话角色。童话角色是小学语文教材中经常出现的,也可结合教学内容,有意设置相应的童话角色让儿童扮演。由于童话角色神奇且充满幻想色彩,不会说话的会说话了,没有生命的有生命了。因此,童话角色对儿童特别富有魅力,在儿童想象的作用下,课堂笼罩着童话的迷人色彩。如教学《爬山虎的脚》,可让学生戴上头饰担当爬山虎,通过"我"和爬山虎的对话,进一步认识爬山虎"脚"的生长特点;教学《沙漠里的船》,可让学生担当骆驼,进行"骆驼自述"的活动等。童话角色的出现为课堂增添了无穷的活力与趣味,孩子的主动性大增,从而有效地提高了教学效率。

担当现实生活中的角色。现实生活中的角色是儿童生活经验的一部分,所创设的情境若是儿童曾经经历的、熟知的背景,他们会感到无比亲切。家里的"爸爸"、"妈妈"、"爷爷"、"奶奶"由小伙伴或自己担当,孩子确实是乐不可支的。生活中非常熟悉的营业员、交警、邮递员、饲养员、司机这些最平凡的角色在课堂上再现，孩子会感到新异而有趣。一些片断的语言训练、生活中语言的运用，都可以结合课文通过让孩子担当现实生活中的角色来进行。

这些"有我之境"可产生一种巨大的、无形的导引效应。在孩子们按照所扮演、所担当的角色思维、体验，进行独白、对白、演示、操作等活动时，他们顿时会产生进入角色的知觉。凭借这种身临其境的感受，会很快地理解角色在情境中的地位、言行。儿童的经验在此情此境中被充分地利用。角色的喜怒哀乐，角色的言语行为，仿佛就是孩子自己的所思所想、所言所行。角色变了，思想感情、语言行为也随之而变化，这是千真万确的。于是，孩子会情不自禁地按自己扮演角色的身份、处境去思考、去表白、去操作，根据教材内容和老师、同伴对角色的期待，合情合理地表现出一系列的行为和恰切的语言表述。角色扮演的热烈情绪，渲染了整个学习情境，不仅是角色扮演者，而且是全体学生，都在无意识的心理作用下，情不自禁地进入角色，最深切、最生动地体验到角色转换的心理历程。

教学过程中，儿童的活动，通过角色转换，就由习惯上的等待、接纳的"被动角色"，转为不断追求、进取的"主动角色"。儿童一旦成为学习的主动角色，就会由此辐射开去，主动地接纳知识，主动地想象、探究，主动地操作、训练。这样，儿童的主体意识在教学过程中，通过活动就可以有效地迅速形成，并日益得到强化，获得主动发展，变成现实。

三、活动结合能力训练，以求扎实

如果活动融入学科课程，教学过程随着儿童的活动推进，再利用角色效应进行，课堂教学比起单一的"灌注式"的教学就丰富多了。但是在教学过程中让儿童活动，并不是追求形式的生动，而是让儿童通过自身的活动，充实教学内容，丰富教学形式，让儿童在乐中学、趣中学、动中学、做中学。既然如此,将活动贯穿于教学过程,就不能游离于教学内容之外,而要突出教材重点,针对教材特点,突破教材难点,具有鲜明的学科特点,与能力训练相结合,从而强化基础。应该看到,人的诸多能力,事实上正是在一次又一次的活动中逐渐形成并得到提高的。很难想象一个关在屋子里死读书、与外界很少交往的人,能善于辞令,与陌生人侃侃而谈,具有较强的交往能力。

语文教学过程中,学生的活动就应具有语文学科的特点。我们应结合课文,引导学生进行分析、归纳、推导、联想、想象的思维活动,以及讨论、商量、讲述、对白、演讲、争辩的语言活动,并在比较、鉴别、评价活动中引导学生提升辨别、鉴赏能力;在朗读、默读、速读、查找、检索以及演示、表演、模拟操作活动中培养实际应用能力。当然,年级不同、教材不同、班级特点、活动内容与形式也会不同。教无定法,教学过程中儿童的活动更不必划一。只要符合学科特点、教材特点、儿童特点这三大特点,所设计活动与能力训练相结合,其活动都会是有益而有效的。在这里,我们不妨举一个例子来说明——教学《我是什么》,设计与能力训练结合起来的系列活动,可帮助学生很好地理解水的三态,体会词语之间的搭配。

活动之一:把水倒在杯子里,让学生观察水的蒸发现象;然后盖上玻璃片,看水蒸气凝结成水珠的现象。结合观察活动,学生在"水"、"汽"、"云"、"太阳"之间标上箭头,理解"水"变成"云"的原理。

活动之二:揭示不同色彩的云在空中飘浮的图像,联系儿童生活经验,进行句子训练。学生从自己所说的"天气晴朗,一朵一朵白云在蓝天上飘浮"、"一团团乌云布满了天空,妈妈说要下大雨了"、"晚霞染红了两边的天空,就像一幅美丽的图画"等句子中进一步理解云彩的变化。

活动之三:出示"小水珠、小硬球、小花朵、雨、雹、雪、落、打、飘",让学生做"找到自己人"的游戏,进行词语排列,理解比喻以及词的搭配。

通过活动和进行能力训练,学生不仅知道水真会变——它会变成云,变成白云、黑云和红霞,又会变成雨、雹、雪,而且体会到"落、打、飘"一组动词的细微差别,并培养起观察自然现象、留心其变化的兴趣。这样紧密结合能力训练的活动,尤其是通过角色的扮演进行的应用性操作,多种感官与思维、语言的协同活动,把情感与认知活动结合起来,使教学内容变得令儿童可以感受、可以琢磨、可以应用,从而可强化基础,做到"活中求实"。

在教学过程中让儿童充分活动,极大地激发了儿童的学习动机,使他们感到无限快乐,他们似乎发现了自己,感到自己的力量——那精神的、智慧的力量在增长。活动为儿童开拓了宽阔的创造空间,一种更高的追求、希望自己能表现得更完美的渴望,随着活动与日俱增。这时,他们的老师会猛然发现,活动使孩子变得更加聪明、能干,似乎一下子长大了许多。如此引而不发、循循善诱,必然水到渠成。

(本文发表于《人民教育》1997年第5期)

情境课程的开发

情境教育从理论体系到基本模式的构建，一步步发展着。实验的深化必然带来课程的改革。

情境教育的教育模式强调诱发主动性，强化感受性，着眼发展性，渗透教育性，贯穿实践性。它以渗透着教者教育目的、充满美感和智慧的情境，利用暗示、移情的原理，在心理场中，通过角色的转换，强化儿童的主体意识，促使儿童主动地投入其中，主动地活动，让他们在活动中获得充分发展。这一教育模式是依据马克思关于人在主体与环境相统一的活动中得到全面发展的基本理论而构建的。它使活动课程顺乎自然地融入了学科课程，而课外活动、班队活动、野外活动，又因主题性大单元教育课程及其他课程的开设，将知识的传授、智力的发展、品质的培养，作为明确的目标纳入其中，从而孕育了"情境课程"的诞生。

情境课程注重精心设计、组织儿童的活动，将学科课程、活动课程与优化的情境融成一个有机的统一的整体，克服单纯学科课程存在的重讲、轻练，重知识、轻能力以及因缺乏操作而削弱应用性的弊端；同时，也在一定程度上弥补了单纯活动课程容易陷入知识无系统状态的缺陷。情境课程将知识的系统性、活动的操作性、审美的愉悦性融为一体，强调以特定的氛围激起热烈的情绪，在优化的情境中促使学生主动地参与。它努力追求将外显课程与内隐课程的影响糅合在一起，从学校各个不同的区域、时空，体现课程的基础性、操作性及多样性，发挥情境课程的多种功能。

一、学科情境课程的主体作用

多少年来，学科课程的功能一直是传授系统知识，即所谓的"以学问为中心",注重认知的发展。应试教育又强化了学科课程传授知识、注重分数的偏向,从而使学科课程陷入越来越狭小的学校深院中。

面对许多触目惊心的事实,我们不能无动于衷。在学科课程中,在每个老师的心目中,首先应该看到的是四五十个有情有义、蕴藏着潜能的、活动着的儿童。他们比成人具有更大的可塑性,有更真挚的情感,更充满生气。活动是儿童的天性,是他们的素质、个性发展的根基。面对这样的儿童,服务于这样的学习活动主体,绝不可以知识的讲授替代主体的活动。因为单纯传授知识的学科课程,忽略了儿童素质的许多重要因素,如情绪、情意、情感等。我国的培养目标是把儿童培养成为具有良好素质的全面发展的人才。那么,这样的培养目标如何通过学科课程去体现呢?学科课程是学校教育具体实施的主体领域。在实现由应试教育转向素质教育的过程中,应该说首当其冲的是学科课程的改革。

为了体现时代的要求,我们加速了学科情境课程的开发。学科情境课程从儿童出发,把他们带入优化的情境中,使他们在暗示、移情、角色、心理场"力"的作用下,伴随着情感主动地参与教育教学过程,主动地活动起来,进行感知的活动,语言的活动,思维的活动,触摸、模仿、操作等身体的活动,加上通过图画、音乐、戏剧创设情境,于是又有了包括唱歌、跳舞、表演等在内的艺术活动。可以说没有儿童的活动,就谈不上儿童主动地参与,更谈不上儿童知识、能力和智力的发展。大教育家夸美纽斯的"泛智主义课程论"就强调"要使活动的训练跟认识活动结合起来","在认识事物的时候进行实际活动"。杜威的活动课程论更突出了活动在儿童获取经验中的重要地位。在优化学科情境中,儿童是作为完全的人、整体的人存在而活动着的。所以学科情境课程,以优化的情境为空间,根据教材特点营造、渲染一种优美的、智慧的,儿童感到特别亲切、贴近的富有情绪的氛围,让儿童的活动有机地注入学科知识的学习之中。学科情境课程把学科课程与活动课程结合起来,不仅弥补了杜威所提出的活动课程缺乏系统性的缺陷,而且由于儿童的活动推进了教学过程,因此加深了儿童对学科内容的理解和应用。在热烈的学习情绪中,让儿童去感受,去探究,去体验,去发现,去表达。有了这一系列的活动,儿童才能主动地学习,从而成为真正的学习的主人。

学科情境课程,把儿童的主动参与具体化为:在优化的情境中产生动机,充分感受,主动探究,进行情感体验、表演体验、判断正误、模拟操作、语言表述等活动。学科情境课程中儿童的活动仍保持着学科特点,无论是语文还是数学乃至于其他学科的知识,从宽泛的意义上来说,都起源于人的活动。是由于人的活动才产生了语言文字和数学,又是人的活动,推动、发展、完善了语言文字和数学。事实上,人正是在活动的时候,才进行思考、赋予情感、做出判断的。既然如此,在儿童学习语文、数学时就不应切断源泉,远离生活,而应与生活相通,与周围世界相联。例如,语文教学就有观察活动、体验活动、表演活动、语言表述活动。数学教学则有观察活动,探究活动,搬动、比画、拼接、测量等一系列的操作计算活动。而这些活动,在情境课程中带有生活演示、扮演角色、模拟操作的情趣,这就使学科课程中的活动,更符合儿童的身心特点。反之,如果儿童丧失了学习的热忱与喜悦,单纯地停留在符号上,就不可能开展活动。

我们常常根据课文内容和活动主题的需要,让儿童担当各种角色,使教育教学内容与学生更为贴近。具体会让他们以一个特定的角色、带着情感色彩去学习,或朗读复述,或报告见闻,或演示操作,或描画表演,或主持裁决。儿童在情感的驱动下,主动投入的那种"力",几乎是无法遏制的。为了体现所学知识、所悟道理的可操作性、实际应用性,常常创设某一职业范围的工作情境,如让学生担任饲养员,给牲口过磅,进行计算,然后编题;或让学生扮演测量员、统计员,进行实地调查,收集数据,等等。通过角色的扮演,进行应用性操作,其效果可谓"百闻不如一做"。儿童产生顿悟,求知欲得到满足,更加乐意投入新的学习情境中去。实践表明,学科情境课程中儿童的一系列活动,为学科教学增添了活力,使教学化"难"为"易",变"单调"为"多彩"。

儿童在优化的情境中进行活动，儿童的活动又丰富了情境。客观环境与主体活动充分地和谐协同，使儿童全身心地沉浸其中，通过自身的感悟、观察、操作、体验，得到充分的发展。在这样的学科情境课程中，儿童的情感与认知、情绪与行为，是作为统一的整体，儿童是作为健全而完整的个体发展着的。

经历了这种情感活动与认知活动融合的过程，对于教学内容学生可以感受，可以琢磨，可以应用。在不同学科、不同年级不断延续，如此反复、深化，儿童的审美情感、道德情感及理智情感，也随之受到了很好的陶冶。就在这一次又一次的活动中，学习成为儿童的主观需求，主动的学习又带来成功的喜悦，产生探究的乐趣、审美的乐趣、认识的乐趣、创造的乐趣、积极向上的乐趣。如此我们可以设想，一个刚入学的儿童，那么纯净的心灵，那么丰富的情感，那么迫切的求知欲，在学科情境课程中活动着，每日、每课受到这样的熏陶，便不难为培养良好、全面的素质打好基础。

二、大单元情境课程的联动作用

语文教学中的"四结合"大单元教学已经把课堂教学与课外活动横向沟通，这种不同活动空间的教育的一致性，提高了教育的效益。我们在此基础上加以拓展，开发了主题性大单元情境课程。因为传统教育的离散性，往往削弱了教育的整体效益，各科教学、课外活动，各行其是。而这些来自学校不同空间的信息终将集中到学生身上，作用于学生。因此，构成教育整体的各要素，若沟通协同，则相互强化；若抵触阻隔，则相互削弱。叶圣陶先生早在 20 世纪 40 年代就指出："学校里的课程各个分立，这是不得已的办法"，"因为分立了的缘故，每种课程往往偏于一个境界"。叶圣陶先生还指出，教育的最后目标是"使各个分立的课程所发生的影响纠结在一块儿，构成一个有机体似的境界，让学生的身心都沉浸其中"。为了追求教育的整体效益，情境教育"以德育为主导，以语文学科为龙头,以课堂教学为中心环节",开设主题性大单元情境课程,从教学到教育,从课堂到课外,从校内到校外及至家庭,在主题的导向下,协同动作,相互作用,相互迁移,相互补充,充分利用教育教学内容中的"相似块",将其集合在一起,从各个不同的侧面集中进行教育。利用大单元情境课程组成部分的相互作用的一致性,加大教育的力度,使有限的教育教学活动从深度、密度上得到拓展,强化教育的效果。我们要从儿童的特点出发,以他们喜闻乐见的形式创设活动情境。要围绕传统教育、体现社会主义特点的"三热爱"教育,针对当代独生子女的特点,结合时令确定大单元的教育主题,着重培养儿童热爱祖国的情感,以及集体意识、责任意识、自主意识、他人意识,并发展儿童的动手能力、交往能力及"三自"能力,在基本保持各科教学各自知识系统的同时,在单元主题的主导下,将各科教学沟通联系起来。例如,在10月"爱国月"里,学校开展以"我爱祖国妈妈"为主题的大单元教育活动,各年级语文教学把有关反映祖国新貌、描写祖国壮丽山河、歌颂祖国优秀儿女等方面的课文集中在一个单元里教学;数学则将改革开放的数据融入计算中;音、体、美有歌颂祖国、描画家乡美景,以及模拟解放军保卫祖国进行的操练、投掷、滚打、超越障碍等内容。少先队活动也以相应小主题——"请到我的家乡来"、"我是祖国妈妈的好儿子"以及"小记者新闻发布会"等优化的德育情境做铺垫。校园的橱窗里精心布置着反映祖国日新月异的图片、资料,使教育在连续的情境中逐步推进、逐步深化。从班级到全校弥漫着一种祖国伟大、我爱我的祖国的热烈而健康向上的气氛,使儿童整个身心沉浸其中。这种情境是活动,是教育,也是教学,儿童按捺不住热烈的情绪主动投入其中,通过情感的弥散,得到持久而稳定的教育效果。在主题性大单元情境课程中,兼顾学科的知识体系,但并不能因此而束缚儿童的活动,削弱大单元教育的效果。为了适应儿童的活动,尤其是社会科学的学科活动,有时也会打破知识的系统,插入、补充围绕大单元主题的、更适宜儿童活动的知识。这只是从教育的整体效果出发做局部的调整和改善。

在主题性大单元情境课程中，还凭借情境，利用儿童已经被激发的热烈情绪，引导他们进行一系列的符号性操作活动。如在"童话是朋友，也是老师"的主题性大单元情境课程中，情境所渲染的氛围，那种孩子之间争先恐后地、跃跃欲试地参与的热情，都在符号性操作中得到充分表现。在美好日子里，老师们仿佛回到童年，学生更是兴奋得难以描述。我们从珍视师生情感的角度，引导、组织师生把美好的幻想境界中的感受升华到"创造美"的高度，让儿童和老师一起讲童话、写童话、演童话。这样一个童话节，我们可以收获一千多篇童话和两千多幅童话图画，集中地但又是十分轻松而热烈地进行了符号性操作。此外，学生们还自办小报，自己采访，自己写稿，自己排版，自己设计，自己画插图，这培养、训练了儿童综合运用语言文字的能力。数学则利用情境进行趣味计算，到实地现场编题计算，或进行演算竞赛、小博士答难题竞赛等，这些都是凭借情境进行的符号性操作。

主题性大单元情境课程每学期一般只有2~3次，以鲜明的主题横向沟通各个学科及活动，纵向贯穿于全学期的教育，巧妙地将显性课程与隐性课程结合起来，在同一主题下相互补充、相互促进。大单元主题活动一般具有主题明确、情感伴随、儿童自主、角色众多、场景转换几大特点。活动的动态连续、综合，使教育情境既具有生动性，又具有深刻性。这样，学校教育把儿童的认知、情感水平带入一个新的发展区，使教育获得了知、情、意、行的整体效益。

三、野外情境课程的源泉作用

人类是大自然之子，大自然蕴含着取之不尽、用之不竭的智慧。早在两千多年前，孔子就提出在"梨树之下"、"杏坛之上"，在大自然的广阔空间授课的思想。道家庄子也早就提出以天地自然为"大宗师"的教育思想。在国外，"自然主义课程论"的倡导者卢梭设计的课程，大部分都是在自然界进行的。苏联教育家苏霍姆林斯基更有"蓝天下的学校"、"三

百页大自然的书"的范例。这都使我们领悟到教育不能切断源头,教育必须带学生到源泉中去。情境教育开设的野外情境课程,正是遵循了这一教育的真谛。那大自然的诗、大自然的画、大自然的音乐,对儿童情感、意识以及智慧的启迪,起着难以估量的作用。当然,我们反对过分强调自然的作用而忽视知识系统,但大自然特殊的教育作用、陶冶功能确是其他任何教材替代不了的。当儿童走进大自然这一广袤的世界时,大自然那无与伦比的美感,连同大自然种种景象所包容的、所显示的因果关系,都会引起儿童的喜悦、惊叹和思考。儿童所掌握的词汇在其间复活,同时这些景象又在记忆屏幕上留下丰富鲜明的表象。在很大的程度上,儿童的发展是与周围世界的运动相互作用、共同前进的。为此,我们极力扩大儿童的视野,拓宽教育空间,开设了野外情境教育课程,还特设与之相应的观察说话、观察写话、情境作文,让儿童投入周围世界的怀抱中去。从"求近"、"求美"、"求宽"的角度去优选周围世界的生动场景,让儿童渐次地认识大自然,启迪智慧,并与道德、审美教育结合,让他们在无限美好的天地间感受、思索、顿悟。

在条件尚不具备建立野外活动基地前,我们优选周围的典型场景,由近及远,由单一的大自然的场景到以大自然为背景的社会生活的一隅。为了这一个个理想的活动空间,我们迈开双脚,到大自然中、到社会生活中,一次又一次去寻找,一遍又一遍筛选,初步形成了野外活动的网点:从学校后的田野、小河到学校西侧古老的光孝塔,然后沿着绕城而过的壕河及至城郊的山麓和浩荡长江……选点、定点。一个点是一幅画卷,是一个用"美"编织的生活空间。古老的光孝塔下的野外活动是观察说话的好题材,那一层层飞檐塔角叮当作响的铃铛又为数学现场教学提供生动数据。当然这一人文景观也是图画老师让儿童作画的好题材。河畔采野花,捉小蟹,捡落叶,乘着龙船环游壕河。龙船在碧波上缓缓行驶,孩子们的歌声在河上飘荡,孩子们的想象顺着向远方流去的河水伸展开去。一次一次,孩子们去郊外的萝卜地、果园、稻田、瓜地,丰收的场景使他们沉浸其中。对劳动、劳动果实、劳动人民以及家乡田野的情感,就在这具体生动的一幕幕场景的认识过程中培养起来了。野外教育的高潮便出现在这家乡的青山绿水之间。那江边的芦苇荡很少有行人涉足,但我们的孩子一班又一班地从这儿钻过,脚下是水草丛生的沼泽,头上是轻轻吹拂的白絮般的芦花,鲜红的队旗在队伍的前头迎风飘扬。为了战胜艰难与曲折,孩子们终于钻过了一眼望不到边的芦苇荡。绿色的军营更是孩子向往的地方。白天,解放军叔叔全副武装指挥操练;晚上,夜宿军营点燃篝火,孩子们在篝火旁听英雄战士讲传统、讲战斗故事。就这样,一篇篇军营日记诞生在 20 世纪 90 年代大潮汹涌下的少先队员的日记本上。更催人奋进的是毕业前夕的"夜行军"——孩子们在太阳升起之前登上山峰,当朝霞满天、旭日跳出地平线时,孩子们欢呼起来,不约而同地朗读诗歌《太阳颂》,置身于此情此景,孩子们十分忘情,那不仅是对日出的感受,更是对光明、对博大、对无穷自然力的最形象、最完美的领悟。

野外情境教育帮助儿童走出了封闭得很久的几十平方米的小教室,来到广阔的天地里,自由地呼吸着新鲜的空气,看到了广袤的天宇下的大千世界。他们在认识的过程中,逐渐积累起对大自然的情感。大自然及社会生活中的事事物物直接或间接地作用于儿童感官,这种开放式的储存信息的方式,为儿童的认知活动、语言活动、思维活动、情感活动、意志活动,提供了取之不尽、用之不竭的丰富资源。源头沟通,活水便源源不断。儿童的心田、知识的仓库,都可以不断地得到丰富,这是对人的心灵的塑造。

四、专项训练情境课程的强化作用

在小学教育中,带有工具性的学科占较大比例。小学教育在某种意义上,就是让学生掌握工具。一些非工具性的学科,如音、体、美,又有较强的技能技巧性。无论是掌握工具,还是掌握技能技巧,都需要通过训练才行。为此,我们结合学科特点及某些教材的特点,开设了专项训练情境课程,以强化训练,引导学生"在做中学","在运用中加深理解",使学生通过集中训练,基本技能或行为习惯获得明显的提高。在语文学科,根据学科需要培养的精读、浏览、复述、表情朗读等能力,结合教材的要求,设有区分主次速读课、学习鉴赏精读课、体验情感朗读课、扮演角色表演课、编写提纲复述课。为提高数学的应用性,培养儿童的实际操作能力,数学开设了实地操作课、数学活动课等。为利用儿童语言模仿能力最佳期,从一年级起开设英语口语训练课、情境会话课。在一个个生动的情境中训练听说,有效地发展了儿童的英语口语能力,且培养了儿童学习英语的兴趣,为中高年级学习英语打下了基础。一、二年级的思想品德课,针对低年级思想品德课着重培养良好的行为习惯的教育重点,促使儿童道德行为规范的形成,开设了行为训练课,把生活的场景再现于教室,模拟家庭情境、交通要口情境、公共汽车上的情境,以及儿童活动中心等儿童常去的活动空间和社会生活空间,进行行为训练。这样在特定的情境中进行操作,将儿童行为规范、操作标准与实际行为结合,给儿童的印象深刻,利于"导行"。这样经过多次反复再现,可形成良好的行为习惯,大大提高养成教育的效果。这些突出教学要求的训练课,如果能做到心中有数、训练有素,对儿童实际能力的提高是十分有效的。

此外,针对少年儿童的童心、童趣,用宽松愉悦的形式满足他们嬉戏、游玩的欲望,我们每天还用20分钟开设"故事大王"、"音乐欣赏"、"革命歌曲大家唱"、"卫生保健"、"信息交流"等短课。这是主体课程教学的延伸与拓展。这些课课时短、形式多样,使儿童身心愉快,极大地丰富了他们的精神世界。

在情境课程的各个区域,都渗透着、包容着人际情境课程。情境教育讲究创设亲、助、乐的人际情境,我们提出了"一切为学生的发展服务"的总体要求,珍爱学生的情感,奉献自己的爱心,使师生关系首先成为一种情感交流的十分亲和的人际关系——以自己的爱心,触及学生的情绪领域;以"爱生乐教"作为教师的座右铭,帮助每个学生树立起成功的信心，使孩子们从老师那儿十分敏锐地感受到一种期待、一种力量，从而转换成学习的内部诱因。这种群体的信心使老师和学生之间形成情感的相互作用和良性循环，逐渐形成一种"诲人为乐"、"学而感趣"的教风和学风。优良的教风和学风的形成，成为儿童热爱学习、主动学习的情绪背景，亲、助、乐的师生人际情境的情绪效应得到了发挥。

五、过渡情境课程的衔接作用

受强烈的好奇心和求知欲的驱使，学龄前的儿童往往急切地向往着小学生活。儿童这一向上心理应受到启蒙老师的珍视。一年级的新生乐陶陶地迈进了小学的大门，但是，小学紧张的学习生活往往使孩子失望，甚至畏惧。原因何在？很清楚，从幼儿园到小学，学习环境的改变、学习内容的飞跃、学习负担的加重，仅在一个暑假之内，发生了巨大的变化。沉重的课业负担充塞着孩子的生活。他们一下子失去了童年的乐趣。这种变化，是学龄初期儿童所不能承受的。

为了搞好学前教育和小学教育的衔接，我们开设了过渡情境课程。过渡情境课程为期三周，这是由儿童的适应情况及教学计划的可能性决定的。过渡情境课程根据"室内短课与室外观察相结合"的原则，安排儿童的学习生活，具体做法概括起来大致有以下三方面。

（1）增设户外活动时间，定期开展野外活动。

（2）主要学科分设各种课型：语文设识字课、注音阅读课、观察说话课、"观察、说话、阅读"综合课等多种类型的课程；数学增设趣味数学课、野外数学启蒙课，使授课形式多样化。这一时期十分注意各科间的渗透，必要时会进行适当的融合。

（3）各科教学均上成室内30分钟短课。室内短课运用各种手段，创设生动情境，把艺术的直观和感觉训练引进启蒙教育，增强教学内容的形象性、趣味性，增加实际操作的内容。

过渡情境课程的开设，做好了低幼衔接。由于学习内容、形式既接近于幼儿园的学习生活，又高于幼儿园的教学要求，所以孩子们很快便适应了小学阶段的生活。儿童感到学习有趣，对新的学习环境、学习生活，从适应到喜爱，为整个小学阶段的学习，做了精神上和行为习惯上的铺垫，迈出了小学身心发展的第一步。

情境课程，从课内学科与活动的组合，到打破学科界限，走出课堂，实行大单元教学，进而走出学校，走向广阔的天地，从大自然获取源泉，再加上低幼衔接的过渡课、微型课的补充，如网络一般使教育空间通过课程紧密地联系起来；儿童作为活动主体角色的系列性操作，又在情境课程中得到体现，得到落实。至此，我似乎感觉到在情境课程的领域中找到了如何将素质教育纳入课堂教学、融入学校教育各个层面的有效途径。我们将满怀信心地沿着这条道路走下去。

（本文发表于《课程·教材·教法》1997年第6期）

一个值得倡导的教学原则：美感性

每当我看到春天的原野被油菜花儿渲染得金灿灿的时候，我便会想起南宋诗人杨万里写的《宿新市徐公店》中的诗句——"儿童急走追黄蝶，飞入菜花无处寻"，眼前即展现出农家孩子在田野上奔跑着追捕蝴蝶的画面；也仿佛看到了追蝶的孩子，面对一片金黄的菜花，分不出哪是花哪是蝶的茫然神情……诗中一个"急走"、一个"追"，把孩子对美的追求，并期望得到的急切心理，通过形态勾画得惟妙惟肖。

孩子捕捉蝴蝶便是这样，无须大人指派、催促。由此，我更深深地感悟到爱美是孩子的天性，是普遍的。这种不需要外力推动的心理倾向，显示出一种趋向着某一个目标的"力"，影响着孩子的表象、联想、情感及行为动作。其实一切富有美感的教学过程，也无不展示出美的驱动力的作用，无不产生着美对儿童情感与智慧的滋养和润泽。

教学活动原本是智慧与情感融合在一起的、人类追求文明的活动。教学的这一本质属性决定了教学不能没有美。因为我们的教学对象正是一群天生爱美的儿童，我们的教材更是从不同侧面显示着、蕴含着自然之美、社会之美或艺术之美，我们的教育目标又是促进全体儿童素质的全面发展。因此，教学理应充分地体现美、利用美。教学实践已表明，无数成功的教学，一切深受学生欢迎的课，无不体现了一个"美"字，"美"也无处不影响着学生的情感、智慧、身心的发展。幼小的心灵需要美的滋润，儿童的智慧活动需要美的激活，教学的高效需要美的推动。一句话，孩子的发展不能没有美。于是，我想到，我们的教学应当倡导一个原则，那就是美感性。

原因之一：教学不仅为了学生学习，还为了学生主动地学习。

教学需要美，但是现实中我们的教学却常常忘却了"美"，远离了"美"。我常常在心里想着：美，该是教育的磁石。这块磁石就在我们老师备课笔记的旁边闪烁着光亮，是拿起，还是放下，教学的效果就大不一样。多少年来，我们的教学忽略了"美"的功能、"美"的力度，以单纯"告诉"的方式，推进教学过程。"老师"与"学生"的分工是"老师把知识告诉学生"，"学生则把老师讲的知识听好记住"。这样的教学恰恰是丢弃了那块宝贵的磁石——美。缺乏美感的教学，便成了没有色彩、没有生气、没有情趣的单纯的符号活动。那必然是枯燥无味的。孩子生来具有的审美需求没有得到满足，从何产生愉悦的情绪，产生主动地投入教学过程的"力"呢！没有主动投入教学过程的"力"，教学的主体性又如何体现呢！

原因之二：教学不仅为了学生知识的习得，还为了学生精神世界的丰富。

我们的小学教育从某种意义上来讲，是学习、熟知人类积聚的文化遗产，从而了解人类文明史的进程，体验人类文明的光辉，让儿童从中获得人类创造世界的精神力量，连同知识，最终转化为儿童内心的精神财富，使儿童的精神世界日益丰富起来。这该是一个多么丰富而具有深远意义的教育目标，是教育的一种多么美好的境界。但是单纯的符号活动、众多的习题、频繁的考试，并不能转化为儿童的精神财富。前不久，我从中国教育电视台看到诺贝尔奖获得者杨振宁教授在中国所做的关于美和物理学的学术报告，他生动地阐述了几代物理学家研究理论架构给人的一种"庄严感、神圣感"，显示了"崇高美、心灵美……"，是"造物者的诗篇"。一个物理学家的风格、审美情趣直接影响着他研究的目标以及对世界的贡献。可见，"美"影响着人生，影响着学术，"美"创造了世界。事实上，无论是文科还是理科，都是"美"的结晶。人类文明史的精神财富渗透着人类创造美的智慧和血汗。学科本身渗透着美，蕴含着美，我们怎么能把生气勃勃的教学活动，串成问答，缩成概念，编成习题呢！为了使儿童的精神世界在教学过程中得到充实，教学过程怎能丢弃美而单纯进行知识的教学呢！

原因之三：教学不仅是为学生的未来做准备，还为了今天获得最初的幸福人生。

我们常说，教育是明天的事业，这是千真万确的。但从严格意义上来说，教育也是今天的需要。我们的孩子，每日走进学校，参与教学过程，从他们的内心讲，这不仅仅是为明天的辉煌做好准备，而且也是为了满足今天的童年精神生活的需要。儿童作为一个人，童年是他人生最初的阶段。他们纯真、无虑、可塑，因而他们可以获得更多，吸收得最快。教学活动从更高境界来说，同样应该是童年生活的享受，让学生享受到人生最初阶段的属于儿童的欢乐；而绝不是"劳役"，更不是"苦役"。"为了你明天的幸福，你今天就得吃苦"这类天经地义的训话，现在看来似乎不能讲得那么理直气壮了。再说，我们的教学倘若能给孩子获得一种美的享受，这对他们明天的发展必将发生深远的积极影响。缺乏美感的教学、单一枯燥的教学，已经落后于时代对教育的要求，落后于人们精神生活的需求。其效果与今天素质教育大目标的要求，相去甚远。

在素质教育日益深入课堂教学的今天，我直觉地感到，从"美"着手，体现教学的美感性，让儿童从小受到美感的陶冶，必有利于完美人格的培养，由此可走出一条实施素质教育的路来。

因为美的教育功能是全方位的：

美能激智。教学的美感性，让儿童不断地获得丰富的表象，学生常常处于"言有尽而意无穷"的境界中。伴随着审美的愉悦，幼小的心灵无拘无束，学生的思维在笼罩着美感的情境中自由驰骋，处于积极的最佳状态，极力想超越经验的世界，并在对美的追求的驱动下，随着想象的展开，潜在的创造力得到较好的开发，从而有效地培养了直觉和悟性。

美能发辞。教学的美感性讲究形象的鲜明而呈现美感，从而唤起学生审美注意的状态，引起学生的审美兴趣和需要，促使他们将眼前形象与贮存词语相沟通，激起表达欲望。这样在语言动机驱动下，有效地提高了语言表达的技巧；同时，由于教学手段美而简约，形成审美客体的朦胧感，在老师富有美感的教学语言的引导下，激起儿童的想象。物境的朦胧感使想象飘忽，从而提供了语言多义的有利条件，使儿童的语言更为丰富多彩。

美能冶情。由于美感性教学的可感知性、愉悦性，学生非常乐意接受它，而产生积极的情绪反应。当学生持久地、多侧向地获得美感，就会一次又一次地产生对客观现实的美好的情感体验。随着这种体验的不断深化，审美情感、道德情感、理智情感可逐渐培养起来。这样，作为人的高级情感的素养就可得到陶冶。

美能育德。教学的美感性，使学生形成对美的追求，把美好、崇高的境界作为追求、向往的目标。而求美的目标必然影响着学生道德意识的形成和行为准则的建立。爱美必然择善而行，"从善"必"弃恶"，"爱美"必"痛丑"。所谓"知美丑"，"识善恶"。有了对"美"与"丑"、"善"与"恶"的爱憎分明的态度，良好的道德品质的培养就有了情感基础。

教学实践表明，教学的美感性已经在不少老师的课堂上显示出来，并且发出了美丽的光彩。体现教学的美感性，已经成为众多老师的自觉意识，在此着力倡导，是希望广大的老师达成共识，共同实践。

那么如何体现教学的美感性呢？这主要还是要从教学内容、教学手段、教学语言、教师仪态去体现。

一、显现美的教学内容

在小学四十来年，我深深感到无论是语文学科还是数学等其他学科，都蕴含着美。譬如，英国哲学家罗素就说过，数学是一种"冷而严肃的美"。说"蕴含"是意味着藏在里面，如不注意显示，那么教学内容可能就远离美感。教学是为了儿童，为了儿童的发展，因此教学活动除了教给学生知识、引导学生完成认知的任务，还应包含关于智力的、意志的、审美的、道德的内容，而这些内容又都是在完成认知任务的过程中协同进行、综合完成的。所谓"语文不仅是语文"，"数学也不仅是数学"，这样才能促进儿童素质的全面和谐发展。这就需要一种融合剂，而教学的美感性不仅有利于学科中审美教育的进行，而且可以将促进儿童素质发展的诸要素非常紧密地融合在一起。例如数学课上教"平行四边形"，仅告诉学生什么是平行四边形，平行四边形的计算公式是什么，然后练习计算，这便是最常见的离开了生活、纯认知的很难有美感可言的教学。从教学的美感性来设计这节课，首先就会考虑到平行四边形计算公式出现本身，是人类智慧的产物，是创造美的结果。教学这一课就应重演和再现人类研究、创造出平行四边形公式的最初阶段的情境，体验人类文明发展进程中的生动一幕，以充分显现教学内容的美感。教学过程一步步显露教学内容的美感性，给教学过程带来了生机，带来了推动力。老师可以启发引导："人类研究长方形的计算公式经历了一万年，而后来研究平行四边形的计算公式却仅用了五十年的时间。显然，人类是从长方形的公式得到了很好启示。"简单的几句话，表现了人类对这两个几何面积计算公式研究的历程，包含着逻辑之美、创造之美。接着让学生担当角色："现在就请你们做古代数学家——这屋前有一块平行四边形的地，请你想出方法计算它的面积。"于是我们在课堂上看到这些"古代数学家"拿着长方形、平行四边形的图形，摆弄着，切割着，拼接着，在古典民乐的典雅的节奏中，他们专心思考，小声议论，大胆猜想，终于发现："我们可以运用长方形计算公式来计算平行四边形，只是这是不是也叫'长×宽'呢？"学生边说边演示，教室里沸腾了。公式不再是老师告知的，而是学生通过担当向往的角色自己发现的，这样运用起来就倍感亲切而难以淡忘。学生得到的不仅是对公式的理解、公式的运用，而且是对探究精神的培养、人类文明史进程的初步体验，所有这些正是由"美"黏合起来、浑融一体的。可以说，是否显现教学内容的美感，是教学是否具有美感的第一要素。因为教学蕴含的美,既可以显现出来,也可以被掩埋掉、阉割掉。

我们的教学如果缺乏美感性,没有从求美的角度显现教学内容蕴含的美,就会黯然失色。我们不妨再看一节小学二年级的语文课——《数星星的孩子》。课文最后一段写张衡听了爷爷讲的有关星星的知识后,"一夜没睡好,几次起来看星星"。课文描写的情景该有多美啊,但是老师却舍弃教学内容本身含蕴的美感,抽象分析:"张衡听了爷爷的话为什么没睡好觉?""他为什么要几次起来看星星?"最后提出更严肃的问题:"大家想想,你们应该怎样学习张衡?"一串问题几根筋,这篇富有美感的课文被老师教得索然无味,学生也答非所问。我们的语文课常常习惯于这样的分析,如此课复一课、年复一年,学生的素质要得到充分发展,确实得画上一个问号。倘若从显现美的内容这一角度思考,那就会让儿童感受张衡入睡在床上,心惦着爷爷的话,一次又一次起来,在静夜里细细观察星星的情境。有了这种美的感受,儿童便会为张衡热爱天文、刻苦钻研的精神所感动。教材从牛顿到爱因斯坦,从张衡到哥白尼,从贝多芬到徐悲鸿,从毛泽东到邓小平,从黄继光到刘胡兰……向儿童展示了一个个美的光辉形象。只有让儿童感受其美——形象的美、语言的美、行为的美,儿童才能从中领悟到人格的力量、精神的伟大,并将其深深地烙在幼小的心灵上……

二、选择美的教学手段

教学手段的运用,我以为主要是取决于教师对教学境界的追求。只有追求美,才能努力再现教材之美。教学手段实际上是一种媒介,通过它再现、强化、传递教学内容,实现教学目标。要使教学手段给学生以美的感受,就得让学生能看得到、听得见、摸得着,从而在其间产生一种愉悦之感。因为美感总是通过人的视觉、听觉、触觉具体感受的。没有儿童感知的兴奋,就谈不上美的感受。所以,我非常赞同近代学者王国维先生提出的以"能观"作为他的"境界说"中的重要因素。因为"真正之知识唯存于直观","一切真理唯存于具体的物中",既是具体的,必是能看到的,也是应该看到的;只有看到了,感受才是真切的。当然这"看到",或是真实地看到,或是仿佛看到。这对凭借形象认识世界的儿童来说,该是何等的重要而合适!所以我曾经提出"让艺术走进教学"。"美"不仅属于艺体学科,同样属于语文、数学、科学、思想品德。因为艺术是"直观"的,是"能观"的。图画本身是空间中静的美,音乐是时间中动的美,而戏剧则是生活时空中动静结合的美。教学的美感性,正是可以通过图画、音乐、戏剧这些艺术的直观与老师的语言描绘相结合,来再现教材描写的、表现的、含蕴的美,让儿童经历作家创作时或编写者撰写时进入的那个情境。这样图画中的色彩、线条、形象,音乐的节奏、韵律,与教材所表现的、所阐述的、所涉及的相关情境是相吻合、协调的。

如《桂林山水》是一篇描写祖国河山美的散文,若仅仅是通过内容的分析、词语的解释以及一道道没有实际价值的习题的抄练,这类抽象的缺乏美感的教学手段,要使儿童在进行认知活动的同时获得智慧的启迪、情感的陶冶,那是很难的。而美感性的教学,运用艺术的直观,使学生的所得就丰富多了。当老师创设"假想旅行"的情境把学生带入桂林时,老师描述着"到了桂林,呈现在我们眼前的山光水色,就像一幅图画",随即出示一张放大的课文插图。学生带着追求美的目光,欣喜地看着,入情地听着,老师以导游的身份范读课文。为了让学生感受漓江宁静的美,老师把情境延续下去,并加以强化:"漓江之畔,有好些小船正等着我们呢!老师和你们一起坐上小船,轻轻地摇荡在漓江上,那真是'荡舟漓江'。让我们眯着眼看看这图画般的美景,想象漓江的水怎么静得不觉得它的流动。"学生轻轻地哼唱《让我们荡起双桨》的曲子,视觉感受的是美的图画,听觉、运动觉感受的是优美的乐曲,音乐的旋律丰富了视觉的感受。在这优美的情境中,学生的想象悄然展开。少顷,老师悄声地问:"你们听到漓江水流动的哗哗的声音了吗?""听到了漓江淙淙的流水声吗?""潺潺的呢?"孩子们在此柔美的情境中,不想高声语,只是轻轻地摇了摇头,沉浸在漓江宁静之美的体验中。教学手段的美感使学生身临其境。课文的意境体验到了,课文语言的神韵感悟到了,热爱祖国河山的情感得到了陶冶。正是由于美感的作用,学生兴致勃勃地读着课文,品味着语感,主动地甚至是忘我地倾向教学过程,这种学习活动是美的享受。又例如低年级思想品德课,要对学生进行尊老、爱老的教育,老师倘若用讲解、告诉的手段,必然收效甚微。老师通过师生扮演角色,运用戏剧的直观,在"我想奶奶"、"我和妈妈去商店为奶奶准备礼物"、"我和妈妈乘车去乡下看望奶奶"、"我看到了奶奶问好、交谈,帮助奶奶做事"等一系列场景中,进行行为训练。这样不仅内容是美的,形式也是美的。不仅培养了孩子对老人的亲近感,而且让孩子感悟了"应该关心老人"的道理。这样借助美也可使道德课走出一条"克服说教"、"重在陶冶与实践"的新路。正如马卡连柯所说的那样:"既然每个人先天固有的对美的追求是最好的动力,那么利用它,就可以使人变得文明。"不仅如此,教学手段的美感性,所呈现的画面形象,连同整个情境作用于儿童的感知觉;儿童多种感知觉的综合丰富,又必然丰富了儿童的表象,激活儿童的思维、联想、想象、情感的活动,真是"一举多得",其益无穷。

三、运用美的教学语言

美的教学内容、美的教学手段都要凭借富有美感的教学语言去体现。教学语言对儿童的感觉的活动、思维的活动、情感的活动都起着主导与调节支配的作用。儿童心的琴弦,往往是美的教学语言拨动的。老师语言表达得美与否,其效果是大不相同的。对老师的语言,学生可以是无动于衷,也可以是感动不已;可以是味同嚼蜡,也可以是如饮甘泉。例如,《太阳》是一篇说明文,本身没有形象、没有情节、没有人物活动,但是这个给人类带来光明的生气勃勃的天体,本身便是美的。老师便从孩子已经获得的关于太阳美的表象,组织语言将孩子带入一个新的令人神往的境界:"太阳,我们每天都看到。早晨,它从东方升起,把光明带给大地;

傍晚，它从西边落下，黑暗便来临。太阳对我们来说好像是熟悉的，其实又是很陌生的，因为太阳的真实情况我们知道得还太少，需要一代又一代的老老少少的科学家去研究它，揭开它的奥妙。"学生听着、听着，若有所悟。老师富有美感的教学语言让他们感到亲切而愉快，同时又不知不觉地产生了对太阳真相的神往，带着一种理性的探究的热情投入教学过程。美的教学内容、美的教学手段都要凭借富有美感的教学语言。由此可以断言，如果老师的教学语言缺乏美感，那就很难让学生感受教材之美，没有美的感受，又怎么产生感动？苏霍姆林斯基指出，要用"人类教育最微妙的工具——言语去触及人的心灵最敏感的角落"，让"教师的言语成为强大的教育手段"。具有美感的教学语言，往往再现了教材描写的美的情境；或是联系了儿童的生活经验，激发了他们的美感；或是利用儿童的联想、想象，把他们带入他们向往的境界；或是引导儿童对美的实质进行理解，对教材语言美进行鉴赏，以及对教材表现的"美"与"丑"进行评判。总之，富有美感的教学语言，要么让学生感觉到美，要么让学生联想到美，要么引导学生去追求美，要么启发学生领悟美。这样富有内容美的教学语言，也必有其美的形式，其用词造句应该是十分讲究，力求形象、生动，富有感染力的。正如德国教育家第斯多惠指出的那样："教学的艺术不在于传授的本领，而在于激励、唤醒、鼓舞。"教学语言正是被包含其中。

四、表现美的教师仪态

在课堂上，教师教给学生的不仅是教材的内容，教师还是儿童心目中的智者、示范者、敬爱者，甚至是权威者，这么一个在儿童的眼睛看来最鲜活的、应该辐射着美的人物形象，是连同教学内容、教学手段、教学语言，作为一个整体让学生感受其美的。因此，教师的形象同样应该渗透着美，焕发着美；仪表、体态都应该是美的，具有美的感染力。然而，这种仪态美并不是刻意装点的，而是教师对教材的理解、对学生的热爱、对崇高美的境界的追求的一个综合反映，是自然的流露，即所谓"风格即其人"。让学生看着教师的模样，听着教师美的语言，感受着教师美好的情感，所有这些交织在一起，使儿童从中获得一种鲜明的、亲和的美感。

教学的美感性，通过显现美的教学内容、选择美的教学手段、运用美的教学语言、表现美的教师仪态诸方面，构成的一个多向折射的"审美心理场"。儿童作为审美主体，在与审美客体的相互作用中、在审美愉悦中，获得素质的全面和谐的主动发展。

（本文发表于《人民教育》1998年第4期）

情境教学：儿童学习语文的高效能的途径

女士们，先生们：

我们来自祖国各地的语文界的同行，汇聚在这美丽的维多利亚海湾，相互交流，共同研究我们所致力的小学语文教学。小学语文教学丰富的内涵、无穷的魅力，极大地吸引了我们一代又一代的语文教育专家、老师，去实践它、研究它。我们都为了小学语文教学，为了孩子们学好母语，正在奉献或者已经奉献了青春，奉献出人生最美好的黄金岁月。这是因为小学语文教学太丰富，小学语文对孩子一生的影响太大了。所以，我们都不遗余力地去寻求一条高效能的提高孩子语文素养的途径。

我们清楚地看到，多少年来我们的小学语文教学，采用的是灌输的方法，是发胖式的分析，学生处于一种被动吸纳的位置，教学显得抽象、单调，因过于理性而缺乏情感。这样学生学起来，必然是枯燥乏味的。结果是花了很长时间，用了很大气力，母语仍然没学好，这就造成小学语文教学"耗时多、效率差"的弊端。我们为此而苦恼、忧虑，但是我们没有消极地哀叹，而是采取了一种积极的姿态去寻求出路，从改革中找出路。于是这二十多年来，在我们的小学语文园地里可以说是百花齐放、繁花似锦。

我在小学语文园地里已辛勤耕耘了四十多年，至今还乐此不疲。四十多年来，尤其是改革开放后的二十年来，我一直在追求一种能顺应儿童天性的小学语文教育的完美境界。那就是儿童在学习祖国语言的过程中，潜在的智慧得到发展，审美情感、道德情感得到培养，精神世界日益丰富起来。这正是我，我想也是小学语文界的众多老师共同追求的境界。这种追求从昔日的朦胧，到之后日益清晰，到今天分外强烈。

20世纪70年代末,中国的教师遇到了千载难逢的机遇。我们每个人都可以在这宽阔的空间里一展宏图。也就在这时,我开始了小学语文情境教学的探索与研究。

首先我去研究儿童。在长期的教学实践中,我发现儿童都是爱美的,他们爱美的人、美的景、美的事、美的物。爱美应该说是儿童的天性。我还发现儿童都是多情的,他们的心中更可贵的是怀有最纯洁、最真切的情感,说"儿童是情感的王子"并不过分。我更了解儿童都是喜欢活动的。正是活动,让儿童迈开了人生的第一步;也是活动,让儿童获得健康的成长和发展。喜爱活动是所有儿童的共性。每一个大脑功能正常的儿童都潜藏着智慧,好奇心、求知欲使儿童的内心世界充满着走向未来的可贵的驱动力;而孩子的想象力更是令人信服,他们的思维是长了翅膀的,是会飞的。但是儿童潜在的智慧、创造的潜能,如不在早期开发,便会因抑制而弱化,以至像小苗上的新芽一样,因为得不到阳光雨露而枯萎。潜在的智慧,是儿童的一笔宝贵的财富。一言以蔽之,爱美、多情、爱活动、潜藏着智慧,是儿童共同的四大特点。

记得中国的先哲孔子说过,对于儿童,应该"顺其天性而育之"。用今天的话来说,就是要遵循儿童的成长规律进行培育。我深深地感悟到,"顺则成","逆则败"。而中国古代文论的"意境说",就特别讲究"真",讲究"美",注重"情",而且那神思飞扬的宽阔的思维空间,即所谓"思接千载"、"视通万里",这"真"、"善"、"情"、"思"正是儿童发展所需,是小学语文教学应该致力的。我感到"意境说"虽是古代文论、诗论,但是都可以为我所用,可以让我们从意境学中找到理论支撑。当然,我也从哲学,从现代心理学的暗示、移情、心理场找到理论依据,得到借鉴,构建了情境教学的理论体系和操作体系。

那么情境教学应该怎么去操作?概括起来是五方面:①以"美"为突破口;②以"思"为核心;③以"情"为纽带;④以"儿童活动"为途径;⑤以"周围世界"为源泉。下面略做阐述。

无数伟人、科学家成长的事实都表明,"美"在人的成长和发展中所起的作用无法估量。美的教育功能是全方位的:美能激智,美能发辞,美能育德。因为儿童都是爱美的,我便选择了以"美"为突破口。我觉得"美"是教育的磁石,这块磁石是拿起还是放下,教学效果大不一样。那么,怎么把孩子带到美的情境中,让他们感受教材的美呢?我想到艺术,想到音乐、绘画、戏剧……艺术总是充满了魅力,因为艺术是有形、有情的,是美的,所以我们常说是"艺术的享受"。于是,我想到教育应该利用艺术,让艺术走进小学语文教学,用图画再现,用音乐渲染,用表演去体会,用语言去描绘,创设美、智、趣的情境,使我们的教学"美"起来。

我们实验班的老师拿起"美"这块磁石,把学生紧紧地吸引过来,课堂教学上充满着美感,充满着师生间生命对话的勃勃生机,使孩子幼小的心灵得到润泽。教学实践表明,"美"的教育功能已经在不少老师的课堂上显示出来,并且发出了绚丽的光彩。

下面我想以《小小的船》一课为例,做具体介绍。

> 课文内容就四句:"弯弯的月儿小小的船。小小的船儿两头尖。我在小小的船里坐,只看见闪闪的星星蓝蓝的天。"

> 这首诗描写了小朋友向往登上月亮的美妙幻想,写得很美。如果是一般传统的教法,在教完生字后,就讲"什么是弯弯的月儿"、"弯弯的月儿像什么"、"小船是什么样的"、"'我在小小的船里坐'是什么意思"、"课文中的'我'在小小的船里看见了什么",如此问问答答、解释解释,再读读背背,一首诗就教好了。至于这首诗含蕴的美感,孩子望着月亮想登上去的那种对天体奥秘的探索,连同孩子的想象力、诗中叠词的语感教学等目标都落空了,而这些是教学这首诗应该给孩子的。运用情境教学,那就丰富多了。我从美入手,先利用儿童的经验——他们观看月亮是多么美。

上课时，我启发孩子回忆："小朋友，你们都喜欢看月亮吧！有时候我们看见这样的月亮（在蓝色的画纸上，出现一轮明月），有时候我们看见这样的月亮（出示一弯新月），这是什么样的月亮？"孩子们美美地说："这是弯弯的月儿。"这样导入新课，实际上就是利用再现生活的美来创设情境。

接着我描述："有一位老爷爷就把我们小朋友喜欢看月亮的情景写成了一首诗，今天我们就来学习。"孩子们非常高兴，学习动机也被激发起来了。在老师范读和学生自读课文、学了生字后，进一步学习课文。我充分利用黑板上已出示的蓝天和弯月的画面，在教学中启发孩子想象："这弯弯的月儿像什么？"孩子们非常活跃，有的说这弯弯的月儿像镰刀，有的说像小小的船，还有的说像香蕉……我又追问："那课文中的小朋友怎么说'弯弯的月儿'像'小船'，而不说像'香蕉'、像'镰刀'呢？"孩子们看看图，再读读课文，与同桌商量商量，顿然领悟："香蕉好吃不能坐，小小的船可以坐。""呵，原来课文中的'我'想上月亮，那么小朋友们想不想坐上去吗？"孩子们异口同声地说："想！""我也想！"

我随即允诺似的说："那好，现在李老师就带你们到月亮上去，坐上那小船。"孩子看着画面，我描述着："现在我们就坐在院子里，深蓝深蓝的天上，有月亮也有星星，那月亮弯弯的，多美呀！你看着月亮，月亮也在看着你。你看着看着，啊，这弯弯的月亮多像一只小船啊，飞上蓝天，坐上那小船，那该多好啊！"我轻轻地弹起琴，孩子们渐渐地闭上眼睛，进入无限美妙的登上月球的想象情境中……

片刻，我问孩子们："你们谁上月亮了？"孩子们兴奋地争先恐后地站起来说："老师，我上去了！""我也上去了。""我觉得身子轻了。"还有的说："我觉得我的腿变长了！"听了孩子们的这些回答，可以断定他们真的上月亮了！接着我说："哈，现在你们坐在小小的船上了。"我边说边把一个孩子的剪影插在月亮上，孩子们一个个喜笑颜开。随即我让他们进行"我在月亮里看见——"的句子训练。

在这具体的情境中，孩子们是以表达内心感受的方式说的：
"我在月亮上看见了闪闪的星星。"
"我在月亮上看见了蓝天。"
"我在月亮上看见了人造卫星。"
"我在月亮上看见了地球。"
"我在月亮上看见了长城。"

孩子们想着说着，体验到了登上月球的神奇和快乐。

到这时，诗的美感、广远的意境以及对探索宇宙奥秘的向往，孩子们都体验到了。孩子们再读全诗，那语调、语气都让你感觉到他们自己上月亮了，而且是课文中的那个"我"。这真是"人在情境中"，是"有我之境"，是"有情之境"，是"审美之境"。最后结合朗读，我再让孩子比较这首诗中有些词重叠和不重叠的差别。

"你们看看如果是'弯的月儿，小的船，小的船两头尖，我在小的船里坐，只看见闪的星蓝的天'，你觉得怎么样？"我一说完，孩子们都不约而同地笑了，觉得这样太没意思了，一点儿也不美。接着，我再让他们进一步体会："弯的月儿"、"很弯的月儿"、"弯弯的月儿"和"小船"、"很小的船"、"小小的船"，让他们读读比比。他们初步感受到这些形容词重叠以后程度加深了，或是更弯了、更小了、更蓝了，而且变得可爱了。很显然，这就是语感的教学。

从这儿看出，同样上一课，运用情境教学教这篇课文克服了传统的单一、注入、抽象、低效的弊端，学生在情境中进入角色，主动地读书、思考、想象、体会。这样不仅使学生学习了诗歌语言文字的含义，而且培养了孩子的语言素养、审美情趣、思维想象能力，获得了高效能。

其实在学生眼前再现的情境，是课文本身就有的，叶圣陶老先生写这首诗时，自己的脑海中一定会出现蓝天上的新月、小船，小朋友看着月亮展开想象，进而飞上月亮的一系列情境。情境教学便是运用孩子们喜闻乐见的图画、音乐、舞蹈、角色扮演这些富有美感的手段来创设课文描写的情境，加上老师必要的语言描绘，把孩子带到作家创作的那个情境中，让孩子感受到诗的真切、美感和广远的意境。事实上，我们课本上的课文都是有情有景的，在作家创作、构思这些作品的时候，他们自己首先进入了他们想描写、想叙述、想抒发以至想议论的那个情境中。简言之，"情境"并不是外加的，而是教材本身就含有的。

当孩子学习《日月潭》时，让孩子从中国地图上找到台湾，告诉孩子这是祖国的一个美丽的宝岛。首先在孩子眼前展示一幅放大的插图，运用假想旅行的手段，老师热情地描述着："日月潭是台湾岛上非常美的地方，现在我们坐上飞机，四个小时后就到了台湾。"老师用语言引导孩子来到阿里山下，来到日月潭边，同时播放台湾民谣，那图画不再是静止的画面，随着音乐的旋律，孩子真的看到"像圆圆太阳"的"日潭"、"像弯弯月亮"的"月潭"和"像玉盘中的明珠"的"小岛"。日月潭山上的景色可以引导孩子自己以导游的身份去介绍，这种真切感便产生了亲切感。由"美"产生"趣"，真所谓"有情有景"、"情景交融"，孩子真正领略到了日月潭的美，热爱祖国、热爱宝岛台湾的情感也在其中得到初步的培养。然后让学生比较：如果课文上说"小岛把潭分成两半，一边叫'日潭'，一边叫'月潭'"，不也可以吗？现在加上"'像圆圆的太阳'，叫'日潭'；像'弯弯的月亮'，叫'月潭'；小岛像'玉盘中的明珠'"这些比喻句有什么不一样？虽然不跟孩子讲知识、讲术语，但是在情境中，孩子通过读读比比就能领略到课文语言的美。其实语感的教学，对语言美的欣赏，也正是从这儿起步的。

如果我们在教学时，仅仅是识字、解释词语、分段、概括段落大意，揭示中心思想，分析道理，加上习题式的训练，那显然是对课文的肢解和扭曲，学生是不可能从中体会作品的思想情感，也无法感悟语言的神韵的，所以新课程标准强调小学语文教学重在熏陶、感染，引导学生体会作者表达的情感，从整体上提高学生的语言素养，是很有道理的。情感的激起、情感的体验，都有一个共同的前提，那就是要有形象。没有形象的感受，就没有情感的激起，所以在情境教学中，由于情境的再现，学生仿佛看到了课文中描写的形象和场景，仿佛听到了课文中人物的对话，甚至是课文描写的鸟叫、阵阵树叶的飒飒声，这就进入了"其人可见"、"其声可闻"，所谓"如临其境"吧！我认为只有看到了、听到了，才谈得上感受，也才能激起情感。这就把课文语言文字符号与形象结合起来。王国维就说过"真正之知识唯存于直观"，加上我们老师情感的传递，教学语言的调节支配和唤醒、激励，从而引起学生的共鸣，学生的情感被激起，儿童的主体性得到充分调动，甚至是情不自禁地投入教学活动中。

这样的情景交融就使儿童的认知活动与情感活动结合起来了。这种结合，使儿童的认知活动因为情感的参与而成为主动地，甚至是一种情不自禁的驱动。因为主动，从中获得学习的快乐，越是快乐，就越是主动；另一方面，这种结合，使语文教学应该培养的情感素养、人文精神也在系统的认知活动中得到落实。这也是新课程标准强调的语文学科的基本特点就是工具性与人文性的结合，也只有这样才能获得语文教学的高效能。

在这种结合中，在情境教学的操作中，教师的情感是火种，是点燃情感的火苗，教师利用情感的渗透，去传递作家在作品中抒发的情感，进而引起学生情感的共鸣。情感是纽带，它联结、拉动教师与学生、学生与教材、学生与学生，从而缩短了教师、学生、教材之间的心理距离。让教育、让课堂充满情感，是情境教学最大的特点。

教学活动一旦触及儿童的情感领域，必然会获得意想不到的效果。我深感到，语文以及思想品德、艺术的教育，都是情感熏陶式地进行的，这对儿童意识的形成，起着潜移默化的作用。要让情感进入学校，进入课堂，渗透在每个学生的认知活动中，使学生成为真正的主体，并在其中获得高效能。

思维是核心，正如我国台湾学者所讲的，在教学活动的背后学生的脑袋瓜子在做什么，这是最关键、最本质的。情境教学提出以思维为核心，提倡为了儿童的发展倾注真情的期待，让学生从教师的爱中获得信心、获得力量，使学生的思维活动处于最佳的心理状态，最终迸发出智慧的火花，让学生体验到自信，感受到动脑的快乐。在教学中，我们在词的教学中，发展学生思维的准确性；在修辞的教学中，发展学生思维的形象性；在篇章结构的教学中，发展学生思维的逻辑性；在想象性的教学中，发展学生的创造性，尤其是利用广远的意境，启迪学生的想象，让学生的思维在宽阔的空间里、在宽松自主的情境中，积极思考，乐于思考，学会思考，学会创新。

除课堂教学外，我们让学生走向大自然，走进社会生活中光明美好的场景和人物之中。春天，我们带孩子去找春天，到小河里去捞小蝌蚪，去田野上、小河边采野花，感受默默无闻的野花的无穷生命力。秋天，我们和孩子一起去拾落叶，捡起秋姑姑留下的美好影子。秋夜，我们带孩子在小河边看月亮升起。孩子看着月亮，说着嫦娥、小玉兔，说着环形山，说着宇宙飞船在月球登陆的情景。晚风中，孩子看着月亮，浮想联翩，神话的虚幻与科学的真实交融在一起，美不胜收。初冬的日子里，我们一起看雾中的远景，看太阳怎么揭开雾给大自然笼罩的面纱。到了高年级，我们又登上家乡的高山，看太阳从东方升起，感受日出气势的磅礴，并激起对光明美好事物的向往。美的感受，使儿童感到无限愉快，产生热爱的情绪，激起他们表达的欲望，所谓"情动而辞发"，孩子们便写出一篇篇精彩的习作。我深深地感到在这优化的情境中学习，既是美的享受，也是智慧的启迪，更是对祖国语言文字的学习和运用。

由于情境教学具有高效能，所以祖国内地的实验班已发展到 1000 个，有些虽不是我们的点，但是众多老师在课堂上正在运用情境教学，尤其是新的语文课程标准颁布后，广大老师更感到情境教学与新课程标准的一致性，感到可以通过运用情境教学，更好地实施课程标准，促进儿童素质的充分发展。

在 20 世纪 90 年代，情境教学已经从小学语文走向其他学科，从课堂走向课外，走向家庭，发展为情境教育。情境教育充满着生命力，前景是美好的。请各位专家、老师指正！

（本文为 1998 年在香港"中文科课程教材教法国际研讨会"上的演讲）

把握语文学习的规律　致力于学生语文素养的整体提高

当我第一次读到试用修订版《九年义务教育全日制小学语文教学大纲》（以下简称《新大纲》）时，便有一种全新的感觉。《新大纲》切中时弊，充满了时代气息，以育人为本，着眼于学生发展。它是小学语文教学实施素质教育的指南，既有原则、有规定，又留有余地，给我们很多的启示。在此，我作为《新大纲》的一个积极学习者谈谈心得和认识。

一、只拼不默，多识少写，让学生在启蒙教育中获益更多

《新大纲》进一步明确了汉语拼音教学的功能和教学要求。新中国成立以来，汉语拼音的教学要求不断变化。20世纪50年代初期的大纲，对汉语拼音几乎没有具体要求；1956年和1963年颁发的大纲，也只谈到"识字课开始就教拼音字母，教儿童掌握拼音字母的读法、拼音和声调"，并"用来正音"；而1978年颁发的大纲，则提出"重视和学习汉语拼音，也有利于为将来实现汉字拼音化打下基础"。可能是基于这样的指导思想，1992年颁发的大纲的相应要求明显提高，不仅要求"认识字母"、"直呼音节"，而且要求"能默写声母、韵母"。由于要求偏高、内容偏多，所费课时竟达8周，占据全学期2/5的时间。如此单调的内容、漫长的教学过程，学龄初期的儿童怎能不感到枯燥乏味？学生对新的学习生活普遍感到失望也就在情理之中。而《新大纲》不仅删减了直呼音节的要求，而且把"能默写声母、韵母"的要求降低为能"正确书写"，即只要求会写，而不要求默写。

这样做是否合理呢？撇开汉字拼音化的方向，学习汉语拼音的目的应该是十分明确的，那就是三条：帮助识字、学习普通话、查字典。如此，

有什么必要要求默写呢？又为什么要求直呼音节呢？现在我们越来越清楚地看到汉字是中华民族文化的瑰宝，它在国际上的地位也日益提高。汉字作为表义的方块字，它的美感、它的内涵、它的凝聚力，在弘扬民族文化方面都有着无可替代的作用。它对提高学生的阅读速度及开发人的右脑，都有着独特的优势。

而识字方面，《新大纲》在原来的基础上提高了要求，具体说就是识字数从原来的2500个增加到3000个，但要求学会的仍是2500个，提出了"学会"和"会认"两种不同的要求。这样的安排我认为是适当的。我们不妨回顾一下，1963年大纲中识字量是3500个，1978年降为3000个，1992年又下降到2500个；一、二年级识字量从1963年的1800个、1978年的1700个降到1992年的1250个，也就是说，减少的500个字主要是从一、二年级中减去的。低年级学生识字量的锐减，必然直接影响学生早期阅读能力的发展，影响学生信息量的获取。识字是学生学习的基础，及早掌握大量的字词，对学生的发展具有不可估量的作用。因此，《新大纲》规定低年级识字量由原来的1250个增加到1800个，恢复到新中国成立以来低年级最高的识字量，以这样的量来满足学龄初期儿童阅读的需求。事实表明，到二年级学生认识了1800个字，一般的儿童读物、生活中常见的信息，连同本年段数学、思想品德等教科书，学生基本上都可以自己读下来。识字量虽提高了，但要达到会写的字仅1200个左右，比1992年颁布的大纲的要求还少50个。这样安排既可以促进儿童早期发展，又不至于增加儿童的负担。

《新大纲》对汉语拼音和识字的教学要求，该降的降，该增的增，辩证而统一，一切从学生的发展出发，使学生在启蒙教育中获益更多。

二、少做题，多读书，让学生在积累中打下读写的基础

《新大纲》很突出的一点，就是强调了语言材料的积累，为此还有量化规定，要求背诵的优秀课文不少于150篇（含课文），课外阅读总量五

年制不少于100万字，六年制不少于150万字，这是新中国成立以来历次颁布的教学大纲都没有明确提出过的。我认为这样的要求，既汇集、继承了我国传统语文教学的精华，又纠正了近年语文教学中"多做题、少读书"的种种弊端，还考虑到信息社会、学习化社会对学生的要求，通过切切实实多读书，增加语言积累，为学生的读与写打下扎实的基础。曾几何时，语文教学走进了"练习多、读书少、注重烦琐分析"的怪圈，增加了学生的过重负担，劳而无功，得不偿失，学生苦不堪言，其危害一言以蔽之："耗时多，得益少。"从根本上讲，这样的语文教学是忘记了我们的教学对象是人，是活生生、有着潜在智慧、充满情感的人；忘记了我们教学的最终任务是让学生的个性健康发展。许多触目惊心的悲剧的发生，与这种忘记了学生作为人的需求的灌注式、划一、强制的教学不无关系。语文教学已经到了非改不可的地步。

出路在哪儿？《新大纲》提出的"少做题、多读书"，为语文教学改革提供了一个极好的便于操作的切入口。我以为这才是语文的学习，母语的学习；这才是语文的教学，是中国语文的教与学。凡是搞过语文教学研究的老师都明白，没有一定的阅读量是学不好语文的。中国古代及近代许多大学问家有关读书的阐述太多了，无论是阅读对写作的影响，对丰富人生的作用，还是对人的智慧的启迪，对人的情操的陶冶，前人都有许多精辟见解。书读多了，见识长了，视野开阔了，书中的遣词造句等表达方式，会化为学生口头语言和书面语言的一部分，还可以达到"读"中学"读"，"读"中学"写"，"读"中学"做人"。多读书可以有效地为学生的读写、学生的发展打下基础，这是无可辩驳的事实。新中国成立以来，许多优秀教师的教学经验都验证了这一点。20年来，许多先进的语文教学实验，基本上都有各自配套的"阅读课本"、"自读课本"、"补充阅读"，其目的都是从扩大阅读量入手，来获得语文教学的高质量，从一定的"量"中读出"质"来。因此，这一次《新大纲》强调的语言积累的精神，遵循了我们国家从古至今提高语文教学质量的共同规律。

就拿我的教学实践来说，20年来，从我教的一个实验班、一个年级，到全校乃至全省各市县的试点班，在课堂上都采取以主篇带次篇，将现行教材与自编补充阅读教材组成单元，采取"多读、少讲、精练"的教学方式，加快教学速度，增加教学容量。在教完通用教材的同时，每学期多读一册，5年多读10本约80万字，有效地提高了学生对语言的感悟及表达能力。学生在自主阅读中学习精读，学习浏览，像小蜜蜂一样博采众长，和好书交朋友，感受读一本好书仿佛是和一个高尚的人谈话的美妙滋味，并由此攀登人类进步的阶梯。

值得注意的是，《新大纲》的"少做题、多读书"并不是封闭式的关起门来死读书。《新大纲》提出"要充分利用现实生活中的语文教育资源，优化语文学习环境，努力构建课内外联系、校内外沟通、学科间融合的语文教育体系"，这就引导我们用大教育的观点、多元化的思想构建小学语文教学新体系。小学语文教学必须打开教室的门窗，走出校门，让孩子呼吸新鲜的空气，欣赏丰富的闪动着奇光异彩的生活的画面。我在进行情境教学实践与研究中进行的"四结合大单元教学"，就是努力把"文"与"道"结合、"读"与"写"结合、"训练语言"与"发展思维"结合、"课内学习"与"课外活动"结合，把"四结合"的八个方面沟通、融合起来，拓宽了语文教育的空间，从而丰富了语文教育的资源，为学生进行语文教学实践活动开辟了丰富多彩的宽广课堂。

三、体会情感，培养语感，让学生在阅读中受到人文精神的熏陶

小学语文作为人文学科，对学生心灵的影响是极其深远的。这是因为小学语文本身蕴含的理念和情感，对学生的情感、态度会产生潜移默化的作用。《新大纲》明确地提出了"培育学生热爱祖国语言文字和中华优秀文化的思想感情"、"培育学生的创造力，培养爱美的情趣，发展健康的个性，养成良好的意志品格"的育人目标。那么，如何通过小学语文去培养学生的人文精神，以落实影响学生精神世界的教育目标呢？

我们注意到《新大纲》中，多次提到"揣摩文章的叙述顺序，体会作者的思想感情"，"领会有一定内涵的词句，体会作者表达的思想感情"，并在"教学中应该注意的几个问题"中又进一步提出"语文教学要注意知识、能力、情感之间的联系"，"注重语言的感悟"，"从整体上提高学生的语文素养"。这就纠正了过去把语文教学肢解为一个一个的"线性逼近的知识点"的弊端，使语文教学成为一种和谐而丰满的文化精神熏陶。我以为《新大纲》反复强调"体会作者表达的思想感情"，不仅体现了人文学科的特点，也为我们小学语文达到《新大纲》提出的培养学生人文精神方面的目的，展示了一条途径。正如参加大纲修订的专家们指出的那样，情感是语文教育的"渠道"、"灵魂"和"根"。怎样体会作者表达的情感，从整体上提高学生的语言素养呢？看来首先少不了一样东西，那就是形象。没有形象的感受，就没有情感的被激起；没有形象的阅读教学，必然成了抽象的单纯的符号活动，这既违背了学生的认知规律，也违背了语文的教学规律。因此，我们要设法让学生能"看到"或"仿佛看到"课文中描写的形象和场景。于是，我大胆提出了"让艺术走进语文教学"的观点。其实，语言和艺术本是同源的，将艺术中那些为学生喜闻乐见的形式拿过来，为我所用进行教学，完全是可能的。例如，用图画再现课文内容，用音乐渲染与语文相似的氛围，帮助学生想象课文描写的画面；用戏剧的形式让学生担当角色、扮演角色，利用角色的新异感激起学生的学习情绪，使学生更深切地理解课文中角色的思想、情感、语言和行为。实际上，这就是想方设法让学生感受到语言描写的形象。只有感受到形象，从形象获得"整体感知"，才能动情，进而获得"感悟"。这让我很自然地联想到由"感"字派生出的和语文教学相关的"感受"、"感动"、"感染"、"感悟"、"感情"等一连串的词儿，"感"字均在前，由此我们是否可以把它们理解为"感而受之"、"感而动之"、"感而染之"、"感而悟之"、"感而生情"？如果"无所感"，又如何"受之"、"动之"、"染之"、"悟之"？又如何"生情"呢？由此看来，展示形象、强化感受是首要的。王国维先生说得好,"真正之知识唯存于直观",通俗地说,就是课文描写的形象让学生仿佛能看到、听到、触摸到,他们的感受就真切了,情感才能被激起。小学语文课本正是针对儿童是通过形象认识世界的心理特点来选编课文,以情造文。而"教材—学生"之间情感交流的桥梁便是教师的情感,教师用自己的真情拨动学生心灵的"情"弦,用真情去点燃学生情感的火苗,所谓"以情动情",教师把教材字里行间的情感传到学生的心里,引起共鸣。总之,倘若学生看不到形象,就无从体会文章的思想感情,更谈不上被激发起相应的情感、培养道德情操和审美情趣。而要让学生真正体会课文的情感,可以进行如下四点尝试:再现课文描写的形象,抓住内涵丰富的语句进行咀嚼,进行多种形式的表情朗读,落实语言的综合训练。

在这里应特别强调的是,形象感受到了,情感被激发起来了,必须及时甚至同时进行语言的感悟、积累和运用,包括培养语感的训练,也就是必须把语言的学习落到实处,以体现《新大纲》的"语文教学要注意知识、能力、情感之间的联系"。这里的"联系"应是相连、相通、相互作用,最终融合在一起。只有这样,语文教学才能培养学生的人文精神,学生也才能学好、用好语言文字,语文的素养才能从整体上得到提高。

四、热爱生活,展开想象,在习作中开发潜在创造力

《新大纲》明确提出在习作中,要求学生"把自己的见闻、感受和想象写出来"。而学生要有所见闻、有所感受,教师必须引导学生留心周围事物,促使小学生作文与儿童生活贴近,并让学生在获取作文题材的同时,一步步认识周围世界。多年来,因为应试教育的误导,小学作文教学早已远离儿童的生活,各种怪题偏题让小学生煞费苦心,各种追求形式的写作技巧、写作方法训练,让小学生表达时不知所措,或者矫揉造作,言不由衷。实践证明,这样的习作训练,要想使学生的创造力得到发展,学生的思想感情得到陶冶,必然是缘木求鱼,所以《新大纲》特别强调

"教师要激发学生对生活的热爱",这是影响整个作文教学质量、扩大儿童视野、培养儿童美好的精神世界的出发点。

要激发学生对生活的热爱,就必须带领学生到生活中去,去发现生活中的美,去留心观察周围世界,获取作文题材,使习作有感而发。无论是苏霍姆林斯基的"观察是智慧最重要的源泉",还是孔子的"多见而识之",都主张留心观察、增长见识。近20年来各地的作文教学,虽模式不同、风格各异,但强调丰富生活、观察世界是共同的。

在《新大纲》实施过程中,教师是关键。因而非常重要的是,教师要满腔热情地投入生活,用孩子的眼睛看世界,有一颗永不泯灭的童心,觉得生活是美的、是充满乐趣的。具有这样的情感素养,对生活抱着这样积极态度的教师,才能唤起学生对生活的热爱。

在观察的现场中,是很易于激起学生的想象的。《新大纲》中多次提到"想象":习作要把"自己的见闻、感受和想象写出来",到高年级能"写纪实作文和想象作文"、"要鼓励学生写想象中的事物,激发他们展开想象和幻想"。《新大纲》为什么把"想象"提到这样重要的位置?原因很清楚,那就是要让学生可以不受任何限制、无拘无束地表达自己的思想,从而激发学生潜在的创造力。这就抓住了学龄阶段儿童最可宝贵的思维品质:爱想象、爱幻想,而且善于想象、善于幻想。在孩子的心目中,一切都是活的,都是有生命的,都是可以和自己对话的;一切都是动态的,是可以根据自己的心愿变化的。在他们的心目中,想象中的仿佛就是真实的,幻想也是可以变成现实的。过了孩童时期,要他们如此想象就不易了。激发想象是诱发小学生潜在创造力的有效办法。习作本来就是一项富有创造性的作业,我们倘若忽略了儿童爱想象的心理特点,就等于扼杀了儿童的创造;何况没有想象,也写不出真正富有童趣的习作。孩子的笔,就应该写孩子的话。

想象的展开,让儿童的习作渗进了童真、童趣,他们"想入非非",写起来其乐无穷。我从1979年起,就让实验班的孩子在读二年级时,开始写第一篇想象作文《小鸭子奇遇》，让他们喂养小鸭子以后，仔细观察，想象小鸭子离开我们后的种种遭遇。在三年级学了《珊瑚》《富饶的西沙群岛》《海底世界》这些课文后，我让孩子写《海底世界漫游记》，他们从课堂习作到写观察日记及连载、续写，兴致勃勃，足足写了两周，想象让孩子们的习作竟然达到欲罢不能的境界。到了高年级我继续让他们结合阅读、结合生活写想象作文：《大力士比武》《凡卡的信发出去以后》《贝多芬回到旅店……》《我想象中的中队长》《想象性摄影活动》，等等。这些作文，让孩子插上了想象的翅膀。读着孩子们的习作，感受着他们的灵气、悟性和创造力，真是一种美的享受！

当我联想到以上这些教学片段时，更觉《新大纲》强调想象的必要和有效，它适应了时代注重学生创新精神、创新能力发展的趋势。应该说在小学语文教育中，小学阅读教学，尤其是作文教学，是培养发展学生创造力的重要园地。作为小学语文老师，应带着时代赋予的使命感，主动占领这一块园地，让儿童的潜在创造力绽放出绚丽多彩的智慧花朵。

（本文发表于《人民教育》2000年第9期）

教育的灵魂：培养学生的创新精神

无论是一棵大树，还是一朵小花，最初的生命都是一颗小小的不起眼的种子。种子潜在于土壤中，饱孕着可以萌发、可以成长的生命力。倘若我们把人类的灿烂文化、科学技术的成果，比作参天的大树，比作绚丽夺目的花卉，那它们也同样是从一粒种子萌发起来的——那是蕴藏着无限创造力的种子。

每个大脑发育正常的孩子都孕育着创造力，如同一粒沉睡在土壤中的等待萌发、急切盼望破土而出的种子。那么，我们就得为这一颗颗珍贵的种子培育土壤，唤醒催发，提供支撑。随着现代教育理念的兴起，教师已不再仅仅是一般意义上的知识的传授者，而是播种者、唤醒者、鼓舞者——去播撒创新的种子，去唤醒创新的潜能，去鼓舞创新的志向。

多少年来，人们总是习惯地把教师美喻为"园丁"，其实，我以为农民的耕作，会对教师有更深一层的启发。农民，首先是一个播种者，为了种子的发芽，早已把土地深耕细作，施好底肥；为了种子萌发，培育好土壤。应该说农民的劳动，对今天教师培养学生的创新精神是很有借鉴意义的。

当然，小学生的创新，与科学家、艺术家以及能工巧匠的创新是有着很大差异的。小学生的创新不像专家那样，有一种使命感，有一种责任感，有一种强烈的事业心；也不能像心理学家分析的那样，创新要经历充分的准备、长期的酝酿，然后在瞬间产生顿悟，最终获得创新的成果。小学生的创新是在有意无意间进行的，他们在课堂上不可能有什么显赫的创新，因此小学课堂教学创新能力的培养，主要是培养一种创新的精神、创新的愿望、求异的思维品质，让学生初步体验到创新的快乐。这样针对儿童特点、贴近儿童实际提出要求，教学中的创新教育就可为广大老师所接受，并随之在课堂上操作起来，在校园里蓬蓬勃勃地延伸开去。

我作为一名实际工作者，一名小学语文老师，多少年来一直追求语文教育的完美境界——让儿童在学习祖国语言文字的同时，获得一种审美的感受，以至全身心地沉浸其中，进而在广远的意境中想象开去，于是潜在的智慧、悟性迸发出令人欣喜的光亮。我想，这不就是在培养和发展学生潜在的创新精神、创新能力吗？

现在归纳起来，有几点值得一写。

一、在审美愉悦中培育创新的土壤，让思维进入最佳的心理状态

创新，是人的生命迸发出的最鲜活的、最富灵性的智慧的火花。即使是瞬间的，也是灿烂的；即使是粗浅的，也是可贵的。它与学生的学习兴趣、学习态度、敏锐的观察力、求异的思维品质、丰富的精神世界相关。而在这诸多因素中，能产生驱动、黏合作用的，便是美。

儿童对美有一种天生的需求，当他们看到一朵小花、一只飞蝶，往往会驻足凝视，并想获取它，那就是因为这小生灵的美，吸引着他们。美对于儿童确实有无穷魅力，甚至有一种强烈的感召力，凡是美的，儿童就会被吸引，就会沉浸其中，身心感到无限舒畅、愉悦。因为孩子作为审美主体，在审美感受中需求得到满足，因此产生欢乐感，思维也在无限自在的心理世界中积极展开，潜在的创新的种子就很易于在这宜人的审美场中萌动、发芽。

审美感受的愉悦，影响着儿童的想象、联想、情感及行为动作。一切教学活动中，美，无处不显示出一种积极的驱动，无处不产生对儿童智慧的启迪、对儿童心灵的润泽，因为美能激智，美能发辞，美能怡情，美能育德。美对儿童发展产生的全方位的功能是无可非议的，无数人才的成功案例都表明，美影响着人生，提升人的创新品质。孔子的"兴于诗，立于礼，成于乐"的思想，正是主张运用"诗"、"礼"、"乐"含蕴的美去完成大业。可见，美的作用非同一般。

我们常说"爱美之心，人皆有之"，但我们在教学中不但没有利用美，相反地却也常常在不经意间忽略了美，这不能不说是一种教育的"失策"。我也常常反思，情境教学、情境教育之所以能受到孩子的欢迎，逐渐走向成功，在很大的程度上是"美"的恩赐。在情境教育中，美作为手段，是促进儿童发展的"突破口"；美作为目的，是师生共同进入的境界。在教学实践中，我多少次、多少回地感悟到，美是培育创新种子的土壤。美感不仅是创造的动力，而且是审美创造物的要素之一。创新是人的情感与智慧交融的结晶，尤其在语文教学中，我们通过美不仅可以培养起学生健康高尚的审美情趣，而且可以通过美体现语文学科"工具性与人文性统一"的基本特点。也只有通过美，才有可能去熏陶、感染学生的幼小心灵，进而在学生获得美感的过程中，产生创新的欲望和动力。

那么在教学过程中，怎么使学生获得审美愉悦呢？那就要选择美的教学手段，运用美的语言，去再现教学内容之美，把学生带入美的情境中。

记得教《落花生》时，我在学生眼前展示一幅花生图：上面是青枝落叶，下面是埋在根部的落花生（先覆盖后揭去），加上角色扮演、表情朗读，让学生感受到花生埋在土里，绝不炫耀自己的那种内在的美，并由此启发学生联想开去，让他们写出自己熟悉的无生命的物体的品格。审美的愉悦，使孩子们美滋滋地想着，一个个十分兴奋，十分乐意，写出一篇篇内容各异、形式多样的小品文。这些文章光题目就有"石子"、"火柴"、"蜡烛"、"红"、"绿"、"石灰吟"、"太阳赞歌"、"铁"、"北斗星"等二十多个不同的题目，显示出全班学生的创新能力。与此同时，他们也感受到了创新的快乐。倘若教《落花生》没有让学生获得落花生含蕴的美感的经验；倘若习作时，又只是全班统一命题，没要求写出事物的美，那么，学生的思维状态就不可能到达如此兴奋的程度，习作也不可能如此五彩纷呈。因此，我们应该热情向往，大胆创造，让教学活动成为审美活动，因为教学活动的美，绝不仅仅是色彩、形体、线条，它在形式美的背后蕴藏着理念。一篇课文所描写的人物背后包蕴着他的精神世界，所描写的山川、田野、处所的美，或是展示着祖国河山的锦绣，或是显现出大自然的质朴，或是表现了异国他乡的风俗——那也是人类文化的一部分。"落花生"给予孩子的是大自然质朴的美，在此基础上通过补充《多美呀，野花》的散文，让他们感受野花默默无闻地打扮着大地的品格，这虽然是一种朦胧模糊的理念，但却使审美感受更加清晰明确。

再说带孩子去野外观察，在那个大自然提供的美的情境中，看到的是美美的，心里感受到的是甜甜的，于是想得远远的，很自然地甚至是快速地将眼前的景象与自己的经验中已经获得的映象进行新的组合。无论是看月亮，还是数星星；无论是采野花，还是拾稻穗；无论是看水洼中的小纸船，还是看浩荡长江的急流，都会令孩子们心驰神往，跳出一个个美的词、一串串美的句，思维进入最佳的心理状态。记得有一回，我带孩子去看桂花，野外教育按事先设计好的"寻桂花—看桂花—问桂花—捡桂花"的序列进行，在桂花的色、香、形的美好形象直接诉诸他们的感官后，孩子们创造表达的欲望被激发起来。我双手捧着他们拾到的桂花，相机引导，把他们带到草地上，让一个小姑娘担当桂花姑娘，我把桂花轻轻地撒落在她的头上——俨然一个美的桂花姑娘出现在孩子们的眼前："孩子们，在你们的想象中，桂花姑娘有着非常美丽动人的故事，现在我们大家一起来编桂花姑娘的童话，好吗？可以你一言我一语，可以你说上句，我再接下去说。"凉风习习，又送来阵阵甜甜的桂花的芳香，孩子们身心俱适，一对对想象的翅膀展开了。有孩子说："我想桂花姑娘原是个穷人家的姑娘。"接着又有孩子说："她受尽地主的折磨，勇敢地从地主家后院的小门逃出来。"他们竟然还想到"好心的风伯伯帮助了她"，而且让桂花姑娘"乘着清风一直飞向月亮"。更奇特的是，他们想到："桂花姑娘住在月宫里伴着嫦娥姐姐，却思念着人间，于是撒落下金色的桂花种，从此以后，大地上便有了桂花树。""为了不被地主发现，所以她躲在绿叶下，开出一朵朵金黄色的小花……"啊，天上人间，多么宽阔的思维空间，观察、思维、想象的融合，创造出一串串美丽动人的童话。他们静静地坐在草地上，久久不愿离去；他们沉浸其中，体验着创造的快乐。我坐在孩子们中间陶醉了，审美感受的愉悦让幼小的心灵迸发出如此惊人的智慧火花，我被孩子们的创造性震惊了。

我又想，即使数学、科学所揭示的一条公式、一个原理，都是漫漫人类文明史长河中的一撷浪花，那是人类创造美的结晶。我们在教学中，没有理由淡化美、忽略美，不仅如此，还应充分利用美、强化美。只有这样，我们的教学活动才能跳出昔日单纯传授知识的窠臼。

一旦创新的种子在丰厚的土壤中孕育破土而出时，学生就会努力超越自己。学生的审美愉悦，不仅成为催发创新种子萌芽的土壤，而且在审美愉悦中培养起来的创新精神，会影响儿童的整个精神世界和价值观念。美，是创新的出发点；美，让孩子走向创新。他们长大以后，会因为追求美的境界，而不惜代价地为事业、为民族、为人类去创造，真正地成为有益于社会的创新人才；而不是为一己的狭隘利益去创新，甚至利用创新不惜损害他人与国家的利益而酿成悲剧与罪恶。我以为这是我们今天培养创新人才的最终目的，所以从这个角度思考审美愉悦，作为培养创新精神的土壤又有其更为积极的深远意义。

二、在和谐的师生关系中激活创新的潜能，让情感点燃智慧的火花

中国的师道尊严是由来已久的。"师尊"则"生卑"。多少年来，一批又一批的学生，所表现的亦步亦趋、畏首畏尾，不敢逾越雷池的思维的禁锢，正是在那教师尊严的光环笼罩下，甚至是如同绳索束缚下的产物。这虽然不是教师的本意，但这种有距离、有鸿沟的师生关系，却严重地摧残了学生处于萌芽状态的创新潜能。

一般来说，老师总是爱学生的。只是爱得不一样，不少老师的爱，习惯为不溢于言表，而是以"严"去表现。具体说，就是"我教你，你得

认认真真地学；我说了，你就得听"，以"划一"、"听话"为"格"，为"对你负责"。这种传统的师生关系下，学生是以老师心中的"标准"为答案、为目标的。学生自己的思维、个性，在这种被动式的学习中被弱化，以至被磨灭，可以说，这是一种善意的误导。

师生关系的隔膜和不民主，必然会影响学生创新潜能的开发，这是许多善良的老师始料未及的。于是，在提倡创新教育的今天，努力建立起亲和的师生关系，以激活学生创新潜能的良好愿望，在许多老师心里已日趋急切，并且逐渐形成了一种理念，被注入自己的教育思想中去。这种理念大体包含三层意思：一是以培养学生的创新精神为己任，二是坚信每一个大脑功能正常的学生都具有创新的潜能，三是学生的创新精神连同创新能力是可以培养发展起来的。这样的理念一旦确立，在教学中就会顽强地表现出来。于是，老师的"爱"，便会以"宽"去表现——宽容、宽厚、宽松。"宽容是一种伟大的精神"，有了这点精神，老师不再是高居于学生之上的知识的传授者，不再是"唯我独尊"、"唯我独是"。我常常想，老师的职责应该是"唤醒+激励"。老师热情地唤醒学生创新的欲望，使学生形成动机，激发学生创新的潜能，并让其尽情施展。在此过程中，老师不断地给予肯定，为之鼓劲，在倾注期待、真情交融、合作互动中，使学生创新的欲望、创新的精神在持续的激励中不断得到强化，学生创新的潜能则得以激活。

1. 倾注期待

期待效应，在鼓励学生创新的现代，显然更有其普遍应用的价值。罗森塔尔的实验就是最有力的实证。名单上一些随意圈点的学生为什么会获得最佳发展，就是因为老师接受了实验者的暗示，情不自禁地倾注期待的结果，因为学生创新潜能的唤醒、激活、发展是需要自信的，老师的作用就是提供支撑。老师倾注的殷切的期待，会作用于学生的内心世界，学生从中获得力量，进而形成诱发和驱动，于是"期待"转化为"自信"。

老师对学生的期待源于爱和信任。美国心理学家西尔凡诺·阿瑞提就说过,"一个善良的母亲的爱,并伴随着认为孩子能成为一个有价值、有创造性人的那种信任"是创造力的前提,并指出"这个孩子会心力向内投射,他懂得分享母亲的情感,接受她的预言,他一定要证明她的母亲是对的。充满信任的母亲的形象,永远支持着他"。这一段话给我很大的启示,我们的学生不也常常向往着从老师那儿获得母亲般的爱吗?倘若老师也能像母亲一样倾注期待,从心底里就确信"我的学生潜藏着智慧","你行","他也行","个个都行",坚信他们都会成为富有创造性的人,那么学生每天在老师的身边领略到、感受到的正是他们所需要的支撑和催化。记得我教的实验班到二年级时,来了一个留过两次级的、父母在农村的学生。我想父母不在他身边,缺少关爱与督促,我得设法加以弥补。我对他的策略一是关心,二是信任。在这样的思想指导下,我对他的言与行,甚至目光,确实是情不自禁地流露出一种发自内心的爱,无论是上课请他读书、回答问题后给予肯定,还是课后有意让他帮我捧作业本、当我的小助手,都包含着一种信任,这给他一种力量。有一次他写了一篇短小的观察日记,错别字很多,语句也不太通顺,但是,当我看到其中的一句"我看见奶奶回来了,就挽着奶奶的胳膊回家去",我觉得这形象感人的言辞后面透露出这个孩子对奶奶的深情。我依稀看到这个一向被认为是学不进去的孩子,同样迸发出了智慧的火花。我欣然在这句话下面加圈加点,并在全班表扬了他的进步。此后在许多场合,我有意识地把任务交给他、表扬他,连拍电视节目也让他参加,他终于觉得自己也和大家一样,在班上能抬起头来走路了。两年后,他的学习成绩从"差"上升到中上水平,再从他的一篇篇习作,不难看出他同样潜藏着的悟性和智慧得到了初步的开发。我想,倘若我对他以"严"相待,以"常规"要求,他一定会越学越吃力,越学越厌倦,因为被动会使他丧失信心。

2. 真情交融

无论是创新精神还是创新能力,都是以思维为核心的,而思维是不可能不带情绪的。儿童的思维更不可能无动于衷,在漫不经心的状态下进行。思维的火花往往在于它的情感色彩。当智慧融进情感，认知进入情感王国，便会产生奇迹。因为情感影响着儿童的内心世界，可爆发出驱动力，因此，师生关系的和谐正是以情感为纽带的。真情的交融，使师与生双方都同时感受到教与学的无穷的趣味和自身无法估量的潜力，使教学活动进入师生对话、充满生命活力的完美的境界。

在这方面我的体验是很深的。我上课时，总是很自然地把自己的情感融进去，我觉得自己的心和孩子的心是相通的，情是联在一起的，我常常会和学生一样，忘掉了周围的一切。

记得上《冬爷爷的礼物》这一课时，我自己扮演冬爷爷，当我围上一条白围巾站在孩子面前学着老爷爷的嗓音，非常亲热地向他们问好时，孩子们兴奋极了，乐滋滋地应答："冬爷爷您好！"顿时，教师和学生的教与学的活动变成了冬爷爷和孩子们的对话，使语言训练、思维训练罩上了浓郁的情感色彩。仅仅是关于雪花有多少问题要冬爷爷回答时，孩子们一下子提出"雪花为什么这么白？"、"雪花为什么这么轻？"、"雪花为什么落到我的小手上就不见了？"、"雪花都是六个角吗？"、"雪花为什么是从天上落到地下，而不是从地上飞到天上的呢？"等十几个问题。实际上，这既是师生之间的情感沟通，也是心智的交融。它营造了一种师生间平等、亲和、融洽的教学氛围，在师生的对话、交流、沟通中，达到了从真情交融进入心智交融的沸腾状态，形成了教与学相互推进的合力，使学生在主动投入教学过程时情不自禁激活蕴藏的潜能，求异的思维品质和探究的精神都得到了充分的展示。

真情交融不仅表现在师与生之间，而且表现在师生情感与作者情感的共鸣中。"教材—学生"情感的桥梁便是老师的情感，教材蕴含的情感是靠老师去传递、去触发，从而使学生受到熏陶、感染的。例如在教《卖火柴的小女孩》后，为了加深孩子的情感体验，进一步激发孩子们对卖火柴的小女孩的关爱，体验今天生活的幸福，我让他们写了《假如卖火柴的小女孩来到我们中间》的想象性作文。当孩子们说到希望卖火柴的小女孩在什么时候来到我们中间时,一个个马上联想到他们觉得特别美好的日子:"我希望她在大年三十晚上来。""我希望她在我过生日的早上来。""最好在八月中秋来,那多美呀。""六一儿童节来,我们一起欢度节日。""在我们春游的时候来,让她和我们一起去找春天。"当讨论卖火柴的小女孩来到我们中间,我们怎么接待她时,孩子们更动情了:"如果在大雪纷飞的时候来,我给她穿上新棉袄、新皮靴。""如果她春天来了,我就把新毛衣给她穿;夏天来了,我就给她穿上漂亮的连衣裙。""我要把妈妈给我买的新书包送给他,我自己用旧的,和她一起去上学。""我要辅导老师把心爱的红领巾给她戴上。""我还要把她介绍给李老师,让李老师安排她坐在教室的第一排。"……真情的交融培养起孩子善良美好的情感,在孩子们真心地从各个不同的角度去关爱卖火柴的小女孩的同时,想象的翅膀也随之展开了,他们求异的思维品质也得到了发展。

每到此时,我常常被孩子的智慧征服,我深感美好的情感会使人变得聪明起来,情感在无意间激活了创新的动机,情感的火苗点燃了智慧的火花。

3. 合作互动

和谐的师生关系,很自然也包含着学生与学生之间的亲密友爱。班上每个学生都有各自的个性、各自的长处、各自的短处。在主体性的学习中,为了激活他们各自潜在的智慧,让学生在共同探究中相互学习、相互启发,他们在合作中求得互动,在互动中达到互补。课堂上孩子们你一言我一语地说着,你提问我回答,你不足我补充,你有错我纠正,你优秀我学习,你掉队我帮助,从而逐渐学会与他人合作,学会肯定别人,学会热情帮助别人,在这种亲和的人际情境中互动、互补。在这里我想引用在实验班三年级时上口头作文《我是一棵蒲公英》的一段实录:

(老师的启示,唤醒了孩子的想象)

生:我要介绍我家的常客,蝴蝶是我家的常客。

生：（得到启发）蜜蜂也是我家的常客。

（在讨论叙述后，让孩子按一定顺序连贯地讲）

生：我是一棵小小的蒲公英，我的根深深地埋在土里，叶子嫩嫩的、绿绿的，向四面展开。二月的风伯伯把每一片叶子都修剪得整整齐齐的，又嫩又细的茎上托着一朵圆圆的金色的小花，像一朵散发着芳香的野菊花。

（老师引导评价）

生：刚才×××说得很好，就是二月春风最好不说风伯伯，说春姑娘更美。

生：我想帮×××改一个地方。他说又嫩又细的茎上托着一朵小花，其实我就是蒲公英，可以不说"小花"，而说"托着我的脸蛋"。

……

（在上面一段发言后，又是一阵热烈的讨论）

生：我帮他修改一下，"蜜蜂在我的小脸上东瞧瞧，西瞧瞧"，这样说不美，可以说"小蜜蜂亲吻着我的脸蛋"，这就生动了。

生：我帮×××加一句，"小鱼跳出水面，好像也要看看这热闹的场面"。

生：我帮×××加个字，他说"小蜜蜂和我一起玩"，说一起"玩耍"就更好。

生：（受启发）或者是和我们一起"嬉戏"。

生：我也帮×××改一下。他说"小鸟叽叽喳喳地叫着，好像在为我们鼓掌"，小鸟的叫声不大像掌声，可以说"小鸟叽叽喳喳地叫着，好像在为我们唱歌呢"。

生：我也帮×××加一句，"晚上，小河水轻轻地流着，好像哼着摇篮曲把我们送进了梦乡"。

……

孩子们在学习中，相互倾听小伙伴的发言，共同求得多种不同的答案，从各个不同的角度去思考、去发现，通过与他人互动交往，引发新的思考。潜在的智慧在同伴的启迪下得到开发，既求异也求同。在这经常性的相互交流、相互补充中，他们体验到了合作的快乐、合作的重要，有效地培养了学生的合作精神、共同探究的精神。

总之，孩子的创新活动是在宽松的、无拘无束中进行的。老师的期待、激励，师生间真情的交融，小伙伴的合作互动，都是为了让孩子自己手执金钥匙去开启智慧的大门。这样亲和、互助的环境，可以培养起孩子创新的勇气，乐于创新的热情，"我能创新"的自信，最终使创新潜能得以发展。

三、在观察与想象中拓宽创新的空间，让思维插上翅膀

人的所言所行、所感所悟，其核心就是思维。没有思维就没有创新可言。思维迸发出的最灿烂、最具价值的火花就是创新。说到底，思维的核心是创新。因此，培养学生的创新能力，就是要培养、发展学生的思维能力。但这种思维能力，并不是过去传统意义上的循规蹈矩式的思维，一味注重抽象、概括、归纳、演绎的单一的逻辑思维，由于长期追求统一答案形成的定向思维。那种思维训练在很大程度上是对学生创新潜能的抑制，甚至是扼杀。培养学生的创造性的思维品质，通俗地说，就是引导、鼓励孩子们想得远些，想得快些，想得与自己过去不一样，想得与别人不一样；说得概念一点，就是有意培养学生思维的广阔性、思维的流畅性以及思维的独创性。所有这些都需要给孩子一个宽阔的思维空间。所谓思维空间的"宽阔"，就是可以随意地想，甚至可以想入非非，想错了也无妨，不受约束，没有规定，不需剪裁，儿童的思维活动可以在无拘无束中自由自在地进行。

思维空间是"宽"还是"窄"，老师的主导思想是至关重要的。人们常说，某老师把学生教"活"，也有说某老师把学生教"呆"了，实际上

这"活"与"呆",与老师为学生提供的思维空间的"宽"与"窄"是密切相关的。这就像雏鹰飞翔,虽然眼下飞得不那么高远,但是飞翔的空间却是广阔无垠的蓝天,于是就有了长大后的雄鹰翱翔天际的坚硬的翅膀。这使我很自然地联想到人为优化的情境,由于本身的美感、意境的广远、情感的驱动,是最适宜儿童想天说地的宽阔的思维空间,它会有效地激起学生的想象、神往。凭借想象,孩子同样可以"视通万里"、"思接千载",于是,孩子可以在意想中揣摩,可以在幻境中塑造,创新的欲望得以形成,创新的能力在其中得到培养。

1. 观察,提供丰富的思维材料

孩子怎么能想得广、想得远呢?这需要思维材料的储存。思维材料的积累是以对周围世界的认识为基础的,因此,指导观察是必不可少的。无论是科学家还是艺术家,观察力往往是他们发现奥妙、激发创新动机、寻求创新思路的非常重要的智慧品质。人对世界的认识,据统计90%是通过视觉获取的,因此观察对于儿童来说,不仅是认识世界的需要,也是丰富童年生活的需要,更是他们自身成长的需要。儿童总是睁大着眼睛看世界,因为世界对他们来说,是一个陌生而新奇的世界,他们不仅用眼睛、用智慧,而且是用整个心灵去感知周围世界的。有孩子就说:"让我们去拥抱大自然吧!"观察,为孩子认识世界打开了一扇扇风光无限、奥妙无穷的窗户。这是孩子智慧与语言的源泉。一个人的观察力不可能与生俱来,要靠后天的有意培养,其途径便是在观察中培养观察力。抽象概念的理论指导,总是无济于事的;离开个体的实际观察,要培养观察力,也只能是一句空话。目前,在基础教育中,"观察"可以说还是没有地位的,即使在数学等学科中,突出的仍然是公式、定理和计算。如今我们大力提倡培养学生的创新精神和实践能力,学生观察力的锻炼就应受到应有的重视。

多少年来,我在教学中总是以观察为基础,引导学生在观察中审美,在观察中发现,在观察中探究。不仅在课堂上,通过实物的演示、图画以及视频的再现指导学生观察,而且在课外,引导学生进行大量的观察,以认识周围世界。从春夏秋冬、日月星辰、风云雨雪到山川田野、花草树木、鸟兽虫鱼,从有指导的观察到独立观察,从观察静态的过渡到观察动态的或者是静中有动的,从笼统的、粗略的观察到有步骤的、精细的观察。在有指导的观察中,优选鲜明的感知目标,安排合理的观察程序,设计启发性的导语,引导学生在观察中思考,在观察中想象,在观察中表述,把现场观察与儿童想象、思维、语言活动结合起来。树上的果子、地下的昆虫、蓝天中的小鸟、河边成群的小鸭等直接的、富有美感的场景在孩子眼前展示时,我会饶有情趣地逗他们:"你觉得××有点像什么?""如果把它比作人,也有情感,也会说话,那你该怎么说呢?"这些都会有效地拓宽孩子的思维空间。一个秋天的夜晚,我带孩子看月亮,当月亮从树丛升起来时,有孩子说:"那初升的明月仿佛是天边的树梢伸出长长的手臂,把圆圆的月亮托起来了!"当看到折断的蒲公英茎里流出的白色的浆时,有孩子马上想到"蒲公英是吮吸土壤妈妈的奶汁长大的"。当看到铺天盖地的油菜花时,有孩子想象到"油菜花给大地铺了一层金子,春天的田野如果没有了金色的油菜花,那该是多么单调,油菜花可真称得上菜花之王!"从这一串串生动确切的语言表述中,学生的创新思维随之而积极展开。每次观察,他们不仅可以发现大自然的奥妙,还可以产生精彩的语言表述。天长日久的观察,不仅为孩子写观察日记提供了丰富的题材,而且培养了孩子留心周围事物的习惯,培养起他们敏锐的观察力。正是在此过程中培养起他们善于审美的眼睛、善于发现的眼睛。那该是创新人才多么美好而重要的素质啊!有一回我参加数学学科老师的备课,老师教"三角形"前,先让孩子到生活中去观察、寻找三角形,于是在课堂上,他们不仅理解了课本上学的三角形具有"稳定性"的特点,而且提出三角形还具有美感和节省材料的特点,这是教材没有提到的。

对于儿童来说,周围世界的事物蕴藏着多少个疑问呀!观察,满足了他们巨大的好奇心,满足了他们发现新生事物的渴望。而正是在这看世界的过程中，周围的景象、声响、色彩镶嵌在他们丰富的记忆中，成为他们以三维空间的形式登记获得的经验。这些经验、表象成为他们思维的鲜活的材料，成为他们展开想象、组成新形象的重要的储存。

2. 想象，让思维插上翅膀

观察是思维的基础，想象是拓宽儿童思维空间的最好的途径。孩子是富于想象的。鲁迅先生早就说过，孩子的想象力是值得敬服的。凭借想象，孩子可以上天，可以入海；凭借想象，孩子可以到达小鸟到达不了的地方。想象显示了孩子的智慧，想象带给孩子童年的快乐和幸福。我想倘若没有想象，童年该是多么的苍白。可以说想象力是儿童拥有的巨大的财富。但随着年龄的增长，这笔财富会减少，成年后则显得更加贫穷了。有人做过调查，同样一个圆圈，幼儿看到后能想象到太阳、月亮、饼干、皮球等二十多种景和物；而大人见了，圆圈就是圆圈。据报道，多少年前杨振宁博士在中国科技大学少年班访问时就有意向校方了解：在这些少年中，有没有人怀疑牛顿定律？他还说，过了这个年龄段，以后就再也不会怀疑了。所有这些都深刻地告诉我们：学校与老师必须不失时机地发展学生的想象力。如今，"想象"一词已醒目地出现在新的课程标准中，这是新中国成立以来，历次颁发的课程标准、大纲上从未出现过的。看来，在课堂教学中，发展学生的想象力已不再是可有可无的，而是要付诸实施的。

其实，激起学生的想象并不是什么玄妙之事。关键是老师要为激发学生的想象提供契机。其间有两点是必须具备的条件：一让学生获得直接印象，二是形成需要的推动。因为想象往往是与儿童的感知、感受紧密相联的。在优化的情境中，因为图画、音乐、表演艺术的直观，学生获得鲜明的、直接的印象，这种"直接的印象"笼罩着艺术的美，进入儿童的意识，为儿童展开想象做了十分有效的心理上、情感上的准备，甚至处于一种呼之欲出的状态。就拿教学《荷花》一课来说，上课时，我在学生面前展示了一幅画：满池塘的荷花盛开着。老师的语言描述把学生带到荷花池边,学生仿佛真的闻到了荷花的清香,看到了碧绿的荷叶、亭亭玉立的荷花以及那藏在荷花里的小莲蓬。课文的描写伴随着学生的视觉所得,与他们在生活中曾经获得的荷花的图画、真实的荷塘都联系在一起,很自然地产生审美意象。而审美意象本身就是一种"再创造",每个孩子意象中各自显现的荷花的形象虽然是千差万别的,各自的体验也是各不相同的,但是荷花的美感,连同所激起的对荷花的爱,却是共同的。孩子们纷纷用最美的词句去描述荷花、荷叶……在移情的作用下,伴随着一段充满幻想的音乐旋律,在"现在你们就是一朵荷花了"的提示下,他们深情地描述着:"站在荷花池边,我久久地看着荷花,看着,看着,我仿佛变成了一朵荷花……"这"仿佛"就把他所获得的荷花美的内心的体验,通过语言表达了出来。甚至下了课许多孩子还挤到我身边,争先恐后地表述他们想象中成为荷花的画面和感受。所有这些都表明,想象本身是创新的前提,又成为持续创造所追求的驱动。

孩子的描述往往极大地丰富了已出现的画面。所谓"一切景语皆情语",事事物物在儿童的语言中都变得富有情感,与孩子的心相通。这些语言描述正是孩子想象的杰作,显示了孩子创造的活力。孩子在阅读中凭借想象,可以丰富阅读材料;在习作中凭借想象,可以把习作写得富有儿童的情趣。因此,我们应该千方百计地让学生带着想象去阅读,带着想象去习作,这样的阅读是智慧的阅读,这样的习作是激活智慧的表述。

想象让儿童的思维插上翅膀。想象是会飞的思维,它有效地拓宽了儿童的思维空间。

四、在学科训练中培养扎实的实践能力,为创新打下必要的基础

在小学阶段所设置的课程都是基础性的。一定的基础知识与实践能力是创新的必要基础。基础如何形成?靠训练,靠学习者的亲自实践,从而在实践中理解,在实践中体验,在实践中熟练,在实践中提升。在提倡创新教育、强调把学生教"活"的同时,务必要讲究"实"。"活"与

"实"看来是相互矛盾、相互冲突的，然而又是可能并且必须融合、互补的。"训练"是培养创新能力的必由之路。爱迪生的名言——天才的产生是"1%的灵感+99%的勤奋"中，这99%的勤奋当然少不了训练。新近美国心理学家阿里克森提出更加明确的观点，他认为任何领域里天才的产生都是本人坚持不懈努力的结果，"任何人在自己感兴趣的领域中经过10年时间的训练，都可以有天才般的表现。其中包含记忆的训练"。

提到训练，绝不能和那些单项的习题式的练习混为一谈。训练，是能力的训练，说得更明确一些是实践能力的训练。实践是创新的基础，创新是实践产生的价值。而实践能力的形成，必须靠训练，如同任何人掌握工具、掌握一门技能技巧一样，没有训练必然是落空的。

在这里实践训练之重要，目的是十分鲜明的，是为学生的创新打下必要的基础。既然是这样，学科训练就应该与儿童的思维发展，与儿童生活、与儿童活动、与学科内容结合才是恰当的。

1. 训练与思维结合，强调灵活

我在二十多年的情境教学、情境教育实验中，始终把握学科能力训练与发展思维相结合。在训练中，既引导学生用形象思维展开联想、想象；又引导学生进行推理的、判断的逻辑思维，让学生独自沉思冥想，培养思维的深刻性。具体来说，在语文学科中：①结合词的训练，培养思维的准确性。因为一个词就是一个概念，当然准确的概念并不等同于以词解词，而是结合上下文，结合儿童的生活经验，体会词的形象、情感色彩和细微的差别，培养学生对词的高度的敏感性。这样，儿童运用的语言是准确的，甚至是鲜明生动的，思维运用的概念因为准确而清晰无误。②引导运用修辞手法，丰富思维的形象性。对于小学生来说，修辞手法似乎是过高的要求，但是他们在语言实践中已经不自觉地运用起来了。类似"我看到了春姑娘的笑脸"，"那朵云多像一只大海龟在慢慢地爬着"，"冬爷爷给我们带来了蜡梅花，带来了雪花，还给我们带来了呼呼的北风"等句子，早已在一年级许多孩子的口头语言中出现，实际上这已经运用了拟人、比喻、排比的修辞手法。我们的教学只能走在孩子发展的前面,而不是相反,所以在教学中,应该顺其自然地引导运用,当然术语是不宜出现的。③通过篇章的训练,发展思维的有序性。从三年级开始,篇章的训练就应该从口头语言和书面语言的表达中加以训练,逐步达到条理清楚。现在似乎不太强调分段、概括段落大意,那是因为应试中答案太窄、限得太死的缘故。我们不能因噎废食,文章段落层次、布局谋篇在小学中高年级还是应该深入浅出地得到教学,并进行相应的训练,如改变体裁、转变人称、增添角色、编写提纲等多种创造性复述都属此类。这不仅是语文能力形成的需要,也是思维发展的需要。④在综合性的语言训练中,培养思维的灵活性和广阔性。语文学科不仅有字词句篇的训练,为了学生语文素养的整体提高,更需进行综合,比如词句的训练与口头交际语言的训练综合起来、创造性复述与篇章训练结合等,都会促使学生思维灵活,想得广远。⑤通过想象性作文发展思维的创造性、求异性。想象性作文,实际上是儿童将现有的生活经验和想象画面结合起来的一种非常自由、充满了创造的习作样式。习作中的时间、地点、人物、情节都可以随着孩子的意愿而选定。有计划地进行想象性作文,对发展学生的创造性思维是十分有益的。

在数学教学中,我主张结合熟练的计算,训练思维的敏捷性;结合几何形体的理解,训练思维的形象性;结合应用题的演算及自编,培养思维的广阔性、逻辑性;结合公式定理的探究,培养思维的创造性。此外,还可以利用情境,进行角色趣味计算、演算竞赛、小博士解难题、一题多解小比赛,以及模拟操作、现场实地操作、符号性趣味操作来发展学生的思维能力。

2. 训练与生活结合,强调应用

训练与生活相结合就是要培养实践能力。所谓实践能力,说得通俗一点,就是在生活中实际应用的能力。"学以致用",早已成为人们学习的普遍原则。但是从"学"到"用",同样必经训练的过程。既然最终为了应用，训练必须与生活结合，也只有与生活结合的训练才是最有效、最实际的。就拿语文来说，在生活中，我们要运用阅读进行欣赏性的精读，或休闲性的浏览，或资料性的检索，那么我们在教学中就应该有精读、略读、速读、跳读等多种不同要求和形式的阅读，而不是千篇一律地朗读和默读。我们在生活中，在文字表达方面需要把一件事、一种现象、一处景物、一条消息以及自己的感受表达清楚，加上日常应用的文体，那么我们的语文教学就不应该是单一的命题作文———一味注重写作技巧与形式的套用而忽略书面语言在生活实际中应用的需要，而需进行叙述、说明、描写不同表达方式的训练；在口头表达方面，我们的学生现在和将来要能与熟悉的人或陌生的人交往，在交往中需说明情况、报告见闻、提出要求、发表见解、交流信息、沟通情感，需要有口语交际的能力，那么在教学中就需要模拟生活的情境进行口语交际的训练，进行陈述、说明、赞美、对白、质疑、争辩、商量、评判等不同形式、不同要求的语言实践活动。

3. 训练与儿童活动结合，强调自主

活动是儿童生命力的体现，儿童正是通过自身的活动去认识世界、体验生活、学会创造的，所以训练的形式应与儿童活动结合。也只有这样，才能体现学生的主体地位。谈到活动，让人马上想到课外，其实在课堂上，同样是通过儿童的活动进行训练，又通过训练让儿童充分地活动起来的。我和实验班教师常常凭借已经优化的情境，结合课文内容，让学生进行观察活动、探究活动、审美活动、评判活动、语言活动，并在其中产生动机，充分感受，模拟操作，判断正误，比较鉴别，进行包括逻辑推理、想象、联想等在内的思维活动，并通过多样性的教学手段，让学生在趣中学、在乐中学、在做中学。例如教学《海底世界》，我就结合课文内容，让学生担当海洋研究室的工作人员，创设实地考察的情境，让学生潜入深海考察，发现500米深处有"点点星光"；又通过创设使用现代化工具的情境，让学生用上模拟的水中听音器，仿佛亲耳听到了海底居民的"窃窃私语"；然后通过收集资料举办考察归来的展览会，让学生更真切地了解海底世界的动物、植物和矿物,并利用进入情境的兴奋情绪进一步学习课文语言,进行朗读课文、报告见闻、查找资料等一系列活动,使语言的训练、思维的训练在有情有趣的活动中落到实处,让儿童的才干得到施展与锻炼。

为提高训练的时效,我主张以强化训练推进教学过程,在规定的每课教学中得到保证;而在单元教学后则进行综合训练,以提高训练的有效性;此外,还必须通过引导,将训练延伸至课外,使训练进一步与儿童生活结合,并由此培养学生主动训练、独立训练的良好习惯。

这样将训练与思维、与生活、与儿童活动结合,必然会吸引儿童的主动投入,训练也必然是有效的。这就为儿童日后的创新所需的思维品质与实践能力打下必要的基础。

写到这里,可以想见儿童潜在的创新种子在审美愉快的丰厚土壤中得以萌发;和谐的师生关系、宽阔的思维空间为创新的幼芽提供了最适宜成长的环境;在小苗成长过程中,加强学科能力的训练,使小苗的根基更深。这样的小苗必然长成大树,结出硕果。

正是在这培养学生创新能力、创新精神的牵动下,学生的思维品质、审美情趣、亲和的与人合作的精神,以及扎实的知识和能力得到全面和谐的发展,极大地丰富了他们的精神世界——这是对儿童整个心灵的滋养与人格的提升。因此,我们可以毫不夸张地说,教育的灵魂便是学生的创新精神、创新能力!

(本文发表于《人民教育》2001年第9、10期)

谈情境教育的课堂操作要义

一、以"美"为突破口

各科教学都负有促进学生素质全面发展的任务。如何付诸实践，又从哪儿入手呢？笔者认为，作为一名教师，必须在不同层面上为学生今天的需求、明天的发展着想。

其一，教育不仅为了学生能学习，还为了学生能主动地学习，并在主动学习中激起创新的欲望，迸发出创造的火花；其二，教育不仅为了学生文化知识的习得，还为了丰富学生的精神世界，并在学习文化知识的同时学会做人；其三，教育不仅为学生的明天做准备，还为了学生今天获得本该属于他们的最初的幸福人生，并在幸福的学习生活中获得更多的感悟，身心得到充分的发展。

试想，这三个层面，哪一层能丢弃"美"？缺乏美感的教学，会使课堂教学变成没有情趣的单纯的符号活动。我们的教育倘能让学生获得一种美的享受，这对其明天的发展必将产生深远的积极影响。因此，情境教育选择了以"美"为突破口。实验班的课堂教学充满着魅力，充满着师生间生命对话的勃勃生机，学生幼小的心灵得到润泽。实践与研究的事实表明：从"美"着手，体现教学的美感性，让儿童从小受到美感的陶冶及完美人格的培养，并激发创新的欲望、创新的精神，由此可走出一条实施素质教育的路来。

怎样以"美"为突破口呢？

1. 再现美的教学内容

我们每天所教的学科，本身都渗透着美，蕴含着美。小学语文教材中那些诗歌、散文、童话、寓言,连同那些常识性课文,都表现了美的人、美的事、美的景或美的理念。教学时,只有让儿童感受那形象的美、语言的美、行为的美,才能使他们从中领悟到杰出人物的人格力量、伟大精神,包括课文中描写的自然之美和艺术之美;只有让儿童充分感受其美,并为之感动,使之深深地烙印在幼小的心灵上,才能影响着他们人格的形成和潜在智慧的发展。而数学则以严谨、冷峻来表现其美。数学的公式表现了宇宙的秩序,数学的计算、图形则表现出简洁的美、逻辑的美、创造的美。数学教学若能再现其美,可以将数学推进一个崭新的,甚至是一个净化了的真理的境界。因此,小学数学教学应重演数学家和劳动大众创造、应用数学最初阶段的那个情境,再现其美,让孩子如临其境。类似的诸多案例表明:只要数学与生活沟通,强化儿童对数学的感受,再现数学的美是不难的,也是必要的。

2. 运用美的教学手段

教学手段实际上是一种媒介,通过它再现、强化、传递教学内容,实现教学目标。笔者曾经提出"让艺术走进课堂教学"的观点。笔者以为,图画是空间中沉静的美,音乐是时间中流动的美,而戏剧则是生活时空中动静结合的美。在课堂教学中,以"美"为突破口,正是可以通过图画、音乐、戏剧这些艺术的直观与教师的语言描绘相结合,来再现教材描写的、表现的、含蕴的美,让儿童经历作家创作时或编写者撰写教材时进入的那个情境和思维的轨迹。这样,教材所表现的、所阐述的、所涉及的相关情境,就通过图画中的色彩、线条、形象,音乐的节奏、旋律,表演中的角色、语言、情节等让学生充分地感受到。教学手段的美感作用于儿童的感知觉,必然丰富了儿童的表象,激活了儿童的思维、联想、想象、情感的活动。

3. 运用美的教学语言

教学语言对儿童的感知的活动、思维的活动、情感的活动都起着主导与调节支配的作用。儿童的心弦，往往是美的教学语言拨动的。在教学中具有美感的教学语言，往往再现了教材描写的情境：或是联系了儿童的生活经验，激发了他们的学习动机；或是利用儿童的联想、想象，把他们带入向往的境界；或是引导儿童对美的实质的理解、对教材语言美的鉴赏，连同对教材表现的"美"与"丑"的评判。也就是说，富有美感的教学语言，要么让学生感受到美，要么让学生联想到美，要么引导学生去追求美，要么启发学生领悟到美。

总之，美的教学手段和美的教学语言的运用，再现了美的教学内容，给学生带来审美愉悦，深深地吸引学生，激起他们的"情"与"智"。因为良好的感觉使脑的信息传递更加顺畅，从而有效地促进了知识的掌握、能力的形成以及健康的审美情境和道德情感的发展。

二、以"思"为核心

儿童的语言活动、认知活动，连同情感活动，无不受其思维活动的支配和调控。因此，情境教育从儿童发展的明天考虑今天的教学，在理论构建上，提出以"思"为核心，促进儿童素质的发展；主张教师的教学应始终以儿童的思维发展为核心，设计组织教学过程，努力把儿童教聪明，并且以"发展儿童的创新精神"作为不懈追求的境界。

1. 倾注期待，使儿童在最佳的心理状态下积极思维

儿童的思维活动往往受到外界环境的影响，在他们感到有心理负担、受到压抑时，便处于抑制状态。通过教师的热情期待和鼓励，在儿童的心理上，形成一种使自身潜在力量得到最大发展的倾向，这是一种促使儿童发展的了不起的力量。如果我们向一些上课不大发言的儿童调查原因，他们会委屈地告诉你："我怕说错了挨老师批评。"不少教师对学生的错答是不留情、不宽容的。这看上去是"严"，实际上它的负面效应是很大的——不少学生干脆呆坐着，不尝试，不探究，不问，也不答，思维的惰性就日渐形成。

情境教育实验班教师以"爱生乐教"为座右铭。教师在教学时，内心掩饰不住的深情，通过眼神、笑容、爱抚，去激励、唤醒、鼓舞学生，殷切地期待学生，坚信学生一定会成功。因此在实验班，学生在课堂上积极思维，大胆提出问题，争先恐后地发表自己的意见。热烈的谈话和欢乐的笑声不时从教室飞出。学生从教师的爱中获得信心，获得力量。这种信念往往转化成一种积极向着教学目标的驱动力，情不自禁地对储存在大脑里的信息、映象进行检索，并加以组合、叠加，思维活动进入最佳心理状态，最终迸发出智慧的火花。到此时，教师再给予热情的称赞，使学生体验到自信，感受动脑的快乐、创造的喜悦。在这经常的期盼、激励中，儿童的内心逐渐形成激发自我潜在智慧的心理倾向。

2. 启迪想象，在宽阔的思维空间中提高儿童的创造性

情境教育追求的不仅是在审美的乐趣中有情有境地感知教材，而且还要在此过程中竭力发展学生的创造才能。素质教育特别强调创新精神的培养，其意义是十分深远的。创新精神的培养与儿童脑的开发有着密切的联系。情境教育强调对教材形象的感受，强调师生情感的交融，这"形"与"情"恰恰作用于脑，因此有效地激活脑，儿童幻想、联想、想象的翅膀会悄然张开。形象越鲜明丰富，脑越是兴奋；感受越是敏锐，形象思维活动也越是活跃。另外，情境教育同样注重符号操作等引起抽象逻辑思维的学习活动，这就很自然地促使大脑左右两半球协同作用，从而利用两半球协调的合作关系，最终发挥全脑功能。

几十年的教学实践使笔者一次又一次地被儿童的创造力所震惊。它给笔者很大的启示，儿童的创造活动是在无拘无束的环境中进行的，而教师的宽容、期待、激励，是儿童创造的至关重要的诱发因素，会给儿童带来敢于创造的勇气、乐于创造的热情、"我能创造"的自信以及创造成功的快乐。当然，儿时的创新并不意味着发明什么，而是重在激发创新的欲望，着力培养创新的意识、创造的精神。

3. 设计训练，将创新精神的培养落到实处

小学教育要为儿童打下知识与能力的基础，各个学科的训练是切不可忽略的。然而练什么、怎么练才能促进思维的发展，尤其是怎样有利于创新精神的培养，是大有讲究的。练要练得精当，只有精当，才能激起学生有效的思维活动。那些标准化、考试式的习惯训练，便是忽略了通过练习来促进思维发展的核心问题。儿童的思维总是从问题开始的。学生形成热烈的情绪，大脑的优势在兴奋中形成，这时，教师应充分利用学生的这种"兴奋"，让学生带着兴奋的情绪思考问题，这样学生往往会产生"超越障碍"的力量。无数事实表明：在优化的情境中，儿童潜在的创造性易于突出表现出来。教师要及时加以肯定、鼓励，使学生潜在的创新能力得到发展；要结合学科特点对学生进行训练，变复现式的记忆为创造性的训练。

在语文教学中，情境教育主张结合词语的训练，培养思维的准确性；引导运用修辞手法，丰富思维的形象性；通过篇章的训练，发展思维的有序性；在综合性的语言训练中，培养思维的灵活性和广阔性；通过想象性作文，发展思维的创造性和求异性。

在数学教学中，主张结合计算的熟练运算，训练思维的敏捷性；结合几何形体的学习，发展思维的形象性；结合应用题的演算及自编，培养思维的创造性；结合公式定理的探究，培养思维的逻辑性。此外，还利用情境进行趣味计算、演算竞赛，小博士解难题、一题多解小比赛，以及模拟操作、现场实地操作、符号性趣味操作来发展学生的思维能力。情境教育主张让儿童的学习过程成为思维发展的过程，使其创造才能在宽阔的思维空间里获得充分的发展，并让儿童感受到动脑创造的快乐。

三、以"情"为纽带

我们根据教育教学的远期目标或近期目标，针对儿童的特点，运用图画、音乐、表演等艺术的直观，或运用现实生活的典型场景，直接诉诸儿

童的感官。艺术手段的力量、优选的现实生活场景的美感，正符合儿童的兴趣和需求，且与他们的思维、想象能力相协调。这些虽不在儿童有意注意的中心或焦点，但是这些处于边缘的形象、色彩、音响、节奏、语言等信息和符号，都可被直接吸收，因为脑不仅能吸收直接和注意到的信息（处于中心或焦点），而且能吸收超出即刻注意焦点之外的信息和符号，儿童可对全部感觉到的情境做出反应。优化情境实际上是将信息、教学内容镶嵌在特定的情境中，而这些处于焦点的信息又是有机地相互联系着的，构成一个和谐的整体。这样的整体，作用于儿童感官，更能强化信号。因此，当儿童进入这样的情境时，很快激起强烈的情绪，形成无意识的心理倾向，情不自禁地投入到教育教学活动中，并表露出内心的真情实感，从而迅速地对学习焦点的变化做出反应。其间，不仅有物化的情境的作用，更主要的是教师、学生、教材情感的传递。因此，在具体操作中，要牵拉情感纽带，缩短三者之间的心理距离。

1. 教师与学生之间，真情交融

要让儿童的情感伴随着学习活动，这需要一个过程，其间包含儿童的心理历程，这是首先需要启动的。儿童的情感就像小河水，要它漾起涟漪、泛起微波，就需要外力的推动——或者像一只蜻蜓在水上轻轻一点，或者像一阵微风悄悄地拂过水面。当我们走进课堂时，仿佛觉得自己来到一条清澈的小河边，那样的明亮、清新。我们从新课开始，就要放飞一群"蜻蜓"，送过一阵"微风"，让学生情感的小河水荡漾起来，使学生对新课的学习形成一种企盼的欲望、关注的心理。不过，光有方法、手段，自己没有真情实感还是不行的。因此，这就首先需要教师倾注真情实感。我们实验班的教师上课时能很自然地把自己的情感融进去，教师的心和学生的心是相通的，是连在一起的，教师常常是和学生一样全身心地沉浸其中。记得上观察说话课《冬爷爷的礼物》这一课时，笔者只是简单地围上一条长围巾扮演冬爷爷，学着老爷爷的嗓音，向他们问好："孩子们，你们好！"孩子们满心喜欢，观察说话的内容变成冬爷爷与孩子们的对话，巧妙地进行了语言训练、思维训练，而这同时也是师生之间一种情感的沟通、心智的交融。

2. 教材与学生之间，引发共鸣

教材对于学生来说，是一个未知的领域。情境教育通过再现教材内容的相关情境，利用角色效应，让学生自己去琢磨、去尝试、去发现，缩短了教材与学生之间的心理距离。因为，情境作用于学生的感官，强化了感受，使他们对教材由"近"感到"真"、由"真"感到"亲"，从而引起共鸣、如临其境。而教材与学生之间情感的桥梁便是教师的情感。尤其是小学语文教材含蕴的思想情感对儿童的心灵会产生影响，这就得靠教师去传递、去强化，让学生随着教学过程的推进，入情、动情、移情、抒情。

教学安徒生童话《卖火柴的小女孩》后，笔者让学生们写了《假如卖火柴的小女孩来到我们中间》的想象性作文。学生们的表述使笔者感到教学活动一旦触及儿童的情感领域，必然会获得意想不到的效果。儿童深受形象感染后，所表达的对卖火柴小女孩的关爱，真是感人。这表明从小培养儿童对生活的幸福感，以及善良、同情心等美好的感情，是完全可以做到的，也是十分必要的。教学的同时就是要教做人，尤其是小学语文教材都是情景交融的产物。只要教师在教学过程中引导学生去感受、去体验，学生情感的波纹就会渐渐地涌动起来。

3. 学生与学生之间，学会合作

由于情境的优化，学生与学生之间友爱亲密。他们在情境中相互切磋，你提问我回答，你错了我纠正，你优秀我学习，你掉队我帮助，学会互补，学会肯定别人，学会与他人合作。学生们在相互交流、协商的人际情境中，逐渐懂得合作的快乐和重要。这种亲、助、和的人际情境，非常有利于学生合作精神、交往能力的培养，而学生的合作、交往又丰富了人际情境。

情感这一纽带是贯穿在整个教学过程中的。师生的情感随着课文情感的起伏而推进、延续、加深,从而与教材蕴含的情感产生共鸣,使学生逐渐懂得了爱,懂得了热爱美好、追求崇高。课堂教学有情感纽带的维系、牵动,变得更富有魅力;学生的学习兴趣得到有效的培养,爱学、乐学的可贵的学习品质日渐形成。

总之,以"情"为纽带,培养儿童的高级情感,既是教育教学的目的,又是促进儿童主动发展的有效手段。

四、以"儿童活动"为途径

学生,尤其是小学生,在他们身体迅速成长的时候,往往是通过自身的活动去认识世界、体验生活、学习本领的。这就像雏鹰的翅膀是在飞翔的活动中练硬的。因此,在课堂教学中促进儿童素质发展的主要途径便是儿童活动。

1. 活动融入课程,以求保证

爱动是每一个儿童的天性。在生活与学习中,儿童总是喜欢亲眼看一看,亲耳听一听,亲手摸一摸、试一试。应该说,没有儿童期的活动,我们就不可能迈出人生的第一步。我们的教学理应顺应儿童的需求与发展。在教学实践与研究中,情境教育将活动融入学科课程,在优化的情境中,将知识的系统性、活动的操作性、审美的愉悦性融为一体。这既可以有效地克服单纯学科课程"重知识、轻能力"的弊端,也在一定程度上弥补了单纯活动课程往往易陷入知识无体系状态的缺陷。情境教育强调在特定的氛围中激起儿童热烈的情绪,在优化的情境中使学生主动地活动起来,产生动机,充分感受,并展开主动探究、情感体验、比较鉴别、判断正误、模拟操作、语言表达等涉及观察、思维、语言、触摸的一系列活动;强调将活动融入学科课程,使学生的主体地位得到保证,同时又遵循了教材体系。

各科教学在优化的情境中让学生充分活动起来,他们在活动中为可以显示自己的力量、表现自己的聪明才智感到无比的兴奋。实践表明,将活动融入学科课程，为学科教学增添了活力，为学生发展提供了广阔的属于他们的空间。

2. 利用角色效应，以求主动

角色决定着人的思维、情感和语言的活动。情境教育利用角色效应，让学生扮演、担当特定的而又是与教材相关的角色，收到很好的效果。角色的出现使教学内容与学生更为贴近，让他们以特定的角色带着情感色彩去学习。一位青年数学教师，在教百分比时，让学生当爸爸或者妈妈，将家中余钱送到银行存储，算一算多少钱存多少年可以得多少利息，并交纳多少利息税。课后引导学生当一回小储户，把零用钱、压岁钱存到银行，再去算利息，学生越算越带劲。教学与生活紧密相联，不仅培养了学生学习的兴趣，而且使学生从真正意义上理解了数学，增强了学科的应用能力。在情感驱动下，这种"有我之境"可产生一种巨大的无形的导引效应。课堂上，只要角色一出现，全体学生会马上兴奋起来，教材中原有的逻辑的、抽象的、符号化了的内容，一下子变得那样生动、形象、真切。这正是在特定情境下，角色转换所产生的积极效果。

在语文课上，角色的扮演是普遍的。教学《爬山虎的脚》，让学生戴上头饰担当爬山虎，让爬山虎人格化，通过"我"和爬山虎的对话，进一步认识爬山虎脚的生长特点；教学《林海》，让学生担当科学考察队员，课文中描写的林海景色，学生仿佛亲眼所见，然后由学生做考察报告。学生的知识当堂得到综合运用，学得有滋有味。他们情不自禁地按自己扮演角色的身份和处境去思考、去表白、去操作，根据教材内容和教师、同伴对角色的期待，合情合理地表现出一系列的行为，并用恰切的语言进行表述。往日"被动接纳"的角色，变成"主动参与"的角色，儿童的主体意识在教学过程中有效地形成并日益强化，获得主动发展便成现实。

3. 活动结合能力训练，以求扎实

将活动融入学科课程，教学过程随着儿童的活动推进，再利用角色效应进行训练,课堂教学比起单一的"灌注式"的教学就丰富多了。但是在教学过程中让儿童活动,最终目的并不是简单地追求形式上的生动,而是让儿童通过自身的活动掌握教学内容,让学习与生活和应用沟通,让儿童乐中学、趣中学、动中学、做中学。我们结合教学内容引导学生进行分析、归纳、推导、联想、想象的思维活动,讨论、商量、讲述、对白、演讲、争辩的语言活动,并在比较、鉴别、评价活动中引导学生逐渐形成辨别、鉴别能力,在朗读、默读、速读、查找、检索资料中,在演示、表演、模拟、操作活动中培养实际应用能力。

活动为儿童开拓了宽阔的创造空间,一种更高的追求产生了,一种使自己能表现得更完美的渴望随着活动与日俱增。

五、以"周围世界"为源泉

情境教育根据儿童认识世界、学习语言的规律,十分注重儿童与大自然的接触,引导他们由近及远、由表及里渐次地认识周围世界。为此,我们增设了野外教育,特设观察说话、写话课,并列入课程,这就为儿童接触大自然、接触周围世界,保持两个信号系统的平衡提供了保证。通过这些课程的开设,教师带着儿童去感受春天的生机、夏天的繁茂,体验秋天的奉献、冬天的孕育;去观察太阳怎样让人类从黑暗走向光明、月亮怎样在云朵里穿行的微妙动态;感受日出的气势、光亮、色彩,体验月行的恬静、温柔和所展现的神话般的想象意境;思考宇宙天体与人间四季变化的因果关系,那春雨的淅沥、雷雨的轰响、晨雾的迷蒙、白雪的纯洁,这些大自然发生变化的景象,实验班的学生都细细地观察过,并在其中领略、品赏、思索。

实验班在带领儿童投入周围世界的怀抱时,从求近、求美、求宽的角度去优选周围世界的生动场景,并因地制宜,在学校附近的田野建立野外活动的基地。那里的一条小河、一块农田、一片小树林、一座古老的宝塔,成了儿童较早认识的周围世界的一角。

在实验班五年的学习生活中,儿童不断地与周围世界接触,充分领略到大自然赋予的美感,逐步地认识社会生活。儿童智慧的火花在其间被点燃,丰富的感知广泛地储存了关于周围世界的表象,为第二信号系统提供了取之不尽的源泉。在此过程中,实验班教学注意到儿童接触周围世界,与认识大自然,与启迪智慧,与道德、审美教育的有机结合。

1. 渐次认识大自然

周围世界是一个相对的空间,一个由大自然与社会生活构成的光怪陆离的天地。其中,大自然以它特有的丰姿、无与伦比的美感,成为对儿童特别富有魅力的场景。但大自然不宜一览无余地呈现在孩子面前,必须渐次地在儿童眼前揭开它的面纱。就拿校门口的小河来说,怎么经常带学生去,而又不至重复,只有逐一地、渐次地进行。

一年级开学后,教师把学生带到小河边,帮助他们认识这是一条小河,一条弯弯的小河,河上有一座桥,河两岸有树、有芦苇,让儿童认识小河的形状、空间位置及岸边的主要景物;让学生们坐在小河边静静地听着小河水哗哗地向前流去的音响,看着小船儿悠闲地在水面上摇着,小鸭子也跟在后面嘎嘎地叫着;再利用河两岸的树木、河上的鸭子,让学生进行现场数学游戏,为数与形的教学做了必要的而且是带着情感色彩的铺垫。然后,让学生从河上的景物猜想河底还会有什么。于是,小蚌蛤、小鱼、小石子、小螺蛳、小乌龟,一下子闪现在学生的眼前——《小鱼巧遇小虾》的童话、《乌龟和螺儿赛跑》的故事,就在这诗一般的小河边、在大自然的怀抱里诞生了。一篇带有八个生词的小文"弯弯的小河,穿过石桥,绕过田野,哗哗地向远方流去",一年级刚入学的学生竟然轻而易举地学会了。这些词语带着鲜明的色彩与音响进入了学生的意识,给学生留下了难以磨灭的视觉记忆。倘若不在这真实的情境中,不通过感官认识小河,文中的"石桥"、"田野"、"远方"以及动词"穿"、"绕"、"流",该费多大的劲向学生讲解,即使讲了,学生还可能不知所云。

这充分说明,只有第一信号系统提供"资源",第二信号系统的语言思维发展才有基础。基础丰厚,发展必迅速。后来在这小河边,还进行了《小河上吊桥的不平常的经历》《我们沿着小河走》《小河边的青蛙音乐会》《小蝌蚪到哪里去了》《小河边的芦苇丛里》《小河结冰了》《小河畔的野花》等课文内容的认识。仅从某个小角落,儿童就可以去感受周围大自然的美、趣、情。如果其他的场景也都如此渐次地进行,大自然的美貌在儿童的心灵上就永远是新鲜的、富有诱惑力的。儿童对大自然的感情,也在这有意无意间日积月累地积聚起来。

2. 潜心启迪智慧

周围世界的某一场景虽然是广阔天地的一隅,但此物与彼物、甲现象与乙现象的变化及因与果的相互关系都可以激起儿童的思考。面对具体情境,感觉真切,思维就有了材料,推理就易于找到依据。这对学龄期儿童具体的形象思维向抽象的逻辑思维过渡、发展更为合适。

三年级进行《菜花冠军》的情境作文时,学生由于亲眼看到了金子般的油菜花、花蝴蝶似的蚕豆花、那比大包菜还要大的菜花,又闻到了春风吹来的浓艳的菜花的芳香,似乎进入了菜花的世界。鲜明的形象,使感觉获得了丰富的源泉,思维活动积极展开,他们自己提出:"菜花比赛,谁做裁判?"又是他们自己做主:"请蝴蝶和蜜蜂当裁判。"

在田野上,学生们像一群小鸟叽叽喳喳地、欢快地讨论开了:"蚕豆花躲在豆叶下,它的谦虚谁也比不上。""油菜花好看、籽儿多,榨成的油可以流成河,它才是真正的菜花冠军呢!""野菜花遍地都是,锄不净,挖不完,就是野火也烧不尽,它的生命力是最强的。""菜花比赛"变成了孩子思维能力、想象能力、运用语言本领的比赛。

至于在观察天体、天象的情境中,儿童思想的活跃就更不用列举了。因为两个信号系统的平衡,使孩子表象丰富、思路开阔。

3. 与道德、审美教育结合

大自然并不是孤立存在的,它与人相连,就必然与社会相通。涉及社会就包含着思想道德、审美情趣。因此，在引导儿童认识周围世界时，实验班有机渗透思想教育、道德教育及美的熏陶。就在那美丽的田野上，从老牛的"哞哞——"到拖拉机马达的轰响，从方整的农田到在田野里辛勤劳作的农民，从田野边寥寥无几的低矮的小屋到耸立在村边的一幢又一幢新建的小楼房，从老街上石子铺成的小路到今天宽阔繁忙的大街，无不包含着对儿童进行热爱劳动、热爱劳动人民、热爱生活、热爱美丽的家乡、热爱优越的社会主义的生动形象的教育。尤其是带有主题的单元教学中的野外活动，更可以把感受自然美与思想道德教育结合起来。春天带学生去祭扫烈士陵园，烈士墓前的苍松翠柏、花束正散发着芳香，宁静的田野盛开着桃花，河岸边飘荡着柳枝，连同孩子手中的小白花，构成了自然美与社会美交织在一起的生动画面，两者相互迁移、相互强化——因为烈士牺牲的悲壮，更觉松柏的庄严肃穆；因为田野的美好，更感烈士的丰功伟绩。诸如此类的许多有关热爱祖国的教育，在实验班常常是在认识周围世界的过程中相机进行的。周围世界源源不断的思维素材是课堂教学取之不尽的源泉，并随着视野的拓宽，思维的领域也日益扩大。野外教育已成为综合学习和研究性学习的崭新形式。事实表明，只有保持两个信号系统的自然平衡，儿童的思维才会具有广阔性、深刻性、灵活性的品质。

情境教育正是针对儿童的思维特点和认识规律，以"美"为突破口，以"思"为核心，以"情"为纽带，以"儿童活动"为途径，以"周围世界"为源泉，让儿童在学习的过程中，获得探究的乐趣、审美的乐趣、认识的乐趣、创造的乐趣，从而使教学真正成为生动活泼的儿童的自我需求的活动。儿童的学习兴趣、审美的兴趣、认识的兴趣，乃至向往丰富精神世界的兴趣，也在其间培养起来。

（本文发表于《教育研究》2002年第3期；被评为《教育研究》创刊30周年杰出论文）

情境教育：促进"儿童—知识—社会"的完美建构

20 世纪 70 年代末，中国的教育工作者碰上了千载难逢的机遇，整个国家的改革开放为教师拓展了一个广阔的空间。就在这时，我开始了语文情境教学的探索与研究。说来也巧，当时因为信息的闭塞，我尚不知道在地球的那一边，也开始了情境认知的研究。这种东西方教育同步的巧合，似乎是偶然的，其实也并非完全如此。它表明人类文化的发展到了一定的阶段，东西方往往会产生一种"心有灵犀一点通"的惊人相似，甚至是相同的发现和发展。

大凡中国人都知道"孟母三迁"的故事，它告诉人们环境的优劣直接影响儿童的成长。我由此联想到课堂——儿童学习语文的环境应该是怎样的？怎样的环境符合儿童学习语文的规律，能有效地提高儿童学习母语的效率？

一、语文教学与生活相通，走向大自然和社会生活的真实情境

古代刘勰的《文心雕龙》、近代王国维的《人间词话》，可谓"意境说"的经典。刘勰在《文心雕龙》中提出"情以物迁，辞以情发"。那么，怎样的客观外物能激起儿童的情感呢？我便带着孩子走向大自然、走向社会，从中优选富有美感的、意境广远的场景。我和孩子们一起去寻找春姑娘的笑脸，到小河边观察小蝌蚪，在秋夜看明月从天边升起，下雪天和孩子们一起堆雪人、打雪仗，踏雪去欣赏松、竹、梅岁寒三友的风姿……春夏秋冬、日月星辰、花草树木、山川田野、鸟兽虫鱼，我都带孩子们去观察，去欣赏社会生活中那些美好的人和事。孩子们置身于此情此境中，按捺不住内心的激动，常常即兴描述他们的所见所闻。他们既在情

境中学习语言,也在情境中运用语言,这是真正的语言的综合实践。到现在我还记得孩子们在春天里看到孔雀开屏,就脱口而出"孔雀张开美丽的翅膀要和春姑娘比美";看到蒲公英向四面展开的绿叶,说"那是二月的风伯伯剪裁的";看初升的月亮,说"月亮悄悄地爬上树头","天边的树丛仿佛伸出长长的手臂托起一轮明月"……真正做到了让孩子用自己手中的笔,写出自己的真情实感。他们写出了一篇又一篇的精彩习作,真所谓"情动而辞发"!

这让我感悟到学习语文必须把孩子带到生活中去。儿童进入大自然、进入社会生活的真实情境,语言便逐渐丰富而且生动。那种以"儿童—知识"的封闭的语文教学观是残缺不全的,因为语言文字连同一切的知识都是在情境中发生的,也一定要在情境中才能得到真正运用。情境教学正是让学生通过走进大自然和社会生活的真实情境获取习作题材,"儿童—知识—社会"三者顺乎自然得到建构。

二、语文教学与艺术相连,模拟的情境笼罩上审美的光环

初步的成功,引起了我的思考:为什么当孩子们进入大自然和社会生活的情境时,是那样兴致勃勃,继而沉浸其中,甚至流连忘返呢?经过观察我发现,美是教育的磁石。那如何充分地把美展示在孩子的眼前呢?我想到了艺术。于是,大胆地将图画、音乐、戏剧引进当时单调而沉闷的课堂。我引导孩子用图画去再现课文内容。在孩子的眼里、在孩子的心里,画面上的角色都是活的,会说话,有思想,有感情,他们用自己的经验和想象,去丰富画面,并与之对话。用音乐去渲染情境,获得了意想不到的效果。音乐等艺术手段的运用,让课文内容再现在孩子眼前,让儿童与课文中抒发的情感产生共鸣,给孩子们带来欢笑、哀伤、律动。在音乐声中,他们仿佛看到卖火柴的小女孩蜷缩在街头,划着火柴,脸上掠过一丝凄惨的微笑,他们为小女孩最后冻死在街头而心灵颤动;在音乐声中,孩子们仿佛看到契诃夫笔下的麻雀为掩护小麻雀毅然与猎狗决一死战的无畏

与担心。这些感受,不仅让孩子比较深入地,而且是伴随着形象去理解课文语言的含义,以及蕴含在字里行间的情感。我还运用戏剧形式让孩子进行角色表演。戏剧是立体的画、动态的画,更符合儿童的心理。课本上静止的符号式的人物,通过角色扮演就能鲜活地展现在孩子的眼前,无论是扮演者,还是暂时的观众,都一起卷入到角色的命运中。那是生活的再现,是活生生的社会生活的再现。图画、音乐、戏剧让小学语文教学一下子迸发出生命的热浪,那是儿童真正欢迎的语文教学。

这些艺术的手段再现了课文描写的情境,说得更确切一些,是把作家创作时脑海和心灵所经历的那些情境,用艺术的直观再现在儿童的眼前。尽管是模拟的、仿真的,但神韵却相似,同样给儿童以真切感。通过儿童进入情境的感受,他们仿佛真的进入了课文描写的社会生活的真实情境中;而课本中的语言,无论是词句、修辞手法、篇章结构,还是一系列的语文基础知识都整体地、相互联系地镶嵌在这个情境中。这是语言的理解、语感的领悟,也是人文精神的熏陶。

艺术走进语文教学,让孩子们具体地感受到美——艺术的美和课文本身内涵的美,原来枯燥的抽象的符号式的语文教学,在艺术的典型化的展示中,使模拟课文的情境罩上了审美的光环。我感悟到孩子要美。美能生情,美能激爱,进而认识到孩子的认知活动不可能是纯认知的。情境的美,巧妙地将儿童的认知活动与情感活动结合起来,结合得是那样合乎逻辑。我猛然觉得找到了一条多少年来寻求的培养学生语文素养和精神品质的路,实际上也是今天新课程标准阐述的语文教学的基本特点——工具性和人文性的统一。

三、运用相互联系的整体理念,拓展多元的网络式情境

情境教学就是这样在教学中研究、在研究中教学,一步一步向前发展。情境教学的多元化和普遍性,使它呈现出发展的美好前景。到 20 世纪 80 年代末,在国际国内教育不断变革,从科学化走向情感化、人文化

的大背景下，情境教学顺乎自然地向情境教育拓展。情境教育基本原理为"儿童—知识—社会"的构建提供了理论支撑。情境教育是依据马克思关于人的活动与环境相一致的原理构建的，马克思认为环境的改变和人的活动相一致，是人全面发展的基础。"情境教育"之"情境"实质上是人为优化的情境，是"有情之境"，是促使儿童能动地活动于其中的环境，是一个有情有趣的网络式的师生互动的广阔空间。它是将教育教学内容镶嵌在一个多姿多彩的大背景中，为儿童的发展提供优质的生活世界。

情境教育不仅从哲学上找到依据，而且还从科学上借鉴现代心理学的暗示、移情、角色学、心理场等研究成果，构成情境教育的基本原理，即暗示诱导原理、情感驱动原理、角色转换原理、心理场整合原理。

情境教学的产生与发展，一方面吸取当代先进教育思想的理论，另一方面得到中国民族文化的瑰宝"意境说"的滋养。"意境说"的主要特点为：真、美、情、思，这四点正是儿童教育所需。应该说"意境说"，不仅为小学语文情境教学提供理论支撑，而且进一步地支撑整个情境教育的研究。它蕴含着美学、心理学、创造学最古朴的原理，运用它可以使小学教育真正走中国人自己的路。

在探索过程中，我们以儿童的个性全面发展为目标，根据儿童知识建构及其发展的需要，从以下四个方面构建操作的基本模式。

拓宽教育空间——社会是儿童知识建构的情境

社会是儿童知识建构不可缺少的资源和运用知识不可替代的现实情境，学生在其中感悟、观察、体验。通过多样的课外教育活动，渲染学校欢乐向上的氛围；通过主题性大单元教育活动与社会相连，并设定"教育周月节"，如二月的"爱书周"、三月的"学雷锋周"、六一节前夕的"爱生日"、十月的"爱国月"，连同"鲜花节"、"丰收节"、"童话节"等，用丰富多彩的活动，将课堂与校园、家庭、社会横向融通，并且在相对固定的教育活动中，使教育得到强化、持久。教育空间的拓宽，推倒了学校与社会之间的围墙，丰富了儿童知识建构的源泉。

缩短心理距离——情感是儿童知识建构的纽带

情境教育通过创设一种"亲、助、乐"的师生人际情境和"美、趣、智"的学习情境来缩短儿童与教师、与同学、与教学内容的心理距离,沟通师生情感交流。师生关系的平等、亲和成为激活儿童潜在智慧的有效形式。

利用角色效应——儿童是知识建构的主体

情境教育的根本理念,就是"一切为了孩子的发展"。知识是通过学生自己去建构的,是他人无法替代的。因此,毫无疑问学生是学习的主体。为了让儿童在自己的心里形成主体意识,教师让儿童在已创设的特定情境中担当角色、扮演角色。除扮演教材中的角色外,还根据需要让儿童扮演童话角色或现实生活中的角色,课堂里充满了情趣盎然的生活气息,使儿童仿佛进入了现实生活的情境。而且根据需要,教师也常常担当角色。角色转换产生的新异感,激起儿童热烈的学习情绪,使儿童作为一个活生生的人,在角色意识的驱动下,尽情地投入,全面地活动起来,忘我地由"扮演角色"到"进入角色",由教育教学的"被动角色"跃为"主动角色",成为学习活动的主体。

注重创新实践——"基础"与"发展"是知识的双翼

情境教育十分注重让儿童在特定的情境中和热烈的情感驱动下进行创新、实践,并通过实际应用来强化学习成功带来的快乐。情境教育通过实体性现场操作、模拟性相似操作、符号性趣味操作,为儿童在知识建构的过程中插上"基础"与"发展"的双翼。

总之,让儿童学习知识、认识社会和未来的应用紧紧相联,实际上就是将"儿童—知识—社会"有机地融合在一起,通过缩短心理距离,师生在情中、在爱中交流和互动。

四、开发情境课程,情境教育走向大众化

情境教育从理论体系的完善到基本模式的构建,一步步发展着。随着

实验的深化，必然带来课程的改革。当今世界各国都把课程作为教育改革的关键，这个领域的实验与研究一直没有停息过，倾注着一代又一代人的心血与智慧。杜威继卢梭的自然主义的课程思想后，进一步提出了经验课程思想，为改造儿童的经验去设计课程；而后胡塞尔提出了经验课程，这是对杜威课程的超越，由经验课程发展到体验课程，体现了时代精神的发展、课程哲学的进步。当今课程改革更强调人文精神关怀，致力于学科、儿童和社会在课程中的统一。这促使情境教育课程的开发与研究，以积极回应国际、国内基础教育课程改革的召唤，将国外课程论的精华为我所用，创造出具有中国特色、时代特色的基础教育课程模式。

（一）情境课程的内容及其具体操作

基础领域：学科情境课程

学科情境课程将知识的系统性、活动的操作性、审美的愉悦性融为一体。在被优化的学科情境中，儿童是作为完全的人、整体的人存在且活动着的。学科情境课程，根据教材特点创设与渲染一种优美的、智慧的、富有儿童情趣的氛围，将学科课程与儿童活动结合起来，将知识镶嵌在情境中，使知识与情境相互依存，儿童与教师互动，并在其中进行相关的实践活动。

在学科情境课程中，儿童的活动既保持着学科特点，又充分体现学科与社会的有机联系。事实上，一切知识产生于情境中，最终又回到情境中去运用。因此，学科情境课程所设计的活动，往往以知识在真实的或模拟的社会实践情境中的运用为主要内容和生动形式。我们常常根据教材内容和活动主题的需要，让儿童担当所向往的社会生活中的角色、生活中熟悉的角色或童话角色，让他们以一个特定的角色通过活动——或操作演示，或观察研究，或报告见闻，或评判裁决，或说明介绍，或演讲复述等，去学习教材内容，从而带着情感色彩去学习。凡是儿童，都爱活动，活动是儿童生命体和个性发展的根基。把学科课程与儿童活动结合起来，就保证了儿童在学科学习中的主体地位,保证每个儿童在热烈的学习氛围中感受、体验、探索、发现、表达、操作。

学科情境课程保证儿童在情境中通过自己的活动学习知识,又在情境中通过自己的活动运用知识。拿语文来说,所创设的是作家创作时的那个情境,显然那是社会的情境;数学也可以创设相关的真实情境,或者是把定理、公式产生时的那个情境重演再现。在这样的情境中,学科知识通过儿童的活动,就很自然地,甚至可以说是较为完美地将"儿童—知识—社会"进行有机的建构。这种符合儿童认知规律的建构,有利于儿童掌握知识的内在联系,进而产生知识的迁移。在这样的过程中,因为情境的美感和情趣,促使师生情感的参与。这种最佳的情绪状态和情感的驱动,势必激活儿童的潜能,儿童的那种带有稚气的创新火花便会不时地闪现在学习过程中。因此,儿童在学科情境课程中的知识建构更具文化性、情感性和社会性。

综合领域:主题性大单元情境课程

传统教育因为分立了的缘故,每种课程往往偏于一个境界,这种各科教学的离散性,削弱了教育的整体效应。叶圣陶先生指出,教育的最后目标是"使分立的课程所发生的影响纠结在一块儿,构成一个有机体似的境界,让学生的身心都沉浸其中"。为了追求教育的整体效应,情境教育以德育为主导,以语文学科为龙头,以儿童为主体,开设主题性大单元情境课程。如"小蜜蜂行动"、"我们去寻找美"、"情系灾区"、"童话让我们插上想象的翅膀"、"走进科学的大门"、"我们与时光老人赛跑"等,都是对儿童颇具吸引力的主题。从教学到教育、从课堂到课外、从校园到校外乃至家庭和社会,在主题的导向下,各科教师和班主任协调动作、相互支持、相互迁移、相互补充,充分利用教育教学内容中的"相似块",将其集合在一起,从各个不同的侧面集中进行教育。利用大单元情境课程组成部分相互作用的一致性,加大教育的力度,使有限的教育教学活动,从深度、密度上拓展空间,强化教育的效果。这不仅为课程的综合找到了出路,而且也体现了课程综合的优越性。

主题性大单元情境课程,因为主题鲜明、情感伴随、儿童自主、角色众多、场景逼真,孩子们一个个兴致勃勃,主动探究,大大增强了教育的力度和效果。学生的综合实践能力在主题性大单元情境课程中得到充分的操练。

源泉领域:野外情境课程

大自然含蕴着取之不尽、用之不竭的智慧源泉,人类的文化最早就是在大自然丰厚的怀抱中孕育出来的。大自然的万千姿态、绚丽色彩、各种声响,连同那变幻莫测的种种场景,都成为对儿童进行智慧教育、审美教育、科学教育的生动教材。情境教育开设的野外情境课程,正是遵循了教育的真谛。大自然的诗、画、音乐对儿童情感、意识以及智慧的发展起着难以估量的重要作用,儿童走进大自然宽阔的怀抱,会睁大眼睛看大自然那无与伦比的美,种种景象所包容的、所显示的因果关系,都会引起儿童的喜悦、惊叹和思考。为此,我们在优选的野外情境中进行观察说话、情境作文,进行野外数学、生态变化研究、社会现象调查等。儿童在优美的情境中观察、想象、思考、切磋、交流,在这独特的、宽阔的、丰富的野外情境中,顺乎自然地把认识周围世界与研究性学习有机结合起来。例如,孩子们既观察春天的飞燕,又研究候鸟的特性;既观察大雾笼罩的田野,又研究雾的形成;既感受小河流动的美,又调查河水的变化和研究,领悟保护水资源的重要及其科学办法……在这现实的情境中,儿童感受真实、情绪热烈、思维活跃。此时此刻,他们真正成了生活的一员、社会的主人、大自然的好友,并受到智慧、道德和审美教育,在无限美好的天地间感受、思索、顿悟,"儿童—知识—社会"在这里得到完美建构。

(二)情境课程的作用

由于情境课程以"美"为突破口,以"思"为核心,以"情"为纽带,以"儿童活动"为途径,以"周围世界"为源泉,其"美"、"思"、

"情"、"儿童活动"及"周围世界"作为构成的要素,对儿童的学习和发展起着整合、熏陶、启智、激励的作用。

1. 整合的作用

在传统教学中知识往往是一个个零散的点,知识之间的内在联系、知识发生的背景,学生一般都不大知晓。学生只能浅表地、孤立地理解知识,更谈不上对知识的综合运用。而情境课程则是把知识镶嵌在情境中,又凭借情境进行相关能力的训练,并在其过程中启迪智慧。在儿童与社会、知识与社会之间,情境教育主张让儿童走进生活世界的源泉中去,从中汲取鲜活的知识经验,探寻知识与生活世界之间存在着的循环往复的有机联系,去感悟一个有血有肉的知识体,而不是一个一个的知识点。情境课程在这里对知识起到了一个很好的整合作用,十分有利于学生对知识的建构,其中包括知识产生的背景、知识作为人类财富的感受,融入了人文精神的熏陶及智慧启迪。这就把初等教育有关知识的、能力的、智慧的、情感的教育目标,都在情境中得到最佳整合。

2. 熏陶的作用

情境课程特别强调情境对于儿童的潜移默化的熏陶或陶冶作用。情境教育选择以"美"为突破口,以"美"为追求的境界,也就是主张一方面利用美,另一方面进行美的熏陶感染。儿童在情境中感受到美,进而去表达、去抒发美的感受。伴随着这种审美愉悦,纯真的心田得到犹如甜美的春雨般的滋润。情境的这种可感知性、愉悦性,使儿童非常乐意接受,并产生积极的情绪反应。当学生持久地、多角度地获得美感,就会一次又一次地产生对客观现实的美好的情感体验。随着这种体验的不断深化,学生的审美情感、理智情感和道德情感等都会受到很好的陶冶,并深深地烙印在幼小的心灵上,而且作为相对稳定的价值取向逐渐内化、融入儿童的人格之中。这就是我们一直强调的由情境引发的情感的纽带作用。诚如一位哲学家所说,情感的体验可以揭示人的"存在的完满"。在情境的熏陶作用下，凭借情感的纽带作用，情感与生命的冲动、感受、体验、人格等有机地联系在一起，人的内心获得极大的喜悦。而只有拥有这种内心喜悦的生活，才是完满的健全的生活。情境课程就是要全面激活儿童的生命能量，促进儿童身心素质的全面和谐发展。这对他们明天的发展必然产生深远的影响。

3. 启智的作用

儿童具有不可限量的潜在智慧，包括直觉的智慧、想象的智慧、创造的智慧乃至逻辑的智慧等。如何启迪儿童的这些潜在智慧，使他们变得更加聪明，是情境教育一直追求的目标。优化的情境在启迪儿童智慧方面同样具有得天独厚的优势。所谓"启迪"，实际上就是一种暗示，它来自于情境的作用。情境课程之情境所含蕴的"真"、"美"、"情"、"思"就构建了一个广远的意境，为儿童提供了宽阔的思维空间。儿童在情境中将观察与思维、观察与想象结合起来，在观察中、在倾听中、在触摸中获得丰富的映象和美感，产生审美意象，激起创造的思维。当儿童沉浸情境中，想象的翅膀悄然展开，正如《文心雕龙》中说的那样"思接千载"、"视通万里"、"神与物游"。儿童常常在这广阔的、无拘无束的思维空间里浮想联翩，必然会产生无数的奇思妙想。

4. 激励的作用

情境教育提倡教师"爱生乐教"。教师以真挚的情意殷切地期待学生，坚信学生一定会成功，敏锐地欣赏来自每个学生的点滴进步和瞬间迸发的思维火花。教师以自己全身心的爱投入教学过程，热情地引导儿童开启智慧大门。教师的期待会作用于儿童的内心世界，学生会从教师的爱中获得信心和力量。这种信念往往转化成一种积极向着教学目标的驱动力，"期待"转化为"自信"。儿童在情境中，在教师的呵护和激励下，表现出一种积极的欢快的情绪，他们每天在教师的身边领略到、感受到的正是他们所需要的支撑和催化，而完全不同于传统教育的那种无奈的被动的学习。

这样的激励作用,效果是明显的,也是持续的。

回顾从"情境教学"—"情境教育"—"情境课程"的三个发展历程,深感优化的情境以儿童为学习的主体,一切为了儿童的发展,将学习与生活相连,突出情感的纽带作用,有效地促进了"儿童—知识—社会"的完美建构。因为美,因为智,因为情,因为境,使儿童在知识建构的过程中获得作为人的全面发展。

(本文为2002年12月16日在华东师范大学举办的"国际建构主义与课程教学改革研讨会"上的演讲,后分别发表于《全球教育展望》2003年第4期和《中国教育报》2003年3月21日)

情境数学的探索

数学需不需要情境，如何在数学教学中创设情境，数学情境教学和语文情境教学有什么相同之处，又有什么不同……一个个难题，预示着数学情境教学的探索必定需要较长时间。

(一)

学校里年轻的数学老师蕴藏着极大的改革热情和智慧，他们被语文情境教学的魅力所吸引，并羡慕我在语文学科带的徒弟，因而也希望我收他们做徒弟。我想自己是教语文的，没教过数学，对数学知之甚少，实在是个数学外行。有一次，我参加数学学科的备课，他们又热忱地表示："李老师，你就不肯收我们数学老师做徒弟？"我说："我不懂数学，怎能'好为人师'呢！数学的研究全靠你们啦！"听了这句话，周伟老师失望而又恳切地说："李老师，你以后千万不要说你不懂数学。"虽然是简短的一句话，却让我感觉到了它的分量，我从中感觉到数学老师对我寄予希望，我说我懂数学还是不懂数学，对他们在数学学科搞情境教育的探索的信心有着直接的影响，我怎能说不懂呢！我连忙改口说："没事，不懂我就向你们学，学了就能懂。"他们听了都高兴地笑起来。我这个数学的门外汉就这样被这群可爱的年轻人的热情和诚恳感动了，开始了对数学情境教育的探索和思考。虽然对数学情境教育究竟怎么去做，一时半会儿心里还没数，但是我相信它总是会成功的。我有了信心，大家也就有信心了。

数学老师们行动起来了，他们首先主动地把语文情境教学的那些方法、手段，搬到了数学教学中去。一天，数学老师喊我去听三年级的《认识长方形和正方形》一课。看得出来，老师很费了一番脑筋，用图画创设了一个"小兔盖房子"的情境,黑板上的挂图上画着一座房子是正方形的,砌房子的砖块是长方形的,开的窗户是正方形的,屋顶的烟囱是长方形的,小兔子的房子都给安排上了长方形和正方形,企图让孩子在童话的情趣中,在小兔子的房子中认识长方形和正方形。

我一边看着,一边想着。我非常客观地认为,"小兔盖房子"虽然有很多有趣的故事情节,但是长方形、正方形都在小兔的房子上,感知目标就不那么鲜明。正方形和长方形的差异孩子们一下子还难以辨明,于是我觉得这个设计不是很恰切。如果仅仅是把语文情境教学中那些创设情境的手段照搬过来,未必能很好地体现数学学科的特点。我一方面从保护数学老师积极性的角度,表扬了老师们大胆的尝试和创新;另一方面,我又十分警惕千万不能因为顾虑情境教学不能在数学中得到拓展而牵强附会。科学的东西还是要实事求是,生搬硬套不是好办法。这次尝试让我领悟到,情境教育在其他各科的拓展,一定要遵循这门学科自身的规律,而不能削足适履。那么,数学学科自身有怎样的规律呢?

(二)

我思考着:语文源于生活,数学不也是源于生活吗?因为生活或生产的需要,才产生了数学。但现实的数学都是远离孩子生活的,抽象而过于烦琐,许多的数学术语,把原来不复杂的小学数学搞复杂了。孩子觉得数学难而无趣,也是很自然的。因此,我想数学的情境教育应该从摒弃它的弊端着手,即怎么让数学走进儿童的生活,让儿童亲近数学。这么一想,觉得在数学学科创设情境的思路开阔了许多。

四年级的顾文彬老师热情地接受新事物。不久,他准备执教《长方体表面积的计算》。正在这时,学校刚好举行"爱书周",各班都要做图书箱,建立图书角。那天,我经过总务处,无意间看到一只一只新的图书箱。我心头一动,一下子就想到了《长方体表面积的计算》,兴奋极了:长方体不就在孩子身边吗?

我马上找到顾文彬老师，把他领来看图书箱，小顾一看就明白了，兴奋地说："好，有办法了！"随即，又找了图书馆的老师，向他了解全校一共要多少图书箱。我们开始备课，从学生的生活出发，创设了在"爱书周"里做图书箱的情境。上课了，孩子们希望的图书箱展现在他们眼前，顾老师让学生担当角色做总务处的老师，让他们计算：给学校 36 个班配备图书箱，要多少三合板？孩子们被带到一个和自己生活相通的情境中来学习、认识长方体的表面积，而且自己霎时变成了"总务主任"，成了学校当家人，真是新奇有趣。因为生活的需要，他们去研究身边的数学问题："总务主任"用尺亲自测量一个图书箱长多少、宽多少、高多少；数据有了，再计算图书箱的表面积又是多少，制作一个图书箱需要多少面积的三合板，学校那么多班级，一共需要多少。在直接源于生活的情境中，学生很快就弄明白了长方体的表面积计算公式，又巧妙地将这个知识运用到生活中去。这节课上得很成功，孩子们始终兴趣盎然。

我从这一节课的成功想开去，感悟到数学其实就在孩子们的身边，就在我们的生活中，我们可以到生活中找到它，由此很自然地找到了数学学科创设情境的途径，那就是把生活带进数学的课堂。这个发现让我这个数学外行倍感兴奋，我觉得自己的认识就在这探索的过程中一点点地形成并逐步提高，对数学的感受也一点点地敏锐了起来。

从这一新思路出发，我们又研究了很多课。如在"爱国月"里，结合主题性大单元教育活动上的五年级的《多位数的读法》。百万、千万、亿这样的多位数，对于孩子来说平时没有这些概念，读起来不容易，写起来也易错，而且单纯的数字学起来挺乏味的。我想，这些数字只有根植到社会生活中去，它才是有意义、有价值的。当时国庆来临，我想到报纸上关于我国近五年来经济发展情况的报道很多，粮食、钢铁、煤炭、汽车、电等产量分别是多少，又分别增长了多少，很多数据都是多位数。我便首先让孩子去收集相关数据，让他们比较具体地了解伟大祖国经济不断发展的喜人形势。其实这也是一种社会调查，一种活生生的思想教育。上课了，孩子们将收集的数据在小组里交流，然后汇集起来，创设了一个"祖国经济大发展展览会"的情境。要办展览会就要根据数据制作图表，由此引导学生去写多位数，而且要求准确、清楚、端正。于是，孩子们兴致勃勃地在下面练着，认真地写着一个个多位数。然后有的画表格，有的写数字，展览会筹备好了。孩子们在热情的情绪中反复地练着多位数的写法。展览会要开幕了，就得有讲解员，孩子们纷纷举手，要求担当讲解员。讲解员的讲解要声音响亮、口齿清楚、报告数字必须准确无误。就在这角色扮演中，孩子们领悟到读多位数要眼快、口快，并主动积极地练习报告多位数的本领。在听读的同时，也为祖国经济发展的惊人速度而欢欣鼓舞。这样将数学学习和儿童的生活、社会的发展联系起来，既让儿童懂得了祖国这五年来的辉煌成就，又在其中掌握了多位数的写法、读法，将所学的知识及时运用于实际之中。

此后，老师们都领悟到数学就在情境中的道理。学校的数学课生动而有趣了。学习统计，就结合班级开展读好书活动，统计同学读各类书的数字，然后做成图表展示；学习百分数、分数、比例，让学生在班级、在学校、在社会就某一个项目收集数字，去编题计算，感悟数学在生活的广泛运用；学习元、角、分，让学生当营业员和顾客，理解人民币的进制、兑换，熟悉使用人民币；学习重量"吨"，让学生当饲养员，给牲口过秤。教《百分数的应用题——利息》一课时，设计了游戏"为储户当参谋"，设立储户咨询站，有孩子当储户，有孩子当参谋，还有孩子当储户咨询站站长，相互间展开角色的对话：有储户与参谋的对话，有站长与储户的对话。积极的思维活动在游戏中快乐地进行，生活中的数学在课堂上生动展现。在这些模拟的生活情境中，有效地培养了学生的数学应用能力，而且极大地丰富了数学教育。可以说，数学在情境中产生，再引导学生到情境中去运用，儿童对数学的兴趣油然而生。现在看来，这已是现代数学教学必经的路径。这一阶段的收获不小，我认识到数学来源于生活，要引导学生在生活中发现数学，让数学与生活结合，让学生在真实的或模拟的生活情境中学习数学、运用数学。

（三）

　　面对情境教育在数学学科的进展，我又想，数学的重要特质就是：数学是思维的体操，数学学习就是不断地引领儿童去思考、去探究。我们创设的情境，应具有鲜明的探究特点，有利于儿童思维的发展。

　　但是探究并不意味着就是抽象，就是逻辑。在小学阶段儿童学数学，应该伴随着生动形象去探究，也就是在情境中探究、在境中生情，这样儿童的探究就可以伴随着乐趣，探究便易于产生顿悟。因此，实验班的数学老师努力把抽象的公式、定律化为具体可感的形象或生动的形式，把数学的知识镶嵌在情境中。

　　陈建林是一位年轻的数学老师，他有着较深厚的数学功底。他教六年级数学，为了引导学生综合运用学习体积的知识到实际中去，他和数学教研组的老师共同研究创设出一系列儿童感到亲切有趣的生活、生产的情境，并引导学生把计算不规则体积的知识运用在情境中。我也参加了他们的研究。一上课，陈老师很有兴致地对孩子们说："同学们，华罗庚爷爷是我国著名的数学家。今天，陈老师准备成立一个小小华罗庚研究小组，你们谁有兴趣参加？"话音刚落，全班孩子哗地举起小手，要求参加研究组。陈老师热情地说："看来我们得成立一个小小华罗庚研究大组了，大家都来参加，非常好。今天我们的研究内容是综合运用所学过的有关体积方面的知识去解决实际问题。"

　　陈老师通过让孩子参加华罗庚研究小组来提升学生的人格，并明确地提出了这堂课的学习要求。接着陈老师把学生带到模拟的金属制品车间，工人叔叔正在制造铜锁，老师随手举起一把铜锁，创设一个探究的情境："工人叔叔所用的材料是一块棱长为9厘米的正方体铜块，用这样大小的铜块能加工成多少把这样的铜锁呢？"铜锁的体积是不规则的，有锁身、锁柄、锁孔，那怎么算呢？孩子们一愣。陈老师鼓励孩子们大胆猜想。在孩子们感到困惑时,陈老师用一个故事在趣味中把他们的思维引向深处。他说:"早在两千多年前的古希腊,有一位最伟大的数学家,他的名字叫阿基米德,他也曾遇到了你们今天遇到的问题。"孩子们一听顿觉新奇。陈老师接着说:"国王要阿基米德判断皇冠是不是真黄金。他为此困惑了好几天,最后的结果怎样呢?让我们来听听阿基米德当年的情况。"陈老师播放一段录音,生动讲述了阿基米德在跨进放满了水的浴缸时,发现许多水从浴缸里溢了出来,看着溢出来的水,阿基米德恍然大悟,他立刻跳出浴缸,披上衣服冲出门去的故事。

孩子们听了个个兴奋不已。陈老师便问他们:"阿基米德看到浴缸里溢出来的水,受到了启发,找到了测皇冠体积的方法,你有没有从中受到什么启发?"然后鼓励学生动手试一试:"现在请你们这些小华罗庚组成实验小组,利用桌上的实验器材,根据自己的设想,大胆地去做一做。看哪一组的方法跟阿基米德的方法是相同的。"孩子们一听自己的方法竟有可能与伟大数学家阿基米德相同,快乐得简直要跳起来。那铜块究竟能生产多少把锁,孩子们运用与阿基米德相同的方法终于算出来了!真是"情能激智"呀!

接下来,陈老师把学生带到模拟的玻璃制品车间,要注明这种玻璃瓶能装多少毫升的药液。孩子们便操作开了,这样试、那样试,在探究中最后终于明白了应将药瓶里的水倒入量筒。陈老师当即表扬孩子们:"你们的方法真好!据说爱迪生当时也曾经向他的助手提出了类似的问题。最后就像你们刚才那样,他往玻璃瓶中倒满水,然后把玻璃瓶中的水倒入量筒中,一下子测出了水的体积,那就是玻璃瓶的容积。"

陈老师以学生们崇敬的科学家为榜样,把他们带入模拟的探究情境中,使他们感受科学家神奇的数学智慧和人格之美,以此来陶冶学生的情操,开发学生的潜能。

这样创设的情境,具有鲜明的探究特点。不仅让学生在情境中感受数学,获得理解运算的规则,而且在一种非常愉悦的心理状态下探究数学,促进了儿童思维活动的积极进行。事实已表明，数学情境课程给儿童带来了无限的生机和乐趣。这让我深切感悟到——数学是思维的体操，通过创设探究的情境，让儿童伴随快乐的情绪积极进行思维活动，把认知活动与情感活动结合起来，把形象思维与逻辑思维结合起来，启迪儿童的数学智慧，并逐步培养他们对数学的兴趣。

（四）

陈建林等老师的课启发了我，感到数学和其他学科一样，也是人类文明的重要组成部分，蕴含着丰富的美感。英国哲学家罗素就说过，数学是一种冷峻的美。我认为小学数学应该体现数学的审美性和文化性，引导儿童在学习数学的过程中，获得数学的审美感受和文化熏陶。意识到数学的文化性、审美性是个新的课题，而数学情境课程的特点更易于进行这方面的探索，于是情境课程研究又深入到了一个新的层面上去。对儿童不仅要进行认知的教育，还要渗透审美的、文化的、情感的、道德的熏陶，这才能促进儿童素质的全面和谐发展。

五年级研究教学《平行四边形表面积的计算》，传统的教法是老师先复习长方形面积的计算公式，然后出示平行四边形，通过演示告诉学生平行四边形的计算公式是什么，然后进行练习计算。这便是最常见的离开了生活、纯认知的教学。

执教的关勇老师很富幽默感，所以思维方式也常常与众不同。我们在集体备课研究时，他的幽默常常渲染了一种特别轻松的气氛。在那样的情境中，真是可以"出格地想"。他在备课时说："人类研究长方形的计算公式用了一万年之久，而后研究平行四边形只用了五六十年。"我一听，觉得这是非同一般的资料，连忙问："这数据确凿吗？"关勇老师笑着，却又十分肯定地说："这是我从书上看到的。"这个资料的提供让我从数学史想到数学文化，人类对数学的研究是代代传承的，后者是在前者的基础上发展起来的。因此，我认为引导儿童从数学文化的角度感受数学的美，是可以寻找途径的。我谈了自己的设想，得到数学老师们的认可，我心里特别高兴。

而且我还认为，要抓住数学文化的"脉"，重演、再现发现公式的情境，让学生自己去发现公式。可以说这是多少年来，我在困惑中琢磨数学情境教育的一个朦胧而又梦寐以求的境界。当时，顿觉开朗，内心似乎涌起一种发现了什么似的兴奋。关勇老师集大家的智慧，加上自己的钻研，上了很出色的一课。

上课一开始，关老师启发引导学生："人类研究长方形的计算公式经历了一万年，而后研究平行四边形的计算公式却仅用了五六十年的时间。显然，人类是从长方形的公式中得到了很好的启示。"简单的几句话，表现了人类对这两个几何面积计算公式的历程，包含着逻辑之美、创造之美。接着，关老师让学生担当角色："现在就请你们做古代小小数学家。"随即出示一幅简笔画，上面画着一间小屋，小屋前有一块平行四边形的地。关老师指着图说："一位老爷爷的屋前有一块平行四边形的地，老爷爷很想知道这块地究竟有多大，问了很多人都不会算，你们这些小小数学家有办法计算出它的面积吗?"于是，课堂上，这些古代小小数学家拿着长方形、平行四边形的图形，摆弄着、切割着、拼接着，在古典民乐的典雅的节奏中，他们专心思考、小声议论、大胆猜想。不多会儿，有人举手，再一会儿更多的人举手，他们一个个要发表各自的发现："我是将平行四边形从中间切割的，一拼就是长方形了。""我们可以运用长方形计算公式来计算平行四边形。""只是这是不是也叫'长×宽'呢?"学生们边说边演示，边提出问题，教室里沸腾了。

公式不再是老师告诉学生的，而是通过学生担当向往的角色、通过探究自己发现的，运用起来就倍感亲切而难以淡忘。并且，学生对人类文明史的进程初步的体验，把数学知识、数学文化和探究精神在情境中融成一体。这样再现人类研究、创造出平行四边形公式的最初阶段的情境，让学生体验人类文明发展进程中的生动一幕，充分显现了教学内容的美感。数学老师从体现美的角度设计思考，可以使数学教学更具人文性，数学学习变得丰富多彩。

将生活展现、实物演示和艺术手段结合起来，重演、再现人类发明数学公式的情境，从中感受数学的文化性和美感性，以此来实现数学教育中数学知识的获取、数学技艺的掌握与数学文化、数学美感的熏陶三重功能，从而丰富儿童的精神世界。

情境数学将数与形、数与生活结合，让儿童在身边发现数学，使原来颇为遥远而陌生、敬而远之以至畏惧的数学变得亲近，可以理解和琢磨，由此培养学生对数学的热爱。

（本文发表于《人民教育》2004年第20期，发表时题目改为"情境数学探索的故事"）

在诗的意境中教诗歌

诗歌是各民族最初的和最基本的文学样式，它集中地反映社会生活。诗歌最明显的特点有两个：一是常常以直接抒情的方式进行，因此诗是蕴含着丰富的想象和情感的；二是语言高度凝练和谐，节奏也特别鲜明。

那么我们教学时，如何根据诗歌的这些特点进行呢？

一、利用经验，带入诗境

情感是诗歌的生命，要激起孩子学习诗歌的兴趣，就要把诗歌描写的诗的意境先推到孩子的眼前，进而让他们走进去。这中间就需要创设情境，把学生带入诗的意境中。

诗歌注重情感的抒发，表达了诗人对生活中人物、景物、事件的爱憎和感叹。也就是说，诗歌也是植根于社会生活之中的。教材中所选诗歌描写的场景和儿童生活的经验往往是相通的或相关的。在教学时，我们需将诗的意境与儿童的生活经验沟通。对生活中经历过的，儿童就会觉得特别亲切。教学要从这儿入手，利用儿童的经验唤起他们的亲切感，促使他们带着一种朦胧的、抒情的情绪状态进入诗境。像《瀑布》这首诗离孩子比较远，但是从孩子熟知的"小河"、"大江"导入，一下子就亲近多了，缩短了心理距离；然后通过问题情境的创设造成悬念，孩子就很快进入了诗境。

要唤起孩子的亲切感，就要顺应他们的思路。例如我教二年级学生读补充教材《故乡的小园》，导入新课就分三步走：

第一步是让孩子们背一背他们一年级时学过的李白的《静夜思》。孩子们的轻声背诵，无形中渲染了这种思乡的氛围。

第二步通过讲解"故乡",唤起对故乡的情感。我说"南通就是我们的家乡",当我们长大后离开了它,在外地生活、工作,就说南通是我们的"故乡"。"故乡"是一个人的出生地,我们离开了故乡,就常常会想起故乡的一草一木、一山一水。

第三步揭示课题,根据课文内容描绘画面:"今天我们学习的《故乡的小园》就是写诗人'我'对故乡的思念。李老师读了这首诗,仿佛看见诗人可能在一个有月光的晚上望着月亮,想起自己的故乡;也可能是在一个秋天的早晨,望着南飞的大雁,想起故乡的小园,我们好像还听到诗人在轻轻地呼唤着故乡。"紧接着便范读全文,由此唤起儿童情感的共鸣。

这样的设计完全是从孩子的认识出发,从"家乡"到"诗人"到"有月光的晚上"再到"南飞的大雁",这些都是孩子们熟悉的,都是孩子们已经有的生活积累,而且都是很美的。这些形象化的语言,孩子听着就仿佛看见了一样,这样他们就容易入境了。

二、适当铺垫,弄清诗意

诗是高度凝练与反映生活的,所以诗的语言常常是跳跃的,容量特别大。儿童学习诗歌就有一定的难度。要孩子能体验诗的情感,首要的一条是把诗读通、读懂。

教学时就需要适当铺垫。以我教学的著名诗人艾青的诗歌《太阳的话》为例,因为这首诗写得美而情深,且运用隐喻,诗中人称与标题人称变化难度较大,所以我在教学设计时,多处有意做铺垫,引导孩子在有情有境的状态中体会诗意,让孩子们喜欢上这首诗。

请看教学过程:

一、导语为突破难点做铺垫

课文第一句说"打开你们的窗子吧",说明窗子有没有开?

"打开你们的板门"——板门就是木板做的门,有没有打开?太阳要进去,说明屋子里有没有阳光?

现在,小朋友可以想象一下,小屋子的门和窗都关着,又没有太阳,这小屋里一定怎么样?你们看(揭示挂图——黑暗的小屋)谁能说说这是(　　)的小屋?

(1)描述:艾青爷爷写这首诗是在新中国成立前。旧中国到处一片黑暗,就像这黑洞洞的小屋一样。你看,天是黑沉沉的天;地是黑沉沉的地,没有太阳,也没有温暖,有的是饥饿、贫穷和寒冷。

(2)启发:同学们想一想,生活在这黑暗的小屋里的人心里怎么样?那么生活在这小屋的人、生活在旧世界的人,希望看到什么、得到什么?

(3)讲解:艾青爷爷知道许多受苦受难的人是多么希望看到太阳、得到光明啊!好像太阳在跟受苦的人说话了。于是,他写了《太阳的话》这首诗。

二、范读课文

三、自由轻读

现在你们自己来读读,看看是不是有点儿懂了。首先要搞清楚诗当中的"你们"是谁,"我"是谁,太阳在跟谁说话。

四、改变人称,轻读全诗(帮助理解诗意)

题目是"太阳的话",那"我"就是太阳。现在我们就把诗中的"我"念作"太阳",读读看。这样一读,诗的意思就会明白了。

如开头一、二两节就变成:

打开你们的窗子吧,

打开你们的板门吧,

让我(太阳)进去,让我(太阳)进去,

走到你们的小屋里。

我（太阳）带着金黄的花束，

我（太阳）带着林间的香气，

我（太阳）带着光亮的温暖，

我（太阳）带着满身的露水。

五、学习全诗（略）

课本中，有现代诗，也有古体诗。古体诗有的语言的容量大，有时还涉及一些史实。这往往就成了儿童学习的难点，那就得突破，而不能回避。

例如，毛泽东的七律《长征》中的三、四、五、六四句是这首律诗的主体，涉及的一系列地名和重要的历史背景是小学生不理解的，那就得铺垫，就得进行讲述或者描述。教这个教学片段，老师首先让学生弄清楚"五岭"、"乌蒙"是山名，"金沙"、"大渡"是水名，即"金沙江"、"大渡河"；然后结合时代背景的介绍，大体弄清了红军长征的艰难历程。

有时是弄清了诗意进入诗境，更多的是在诗境中弄懂了诗意，进一步进入诗境。有些儿童诗则可让孩子担当诗人，进入写诗的情境，通过自己的亲身体验，弄清楚时间顺序，这样对诗的含义也理解了。

内容上的铺垫，主要是从学生的实际出发，再根据教材的特点，决定采取什么形式、铺垫什么内容，让孩子在特定的情境中理解，但并不排斥必要的讲解。

三、凭借情境，咀嚼诗句

诗人在诗中抒发的情感，是通过诗句表达的，为了体验诗的情感，需要理解诗句；为了理解诗句，又需要凭借情境，咀嚼诗句。所谓"咀嚼诗句"，就是反复地体会、品味。因为诗的语言描绘了一种境界，不是靠解释学生就能感受理解的，这还是得回到前面所说的，诗的语言容量大，特别凝练。理解诗的语言，对儿童理解诗意、提高语言的素养是很有意义的。

对诗的语言的品味，是诗歌教学中的着力处。然而，品味诗句并不是孤立进行的，需与体会诗的意境糅合在一起。所以，教学时要凭借诗歌描写的情境，也就是人为再现诗人胸中的诗境，只有在这真切的诗的境界中来咀嚼诗句，儿童才能品尝出诗的语言的准确、鲜明、生动。

下面是《长征》教学片段的设计。

（1）播放《长征》歌。

（2）描述：听着这激动人心的歌，好像我们也看到了红军大队人马越过万水千山的场景。那五岭山谷、乌蒙峰峦，仿佛还飘动着红军的军旗；金沙江畔，仿佛还回荡着红军胜利的欢笑；大渡河上，好像还闪动着红军战士攀着铁索桥奋勇前进的身影；千里岷山，好像还映照着红军战士的张张笑脸……

啊，这万水千山，千山万水，诗人怎能一一写下！在这里，诗人选取了两座山、两条水为代表。

（3）诗人一直追溯到长征开始，那逶迤的五岭仿佛又在眼前，你们看。（粉笔示意画）

"五岭"是五座山岭的合称，它绵延江西、湖南、广东、广西、贵州五省，山势起伏，蜿蜒长达数千里。现在你能说吗？五岭_____。

例句：五岭逶迤，五岭连绵不断。

释"逶迤"：像山势这样，弯弯曲曲、连绵不断就叫"逶迤"。"逶迤"也可用来形容河流、道路连绵不断。

读"五岭逶迤"。

（4）红军大队人马翻过五岭，又来到乌蒙山下。乌蒙山海拔二千三百多米，有我们南通的二十几个狼山那么高。（粉笔示意画）那你能说——乌蒙（磅礴）。

（5）指点：这一对句子都是写山。

五岭，写山岭之长；乌蒙，写山巅之高。

这里用"逶迤"、"磅礴"写出红军要翻过这样的高山峻岭怎么样？（难）

（6）但是，我们的红军战士不怕难，跟随着红旗翻过了五岭，又越过了乌蒙，征服了一座座大山。在红军的眼里，这山是大还是小，从哪里可以看出？

（7）"腾"是什么意思？这里的"走"又是什么意思呢？

（8）学到这儿，这两句的意思懂吗？谁能说说？老师给你们一个词——"像"。

（逶迤的五岭在红军的眼里像跳跃的细浪）

（磅礴的乌蒙在红军的脚下像滚动的泥丸）

指点：在这里，诗人生动地运用了夸张的手法，进一步写出了红军不怕远征难、高山峻岭只等闲，突出了红军形象的高大、气魄的豪迈。

（9）指导朗读："五岭逶迤腾细浪，乌蒙磅礴走泥丸。"

这个课例运用音乐与语言描绘相结合的方法，充分利用儿童进入情境所看到的形象，即眼前形象与诗句连接，让儿童体会诗中传神的关键字眼。因此学生对诗句的理解就比较入微，对诗的语言形态和情感色彩也就体验得比较细腻。

四、想象画面，体验诗情

儿童学习诗歌，进入了诗境，弄清了诗意，品味了诗句，最主要的还是要体验诗情。这些不是孤立地一项一项进行的，而是在诗的意境中，通过儿童进入情境激起的情绪，通过诗句体验诗的情感、想象画面进行的。在这中间首先要做的就是"读"。一般的读不够，还要反复吟诵。古人说，"熟读唐诗三百首，不会作诗也会吟"。通过朗读，通过吟诵，诗的语言成为有声的图画，直接诉诸儿童的听觉，那诗的韵律、节奏，激荡其间的情感，与情境所展示的形象结合在一起，促使儿童势必带着情感和"视像"

(即画面),又通过儿童自己的运动觉吟诵出来,那感受必然是深入一层的。

指导朗读并非单纯地在速度的快慢、音调的高低方面进行,更重要的是对诗的含义和情感有更深的理解和体会,用朗读去表达。为此,教学过程中要有意识地去引导学生想象,让他们更深地进入诗歌描写的意境。

下面以艾青的《春姑娘》教学片段为例,说明我是怎么通过启发学生想象让他们进一步体验诗意的。

（学生轻读一、二两部分）

（1）师：现在小朋友想象一下,春姑娘长得什么样儿?

（2）师：这么一个美丽的小姑娘好像就在我们的眼前。好,我们就这么想着她的美丽的形象来读读这两部分课文,要把春姑娘的美读出来。

生：刚才读了课文,我仿佛看到在一片碧绿的小河边,有一位漂亮的姑娘,她打着两条长长的辫子,走起路来一晃一晃的,手腕上挎着大柳筐,里面放着金色的种子。她正在轻轻地唱歌,唱的声音像小河水一样流畅。

（3）"春姑娘到哪些地方去忙?她还去了许多地方,诗中没有写,你能想到吗?"

（提供句式,通过语言训练把想象的画面清晰地表达出来）

生：走过田垄上　　来到村子里
生：走进园子里　　来到水池边
生：越过山冈　　　来到森林
生：越过江河　　　来到草地

师：她到了这么多地方,可以用哪些关联词语把它们联系起来,告诉人们,春姑娘走的地方可多着呢!

来到_____走过_____

越过_____来到_____

翻过_____走进_____

（指名读这六节）

师：（读后指导）朗读时，把诗中写春姑娘动作的词突出：挂、铺、撒、长、蹦跳着等。

师：（描述）在春姑娘走过的这些地方，你看到了哪些美丽的图画？最好能说出色彩，说出声音，好像使人看到了、听到了一样。

师：（指导）春姑娘在田垄上走过……

　　　　　　春姑娘来到村子里……

　　　　　　春姑娘走进园子里……

（学生读书）

（本文收录于《李吉林文集》卷六，人民教育出版社2006年版）

挚爱鼓起创新的风帆

儿童，是我心灵的寄托。正是儿童，令我全身心地投入到我钟爱的小学教育事业中。我把青春、把人生最黄金的岁月都给了儿童，由此也获得了充实而快乐的人生。

一、为了儿童，开始新的航程

1956年，我走进了小学。这一进竟是50年，我自己都吃惊我的毅力和对小学教育事业的执着。在那场民族浩劫中，因为"种修正主义黑试验田"的罪名而遭受10年的折磨。10年，惶惶不可终日的三千多个日日夜夜，我没有向命运低头。在屈辱中，我仍然舍不得离开课堂和我的小学生。

1978年秋，改革的春风赶走了冬日的阴霾。我无比珍惜这劫后余生的年代，我决心一切重新开始，毅然走到一年级孩子中间。对儿童、对教育的挚爱，让我鼓起创新的风帆。

一年级对于孩子来说是新奇的，也是神圣的。但面对传统的、封闭的教学现实，孩子的眼睛里流露出失望和漠然。我内心十分不安。为了满足孩子发展的需求，我义无反顾，开始了新的航程。

我做的第一件事就是为孩子们编写"补充阅读"。一学期一本，5年10本。虽说是自己土制的小读本，粗糙的印刷还存留着墨油的香味，但是在当时，它却提早了孩子们的阅读，培养了他们的阅读兴趣。可以说，这套土制的"补充阅读"是现在风行的各种读本的最早尝试，也是延续至今的苏教版"补充阅读"的雏形。我坚信，只有扩大阅读量、增加语言积累，才能学好语文。

接着，我便琢磨着让语文课通过形象生动起来，让孩子们喜欢语文。我把外语情景教学创造性地移植到汉语教学中来，并获得成功。我又由"情景"联想到中国文论的"意境"。"物以情迁"、"情以辞发"，"借古人之境界，为我所用"，来丰富我们今天的"作文论"。为了优选典型的场景，我走向田野、小河，走进大棚，攀上小丘，低头寻觅，放眼远眺。青嫩的小秧、金黄的麦浪、茂密的大树、路边的小野花、河沟的小蝌蚪、沙滩上的小螃蜞……都被搜索到我的视野中，都跳动在我的思维空间里，都唤起我无限美好的遐想，最终酝酿成一个个观察情境的精美设计。

在这丰富多彩的广远情境中，孩子们感知良多。"一切景语皆情语"。于是，我便会读到一篇篇表达他们所见所闻、真情实感的习作。孩子们的习作写得真好，又特别高兴写。我真正体会到孩子们在情境中感受、在情境中动情、在情境中发辞。这促使我设计出切合儿童表达的作文新样式：情境口头作文，观察情境说话、写话，情境作文，找到了一条提高作文水平的便捷而有效的途径。新华社记者对我们二年级实验班的学生习作进行了现场考试和检测，证实比三年级学生写得好，《人民日报》发表了实验班学生的一组习作，还加了"编者按"。我还开创了充满童趣和幻想色彩的想象性作文教学。从低年级到高年级，设计了一系列的想象性作文，孩子们美美地想着、快乐地写着，仿佛也进入了刘勰所阐述的"思接千载"、"视通万里"、"神与物游"的美妙意境中。

作文教学的成功引起我的反思：孩子为什么爱写作文，而且把它写好了？"情"怎么"动"，"辞"怎么"发"起来的？我发现无论孩子观察的情境，还是表达的内容，都有一个共同的特点，就是一个"美"字。我悟出来了，美的魅力无穷，美是教育的磁石，我应该把握在手中。接着，我又提出"怎么运用情境教学，培养儿童的审美能力"的新课题。当时，美学以及美学的专家和研究者在"文革"中都受到无情的冲击，在谈到美还心有余悸的日子里，我提出这样的课题，在当时确实是胆大了一点，但是改革求新的急切心理已让我顾不上其他了。新课题既提出来，关键是要做、要具体化。我很自然地想到艺术。因为艺术是美的,艺术是有情的,艺术是生动形象的,是孩子们热爱的。我想着,尝试着让艺术走进语文教学。于是,在课堂上不仅会有图画再现,而且放起了音乐,用音乐去渲染情境。我还想到戏剧,让孩子扮演或者担当角色,通过表演去体会情境。这样的教学确实冲击了封闭已久、惯于呆板、枯燥、循规蹈矩的课堂,与人们被禁锢的传统意识也极不调和。有人说我是"标新立异",事实却切切实实地表明情境教学让课堂充满了生机,在生动的情境中,抽象的语言文字带着形象、带着情感色彩进入了儿童的意识,给儿童留下了难忘的情绪记忆。学生在有形、有情、有趣的学习活动中主动地学习语文,享受着语文。5年后,实验班学生在升学考试以及上级的诸多测试中都以优异的成绩让情境教学和它的探索者及其创新举措过了关。

情境教学这种把情感活动与认知活动结合起来的一种教学模式,终于孕育而成。我真没想到,它的出现会得到教学论专家们热情的支持和褒奖。我想,那是因为情境教学突破了凯洛夫单纯强调认知的理论局限,我在不经意中将具有巨大能量的情感写进了教学论。

由此,情境教学探出了小学教育的新的航程。

二、激情与想象,化作东风鼓起帆

情境教育的探索之所以能一步步展开,很重要的一点就是我始终怀着对儿童无限的挚爱,使我能从弊端中、从反思中敏锐地发现问题并提出问题。而创新正是从问题开始的。问题提出后,开始了探索的历程,包括方案的策划、过程的实施、个案的设计……激情和想象成了鼓帆的东风。但激情并不能凭空产生,想象亦不能立马展开。而挚爱可以燃起激情,激情会驱动你展开联想。多少个假日,多少个清晨和夜晚,思忖着教育弊端给儿童带来的损伤,我焦虑不已。向往着教育给孩子带来快乐和高效,我又兴奋不已。在记忆中,为了儿童我该度过了多少激情燃烧的岁月和时光,想象让我沉浸在如诗如画的情境中……为了孩子,我这快近古稀的老奶奶今天仍然会扇动想象的翅膀,因为我的心被儿童稚化了。自己不仅可以和年轻人对话,和孩子们对话,甚至可以和星星月亮对话,和大树小花对话……

当语文情境教学探索获得意想不到的效果时,我想着倘若各科教学也能像语文这样轻负担高质量,儿童身心得到和谐的充分的发展,那该多好!我幻想着,我追求着。挚爱让我朝思暮想,激情在心头燃烧,想象在前面呼唤。我思量着自己概括出的情境教学促进儿童发展的"五要素"在其他学科的适用性;思量着情境教学生动的形象、真切的情感、广远的意境、含蕴的理念,将教育教学内容镶嵌和整合的独特优势,想象与推论的融合,我在心里做出了结论:情境教学不仅属于小学语文教学,它同样属于整个小学教育,因为儿童的发展需要它。

记得那个晚上,想到这里时,我放下手中的笔,按捺不住心头的激动,我兴奋地站起来,来到小院子。月亮在大槐树上多情地望着我,我真想喊出声来:情境教育快诞生了!

首先,我想到情境教育一定要为儿童拓宽成长的空间。我深知,儿童是蕴藏着智慧和具有高级情感的生命体,成长空间的宽与窄、优与劣决定了他们是健壮还是脆弱,甚至被扭曲或伤害。我想到生长在广袤大地上的银杏树能长十七八米高,活到百岁以上;倘若把它囿于小小的花盆中,那它只能弯曲着身腰长到几十厘米,足见成长空间对生命体影响之大。儿童的成长更是如此。教育必须顺其天性而育之。我深情地想象着学校与社会、与大自然相联相通的情景,推想着儿童在优化的情境中获得审美享受和道德情感熏陶的场景。于是,"拓宽教育空间,提高教育的整体效应"成为情境教育基本模式的第一条。

接着,我又想象着在这空间里生活的人,学生和教师该怎样的亲和、快乐,其生活空间不仅是宽阔的,而且是宽松的。根据情境教育的特点,我提出以"情"为纽带缩短心理距离。由此,从教育空间、心理距离、主体、目标这四个方面比较科学地构建了情境教育的基本模式。也正是在教育的情境中,激情和想象让我能把相关表象组合成新形象,将各科教育元素相互融合,伴随着归纳或演绎,提出了许多颇具新意的教育主张。

在小学的学科教学及教育活动的精心设计中,激情和想象让我沉浸其中,迸跳出一个个智慧的火花,酝酿出一个个绝妙的细节。我带孩子们去认识春天,备课时我像孩子一样想象着春姑娘的美丽,想象着春姑娘背着一个柳筐,迈着轻盈的脚步走来了,给大地、给人们带来的生机。观察后上情境说话课,题目就是"春姑娘的大柳筐"。孩子们描述着、猜想着大柳筐里一定会有柳枝、有桃花、有春风、春雨、轰隆隆的春雷,还会有小乌龟、小青蛙、小燕子……春天的景和物,从孩子的眉眼间、语辞间活灵活现地表现出来了。

数学课上生活的情境使数学有了形,有了生命:认识千克、吨,孩子们担当饲养员,给大肥猪过秤;直角、钝角、锐角都是三角形家族的一员,认识了共性又区别了个性。在优化的情境中,德育走近了儿童,走近了他们的世界,并不知不觉地被儿童接受了、内化了。所有这些常常是我和老师们激情和想象的结果。

我和老师们的激情燃烧起儿童的激情,我和老师们的想象孕育着、迸发出儿童的智慧。以情激情、以智启智,在情境教学的课堂上是层出不穷的。学科情境课程、情境课程正是在一次一次的激情与想象的碰撞中,在长期的点点滴滴的累积中,从局部到整体,从众多的个案到自成体系。

改革在探索中摸准正确的航道快乐地前行着,激情和想象给创新的风帆频添阵阵东风。

三、扬长补短,产生持久的马力

创新的风帆要远航就得要有持久的马力,而对于教师来说,其"马力"除了挚爱,就靠自己的功底、自己的实力。

我们一线教师理论匮乏,这点是我们的短处。是短处就得补。为了情境教育我早就开始啃理论了。20世纪70年代末,教育理论的书籍很少。

记得我读到的第一本就是《小学生的心理特点》，不到 10 万字，我连夜贪婪地读起来。从此，借书、抄书、买书，记笔记、做卡片是经常的功课。那真是比在学校里做学生时还要用功。心理学、教育学、教学论、美学的书我都尽量找来读，西方教育名家的论述也不肯放过。但我并不求全，但求化为己有、学以致用，这颇有点实用主义的味道。例如场论，我没少学，它使我懂得人为优化的情境就是一个心理场。根据心理场理论，儿童生活的空间无不对他们的心理发生作用。儿童进入的人为优化的情境，其真切感和美感都足以影响儿童的心理世界。而当儿童心理需求得到满足时的愉悦，会很自然地化作一种向着教师创设情境的目标推进的"力"。这就让我从理论上找到了在课堂上儿童学习情绪高涨的"力"产生的缘由。

为了补短，我向书本学习，也向专家学习。大学的门没进成，大学的教授们却可以请教。在我的心中，他们就是我的老师。如果能真正当他们的学生，那是我的造化。大学的梦终究未圆，这是我人生的一大憾事。我只能常常聊以自慰地说："我的大学在小学"。

学理论，还不算难，只要肯下功夫，难的是对理论的概括。要把自己实践中觉察到的、体验到的、感悟到的进行概括，这确实有个艰苦的过程。但时代总是不断地呼唤着我，我也是逼着自己往前走。要把实践的感受，不断地取舍、提炼，用我自己的话来说，就是一个"悟"字，在反思中产生顿悟。没有反思就没有顿悟，没有顿悟就没有概括。我总认为，教师应该是思想者。我不断地给自己出题目，逼着我往深处思考。所以，总规定自己要安心地坐下来写，写下自己的思想轨迹。

早在第一轮实验开始时，我就注意随时写下自己的感悟和思想。多少个静静的寒夜和清冷的黎明，我饱尝着一动不动坐着写东西的难熬的冷；夏日小屋子里热得又够呛，现代电器设备也迟迟地未来到我家，我干脆端上大方凳放在院子通风的地方，坐在小椅子上埋头写，还不得不用芭蕉扇不停地驱赶着骚扰的蚊虫。那点苦说起来也真算不得什么；而当文章写成了、发表了，那种乐，却是沁入心田的。其实，我并无发表论文评职称的需要，更没有著书立说的奢望，只是执拗地想着：有收获，就得写下来。蘸着情感的水，以一种近乎随感的笔调，真实地、比较自由地写下自己的感悟和思想。没有多少术语和引言，我喜欢质朴而平实。

在探索历程中，我从不左顾右盼，赶时髦，换课题，换一枪打一炮。挚爱让我执着，对情境教育我情有独钟、始终不渝，我要求自己一以贯之地持久地下功夫。我不断从民族文化中汲取滋养，从"意境说"中归纳出"真、美、情、思"四个特点，引起我极大的共鸣。我认为它正是儿童发展之所需，进而影响了我儿童教育观的形成。28年来，结合自己的课题研究，写的论文、总结的经验、设计的教案都顺乎自然地流淌着民族文化的血脉。由于长期潜心研究、孜孜以求，终于构建了以"情境"为标志的较为完整的理论体系和操作体系，写成的专著《情境教学实验与研究》《小学语文情境教学》《情境教育的诗篇》，连同论文、散文先后在全国多次获大奖。我想其原因就是因为这些文字表述的是"真"的，是"新"的，是"中国式"的。最近，在人民教育出版社的支持下，又将我的论文、专著、案例结集成300万字的《李吉林文集》（八卷）出版，这意味着中国民族文化给予我智慧的启迪和文化的滋养，让我找到了"源"，寻找到了"根"。正如顾明远会长在"李吉林教育思想研讨会"上指出："《李吉林文集》的出版是教育界的盛事。它标志着具有中国特色的原创的教育流派的出现和成熟。"我从中受到莫大的鼓舞。

我深感只有学习，不倦地学习，在实践中研究，在研究中概括，扬长补短，变"短"为"长"，才能产生持久的马力，不断鼓足创新的风帆，驶向金色的彼岸：儿童素质全面发展、主动发展的境界。

漫长的探索历程，让我从4个关键词的逻辑联系：挚爱—激情—创新—规律，悟出一条似乎可以普遍适用的创新公式。而这一公式最终能演绎为实践果实，归根结底，是因为我逢上了中国改革创新的伟大时代。

（本文发表于《中国教育报》2006年8月28日）

"意境说"给予情境教育的理论滋养

在情境教育的探索过程中，中华民族的文化给予这一研究深厚的理论滋养，特别是"意境说"的理论对其有很大的启发。一千多年前刘勰的《文心雕龙》以及近代学者王国维的《人间词话》，可谓"意境说"的代表杰作，是中国民族文化的经典，其精髓可概括为情景交融、境界为上，阐述的内容精湛而丰厚。读着它，不得不为其深广而震撼。"意境说"虽然原本是文学创作的理论，或更确切地说是"诗论"，但在探索情境教育的过程中，却可"借古人之境界为我之境界"[1]84。正如王国维所言"一切境界无不为诗人所设"[1]81，而我觉得一切境界无不为我、为儿童所设，因为"意境说"的理论可以为教育所用。我从"意境说"中概括出了"真、美、情、思"四大特点，并从中得到启迪，进而影响了我的儿童教育观以及课程观。

一、"真"——情境教育给儿童一个真实的世界

刘勰在他的《文心雕龙·物色》等篇中，突出了客观外物在文学创作中所起的作用及其意义。他认为"感物吟志，莫非自然"，"物"是创作的对象，是"情"、"思"、"辞"的根基，所谓"诗人感物，联类不穷"，"物我交融，情景相生"，把"感物"与"咏志"结合起来。[2]30这种近乎唯物论的阐述，实际上强调的是"写真实"才能"抒真情"。在《文心雕龙·情采》篇中刘勰明确指出，"为情者要约而写真，为文者淫丽而烦滥"，"而后之作者，采滥忽真"，鲜明地反对"矫揉"、"雕削"。[2]132王国维则明确指出"所见者真，所知者深"[1]88，"能写真景物、真感情者，谓之有境界"[1]80。

情境教学从起步阶段就受这一论说影响，我在优选典型场景为儿童提供作文题材时，就追求给儿童一个真实的世界——走进大自然，走进社会生活，在儿童眼前展现一个活生生的、可以观、可以闻、可以触摸、可以与之对话的多彩的世界。这让我认识到，只有讲究"真"，才能让儿童真正地认识周围世界、感悟生活，将课程内容与生活的真实相沟通、相融合，让儿童在感受"真"、领悟"真"中长大。这无论对他们儿时的认知、情感、思维发展，还是做人，乃至对未来他们走进社会生活，都是十分有益和必要的。所以，情境课程的特点之一便是"形真"，但讲究的是"神似"，而不是"形似"。因为我意识到，在课堂教学中不可能将课文描写的情境都以真实形象再现，况且若过于讲究实景，会因局限于一景一物而缺乏典型意义，不能为儿童提供意象广远的境界。我提出的"形真"，模拟的情境亦包含其中，只是要求形象富有真切之感，是真切而不是绝对真实，即神韵相似，能达到可意会、可想见就行。就像国画里的白描、写意，简要的几笔勾勒出形象，并不要求工笔重彩，看来同样是真切、栩栩如生的。情境教学以音乐渲染的、图画再现的、角色扮演的形象，以"神似"显示"形真"。从"真"出发，由"真"去启迪"智"、追求"美"、崇尚"善"。

二、"美"——情境课程以"美"为境界、以"美"育人

刘勰在《文心雕龙·情采》篇中强调了"文采"。他从水的"沦漪结"、木的"花萼振"、动物皮毛的"色资丹漆"，并以"虎豹无文，则鞟同犬羊"，通俗地说明事物的形体总是需要文采、需要美的。进而又指出立文之道有三：一是形文，有五色；二是声文，有五音；三是情文，有五性。[2]128认为五色交织起来，似耀目的礼服；五音协调起来，组成悦耳的音乐；五性抒发出来，便成感人的文章。指出这是自然的法则，"神理之数也"。不难看出，刘勰追求的物、情、辞和谐的美，从"美物"到"美文"，讲究的便是一个"美"。王国维又进一步指出，"词乃抒情之作，故

尤重内美"[1]84。如此，诗人从"真景物"的"外物美"，到自己的"内修美"，精神与物象交融，沉浸在美的境界中，激起情感的升腾，所谓"情以物兴"，"故词必巧丽"，比兴之做法方在其时自然萌芽。正如王国维所说的"红杏枝头闹春意"，"云破月来弄花影"，一个"闹"、一个"弄"字，境界全出，最终写成美的诗篇。[1]80

"意境说"对"美"的反复褒扬，以及现代美学理论的借鉴，影响着我在情境教学初期就去追求语文教学的"美"，创造性地将艺术引进语文教学，使创设的或再现的或优选的情境呈现美感。通过美的形式、美的内容、美的语言，让美占领儿童的心灵。情境的美对儿童具有极大的魅力，使我选择了以"美"为突破口作为情境课程操作要义的第一条，进而又以"美"为境界、以"美"育人。

在情境课程中，教学实践告诉我：民族文化的吸纳对教育是有效而有益的。美感带来的愉悦，使儿童欢愉而兴奋。这让我进一步感悟到教学中的美，对于儿童仿佛是一块磁石，它既能启智又能育德，既能冶情又能发辞，具有全方位的育人功能。由于美，我们可以摆脱各科教学的单纯工具性的传统。美感的笼罩，使各科教学的文化内涵得到顺乎自然的体现，工具性包容的知识和实践，镶嵌在滋润了文化艺术的、美的情境中。如此，知识变活了，变得有血有肉，变得丰富而具神采。

我还以"美"作为培养儿童创新精神的土壤，因为审美的愉悦使儿童的想象、联想在无限自在的心理世界中积极展开，潜在的创新的种子就很易于在这宜人的审美场中萌动、发芽。美，无处不显示出一种积极的驱动，无处不产生对儿童智慧的启迪。美不仅滋润了儿童的心田，而且会呼唤儿童向往崇高和圣洁的境界。他们因爱美而鄙丑，从善而憎恶，最终使心灵变得美好起来。

在教学活动中，教师的审美感受及其给教学带来的高效能，对儿童发生的无可替代的作用，使我明确地提出一个值得倡导的教学原则：美感性。可以说，在情境教育探索过程中提出的有关美的认识、主张及操作要义,除了美学原理的启示,那就得追溯到"意境说"长期以来对我潜移默化的影响和给予的理论滋养。

三、"情"——情境教育注重以情激情、以情育人

刘勰在《文心雕龙·物色》篇中,从客观外物对人的情感的影响,做了生动形象的阐述,他指出,"物色之动,心亦摇焉","一叶且或迎意,虫声有足引心,况清风与明月同夜,白日与春林共朝哉",[2]171 表明人的情感受客观外物的影响之深。王国维则明确指出,"境非独谓景物也,喜怒哀乐,亦人心中之一境界","一切景语皆情语"[1]16。不仅如此,刘勰还在《文心雕龙·情采》篇中指出:"情者文之经,辞者理之纬;经正而后纬成,理定而后辞畅","情"是文章之灵魂,主张"为情造文",反对"为文造情",特别讲究真情的抒发;他还论述了情感对语言技巧的影响,"情以物兴,故义必明雅;物以情观,故词必巧丽"[3]88,认为"情信而辞巧"[3]18,"情深而不诡"[3]28,精辟地阐明了"情"在文学创作中的重要作用。

回忆实验初期,我将外语情景教学移植到小学语文教学中,只是在课堂上进行片断的语言训练,正是"意境说"让我豁然开朗、拓宽视野。我琢磨,客观外物既然会影响诗人、词人的情感,也必然会影响儿童的心理世界。于是,我带领儿童走向大自然观察情景,无论是在春天野花盛开的田野,还是在夏日蝉鸣蛙叫的小河边;无论是在秋夜的明月下,还是在冬天飘雪的早晨,都让我亲身体验到"情以物兴,物以情观"在今天儿童教育现场中的真实体现,真是景中生情,而情又融于景。客观外物激起儿童的情感,又自然而然产生一种不容自遏的表达动机,即所谓"情动而辞发"。继而,我读到一篇篇包含着童真童趣、言之有物而又有情的习作。"意境说"的尝试和借鉴让我消除了传统作文教学的无病呻吟、遵命而作的弊端。

通过教学实践,我还发现课堂上优化的情境会激起儿童热烈的情绪,

驱动他们情不自禁地投入到教学过程中去。我将"意境说"关于情感的精辟阐述与自己教学实践中的体验结合起来，感悟到用艺术的直观与语言描绘结合起来的情境并不是一种单纯形象的呈现，而是浸润着、弥漫着情感。情感成了情境的内核，无情之境终不成境界，所以除了"形真"外，我还概括出"情切"、"意远"、"理寓其中"等情境教学的特点。

多年的探索，我深感"情"是教育的命脉，当儿童在教师引领下进入情境时，情感便连接在教师、学生、教材之间，相互牵动着、影响着。我概括出以"情"为纽带作为情境课程重要的操作要义之一，继而我又结合心理学、美学、场论的学习，更明确了优化的情境必然会激起儿童热烈的情绪，产生一种投入学习活动的主观需求，感受学习活动带给他们的快乐与满足，并在其间受到熏陶和感染。同时，因为情感的作用，教师的真情、期待、激励衍化出学生的自信，使儿童的思维、想象、记忆等一系列的智力活动处于最佳的状态，儿童的学习活动由此获得意想不到的效果。毋庸置疑，面对单纯的符号学习，儿童是不可能主动地学的，更谈不上感受学习的快乐；儿童潜在的智慧，也会因为没有情感火花的点燃，在无意间、在师生都不知晓的状态下继续沉睡以至泯灭。在吸纳了"意境说"后，经过多年的探索，我构建了将儿童情感活动与认知活动结合起来的独特的教育模式——情境教育，把认知与情感、学习与审美、教育与文化综合地在课程中体现出来。当然，这并不意味着排斥对当代先进教育理论的吸纳，东西方文化的结合可为我们的研究寻到多元的理论支撑。

四、"思"——情境课程讲究广远的意境、宽阔的想象空间

刘勰在《文心雕龙》中提出"神思"的理念，为此特写一章，阐明人的思维不受时空的限制。他指出，"文之思也，其神远矣"，诗人创作时联想、想象一系列的思维活动空间极其广远。所谓"故寂然凝虑，思接千载；悄焉动容，视通万里"[2]63，而且生动形象地描写了此时诗人可以进入"眉睫之前，卷舒风云之色"，"登山则情满于山，观海则意溢于海"

的"神与物游"的神奇美妙的境界。[2]64 他还列举历代名人大家的创作,具体论及思维的作用,指出"虽有巨文,亦思之缓也"、"虽有短篇,亦思之速也",[2]68 等等。

我在情境课程操作要义中提出的以"思"为核心,当然是以心理学理论为依据的。在情境教学诞生初期,我发现想象在发展儿童思维、培养儿童悟性方面有着特殊作用,便开始注意儿童想象力的发展。这些认识与自己较早地受到"意境说"的影响并从中汲取了理论滋养是分不开的。在20世纪70年代末80年代初,我即凭借阅读教材和作文教学启迪儿童的想象,并且构想出"以观察情境积累表象,丰富儿童想象所需的思维材料"、"以情感为动因,提供想象的契机,为儿童组合新形象产生需要的推动"等具体策略,使"意境说"中的"神思"之说在现代教育教学中打开了可行的窗口。

我和实验班的老师常常把儿童带入广远的意境中,在课文描写的情境中阅读,并设计出想象性复述、想象性作文等系列表达语言的训练样式,让儿童在其间展开美妙的想象,把观察与思维、观察与想象有机地结合起来。儿童在阅读中凭借想象,可以加深情感体验、丰富阅读材料;在习作中,凭借想象可以把作文写得富有儿童的情趣。我由此逐渐悟到了通过启迪儿童的想象,是发展儿童创造性的相当有效的途径。因此,我特别主张在优化的情境中,让儿童带着想象去阅读、带着想象去习作。实践表明,在情境中,儿童的想象力是极其惊人和美妙的。我深感儿童的思维是长翅膀的,儿童的思维是会飞的。他们虽不能达到诗人思维的水平,但是他们的想象力可以神通江河湖海、意攀高山白云,同样可以达到思接往昔、憧憬未来的境界。

"意境说"中的"真、美、情、思",我以为正是儿童教育之所需。儿童是"真"人,教师应是"不失其赤子之心者"[4]。教育与生活相通,便是"真"的表现。即使是模拟的生活情境,同样给学生一种真切之感。真人真景激起真情感,才能激广远之思,进入美的境界,创造出美的果实。

回忆 20 世纪 70 年代末，我只是从"意境说"关于客观外物与"情"、与"思"、与"辞"的论述中，延伸到语文教学范畴来理解、借鉴的。经过对"意境说"的进一步领悟与思考，深感其博大精深，它蕴含着美学、心理学、创造学最古朴的原理，不愧为民族文化的瑰宝，而这正是国际上情境认知研究领域的空白之所在。难怪后现代课程论者指出课程范式研究转向"寻求情境化的教育意义"，并提出"在东方文化中寻求课程与教学智慧"，[5]建构具有民族文化风格的课程与教学理论，实在是很有见地的看法。

我结合现代教育理论将中国古代文论"意境说"大胆地运用于小学教育，这表明中国民族文化给了我们智慧的启迪与理论滋养，导引我们的教育创新走民族自己的路。其实，"文学"说到底是"人学"，而教育又是"人的教育"。从哲学的含义讲，二者无疑是相通的。所以，"意境说"不仅为小学语文情境教学提供了理论支撑，而且进一步支撑了整个情境教育的研究、情境课程的开发。正因为情境教学、情境教育、情境课程蕴含着民族文化，洋溢着时代气息，所以显现出勃勃的生命力，并展示出更宽广的美好前景。

参考文献：

[1] 王国维. 新订《人间词话》、广《人间词话》[M]. 上海：华东师范大学出版社，1990.

[2] 郭晋稀. 文心雕龙译注十八篇 [M]. 兰州：甘肃人民出版社，1963.

[3] 张长青，张会恩. 文心雕龙诠释 [M]. 长沙：湖南人民出版社，1982.

[4] 孟子. 离娄（下）[M]. 太原：山西古籍出版社，2003：125.

[5] 钟启泉，张华. 世界课程与教学新理论文库 [M]. 北京：教育科学出版社，2004：主编寄语.

（本文发表于《教育研究》2007 年第 2 期）

我"悟"教育创新 30 年

30年前,在那场民族的浩劫后,1978年秋天,我是那样舒坦地又走到孩子们中间,仿佛一阵春雨洒落心田,顿觉久违的滋润和舒适。我无比珍惜这劫后余生的日子,总想把那作为教师不能研究教学、不能研究儿童的荒芜的10年、生命空白的10年,填补上一点。心想,自己作为小学语文教师一定要弄清楚整个小学阶段儿童学习语文的内在规律。于是,我从一年级教起。

走进一年级孩子中间,就会强烈地感到孩子们是多么渴望学习。因为渴望,学习对于他们来说具有极大的吸引力。在他们的心中,上学一定奥妙无穷。但是,当时(20世纪70年代末)灌输式课堂的现实与儿童理想的学习王国相去甚远,呆板、单调、低效的教学使儿童失望。渐渐地,他们神情有些茫然,明亮的眸子很少快活地闪动。这让我的心沉重起来,并为之焦虑。

我知道,教学的弊端是儿童发展的羁绊。那怎么让课堂丰富、生动起来,让儿童健康快乐地成长呢?为了寻求答案,我义无反顾地踏上了漫长的探索之路。为了儿童的学习,围绕"情境"这一课题不知不觉竟做了30年,连我自己都惊讶对小学教育、对儿童学习的执着和痴情。回眸30年走过的创新之路,我的感受可用三个关键词表达:甘愿、值得、快乐。

一、从封闭走向开放

当时语文教学的课堂是封闭的,课堂上没有形象、没有情感、没有生气。因为封闭的课堂切断了鲜活的源头,符号与生活之间断裂了。没有源泉的语言,没有源泉的思维,没有生命的气息,必然是僵死的。

我感觉到这是一片干涸的土地。一片没有诗意的、荒芜的土地,种子在这儿没法萌芽。这必然会扼杀儿童好奇求知、憧憬未来的天性。在苦苦求索中,我从外语的情景教学联想到中国古代文论"意境说"。"意境说"是中国文艺理论的经典,博大精深,含蕴着东方文化的意韵和审美情趣。我从中得到很大的启发,仿佛在迷雾中看到闪着温柔光亮的灯盏。

刘勰在他的《文心雕龙》中就阐明:"情以物迁,辞以情发。"我想,古人都知晓客观世界会影响人的情感变化,情感会触动语辞的萌发,更何况在一千多年后的今天呢?我想,语文是生活的写照,是典型化了的生活。怎能以封闭的教学束缚儿童,使他们在枯竭的断流中学习语文呢?那就根本谈不上学好语文。

我终于拿定主意,带领孩子走出小小的教室,走出封闭的课堂,到大自然宽厚的怀抱中去,走进周围世界。

记得那次去"找春天",走过公园桥,我让孩子放眼望去,河边的一排大柳树已经吐青,我问:"你们看,春风怎么拂起了岸边的柳枝?"

孩子们用他们自己的话语描绘着眼前的景象:

"我看见柳树已经发了绿色的新芽!"

"柳枝在春风中跳舞。"

我追问:"什么样的柳枝?"

"细细的长长的柳枝在春风中荡漾。"

后来有不少孩子写了柳树日记,有位小朋友连续观察竟写了五篇,开放的课堂唤起了孩子的智慧。孩子在生活的情境中看到了教材描写的画面,而且比教材更鲜活,生活和教材不知在什么时候已经融合在一起了。

在一次次这样的观察中,孩子是那样依恋、快乐地徜徉在大自然的怀抱中。大自然的生动场景像世间最生动的图画,一幅幅、一卷卷留在儿时的记忆里。无际的蓝天、朵朵的白云、烧红的晚霞、田野上弥漫着的薄雾、淅淅沥沥的春雨、漫天飞舞的雪花、轰隆隆的雷声,更有那辉煌的太阳、弯弯的晚月、无数眨着眼睛的星星，该唤起孩子多少神奇的幻想，又引着他们提出多少个"为什么"，孩子幼小的心灵竟能装得下浩瀚的宇宙。

　　为了使观察达到预期的效果，在儿童观察以前，我迈开双脚，走出校园，走向郊外，去优选典型场景。学校北边的田野、小沟、小河、高高耸立的光孝塔，城南的公园桥畔、濠河岸边……都留下了我的足迹。我甚至为琢磨一年级孩子看日出，半夜起床，孤身一人赶在黎明前到达我第一天选好的观察点，面对铺天的朝霞和跃上地平线的太阳，思索着孩子当时会用上的词汇……

　　随着年级的升高，我有意识地让他们了解社会，引导孩子去观察社会生活的场景和人物的活动，让儿童主动用文字反映自己对社会生活的人和事的认识、感受，去表达他们的情感态度。这与今天新课程标准中要求低年级学生观察大自然，中年级学生观察大自然、观察社会的要求正相符合。

　　开放后的语文教学，让孩子写出了一篇篇颇有灵性的日记。无论是用词造句，还是比喻、拟人修辞手法的运用，都非常生动地描写出了大自然和社会生活的画面。那字里行间流露的情感更是表达了孩子对大自然的无限热爱和亲近。可谓"一切景语皆情语"。语文教学从封闭走向开放的新格局，让我顺其自然地创造了观察情境说话、观察情境作文、想象性作文这一崭新的儿童习作的范式。二年级学生的作文在《人民日报》上一下子发表了3篇，还加了"编者按"；江苏人民出版社把班上33位学生的观察日记结集出版了。对于学科情境教学探索的意义，我自己还没提到一定高度去认识。后来专家发表评论，指出情境教学让学校的符号学习和鲜活的生活连接起来，有效地解决了教育学中学校与生活断层的难题，真是我始料未及的。

二、边缘学科的借鉴

　　开放的语文教学与生活连接起来，这给语文教学带来了无限生机，孩子们的作文水平迅速提高。这给我很大的启发和鼓舞,并引起我新的思考。

我想,这是为什么呢?我思来想去,其中一个重要的原因就是我优选的场景为孩子提供的作文题材都是美的。我知道美是教育的磁石,魅力无穷。倘若我们的课堂美起来,那就会像磁石一样吸引孩子,那我们的课堂又怎么美起来?再三思量,感到就语文想语文,束缚在学科里思考,走不出新路。由此,我想到美学,想到艺术,并找到美学的书刊读起来。跨学科的思考,借鉴边缘学科,拓宽了我创新的思路。我以为,教育学、美学、哲学都是相近的,而文学和艺术更是相通的。相通的边缘学科可以帮助自己跳出本学科,打开思路,甚至可以找到灵感。

美学理论阐明,人的审美是通过形象,从感受美开始,进而理解美的实质,从而鉴赏美,以至创造美。我又从儿童喜爱绘画、唱歌、戏剧的现象思考:艺术是最形象、最富美感、最生动的文化。艺术活动都蕴含着美、展现着美,感受美正可以从这里开始。

综合学习美学的心得和对艺术的理解,我找到了新的思路:利用艺术,让语文教学美起来,并提出了"运用情境教学,培养儿童审美能力"的课题。

我首先想到用图画去再现课文内容,创造性地将简笔画、剪贴画以及实物与图画共同组合画面,这样课堂就生动多了。那无法用图画再现的课文又怎么办呢?这让我又想到了音乐。我知道音乐的表现形式往往比图画更丰富。音乐像文学一样,也有自己丰富的语言、鲜明的形象、广远的意境,使儿童很容易从音乐的旋律、节奏的感知中产生情感体验,激起相似的联想和想象。当时的条件并不十分具备,音乐光盘没有,只有不多的磁带,从中要找出与课文基调相吻合的音乐也不是易事。记得教《桂林山水》一课,找不到合适的音乐,我就让孩子自己哼唱《让我们荡起双桨》。回荡在教室里的孩子们的鼻音犹如小提琴一般,那么柔美、宁静,让孩子们情不自禁地进入漓江恬静的情境中。实践告诉我,音乐是一种抒情功能极强的艺术形式，用音乐渲染情境会使儿童与作者的情感产生共鸣，给儿童带来深深的情感体验，他们由此感受到教材描写的形象的美。例如教学《卖火柴的小女孩》，以图画与悲凉的音乐以及语言描绘再现课文情境，孩子们仿佛看到课文中作者塑造的人物，听到小女孩喃喃的话语。孩子们仿佛真的看到了在除夕的晚上，卖火柴的小女孩坐在雪地上划着火柴，看到了在火柴的光亮中向她走来的烤鹅，看到了圣诞树，看到了最疼爱她的奶奶的动人情景。孩子们深情地朗读着课文，表达着急切的发自内心的对奶奶的呼唤，仿佛自己就是卖火柴的小女孩。当火柴灭了，依旧是这冰冷的世界时，孩子们禁不住流泪了。那种悲凉之美，震撼了今天生活在幸福中的孩子们。我让孩子们幻想假如小女孩没有死，来到自己身边，该怎么接待小女孩。孩子们真情萌动，一个个表示："我让妈妈给她做烤鹅"，"给她买棉靴"，"春天，我要把妈妈给我织的新毛衣给她，我自己穿旧的"。甚至想到"要把小女孩带进我们的教室，把她介绍给李老师，让她坐在教室的第一排"……这种情真意切的对话，加深了儿童对课文语言及字里行间的情感的理解，并通过一定的语言训练，引导儿童的语言表达渗透着对客观世界的美的感受及情感体验。这就使原本单调而枯燥的语言的理解和运用，成为儿童的一种审美活动，不仅是语言的学习，而且是诗意的栖居。

我还想到戏剧，让孩子扮演或者担当角色，通过表演去体会情境。由此我归纳出用图画再现、音乐渲染、表演体会、语言描述以及生活展现、实物演示创设情境的六大途径，富有美感的多种手段为儿童的学习构筑了一个丰富的学习环境。

这样的教学确实冲击了封闭已久，惯于呆板、枯燥、循规蹈矩的课堂，与人们被禁锢已久的传统意识也极不调和。事实却切切实实地表明情境教学让课堂充满了生气。在生动的情境中，抽象的语言文字带着形象、带着情感色彩进入了儿童的意识，给儿童留下了难忘的情绪记忆。

美给儿童带来愉悦，让他们带着快乐的情绪主动地投入教学活动，课堂是美美的，儿童的心里也是美美的。教学实践表明，"美"能激"情"，"情"能启"智"，"美"让我找到了让儿童快乐学习的突破口，进而我更明确地提出以"美"为境界，以"情"为纽带等五条操作要义，并以"美感性"作为一个值得倡导的教学原则提出。

这一阶段围绕"美"与"情"的探索，儿童的学习情绪大增，学习效率也得到了有效提高。专家评说，情境教学开拓了情感活动与认知活动结合起来的有效途径，弥补了教学认识论中存在的一大缺陷。

当时我只是历经这样的现场，今天我则从脑科学中找到科学依据。神经生理学家进行的新的研究实验证明，人聆听音乐时心情愉悦，大脑大量分泌内啡肽的化学物质；丰富环境中的儿童明显具有更高的智商，因为丰富的环境会刺激大脑神经元生出更多的树突，并会增强彼此之间的联结。这不仅有利于学习效率的提高，而且会促进儿童大脑的发育。

三、挚爱萌发激情和想象

情境教育的探索之所以能一步步展开，很重要的一点就是我始终怀着对儿童无限的挚爱，使我沉浸其中。我幻想着、追求着，可以说，没有激情就没有想象，没有想象也就没有创新。我一心想着儿童的发展，我思量着自己概括出的情境教学促进儿童发展的"五要素"在其他学科的适用性；思量着情境教学生动的形象、真切的情感、广远的意境、含蕴的理念，将教育教学内容镶嵌和整合的独特优势，想象与推论的融合，我在心里做出了结论：情境教学不仅属于小学语文教学，它同样属于整个小学教育，因为儿童的发展需要它。

我幻想着，如果各科教学都像小学语文教学这样，负担不重、效率很高，儿童身心充分发展，那该多好。首先，我想到情境教育一定要为儿童拓宽成长的空间。我深知，儿童是蕴藏着智慧和具有高级情感的生命体，成长空间的宽与窄、优与劣决定了他们是健壮还是脆弱。教育必须顺其天性而育之。我深情地想象着学校与社会、与大自然相联相通的情景，推想着儿童在优化的情境中获得审美享受和道德情感熏陶的场景。于是,"拓宽教育空间,提高教育的整体效应"成为情境教育基本模式的第一条。

接着,我又想到在这空间里活动的人,想象着学生和教师是怎样的亲和、快乐的情景,那构建的生活空间不仅是宽阔的,而且是宽松的。根据情境教学的特点,我设想通过创设一种"亲、助、和"的师生人际情境和"美、智、趣"的学习情境来缩短学生与教师、学生与教材之间的心理距离,于是创造地性提出"缩短心理距离,进入最佳情绪状态"的主张。进而我又想,师生亲和,但二者中谁是真正的主角?毫无疑问是学生。于是,我又以"利用角色效应,增强主体意识"体现情境教育"一切为了儿童发展"的根本理念,最终实现"注重创新实践,落实全面发展的目标"。这样,自己内心世界情与智的交融,导引着我从教育空间、心理距离、主体、目标四个方面构建了情境教育的基本模式。

比如,我教《荷花》,联想到周敦颐《爱莲说》的"予独爱莲之出淤泥而不染",我总想要是能向儿童渗透一点哲理该多好。于是,我带孩子去观察野花,感受野花的无穷生命力。田埂上、小河边开着小蓝花的"婆婆纳",那开着红花的蛇莓,像小向日葵一样的野菊花,抽出小麦穗一样的知风草……我又联想到曾经看到过的一幅小姑娘坐在地上吹着蒲公英的木刻。心里一动,于是在观察野花中增添了观察蒲公英的细节。我轻轻地采下一朵结籽的蒲公英,当我像孩子似的攀上土丘吹起蒲公英的种子,那毛茸茸的种子飘飘悠悠地像苇絮般地乘着春风向河那边飞去时,孩子们欢呼起来,再也忍不住了,也鼓起小腮帮,吹起蒲公英的种子。此情此景,我觉得木刻上的小姑娘仿佛走出了画框,一下子又变成了许多的小女孩、小男孩一起吹起了奇妙的种子。童年的幻想也随着这飘飘悠悠的种子飞向远方。他们从田野、小河边想到街心花园,想到草原,想到古老的原始森林……还要在那遥远的地方安家落户……如此诗意的情景是那样激荡着我的心,自己仿佛又回到童年,一颗赤诚的心与孩子的心贴得这么近。

满怀着激情和想象,优选、设计的情境常常以它神奇的魅力深深地把孩子吸引住。其实，不只是儿童潜藏着智慧，教师也同样蕴藏着智力资源。在特定的场景中、在十分愉悦的心理状态下，当激情涌动时，教师也会迸发智慧，生出许多奇思妙想。事实上，教师只有怀着激情和想象，才会产生到达教育美好境界的不竭动力，也才会有教育的创新。

四、感悟提升理论概括

在探索开始时，我从反思中敏锐地发现问题，并提出问题。一个问题接着一个问题，我摸着石头过河，但是彼岸我是清晰的，那就是为了全体儿童的健康成长。学习让我逐渐走上理论与实践相结合的道路。走在这样的路上，虽艰辛，但是更多的是快乐与充实，时时似有一阵春风拂面的感觉，也像年轻人一样充满活力。这种活力让我乐此不疲，努力地朝着彼岸前行。因为我们再也不能沉沦于笼罩着科举制度阴影的应试教育中，在不经意间扼杀了学生的灵气和创造力，损伤他们纯美的身心健康。我清楚地意识到，一个世纪以来，中国的教育还没有走出一条自己的路。从20世纪开始先学习日本教育，进而是引进欧洲教育，到新中国成立后全盘照搬苏联教育，连教材都是人家的，这已经走过了大半个世纪。20世纪70年代末，中国改革开放的大门打开的同时，也为中国教育工作者铺展了中国式的教育创新之路。其实，这样的认识在当时我也是十分朦胧的。只不过是努力去攻弱克弊，逾越障碍，迈出新的步子，这种愿望是真切而又急切的。心想，我们不能反复地去论证别人已经做过的，而是要做自己的东西，要走自己的路。所以，我比较自觉地以创新作为一种追求。

我怀着极大的热情，不断地用理论来支撑自己的实践，让理论活起来，为我所用。伴随着这种真挚情感的实践，我有了许多感受。我很习惯于反思，反思又产生顿悟。由此进行概括、提升，就有了自己的主张和思想。于是，我就拿起笔去写，写随笔，写散文，写经验，写论文，也写了专著。我觉得通过概括、通过写，把零乱的思路、浅表的认识，变得条理化、清晰了、深刻了。

我从"意境说"中概括出"真"、"美"、"情"、"思"四大特点,"意境说"的阐述引起我极大的共鸣。时间久了,体验深了,感悟帮助我提升了理论概括,让我构建了情境课程的操作体系,提出以"美"为突破口、以"思"为核心、以"情"为纽带、以"儿童活动"为途径、以"周围世界"为源泉五条操作要义,从而推动情境课程日益走向大众化。

例如,"意境说"突出"思"。所谓"文之思也,其神远矣",阐明人的思维不受时空的限制。在情境教学诞生初期,我发现想象在发展儿童思维、培养儿童悟性方面有着特殊作用。儿童虽不能达到诗人思维的水平,但是他们的想象力同样可以神通江河湖海、意攀高山白云,同样可以达到思接往昔、憧憬未来的境界。这正是儿童创造性的萌发。所以,在20世纪70年代末80年代初,我即凭借阅读教材和作文教学启迪儿童的想象,并且构想出"以观察情境积累表象,丰富儿童想象所需的思维材料"、"以情感为动因,提供想象的契机,为儿童组合新形象产生需要的推动"、"让思维进入最佳情绪状态"等具体策略,使"意境说"中的"神思"之说在现代教育教学中打开了可行的窗口。所以早在20世纪80年代初,我在概括情境教学促进儿童发展的要素时,就提出"以发展思维为重点,着眼创造性"。这些理论概括在很大程度上便是受到"意境说"的启示,感悟而生成的。

教育作为面向未来的事业,教育者必须有世界教育的视野,学习吸纳当代先进的教育理论。作为情境教育的探索者,必须概括基本原理,还必须以文字进行较为准确的阐述,这对于我来说绝非易事。我知道事物的现象都是复杂的,是千差万别的,但是我也懂得规律的东西都是简明的,因为它概括的是事物的共性。在思考过程中,我亲身经历的一个个教学场景,孩子们一次次的欢声笑语,学生的观察日记、作文,我的一份份教学设计、课堂实录……都鲜明地在我记忆的屏幕上复现。我审视着它们,从一个个案例中去粗取精,从感性到理性,从个别到一般,寻找相似的东西进行抽象、概括。我懂得相似的集合就是规律。结合现代教育理论,终于概括出"暗示倾向"、"情感驱动"、"角色转换"、"心理场整合"四大原理。我没有生搬硬套,更没有抄袭挪用,那是从 20 多年来的实践中抽象出来的,是从我认识的深处结晶而成的。

就拿概括其中的"角色转换原理"来说,我重温了当角色在课堂上出现时的情景,孩子的那股热烈的劲儿真是无法形容,几乎是全体学生情不自禁地投入到教育教学的过程中来。他们或扮演,或体验,或对白,或操作。那笑脸、那笑声,让我多少次被席卷其中。是什么让学生学得那么积极、那么主动、那么投入?我感悟到是角色效应在起作用。我进而又想,这角色效应又是如何形成的?我联想到一个生活中很普遍的现象:角色变了,人的语言、行动、情感、态度都变了。

在此情此境中,儿童的身心很自然地移入所扮演、所担当的角色中。儿童情绪热烈乃至沸腾状态,会使他们全身心地投入到教育教学活动中去,他们就成了真正的主角。对于角色转换的过程我也做了梳理,概括为"进入情境—担当角色—理解角色—体验角色—表现角色—自己与角色同一,产生顿悟"。应该说角色转换原理是我自己在长期的情境教学—情境教育探索中,通过精心设计、悉心研究而形成的。

那么,暗示、移情、角色又怎么在情境中整合的呢?我便很自然地联想到场论。无论是从我自己学习的与场论有关的书籍与资料,还是从自己的实践或感悟中,我都非常强烈地意识到,人为优化的情境就是一个心理场。根据心理场理论,儿童生活的空间无不对他们的心理发生作用。我还联想到孤岛上的鲁滨孙,想以此来反证,最后的结论是:生活空间无一例外地对人的心理发生作用。儿童进入的这种人为优化的情境,其力度、其真切感和美感,都足以影响儿童的心理世界。那丰富形象的感染、真切情感的体验、潜在智慧的启迪,使儿童得到一种满足。这种心理需求得到满足时的愉悦,很自然地形成了一种向着教师创设情境的目标推进的"力"。

这四大基本原理是真正意义上的情境教育的基本原理,具有鲜明的独特个性,这正是在创新的过程中我逐渐"悟"出来的。我深感在创新中,作为实际工作者贵在一个"悟"字。

　　30 年来,在时代的召唤下,开始我仅仅是从小学语文教学单科的改革中起步,走过情境教学—情境教育—情境课程三个探索阶段后,2006 年八卷本的《李吉林文集》出版,同时在北京举行"李吉林教育思想研讨会",专家们给予很高的评价。但是第二年,我又开始了"情境教育与儿童学习"的新课题的实验与研究,期望进一步揭开儿童学习的秘密。我深感教育创新没有极限,创新之路越走越宽阔。更令我欣喜的是,情境教育吸纳民族文化的理论滋养,使其具有东方文化的意韵和智慧,让我们的创新走出了一条具有中国特色的、促进儿童素质全面发展的道路。

（本文发表于《人民教育》2008 年第 20 期）

情境教育的独特优势及其建构

为了让儿童快乐地成长，乘着改革开放的春风，1978年我再次走到儿童中间，踏上了探索之路，围绕"情境"这一课题不知不觉做了30多年。在情境教育的探索过程中，中华民族的文化给予我的研究以可贵的理论滋养，特别是"意境说"，让我从中得到极大的启发。同时，世界先进的教育理论也给我很好的启示，脑科学的最新研究成果为情境教育提供了理论支撑。古今文化的传承、东西方文化的交融，使我的研究不断地丰富起来。30多年来，从最初语文学科的情境教学的探索，到情境教育和情境课程的形成，我逐步构建了今天独具特色的情境教育理论体系与操作体系。

一、"真、美、情、思"形成独特优势

在数十年与儿童的朝夕相处中，我感悟到儿童是有情之人，儿童生来爱美，更为重要的是儿童潜藏着智慧。我从"意境说"中概括出的"真、美、情、思"正是最好的借鉴。

（一）讲究"真"，给儿童一个真实的世界

情境教学在起步阶段就受到"意境说"的影响。刘勰在他的《文心雕龙》中指出："情以物迁，辞以情发。"也就是说，客观世界会影响人的情感变化，情感会触动语辞的萌发。我想，语文是生活的写照，是典型化了的生活。怎能以封闭的课堂束缚儿童，使他们在枯竭的断流中学习语文呢？

于是，我带领孩子们走出封闭的课堂，投入大自然的怀抱，走进社会

生活五彩纷呈的画面中。在田野上孩子们像小鸟飞出笼子,贪婪地呼吸着广阔天地里清新的空气。于是小河旁、田埂上、树丛里都留下了我和孩子们的身影。他们睁大了眼睛看着这美妙无穷的世界。那飘忽的春雨,使他们感受到古诗中"春雨润物细无声"的境界;夏日的雷鸣电闪,让他们思考大自然骤然变化的因果关系;秋夜我带他们去看月亮,闪烁的星星、银盘般的月亮又引起了他们许多奇妙的遐想……我以为日月星辰、春夏秋冬、冰雾雷电,还有美丽如画的山川田野、千姿百态的花草树木、光怪陆离的鸟兽虫鱼,连同当今社会生活中鲜活的生活场景、昔日的人文景观,都是大自然和社会早就为孩子们编写的最生动的教材。一次次在情境中的观察与感受,孩子们在记忆屏上留下了繁多的生动映象。这为他们的想象与思维活动提供了极其丰富的材料,使他们有可能去组合、去创造新的形象。基于情境的观察,不仅为儿童提供思维和想象的材料,而且这对培养处于生命早期的儿童的敏锐的感受能力,满足他们认识周围世界的强烈欲望都是十分有意义的。

开放的情境让课堂与思维的源泉、语言的源泉相通,进而丰富了课堂教学。儿童的经验得到了充分的利用,他们写出了很精彩的习作。二年级班上有3个学生的作文竟然登上了《人民日报》,还加了"编者按";3年后,在小升初统考时,我们班的作文优秀率是整个区的12倍。情境教育促进了儿童情感与智慧的充分发展。所以,当情境教学发展到情境教育时,我提出将"拓宽教育空间,追求教育的整体效应"作为情境教育基本模式的第一条。在情境课程的操作要义中,我更明确提出以"儿童活动"为途径。我们创设的包括优选的和优化的、开放的情境,都给儿童一个真实的世界。在情境课程中,无论是作为核心领域的学科课程,还是主题性大单元情境课程、衔接的过渡性情境课程、野外情境课程,都进一步将课堂与生活情境相连,让我寻求到连通符号认知与生活感受的路径。

(二) 追求"美",给儿童带来审美愉悦

开放的情境让孩子身心得到释放,作文教学的成功让我发现了"美"

的无可比拟的功效,引起了我新的思考。我联想到"意境说"中刘勰提出的从"美物"到"美文",王国维提出的从"外物美"到"内修美",讲究的便是一个"美"字。"意境说"对"美"的反复的褒扬,影响着我在情境教学初期就去追求语文教学的"美"。正如哲人所说:"美的发现的前提是追求。"小学语文本身是美的,展示了一个真、善、美的世界,有形亦有情。我认为,小学语文教学不仅要为儿童切实打好基础,而且要让他们在其间受到人文熏陶,进一步培养儿童的高级审美情感。由此,我想到美学和艺术,借鉴边缘学科的思考拓宽了我的思路。我深知,艺术是最形象、最富美感、最生动的文化。儿童的审美教育是从感受美开始的,进而才是对美的理解和借鉴,以至去创造美。

我从艺术与文学的关系做了分析和判断:利用艺术,让语文教学美起来。于是,我大胆地将图画、音乐、戏剧引进课堂。音乐像文学一样,也有自己丰富的语言,儿童很容易从对音乐的旋律、节奏的感知中产生情感体验和共鸣,进而激起相似的联想和想象。为了教学的需要,我有时将图画、音乐、戏剧以及角色的扮演综合起来创设情境,那美感更为强烈,儿童学得更为主动。由此,我概括出了创设情境的六大途径:"以图画再现情境"、"以音乐渲染情境"、"以表演体会情境"、"以语言描绘情境"、"以生活展现情境"、"以实物演示情境"。

在给一年级的孩子上单元综合课《让儿童插上想象的翅膀》时,我用图画、音乐以及角色扮演,创设一个任儿童想象的翅膀可以飞翔的情境。在音乐声中,我让孩子们想象他们喜欢的物品飞起来、飞向远方。有的孩子说:"我想把翅膀送给小猫,让小猫走遍全世界去捉老鼠。"有的孩子说:"我想把翅膀送给树木和花朵,让树木和花朵飞到太空去,打扮太空。"孩子们的话语体现出人在情境中,那是"有我之境",是"有情之境"。不难看出,在如此富有美感的情境中,课堂是美美的,儿童的心里也是美美的,因为愉悦让孩子的智慧迸发出如此灿烂的火花。我认定,美的、神奇的情境,是启迪孩子潜在智慧的最佳境界。

在教学实践中的感悟，让我找到情境教育操作的突破口，那就是"美"，进而我提出以"美"为境界。我提出这样的主张，绝非单凭感觉，其间也包含着许多理性的思考。我从"美"与儿童主体性的形成、"美"与儿童精神世界的丰富、"美"与儿童最初的人生幸福、"美"与完美人格的培养等方面，来认识"美"的无可替代的重要作用，来具体诠释"美"的育人功能。

教育实践告诉我，当孩子与生俱来的审美需求得到满足时，就会产生愉悦的情绪，进而产生主动地投入教学过程的"力"。情境教学就是把学科知识镶嵌在浸润了文化艺术的、美的情境中，让我们摆脱了各科教学的单纯工具性的枯燥。美感的笼罩，使各科教学的文化内涵得到顺乎自然的体现。

数年后，我又明确地提出一个值得倡导的教学原则："美感性"。可以说，在情境教育探索过程中提出的有关对美的认识、主张及操作要义，除了受美学原理的启示外，就是"意境说"长期以来对我潜移默化的影响和给予的理论滋养，使我概括出了情境教学"形真"、"情切"、"意远"、"理寓其中"这充满了民族文化意韵的四大特点，并分别设计了实体情境、模拟情境、想象情境、推理情境、语表情境。情境课程正是运用艺术的手段创设生动的情境，连同优选的周围世界中美丽的大自然、社会生活中光明美好的情境，都从不同角度为儿童营造了一个丰富的学习环境。因此，情境教学获得了高效。

情境教育创造性地通过运用多种艺术手段，使情境富有美感和强烈的感染性，不仅为语文教学中工具性与人文性的统一揭示了最佳的途径，而且通过在各科教学的推广把儿童的情感活动与认知活动结合了起来，创造了以"情境"为特质的一种新的教学模式。

（三）注重"情"，与儿童真情交融

情境教育的根本灵魂就在于一个"情"字。在运用情境教学进行审美

教育的探索过程中，学生在教学现场的反应告诉我，"美"能激"情"，进而促使我在情境教学如何"激情"、如何"冶情"方面做了更深入一层的研究。

联系"意境说"对情感的论述，可以看到其中内在的关联。刘勰在《文心雕龙·物色》篇中，就客观外物对人的情感的影响做了生动形象的阐述，他指出"物色之动，心亦摇焉"，表明人的情感受客观外物的影响之深。王国维则明确指出"境非独谓景物也，喜怒哀乐，亦人心中之一境界"，"一切景语皆情语"。而儿童恰恰是最富有情感的人，真情总是激荡在儿童的心头，教育应该利用儿童心灵的这种最宝贵的特点。于是，我将"意境说"精髓与自己的教学实践结合起来，感悟到用艺术的直观与语言描绘结合起来的情境，并不是一种单纯形象的呈现，而是浸润着、弥漫着情感。情感成了情境的内核，无情之境终不成境界。

受"意境说"的启发，情境教育也非常重视以教师、教材或其他教学资源中所蕴含的丰富的情感因素触及儿童的心灵。我们最大限度地发挥情感的纽带作用和驱动作用。在优化的情境中，儿童的认知活动伴随着情感，教学就成为儿童主观所需，成为他们情感所驱动的主动发展的过程。情境显示的美感和情趣往往能迅速引起儿童的关注，进而使他们产生积极的态度倾向，激起他们相应的情感，使儿童在一种美好的情感世界和情感体验中学习知识、发展智力。儿童的思维、想象、记忆等一系列的智力活动笼罩上情感色彩，儿童在情境中感受学习活动带来的快乐与满足，达到知、情、意、行的统一。于是，在构建情境教育模式时我提出"缩短心理距离"，在师生间创设一种亲、助、和的人际情境，在课堂上创设美、智、趣的教学情境，从而使儿童对教师"亲"，对教材感到"近"，形成了情境教育的独特优势，达成以情激趣、以情启智、以情育人。

在优化的情境中，在教师语言的调节引导下，儿童自己的情感会不由自主地移入教学情境的相关对象上。无论是阅读教学课《小音乐家扬科》时师生对扬科身世的同情、怜悯，还是上作文课《假如卖火柴的小女孩来到我们中间》时学生对小主人公的期盼、迎接；无论是情境数学课中教师对学生珍视祖国古代璀璨数学文化美好情愫的激起，还是大单元主题性教育活动《我爱长江，我爱濠河》中教师对学生热爱家乡自然和人文景观真挚情感的引发，无不体现出鲜明浓郁的情感色彩，无不蕴含着执教者"感人心者莫先乎情"的教育哲学理念。在这样的课堂里，没有丝毫沉闷的学习空气，没有强制，没有指令，完全摆脱了被动应付的状态；探究的乐趣绝不是属于少数拔尖的学生，而是属于全体学生。在这种热烈的内驱力推动下，学生群体为求知而乐，为探究而兴奋、激动，到达了一个比教学预期目标还要丰富得多、广阔得多的境界，甚至到达沸腾的状态。"让情感进入课堂"的境界，通过情境教育这一模式得到了实现。

情境教育由于是以情动情，让学生受到熏陶和感染，所以有效地培养、发展了儿童的审美情感及道德情感。随着情境的延续，儿童的情感逐步加深，天长日久，弥散、渗透到他们内心世界的各个方面。作为相对稳定的情感态度、价值取向，又将逐步内化、融入儿童的个性之中。这在儿童道德意识、道德情感发展的关键期，对他们的人格的发展是至关重要的，也是极其深远的。它表现为层次更高级、内涵更丰富的理想、道德、意志等，从而形成一种强大的情意力量，最终促使儿童全面的康健的发展。

（四）突出"思"，给儿童宽阔的思维空间

每一个大脑健全的儿童都潜藏着智慧，理想的教育完全可以而且也应该充分开发儿童潜能，使他们一个个变得智慧起来。儿童的思维能力、语言活动、认知水平，连同情感、态度无不受其思维活动的支配、调控。因此，我一直十分注重儿童思维的发展。1979年，我发表的第一篇论文，题目就是"在小学低年级语文教学中发展学生的智力"。不久，我又就如何在情境教学中发展儿童形象思维、逻辑思维以及创造性思维，培养儿童思维品质进行实验与研究。在1982年概括情境教学促进儿童发展的"五要素"时我提出"以发展思维为重点,着眼创造性"。后期在情境课程的操作要义中更明确地提出以"思"为核心。这都体现出儿童思维的发展在情境课程开发、建构过程中的重要性。

在情境教学诞生初期,我发现想象在发展儿童思维、培养儿童悟性方面有特殊作用,这正是受到"意境说"的影响。刘勰在《文心雕龙》中提出"神思"的理念,阐明人的思维不受时空的限制。他指出,"文之思也,其神远矣",诗人创作时联想、想象一系列的思维活动空间极其广远。所谓"思接千载"、"视通万里",可以进入"神与物游"的神奇美妙的境界。在20世纪70年代末80年代初,我即凭借阅读教材和作文教学发展儿童的想象力,并且构想出"以观察情境积累表象,丰富儿童想象所需的思维材料"、"以情感为动因,提供想象的契机,为儿童组合新形象产生需要的推动"等具体策略,使"意境说"中的"神思"之说在小学教育中打开了可行的窗口。

教学实践表明,在广远的意境中,儿童的想象力表现得极其惊人和美妙,可谓神思飞扬。我不禁赞美儿童的思维是长翅膀的,儿童的思维是会飞的,想象力是儿童一笔宝贵的财富。启迪儿童的想象是发展儿童创造性的有效途径。我在语文教学中进行了一系列的创造性复述、想象性作文、续编课文、创作童话等训练范式,这些都有效地发展了儿童的创造性。

在情境教学走向多科的探索过程中,在时代强调培养民族创新精神的大背景下,我加深了对发展儿童创造性的认识,产生了一种紧迫感,加速了这方面的研究。在大量的教学情境中,我有了新的感悟。我发现优化的情境不仅是物质的,情境中的人所抒发的、倾诉的、流露的、交融的情感会直接影响儿童的心理世界,进而影响儿童潜能的开发。于是,我努力把握儿童潜能发展的最佳时期,从审美、情感、思维空间三方面提出开发创造潜能的举措。

情境教育激发了儿童的潜在智慧,无论是在课堂上还是在各项综合活动中,他们的思维都非常活跃。就拿数学来说,孩子们会运用所学的轴对称图形的知识画出许许多多精美图案；他们还能将所学的测量、平面计算等方法带到园博园中，实地解决现实生活中的测绘问题；数学文化节中，孩子们尽显各自的创造才能：写诗歌、编小品，那些蕴含数学知识又充满趣味的数学童话剧更是孩子们创造性充分发挥的杰作。同样，在语文教学中孩子们的创造性也得到了很好的发展，想象性作文、自己创作的童话以及充满个性和想象力的习作结集《月牙泉》《七色花》《太阳歌》《缤纷花朵》等，表明几乎全体学生的思维都处于积极状态，因为"乐思"，儿童就会渐渐地"善思"。

经过多年的实践与研究，情境教育突出了儿童发展所需的"真、美、情、思"四大关键元素，构建了将儿童情感活动与认知活动结合起来的独特的教育模式——情境教育，把认知与情感、学习与审美、教育与文化综合地体现在课程中。

二、"儿童—知识—社会"的完美构建

在情境教学—情境教育的实验过程中，因应儿童发展的需要，很自然地带来课程的改革。经过 18 年的实验与研究，我将逐一进行的课程改革做了梳理，其内容由核心领域的学科情境课程、综合领域的主题性大单元情境课程、衔接领域的过渡性情境课程、源泉领域的野外情境课程构成。我围绕儿童，突出"真、美、情、思"四大元素，以"儿童—知识—社会"三个维度作为内核进行整合，构筑了富有独特优势的课程范式。

（一）儿童——情境教育的出发点和归宿

在传统的教育理念中，儿童是幼稚的，是无知的，是等待接纳知识的，因此必然成了老师灌输的被动对象。这种指导思想下构建起的课程疏远了儿童、排斥了儿童，甚至是扼杀了儿童。长期以来，我和儿童朝夕相处，不断地发现儿童身上呈现的美好的情趣和幻想，那种永不怠倦的向上性、不可遏制的积极参与的主动性，真是令人叹服。身在儿童中间，便

会不断地感受到一个个焕发着如同花草般清香的生命的活力。他们总是不停地渴求新的信息，获取新的信息。因此，儿童具有强烈的求知欲和好奇心。他们潜在的无穷的智慧，那"沉睡的力量"正在萌动，时时期待着一触即可迸发。儿童是真正的美的精灵、智慧的精灵，他们是动态的、光亮的、发展着的。成人世界与之相比，几乎黯然失色。儿童的情感世界是纯真而炽热的，因为情、因为美、因为智、因为趣，他们幼小的心灵常常为之激荡不已。那是引导儿童去学习、去发展的最可贵的原动力。但是，在成人的眼里，对之往往是视而不见或不屑一顾的。儿童潜在的这些美好的天性、潜能被极大地忽略了。在情境教育中，儿童是至高无上的，是真正的学习的主体。而学习正是由认知的主体积极建构的，离开了主体的建构活动，就不可能有知识的产生。一切为了儿童的发展，为了正在成长中的活生生的人，这是情境教育的出发点和归宿。

儿童的天性与"真"、"美"、"情"、"思"密切相关，如何根据儿童的特点，"顺其天性而育之"，则是我们要思考的。必须明确，我们最终的目的是要使全体儿童获得全面的、充分的发展。因此，情境教育不仅要充分利用儿童已有的经验和其内心世界中种种促进他们成长的可贵的自然资源，还要通过新旧经验的互动建构，不断叠加、重组、融合、发展。这不仅是社会对他们的期待，也是儿童本身企盼的愿景。

儿童的这种天性，在不同的教育环境作用下，可能是千差万别的，有的很外露，有的则内隐。儿童的潜能具有极大的不确定性，有可能得到充分发展，也有可能被压抑泯灭。儿童的发展是在一定的情境中发生的，情境成为他们构建知识的不可缺少的资源和运用经验、运用知识的不可替代的现实场景。儿童正是在这种情境中去洞察、去感悟、去体验，也就是说儿童的潜能是要通过他们自身的活动，在与社会、与文化相互作用的情境中来得以发展的。情境教育则是通过情境的优化，唤起他们的情绪，让他们主动学习、主动发展。当儿童活动其间时，我们会看到儿童作为一个自由的生命体，在特定的情境中，和小伙伴、和老师之间因思维的积极碰撞与情绪的热烈交融而相互交织在一起,甚至进入一种沸腾的状态。这里有审美的、道德的、艺术的活动,也有理智的、科学的活动。在那个奔放的情境中,孩子迸发出智慧的火花,儿童的潜能和经验被激活,儿童的自然禀赋、自我意识、自主品质、自由人格得以展现,也使情境教育真正地走进了儿童的世界。

(二) 知识——与情境相互依存

一直以来,人们始终觉得学校就是传授知识的一个专门场所。但学校所传授的是抽象的符号,儿童往往只是被动地一点一点地接纳知识,而对知识之间的联系、知识产生的背景儿童很难知晓。原本鲜活、有趣的知识成了单纯的抽象的符号,远离了儿童的生活,变得陌生、孤寂、冷落。再加以应试教育的种种弊端,儿童被压得喘不过气来,传统知识的传授对于儿童往往失去了积极的意义和价值。情境课程坚信知识与情境是相互依存的,任何知识都是在一定的情境中产生的,最终都要回到情境中去。儿童学习的知识更应该是情境性的。情境课程通过运用图画、音乐、表演、多媒体等直观手段与老师的语言描述来创设情境,将知识镶嵌在情境中。这是一种真实的、本真的情境,它让知识有根、有联系、有背景。情境课程促使学习者通过与环境互动去建构知识。我们不仅创设一种真实的生活的情境,还根据我们所吸纳的"意境说"的营养,创设一种想象的、审美化的具有真切感的情境,使情境更具有广度和深度。儿童作为一个主体,在这样的情境中所获得的知识不是一个一个的知识点、一个一个孤立的符号,而是圆融的、综合的、有声有色的、含蕴着审美和文化意韵的。

情境课程十分明确学习知识是为了实践、为了创新。情境教育强调"着眼发展,着力基础","从未来出发,从现在做起",进行有序的系统的应用、操作。因此,情境课程对儿童知识结构的建构是开放的,可以带有一定的弹性,可以拓展,可以补充,儿童学习的内容往往超越文本。因此,情境课程十分注重儿童的创新、实践活动。实践是儿童认识的起点,知识只有通过实践才能真正掌握。简言之，运用知识的高境界就是为了创新。人类之所以能进步，就是运用知识在实践中创新。古今中外的一切发明创造都是人们运用知识在实践中发现、创新的结果。一方面，创新离不开实践丰厚的土壤；另一方面，没有创新，实践只能重复过去。我深感儿童的创新是幼小生命迸发出的最鲜活、最富灵性的智慧的火花。即使是瞬间的，也是灿烂的；即使是粗浅的，也是可贵的。作为老师该何等珍惜、珍爱。在儿童的认识活动中，创新提升了实践，生动的实践又激活了创新。因此，情境课程在教学过程中，让儿童在特定的情境中和热烈的情感驱动下进行创新实践，通过实体性现场操作、模拟性相似操作、符号性趣味操作来加强基础、促进发展，并通过实际应用来体验学习成功带来的快乐。

（三）社会——儿童知识建构不可替代的情境

知识是社会性的，儿童的知识建构必须联系社会实际，在与社会接触中，与他人互动，与环境互动，并在互动中学习。我们在20世纪80年代初期就开发了儿童的野外情境课程。从带领儿童走进大自然进而走向社会，让儿童去接触、去感受社会生活光明美好的一面。这对儿童认识周围世界、感悟社会生活起着奠基的作用。因此，情境课程形成了一个开放的系统，它致力于拓展儿童的生活和发展空间，向家庭、社会延伸开去。社会是儿童学习活动最广阔的课堂，是综合实践最生动的实验场。儿童学习的知识倘若远离社会，儿童的学习活动倘若隔绝于社会生活之外，便不可能真正地领悟知识的精要，也就失去了学习的真正意义和知识本身存在的价值。儿童学习是为了将来在社会上生存，在社会实践中运用知识，并在个体发展的同时推动社会的发展，或者是在为社会发展的同时也发展了自我。所以，社会是儿童知识建构的不可缺少的资源，是运用知识不可替代的现实情境。

情境课程充分利用环境、控制环境，让课堂学习内容与社会相联；通过多样性的课外教育活动，渲染学校欢乐向上的氛围；凭借主题性大单元教育活动进一步与社会相通。儿童则在其中感悟、观察、体验，在社会实践中把知识学活。学校还设定"教育周月节"，如二月的"爱书周"、三月的"学雷锋周"、六一节前夕的"爱生日"、十月的"爱国月"、"丰收节"、"童话节"等，让丰富多彩的活动将课堂与校园、家庭、社会横向融通，并且在相对固定的教育活动中，拓宽了教育空间，打破了学校与社会之间的藩篱，丰富了儿童的课堂感受以及知识建构的源泉，使这种与广阔的课堂、与最生动的文本密切相联的教育得到强化、持久，形成新的传统，产生了良好的教育效果。情境课程正是通过回归生活实践、与生活融为一体，不断挖掘生活本身取之不尽的课程资源，进而影响、引导、支撑着在其中生活与学习的儿童的发展。

三、从脑科学最新成果中找到理论支撑

儿童的学习与大脑息息相关，在儿童学习的过程中，大脑究竟有着怎样的奥秘呢？近十几年来，脑科学研究技术的不断创新、脑与神经认知科学的飞速发展、脑科学研究成果的不断涌现，为情境教育提供了新的理论给养，脑科学的最新成果初步印证了情境课程之所以获得高效、儿童学得那么快乐的缘由。

1. 儿童的脑是敏感的，需要一个丰富的、可以活动其中的环境

情境课程的独特之处在于通过人为创设情境或优选情境，为儿童创造一个最佳的学习环境。情境呈现美感，能使儿童产生愉悦感，进而主动投入学习活动。以前我只是从美学和心理学上认识到美能使人愉悦，现在脑科学的研究成果也证明了这一点，丰富的环境能让脑的感觉良好，良好感觉会使脑产生化学物质，使脑和身体内部信息的传递更顺畅。美国学者玛丽琳·斯普伦格（Marilee Sprenger）著的《脑的学习与记忆》和埃里克·詹森（Eric Jensen）著的《适于脑的教学》都指出"丰富的环境可以促进树突的生长"、"丰富的环境会使神经联结增多"。这是神经生理科学家们

经过长期的研究,发现小白鼠的脑结构与人的非常相似,从小白鼠的大量实验中得出的结论。

两位学者还不约而同地提到音乐,认为"音乐是另外一种能够引起积极的化学物质释放的方法",音乐会让人产生大量的类似吗啡的呐啡肽,是一种使人产生愉悦感的化学物质。音乐的重要功能就是"可以激发脑的神经通路,使神经一直处于唤醒状态"。早在1980年,我就开始将音乐引进语文教学并有明显成效,这更让我恰到好处地以音乐去渲染情境,并已得到普遍的应用。情境课程正是运用美术、音乐、戏剧等这些艺术的手段创设生动的情境,连同优选的周围世界中美丽的大自然、社会生活中光明美好的情境,都从不同角度为儿童营造了一个丰富的学习环境。

脑科学最新研究成果指出:"艺术的使用不仅仅是引发思考,甚至可以教人如何思考,并可以建立情感表达。"脑科学家们建议,"为了提高环境的丰富性,我们有必要再次证明一下艺术和活动融合到课堂中的有效性"。可以说,一个没有环境布置的教室,仅仅配合以单一灌输式教育的时代已经过去了,脑科学已经强有力地证明,丰富的环境的确可以促进脑的发育,并提出建议,"让我们一起疯狂地丰富环境吧"。研究人员还通过一个实验得出结论:"仅仅为学生提供丰富的环境是不够的,还需要让他们积极参与其中。"

情境课程不仅创设丰富的环境,而且还让儿童活动其中。不仅是主题性大单元情境课程、野外情境课程、过渡性情境课程让儿童充分活动其中,而且学科情境课程同样注重学生的活动。学科情境课程的本质特点就是在优化的情境中把学科内容与儿童活动结合起来,并明确提出以"儿童活动"为途径作为情境课程操作要义之一,因为儿童需要与环境发生互动。在情境课程中,不仅有观察、触摸的感知活动,有作为角色的协商、评价、争辩、报告等语言活动,还有模拟操作、实验等实践活动,让学生在其中充分感受、主动探究、体验情感。事实足以表明:情境课程创设的情境成为儿童学习的最佳环境。正如脑科学家玛利亚·戴尔蒙德(Marian

Diamond)说的:"当我们丰富了我们的环境时,我们的脑皮层也就加厚了,脑的树突增多了,成熟的神经棘(spins)增多了,细胞体也增大了。"

2. 儿童的脑是可塑的,需要不断提高神经元联结的频率

情境课程创设的情境或优选的情境仅仅是一种手段,提供一种凭借,以营造一种氛围,让知识镶嵌其中,而更有实质意义的是充分利用情境,唤醒、发展学生的潜能,让学生在其中进行一系列的思维、联想和想象活动。多少年来,我一直向往着、追求着,那就是我们的教学不仅使聪明的学生更聪明,而且要使不那么聪明的学生变得聪明起来。脑科学研究表明:"人脑的杰作就是学习,学习可以改变脑。人类学习的最终成果是智力。"这些论述证明我所追求的目标是正确的。

儿童的脑是正在生长的脑,具有极大的可塑性。学习的发生是信息从一个神经元传递到另一个神经元。儿童是能轻易地形成联结的。脑科学家打了一个很生动的比喻,说在人的早期这种联结好比崎岖的小路;联结多了,就如同在高速公路上行驶。情境课程以"思"为核心,在具体的教育教学活动中通过创设问题情境,把思维活动与观察、想象、语言表述以及实际应用操作结合起来,不断地启发、鼓励儿童进行思维活动,提高思维活动的频率,并且拓展了广阔的思维空间,使儿童更易进入思考状态。情境课程始终将学科能力训练与发展思维相统一。在语文教学中结合词的训练,培养思维的准确性;引导运用修辞手法,丰富思维的形象性;通过篇章的训练,发展思维的有序性;在综合性的语言训练中,培养思维的灵活性和广阔性;通过想象性作文,发展思维的创造性。在数学教学中,把学习与思维敏捷性的训练结合起来,要求答题迅速而正确;在应用题的解答中,有意发展学生思维的求异性,要求一题多解;在公式的理解中,着重训练逻辑推理能力。总之,思维的发展在学科教学中得到落实。

情境教育的研究与实验所取得的令人满意的效果,从脑科学中得到证实:"当一个神经元向另一个神经元传递信息时,学习就发生在神经产生联结之时","随着神经元不断地学习和应用信息,它们联结的频率会越来

越高"，"神经网络频率也会变得越来越高，它的传递也越来越顺畅"。在整个情境课程的实验与研究的过程中，我们一以贯之地突出思维的发展，并且利用儿童进入情境后激起的情绪，引导儿童积极思维。这样，信号就能改变接受神经元的潜力，使它具有加速学习的潜能。而"神经元建立的联系越多，脑就越重"。这是因为信息通过神经元上的树突进入另一个神经元并不断产生联系的同时，不断地长出树突，使信息传递更加简洁、快捷。而情境课程实施的重要目的就是促进儿童的脑更好地发育。

3. 儿童的脑优先接受情绪性信号，积极的情感可使学习更高效

在情境课程为儿童创设的丰富的情境中，教师的启迪、激励和支撑使学生成为真正的主体活动其中。这种和谐的师生关系使丰富的情境更生动，充满教师之爱，充满人性之美。情境课程提出"把微笑带给学生"、"把情感带进教室"，这里没有谩骂、训斥，没有奚落和嘲讽。情境课程创设的情境不仅是丰富的，而且是最适宜儿童学习的，是令儿童感到安全的、没有压力的地方。在这里，脑能够产生大量重要的化学物质。老师肯定性的反馈、亲切的微笑和良好的师生关系都能引起 5-羟色胺、多巴胺、内啡肽神经递质的释放，使学生感觉良好。情境课程正是把儿童带入美的、丰富的情境中，帮助他们的脑产生有利于高效学习的化学物质。

"脑是依靠化学物质来运行的"。大多数研究者都将这种化学物质称为"神经递质"，它带着信息从一个神经元传递到另一个神经元。儿童内心的愉悦感和热烈的情绪，促使脑释放大量的神经递质。其中，多巴胺是一种有助于信息进入更高级的脑加工水平的化学物质；5-羟色胺有时候被称为"感觉良好"的神经递质，可使脑和身体内部的信息传递更加顺畅；大量的内啡肽可以让人产生愉悦感，被认为是脑的奖赏系统的一部分。所以，我们实验班的老师非常注重结合教材传递美好的情感。从上课开始，就高度关注来自儿童的情绪，并通过情境综合运用语言描述、实物演示、呈现画面、播放音乐或联系经验等手段。因为情境的美，因为教师的情，因为教师语言的调节引导，连同积极的反馈，儿童总能以积极而热烈的情绪参

与学习活动。

这种积极的情绪很快被大脑接受,"情绪信息总是比其他信息优先得到加工",使儿童的思维活动在最佳的情绪状态中进行。"积极情绪的参与是学习的关键","情绪记忆是最高效的记忆"。实际上,这正是我对情绪研究领域的三大发现:情绪的生理通路和优先性,情绪与化学物质,情绪与记忆的理解和认识。可以说,没有什么比情绪与学习的联系更为紧密的了。

同时,我又联想到情境课程的暗示、移情、角色效应、心理场产生的"力",从脑科学中同样得到支持。当我们创设的情境展现在儿童眼前时,便作为信息刺激儿童的大脑。通过脑的边缘系统和情绪联系,神经递质的释放和传递使儿童不知不觉地,甚至是情不自禁地接受了这种积极的情绪,情境中的场景、事件、角色给儿童留下了难以磨灭的印象。情绪智力对儿童在一生中取得的成就会产生影响。

以上所谈及的脑科学最新研究成果,让我产生顿悟:情境课程之所以会获得高效,是与情境课程丰富的、安全的又可以参与其中的环境,以及能激起积极情绪,使儿童的脑释放出大量神经递质,提高神经元联结的频率,促进儿童的脑越用越聪明并打开记忆的通道、产生情绪记忆分不开的。经过30多年的探索,情境教育有效地促进了儿童的发展,也使我加深了对儿童、对教育本质的认识。目前正在进行的情境教育与儿童学习的研究,将深入剖析优化的情境在儿童的学习中所发挥的作用,以进一步揭开儿童学习的奥秘。

(本文发表于《教育研究》2009年第3期)

情感：情境教育理论构建的命脉

儿童时期是一个人为一生奠基的关键时期，而儿童本人却不知其间的重要，作为他们的教师责任就格外重大，需要有良知和真挚的情感。50多年来，我一直在儿童中间，知儿童所需、所求，爱儿童所爱。内心世界的这一核心信念决定了我对小学教育，对儿童倾注着炽热的、始终不渝的情感。可以说，儿童是我的挚爱，是我心灵的寄托。对于神圣的教育，我虔诚相待。这种纯真的不可淡化的情感，使我在情境教育的探索与发展中时时、事事围绕着儿童去思量。其过程让我体验到探索者的情感会萌生驱动力和追求的方向。

为儿童着想，是我每天思考的内容。从目标到途径，从途径到方法，从整体到局部，以至每个细节都是为了儿童。这朴素的理念和思维方式，驱动着我不懈地去追求儿童发展的规律，但那是一个漫长的历程。历经30年之久，我终于初步构建了以儿童为主体的、自成体系的情境教育理论框架。情感贯穿其中、渗透其间，成为情境教育理论的命脉。

一、情感，让我迈出情境教育的第一步

30多年前，在那令人难以忘却的文化浩劫后，改革的春风吹进了校园，但是语文教学的课堂像其他学科一样是封闭的，课堂远离了多彩的生活，切断了源头，符号与生活之间断裂了、没有源泉的语言、没有源泉的思维，必然是僵死的。

这使我终日沉浸在求索解决的方案、对策的思考中。困惑中，我联想到中国古代文论"意境说"。刘勰在《文心雕龙》中指出："情以物迁，辞以情发。"这八个字阐明了"物"、"情"、"辞"三者的关系，我顿觉豁

然开朗:"外物"、"情感"、"语辞"这三者对儿童语文学习恰是缺一不可的。

反复琢磨、思量后,我毅然带班上的孩子走出禁锢的课堂,走进周围世界,去感受客观外物的丰富和多姿多彩,挣脱了封闭式教学的束缚。观察中儿童表现出的兴奋的情绪、激起的强烈的表达欲望、生动的即兴描述的现实场景,让我感受到在美的情境中儿童情绪的热烈。

这种源自生活的真切的感受和画面,使儿童在书面表达中也跃动着他们纯真的情感,流露出了他们的爱、激动与欢愉。春夏秋冬、日月星辰、山川田野,多少个生动的现实场景,儿童一次次在其间表现的热烈情绪让我发现,儿童带着积极的情感学习语言,便能做到快快乐乐地学习、兴致勃勃地表达。我亲身体验到"情以物迁,辞以情发"揭示的客观外物与人的情感。情感与语辞相互触发的联动关系,也让我设计出"观察情境说话、写话"、"观察情境作文"、"想象作文"等崭新的作文样式,从根本上改变了传统作文遵命而作的理念与教学方式。情感,使我终于迈出了情境教育的第一步。

二、提出"情感活动与认知活动结合"的教育主张

作为语文教师,我深深地懂得语文是人类优秀文化的重要组成部分。丰富的文化内涵决定了语文教学不能唯工具论,语文除了工具属性,更有文化属性。小学语文课本中的一篇篇语文课文都是作家思想与智慧的结晶,倾注了作家内心的情感。中国的文学创作历来讲究一个"情"字。"情者文之经"、"情动而辞发"、"为情造文"等在中国古代文论里早已阐明。

简言之,小学语文是有情之物,而我们的儿童又是有情之人。那么,在阅读教学中又怎么以文中之"情"激起儿童心中之"情"?又怎么通过文中"情"的熏陶、感染来丰富儿童的精神世界?突出一个"情"字,成了语文教学必须突破的瓶颈。

为此，我通过富有美感的艺术的手段与语言描绘相结合，再现课文描写的情境。经过实验，事实无可辩驳地表明，这种儿童喜闻乐见的形式，用"美"优化的情境极大地激发了儿童的情感。而一旦情感伴随儿童的学习活动，儿童学习的主动性就大增，学习变得趣味无穷。且这种心理让他们的思维处于最佳的状态，个个跃跃欲试，以学为乐，以思为乐。在这学习热情普遍高涨的课堂里，学习效能不断提高成为必然。于是，我首先研究激发儿童情感的起因，那就是动机的形成。我敏锐地关注教学现场，观察教学的动态发展，发现儿童会因好奇、因美感、因探究、因与经验相关、因情感共鸣等而产生学习与探究的动机。我将其过程进一步概括为：激起探究—引起满足—产生乐趣—形成内发性动机。如此保证了儿童在接触新课时萌生情感，带着热烈的情绪主动地投入到教学活动中来。其间，情感成了纽带，在教师与学生、与教材之间生成了一股看不见的却蕴藏极大能量的"力"。于是我下决心将其过程细化，从初读课文—细读课文—精读课文的各个阶段，去把握整个教学过程中儿童情感生成变化的脉络。

教学的现实效果让我进一步去思考现象背后的实质。我通过众多的课例，结合自己的亲身经历，发现在初读、细读、精读课文的过程中，儿童一般都经历了由入情—动情—移情，以至在其间即时抒情的情感生成、发展的脉络和流程。

在大量的实践中，我目睹了课堂上情感伴随儿童的学习活动，儿童主动参与、主动发展，教学获得高效能的众多场景。在实践感受与理论感悟的双重作用下，我领悟儿童在这种热烈的内驱力推动下，为求知而乐，为探究而兴奋、激动的状态。在暗示的作用下，教学往往到达了一个比教学预期目标还要丰富得多、广阔得多的境界。"求知—满足"的平衡感又使儿童感到无穷的乐趣，得到一种精神的享受，同时又生成新的学习动机。

我终于概括出儿童情绪发展的过程，在优化的情境中，儿童经历了"关注—激起—移入—加深—弥散"这一连续的情绪从生成到发展的过程。由此，内心的主张日渐明晰、强烈：儿童有情，情感是动因；利用儿童情感，培养儿童情感。多年的积淀形成的飞跃，终于使我提出了情感活动与认知活动结合起来的教育主张，构建了情感与认知结合获得教学高效能的课程范式。

三、概括情境教学促进儿童发展的"五要素"

20世纪80年代初，实验班的学生快要毕业了。在情感与认知结合的课堂上的大量鲜活实例，沸腾的课堂上孩子们在其中饱满的精神状态，常常涌现在我的眼前，促使我不断地进行深层的思考：儿童发展的要素到底是什么？情境教学促进儿童发展的要素又是什么？对此我必须做出回答。情境教学是崭新的，是具有中国文化特色的。因此，它的概括应该具有自己的个性。情境教学一步步的发展，就是一次次反思的结果。回顾教学中自己的一次次精心设计、一个个鲜活的教学场景、孩子们一阵阵的欢声笑语，连同他们的一本本观察日记、习作，都鲜明地在我记忆的屏幕上复现。我审视着它们，极力从一个个案例中去搜寻相似的东西。我知道事物的现象是复杂的，是千差万别的，但是规律的东西都是简明的，因为它概括的是事物的共性。我懂得相似的集合就是规律。我不断地舍弃、提取，沉浸于"悟"的过程中。我用一年的时间回顾、整理过去五年情境教学的探索历程，终于概括出情境教学促进儿童发展的"五要素"，即以培养兴趣为前提，诱发主动性；以指导观察为基础，强化感受性；以发展思维为核心，着眼创造性；以激发情感为动因，渗透教育性；以训练语言为手段，贯穿实践性。不难看出，这"五要素"无论是"前提"、"基础"，还是"核心"、"动因"、"手段"，都是为了儿童的兴趣、儿童的感受、儿童的创造、儿童的情感、儿童的实践。

再对照小学其他各科教学，发现这"五要素"也一一适用。我琢磨着，反问自己：哪个学科不需要"诱发主动性"、"强化感受性"、"着眼创造性"，不需要"渗透教育性"、"贯穿实践性"呢？无一例外。由此，我得出结论："五要素"符合儿童的心理特点和发展规律，情境教学不仅仅适用于小学语文教学，也同样可以应用于整个小学教育，具有普遍意义。于是，情境教学便顺其自然地向情境教育拓展，在德育中提出"让道德情感驱动道德行为"，以"美"激"爱"，以"爱"导"行"；在数学学科同样强调数学与生活相通，引导儿童伴随着形象进行逻辑思维，通过数学家的创造、发展，感受数学的文化性，让儿童在数学美的愉悦感受中喜爱数学；在科学常识学科提出创设科学常识探究情境，让儿童感受科学的奇妙，培养儿童的科学精神和对科学的热爱。企求各科教学也能像语文教学一样，使儿童在优化的情境中儿童学得快乐，学得轻松，而且获得高效，为素质的全面发展开拓出一条有效的途径。若干年后，经过实验的验证和学术界的评述，我将促进儿童发展的"诱发主动性"、"强化感受性"、"着眼创造性"、"渗透教育性"和"贯穿实践性"这"五要素"确认为情境教育五大原则。

四、情境教育基本模式的构建

因为情境教育涉及多科，不仅需要不同学科的教师参与，而且需要大家协同动作，仿照一个共同的行动纲要，所以需要尽快地构建情境教育的基本模式。

首先，我依据马克思关于人的活动与环境相一致的哲学原理去构建。情境教育是为了儿童的，就必须为儿童拓宽成长空间。我深知，儿童是蕴藏着智慧和具有高级情感的生命体，成长空间的宽与窄、优与劣决定了他们是健壮还是脆弱。我想到生长在广袤大地上的能长到十七八米高、存活上百年的银杏树，倘若把它围在小小的花盆中，那它只能弯曲着身腰长到几十厘米。同样是银杏树，为什么差距如此之大？答案很简单，那就是成长空间的不同。儿童的成长更是如此。教育必须顺其天性而育之。我深情地想象着学校与社会、与大自然相联相通的情景，推想着儿童在优化的情境中获得审美享受和道德情感熏陶的场景。于是，"拓宽教育空间，提高教育的整体效应"成为情境教育基本模式的第一条。

接着，我又思考着在学校教育的空间里活动的人，那就是学生和教师。既然要拓宽儿童的成长空间，那空间就不仅是宽阔的，而且应该是宽松的，学习和活动在其间的教师和学生，就必然是亲和而快乐的。根据情境教育的特点，我设想通过创设一种"亲、助、和"的师生人际情境和"美、智、趣"的学习情境，缩短学生与教师、学生与教材之间的心理距离，促使儿童满怀积极的情绪主动投入到教育教学活动中来。于是，我创造性地提出情境教育基本模式的第二条："缩短心理距离，进入最佳情绪状态"。

进而我又想，师生亲和，但二者中谁是真正的主角？毫无疑问是学生。没有学生哪会有教师，归根结底，"教"是为了"学"。于是，"利用角色效应，增强主体意识"成为情境教育基本模式的第三条，成为情境教育体现儿童的主体性又深受儿童欢迎的崭新的重要策略。虽然自己处于探索性的研究中，但是情境教育的最终目标非常明确，"一切为了儿童发展，为了儿童的全面发展"。为了激发儿童潜在的求新本能，培养儿童的创新意识，作为儿童全面发展的侧重点和着力点，"创新"和"实践"成为情境教育基本模式的第四条。在情境教育基本模式的构建过程中，是我的儿童教育观主导着我内心世界情与智的交融，由此导引着我从儿童生活的空间、心理距离、主体、目标四方面较为科学地构建情境教育的基本模式。

五、情境教育基本原理的构建

在情境教育基本模式构建后的六年的光景里，我一直思量着情境教育的基本原理究竟是什么。这是对自我的挑战。事实上，作为教育实际工作者，我不可能在情境教育生成前已将基本原理先前一步建构。如果一切都在已知的领域，课题研究的意义就在意中，也就无创新可言。我只能从实践出发，一切真知来自实践，这是千真万确的。我仍然是中国式的感悟思维，从感性到理性去反思、去悟。在实践中，我追求的是在教育教学活动中，儿童不至于那么纯理性，而是在情感的驱动和召唤下，在不知不觉中，因为无意识心理作用而积极参与学习活动，以至沉浸其中而忘我。儿童在其间所处的地位，在我的思想里十分明确，那就是：儿童是主体，是主角，教师、教学手段、教学形式、教学方法都是为主体服务，促进主体的发展的。这一切都在优化的情境中发生、互动，进而得到整合、形成合力。我为儿童做的这些构想、这些希求，连同相关的措施、策略，在漫长的时间里浸润到具体的教育教学活动中，愿景渐成现实。于是当我回顾、感悟这一过程时，从真实的场景、事件，从儿童的情感世界和状态中，发现基本原理的雏形，其关键词也日益显现，以至清晰，蕴含其中、支撑其间。于是我一步步去揣摩，去做取舍，面对现象提升精华，终于经历了感性认识到理性认识的飞跃，概括出了情境教育的基本原理。其过程让我深感，正是一切发生在为了儿童的真情实感中，所以基本原理也表里一致地显现出一切从儿童出发、一切为了儿童的理念。其基本原理为：情感驱动原理、暗示倾向原理、角色转换原理、心理场整合原理。

我从以下几个方面对情境教育进行了理性思考。

（一）儿童在情感的驱动下主动积极地投入认知活动

儿童在对客观情境获得具体的感受时，会表现出一种积极的态度，在教师的持续关注中产生相应的情感，并在情感的驱动下，主动积极地投入学习活动。然后，学生的情感会不由自主地移入教学或教育情境中的相关对象上，并且随着情境的延续强化逐步加深。长此以往，最终情感的弥散渗透到儿童内心世界的各个方面，作为相对稳定的情感态度和价值取向逐渐内化、融入儿童的个性之中。

这种人为优化的情境贴近儿童，对于处于人生早期和感受最敏感时期的儿童来说，不仅仅是满意、愉悦，而且是几乎不假思索地接受了。这种情感活动与认知活动的结合过程，在优化的情境中是普遍发生的，而且在不同学科和不同年级延续、反复、发展，对儿童的心灵必然产生潜移默化的作用。儿童的审美情感、道德情感和理智情感受到了很好的陶冶。"情感驱动"为情境教育的第一原理。

(二) 情境暗示对儿童心理及行为产生的影响

为优化情境,针对儿童特点,我利用图画、音乐、表演等艺术的直观,或运用现实生活的典型场景,直接诉诸儿童的感官。这些处于边缘的形象、色彩、音响、节奏、语言等信息和符号,因为暗示的作用都可以被儿童直接吸收。而这些信息又是有机地相互联系着的,从而构成一个协同动作的整体作用于儿童感官,能强化信号。因此,当儿童进入这样的情境时,很快就会产生强烈的情绪,形成无意识的心理倾向,情不自禁地投入教育教学活动中,并表露出内心的愉悦与主动,从而迅速地对学习焦点的变化做出反应。情境教育形真、情切、意远、理寓其中的特点,无不显示了情境教育特定的环境对儿童的心理倾向发生了作用。按照洛扎诺夫的理论,"凡是影响心理的都是暗示",而每个儿童身上天然存在着接受暗示的能力。这种主客观的一致性,表明情境教育的暗示倾向原理在教育教学活动中运用的有效性和普遍性。

(三) 让儿童由被动角色转变为主动参与的角色

根据教学的需要,让儿童扮演角色、担当角色,是儿童喜闻乐见的创设情境的有效途径之一。

通过角色的扮演、角色的对白、角色的情感交流,教材中原有的逻辑的、抽象的、符号化了的内容变得现实化、形象化。角色转换使儿童作为一个活生生的人,在角色意识的驱动下,充分地投入,全面地活动起来。与此同时,角色扮演的热烈的情绪渲染了整个学习情境,不仅是扮演者,全体学生都在无意识作用下不知不觉地进入了角色,最深切、最生动地经历了角色的心理活动过程。儿童的身心很自然地移入所扮演、所担当的角色中。于是,自己仿佛成了那个角色,更深地体验到了角色的语言、行为。这种"有我之境"可产生一种巨大的无形的导引效应。教育教学活动随着角色活动进入沸腾状态，儿童由习惯上的教学过程中等待接纳的被动角色，转变为积极参与的主动角色，从而积极思维，进行相关符号操作和模拟操作等实践活动。

（四）心理场满足儿童的心理需求会产生一种"力"

人为优化的教育情境不再是一个自然状态下的学习环境，而是富有教育内涵、富有美感而又充满智慧和儿童情趣的生活空间。情境中丰富形象的感染、真切情感的体验、潜在智慧的启迪，使儿童得到一种满足。当这种心理需求得到满足时带来的愉悦，更从情境整体上体现出情感产生了向着教育教学目标推进的"力"。这种人为优化的情境，其力度、真切感和美感，都足以影响儿童的心理世界。儿童的学习主动性得到充分调动，潜在智慧的发展也获得了最佳的场合。儿童的顿悟加速产生，不断改变认知结构和心理结构，因而使不增加负担、不受强制而能自主学习、自我教育的理想境界得以实现。

基本原理虽从四方面概括，但"暗示倾向"、"角色转换"和"心理场整合"都是与情感的生成、激起互为联系、互为作用的，"情感驱动"成为情境教育基本原理中起着支撑作用的主心骨。

六、情境课程网络的构建

当情境教学发展到情境教育并探索出一条促进儿童素质全面发展的途径之后，我的愿景就是情境教育能被更多教师运用，最终让更多的儿童享用。于是，我很自然地想到课程，企求通过课程促使情境教育走向大众化。

我很自觉地回顾反思，梳理归纳从情境教学到情境教育（1978—1996年）探索发展的18年间，为了儿童发展的需求所进行的一次次局部的课程改革。

与此同时，纵观世界课程改革的大变革、众多课程流派的现状及其发展趋势,更觉以儿童发展为主旨、以情感为命脉的情境课程主张,与西方新兴的以情境为中心的课程设计理论有着异曲同工之处,同时又有着我们民族的"重形象、重情感、重审美、重感悟"的独特的文化意韵和智慧。这使我坚定了进行情境课程开发与构建的意愿,以积极回应国际与国内课程改革的呼唤。

关于情境课程的开发与研究,可以说是贯穿在情境教育探索的过程中的。实验班第一年,随着野外活动的开展,我设置了野外活动课程;实验第二轮发现低幼之间的坡度太陡,于是开设了幼小衔接的过渡课;在这一轮实验中,不仅继续情境教学的实验,还从教学内容结构的优化着手,提出了"识字、阅读、作文"三线同时起步,到中高年级则以"四结合"主题性大单元教学来强化。以上这一个个局部的课程改革,由于教学效果显著,一直持续下去,并在实践中不断充实完善。这就从实践层面上奠定了野外情境课程、过渡性情境课程、主题性大单元情境课程的基础。我从语文情境教学向各科拓展后的大量实践与研究和这些课程的功效及其在初等教育中的地位,进一步明确提出了"核心领域的学科情境课程"、"综合领域的主题性大单元情境课程"、"源泉领域的野外情境课程"、"衔接领域的过渡性情境课程"四大板块。这让我感悟到教育创新来自实践,而实践中的研究则从根本上体现其理论建树的价值。

由于实验与研究都发生在教育教学的真实中,其创意与动机都是来自探索者心灵与儿童教育现实的碰撞,来自一切为了儿童发展的情感世界。当付诸实践后,其现场的反馈又是探索者亲眼所见、亲耳所闻、亲身经历,真真切切,探索者不时地为儿童在其间显现的兴奋、快乐而欲罢不能,以至欣喜无限。因此,在这原创的、本真的实践与探索中,只需要去粗取精,而无须雕琢、装饰和彰显。因为理论的概括必须与探索中的真实相吻合,才能真正闪现教育科学的光亮。

作为探索者的我,基于通过课程让情境教育走向大众化的初衷,在课程理论的架构中,首先追求的不是理论建树,而是让更多的教师能操作实施,以至完善发展。因此,我对情境课程的阐述侧重的是它的实质和实施的原则及策略。

1. 学科情境课程

因为知识是由儿童自己去建构,所以必须保证教学过程中儿童的主体地位。儿童怎么成为主体,怎么保证?被动的接纳成不了主体。因此,学科情境课程根据教材特点创设和渲染一种优美的、智慧的、让儿童感到特别亲切、富有儿童情趣的情境,使知识镶嵌在情境中,让知识与情境相互依存,儿童与情境互动。我明确提出将"学科课程与儿童活动结合起来"的主张。让儿童在积极的学习情绪中,通过自己的活动,感受、探究、体验、发现、表达和操作。这些学科的系列活动不仅使儿童在课堂上的主体地位得到保证,而且为新课程改革强调的儿童主体性的基本理念找到了一个普遍适用的而又确实有效的途径。这样,发展儿童的潜能才成为可能。

2. 主题性大单元情境课程

这一课程来自语文的单元教学的启示。其设置的思路是顺应叶圣陶先生那个时代追求的和当代世界课程改革的大趋势——让课程走向综合。用叶老的话说,教育的最后目标是"使分立的课程所发生的影响纠结在一块儿"。儿童本身是一个整体,为了儿童的整体和谐发展,课程的综合化是必由之路。而主题性大单元情境课程则为此找准了一个突破口。我提出以德育为主导,以语文学科为龙头,各科协同,使教育围绕主题形成合力。在主题的导向下,各学科协调动作、相互迁移,充分利用教育教学内容中的"相似块",将其集合在一起,使有限的教育教学活动,在深度、密度上得以拓展,加大教育的力度,保证儿童从多学科、多场景、多角色中有更多的获益,强化了教育的效果。

3. 过渡性情境课程

过渡课程的目的就是减小幼小之间的坡度,使儿童顺利适应新的学习环境,进而喜爱小学生活。在教学内容及形式上提出"在生动的情境中既接近幼儿园又高于幼儿园"的教学总要求。其具体策略便是"室内短课与室外观察相结合",并将其作为过渡课期间儿童学习生活的原则。

4. 野外情境课程

把学生带到智慧的源泉中去,让儿童直接吮吸到大自然赐予他们的最珍贵的精华和甘露,这是无可替代的课程资源。儿童本身就是大自然的骄子,大自然是儿童成长的摇篮。开放式地储存信息,正是对儿童心灵的塑造和润泽。究其野外教育的实质,不仅仅是教育时空、处所的改变,更重要的是通过野外教育,推倒了传统教育中学校教育与现实生活隔绝的一堵坚固的墙体,开掘了儿童符号学习与鲜活世界的通道,其意义并不一般。从儿童未来思考,他们必须走向社会,社会不能永远是他们陌生的客体,他们必须从小就逐步走近它、了解它,日后才可适应社会,为社会做出贡献。

从课堂上学科内容与活动的融合,到打破学科界限,走出课堂,实行大单元联动,再到走出学校,走向广阔的天地间获取源泉,加上低幼衔接的过渡课,儿童作为活动主体的系列性创新实践,在情境课程中得到体现和落实。

综上所述,回顾以儿童为主体的情境教育理论的构建,经历了从1982年对"五要素"的概括,到21世纪初情境课程以"美"为境界、以"情"为纽带、以"思"为核心、以"儿童活动"为途径、以"周围世界"为源泉的五大操作要义的提出,及至2008年较为系统地从"意境说"中获取理论滋养,进一步对情境教育的特质进行阐述,且又从脑科学的最新研究成果论证情境教育获得高效的科学依据等系列的理论构架。虽经30年的艰苦探究,但仍然有很多需要填补和发展的空间。

我深深体悟到,无论是教师还是学生,情能启智,爱能产生智慧,这是不争的事实。因为爱,因为情,关于儿童和情境教育的许多概念、元素、策略、因果的推论,在探索者的思维空间中变得灵动而流畅。许多思想的萌发、形成,连同设计常常是在内心情感的涌动中产生,连同许多细节都会思量到，而不至忽略。及至诸如"基础与发展"、"情感与认知"、"主导与主体"、"活与实"等看似一对对矛盾，却都因为考虑儿童发展的多侧面、多元素而未顾此失彼。我恰如其分地提出了"着眼发展、着力基础"，"主导体现主体"，"无意识导引有意识"，"情感与认知结合"，"以活促实"、"实中见活"；提出情境教育的四大特点，既要求"形真"，又讲究"意远"，既突出"情切"，又强调"理寓其中"。所有这一切都是采取兼容的学术态度，使情境教育蕴含了朴素的哲学意味。这在我个人的探索中，几乎是一种自我超越，使情境教育日益追求教育的高境界。情境教育整个探索发展的过程，给我的一个最大的启示就是：为儿童研究儿童，依循儿童天性研究儿童，易于找到规律。这正是我作为一名教育实际工作者探索的情境教育，能一步步顺利向前发展，并一步步进行理论构架的奥秘所在。从某种意义上说，情境教育的探索历程也是自己心灵的写照。

回顾情境教育理论构建的历程，其内核是我的"爱"与儿童的"情"的交融。爱，让我珍视儿童的情感，并依循儿童情感的跃动努力把握儿童情感的生成、发展的脉络，从而利用儿童的情感激发他们的潜能，在其间又培养儿童的情感，让他们成长为具有道德情感、审美情趣的好苗苗。

一字以蔽之，即可贵的"情"、纯真的"情"。"情"是教育的魂，是情境教育的命脉。

（本文发表于《教育研究》2011年第7期）

为儿童快乐学习的情境教学

情境教学迈开第一步，距现在已是 30 多年前的事。至今我仍然钟爱它，持续地实践它、研究它。因为情境教学给儿童带来快乐学习，我自己也分享到了教育的快乐。

30 多年的积淀，很难在几千字里说清楚，在此做一些简要介绍。

一、大洋彼岸教法的尝试

那是 1979 年的春天，我中学的外语老师蒋兆一先生对我说："你在汉语里训练语言的方法，我们外语可以用。"我在惊喜之余，即刻请教蒋老师："那么外语里有什么方法，我们汉语也可以用呢？"蒋老师说："有一种叫'情景教学'的方法。"并告诉我，最近一期的《中小学外语教学》中有具体介绍。

当时，我正是经受"文革"10 年摧残后获得再生，幸运地赶上百废待兴的时代，教育改革的春风已经吹进了校园，也吹开了我郁闷 10 年的心扉。我满怀着激情走进了我不熟悉的一年级教室。我从多年来教学中、高年级的体悟中，感到小学语文启蒙教育内容的单一、形式的单调，一心想着怎么让孩子快乐地上学而不致失望。我迫不及待借来那本杂志并立刻贪婪地读起来。读后的第一感觉就是，外语的情景教学训练语言生动而有趣，仿佛是在生活中学语言。我产生了移植的想法，并做了粗浅的分析——无论是汉语还是外语，都是人们交流思想和情感的工具。既然是工具，两者必有共性。语言这样的本质属性告诉我，外语训练语言的方法也可以成为中国孩子学习母语的方法。我积极地尝试来自大洋彼岸的教法。

开始我只是从儿童的生活中选择他们感到亲切的场景在课堂再现，让他们自己担当角色，必要时我也成了他们的"妈妈"、"奶奶"，进行片断的语言训练。孩子们情绪热烈，争先恐后地表达自己的所见所闻。由此，我发现儿童情绪在学习语言中的积极作用。

二、本土文化经典的吸纳，翻开情境作文的第一页

我从外语的"情景"很自然地联想到中国古诗词的"意境"。我开始学习刘勰的《文心雕龙》。书中"情以物迁，辞以情发"这八个字在我眼前一亮。细细一想，其中的"情"、"物"、"辞"三个关键词表明客观世界会影响人的情感，而人的情感又会触发语言的表达。我开始意识到这可以帮助我解决语文教学中儿童作文的难题。

尽管小学生作文远远不是诗人作诗、作家写文，但同样离不开生活，同样需要情感。"情"怎么会"以物迁"，这应该是怎样的"物"？我首先想到大自然，那是造物主早已为儿童准备好的丰富多彩、无与伦比的课堂。于是，我迈开双脚走向田野，走向河边，穿过小树丛，攀上小土丘，精心挑选典型的场景。那初升的太阳，夕阳映照下的晚霞，夜空的星星、月亮，都在我探索的视野里。当然，那些可爱的小花、小草，爱唱歌的小蝈蝈、小蟋蟀，我也没有忘记，它们美妙的形象和生命力让我和孩子们都会在情境中神思飞扬、流连忘返。大自然的美、大自然的富有、大自然的灵动，是一本读不完的教科书。

每次观察活动我首先优选好儿童观察的客体，然后安排好观察的顺序，接着设计好启发性的导语。孩子们用自己的笔，记录观察中的感受、感动，写出自己心中想说的话。他们颇有灵气的观察日记、观察情境作文，生动地描写出大自然和社会生活的精彩画面的勃勃生机，字里行间流露出对大自然、对生活的热爱和亲近，表达了他们的真情实感和奇思妙想。这正是今天新课程标准要求做到的——"写想象"，"写见闻"，"写感受"，"表达真情实感"。这让我深深感受到"情动而辞发"的神奇。班上二年级学生有三个人的作文竟登上了《人民日报》，且加了"编者按"。

江苏人民出版社还出版了我们实验班学生的《小学生观察日记》。我更感受到"意境说"作为古代文论经典的博大精深，它远比外语的情景教学更为丰富、更有深度，也更讲究意韵，取"情境"原意也在此。

实践中的探索让我开发了"观察情境说话、写话"、"情境口头作文"、"情境作文"、"想象性作文"、"童话作文"等唤起学生兴致的习作新样式。从写一句话起步，通过观察日记打下认识和表达的基础；再以情境作文作为训练的主要方式，并辅以各种应用性情境习作的训练。我还归纳出情境作文指导五步法：一、观察情境提供题材；二、进入情境激发动机；三、拓展情境打开思路；四、范文引路教给方法；五、提早起步螺旋上升。终于突破了"遵命作文"无病呻吟的重围，翻开了情境作文教学崭新的一章。情境作文开发了儿童的创造潜能，给他们带来习作的快乐，在当时就实现了今天新课程标准要求的"乐于表达"。

我反复研读"意境说"，又从中概括出"真、美、情、思"，成为整个情境教育构架的核心元素。作文教学的成功、阅读教学的跟进，凸显了情境教学"形真"、"情切"、"意远""理寓其中"鲜明的个性特点和独特优势，让儿童在优化的情境中快乐地学习，并做到"多读书，不做题，注重整体训练"。实验班当时是五年制，学生小学毕业时与市里六年制学生一起参加小升初统考，升学率全市第一。作文的优秀率是全区优秀率的12倍，学生学习的高质量赢得了社会的肯定，使情境教学更富生命力。这让我深刻地认识到只有从民族文化经典中寻到根，才能真正走出具有中国特色的教育之路。

三、边缘学科的借鉴，让阅读教学美起来

作文教学的成功给我一个很好的启示：无论是观察的客体，还是习作的内容都是美的。美的无穷魅力让儿童主动地投入其中，真正享受到"舞文弄墨"的快乐与成就感。由此，我很自然地想到怎么让阅读美起来，继续让儿童从阅读中享受到学习的快乐。于是，我从教育联想到美学，又从

美学联想到艺术。这虽是三个不同领域，但是它们之间有着相似、相近、相融的空间。边缘学科的借鉴可以让阅读教学美起来。我运用孩子们喜欢的图画、音乐、戏剧等艺术，直接与语言描绘相结合创设情境，让儿童在审美感受中建构自己的认知体系，搭建了富有美感的儿童成长空间。美感潜移默化的作用，润泽了儿童的心灵，丰富了儿童的精神世界。

（一）以图画再现情境

用图画再现课文描写的情境，课文形象一下子就鲜明起来。无数次事实表明，教室里图画一出示，孩子的眼睛就亮了。

我从放大插图想到简笔画。它简单易行，只需勾勒一个简单的轮廓，孩子便一目了然。简笔画的现场操作，可以让学生随着画面的生成、变化很快地进入情境，并思考、想象、感悟。

我又把图画的再现和简笔画的背景画结合起来，为了省时又将课文中描写的角色或物体用剪贴画呈现。在给予美感的同时呈现场景、人物、角色，把课文语言与形象结合起来，很好地帮助学生伴随着快乐的情绪理解课文。

（二）以音乐渲染情境

音乐的旋律、音乐的节奏，也是一种语言，音乐是会说话的。它是一种抒情功能极强的艺术形式，很易于激起儿童情感上的共鸣。它比文学和绘画更强烈、更丰富，也更易于激起儿童与课文相似的想象和联想，以至心驰神往。把音乐与文学两者结合起来，作用于学生的听觉和视觉，便达到以音乐渲染特定情境、引起学生共鸣的目的。用音乐渲染情境，可以普遍用于小学语文教学中。尤其是那些一般图画不足以表现的动态和意境，或是特别庄严肃穆、悲凉凄惨，或是特别欢快激动，或是惊险紧张的场景，用音乐是再合适不过的。它产生的热烈而微妙的教学效果，不是其他手段可以替代的。

(三)以表演体会情境

孩子喜欢表演,也喜欢看别人表演。角色扮演一开始,教室里就沸腾了。富有情趣的角色,特别接近儿童生活的戏剧形式,孩子普遍感到其乐无穷。孩子扮演或担当了角色,就由"本角色"变为"他角色",他们会立即融入所担当的角色中,学习动机得到强化。更具深层意义的是,角色扮演让儿童心理从动情到移情,从而加深对角色语言、情感、行为的体验。

(四)以语言描绘情境

我采用多样化的手段创设情境,或音乐与图画结合,或图画与表演结合,或图画、音乐、表演三者结合。关键的是这些艺术的直观必须与语言描绘相结合,通过教师的语言对儿童的认知和情感起到调节、引导、暗示的作用,引领儿童感受情境的美,体验情境中的情。教师的描绘、措辞、语气、语调在很大程度上表现了教师情感的示范性、传导性。

我从以上四个方面再加上"以生活展现情境"、"以实物演示情境",梳理、归纳出创设情境的六条途径。

由于情境教学手段的多样化,常常使课堂气氛热烈,但我十分警惕表面的热闹。从准备阶段的精心设计到教学过程的进行以及教后效果的反馈这样一个教学实践的系统,对此我明确提出情境教学最优化的两条标准:效果要高,耗费要低。"效果要高",固然是学生首先得益;"耗费要低",其间不仅包括教师准备时间以及制作所需材料的低耗费,还包括学生所付出的时间和精力要少,这就是达到高质量、轻负担的要求。情境教学最优化的提出,在某种程度上抑制了单纯追求形式生动或不讲究实效,甚至"作秀"的做法,使情境教学真正成为儿童快乐、高效学习的教学法。

在大量实践和长期研究的基础上,我梳理归纳出"初读——创设情境抓全篇,激发学习动机"、"细读——强化情境,理解关键词句段"、"精读——凭借情境品尝语感,欣赏课文精华"的情境阅读的程序、步骤,及儿童在情境阅读中从入情—动情—移情,以至抒情的情感发展的脉络。在此阶段我对情境教学做出界定:"情境教学是一种优化或优选学习环境,以美激爱,以情激情,把儿童的认知活动和情感活动结合起来的教学模式。"由此建立起独特而高效能的小学语文教学新体系。

四、开放的胸怀博采众长,为我所用

(一)其他教学法的借鉴,优化结构

情境教学的出现普遍受到孩子的欢迎,让孩子爱上语文课、爱学语文。孩子学习的主动性从根本上提高了课堂的效率。但我并没有满足于情境教学方法的显著效果,受查有梁先生著述系统论的影响,第二轮实验我着手通过语文教学结构的优化,进一步提高效率,因为结构决定效率。

多少年来,传统的语文教学一直强调识字是阅读的基础,阅读是作文的基础。于是形成了汉语拼音—识字—阅读—作文这样的直线序列和单一的结构。它的重大缺陷是忽略了它们之间的相互联系、相互作用,造成整个启蒙教育的单调、枯燥,从根本上导致小学语文教学的低效。

在酝酿第二轮实验的过程中,我注意借鉴其他教法,为我所用。我首先从"注音识字,提前读写"中得到启发。其中的"提前读写"与我提出的一年级要"提早起步,提高起点"的设想一拍即合。我则把"注音识字"改为"汉字注音阅读",让学生在运用拐棍的同时开始早期阅读。我采取游戏的方式将汉语拼音提前到幼儿园大班教学,提出"只识、能拼、不写"的原则,以缩短教程。强调入学后在识字、阅读的运用中逐渐熟悉,采取"识字、阅读、作文"三线同时起步,实行语文教学结构的优化。

其中的识字教学,则学习斯霞老师的分散识字的精神,做到在儿童识字的起始阶段,不追求速度和数量,从笔画、笔顺、间架结构、音、形、

义教得扎扎实实。与此同时,开始习作的训练,采取"先说后写,多说少写",从说一句话到写一句话,再到写几句话;先作口头作文,再作书面作文,这使作文从一年级起步具备了可行性。

"识字、阅读、作文"三线同时起步,充分利用语文教学要素之间的相互作用,形成多向结构、循环往复、螺旋式上升的序列。教学结构由单一到多向,满足和激发了儿童强烈的求知欲,极大地丰富了启蒙教育阶段儿童的学习生活。

信息量加大,但课时并未增加,获得了总体大于部分相加和的整体效应,极大地提高了教学效率。二年级学生普遍能认识2000字以上,能独立阅读一般的读物,作文更是提前起步了。

到四年级,则吸收大语文教育的观点,实行"四结合"大单元教学,即文与道结合、读与写结合、训练语言与发展思维结合、课内与课外结合,拓展了语文教育的空间,丰富了语文教学的内容。在此阶段又吸收"集中识字"利用汉字结构相似、便于迁移的长处,实行中高年级阅读前归类识字。这时学生的识字能力强,效果令人欣喜。学生每课可识30个字以上,认得快、记得牢,且省去教学每篇课文安排识字教学的步骤,或在教学课文中因穿插教学识字的环节而打断情感脉络的弊端。

在教学法发展的历史长河中,百花齐放,情境教学充其量是一朵浪花。深感只有开放的胸怀,博采众长,为我所用,特色才能更具新意、更富生命力。

(二)当代语文专家思想的吸纳,理念明晰

在情境教学的研究中,我不仅得到古代文论的滋养,而且还认真学习当代我国语文大家的思想,从而加深了对语文教学本质的认识。

叶圣陶先生在他的《语文教学二十韵》中指出"作者胸有境,入境始于亲",短短的10个字,揭示了作家创作和读者阅读的要领。这使我感悟到,当作家拿起笔去构思、去创作时,他必然进入他所写作品的那一个

个情境中。事实上，作家的创作题材就是来自于生活的情境，创作时心中再现了那些情境，并用语言文字、用笔去描述那一系列的生活情境以及自己对生活的感悟和内心要表达的情感。一篇篇课文是作家情感与智慧的结晶。在一篇篇课文里，作家倾注了内心的情感，表达了对丑陋的憎恶和鄙视。其中又隐含着作家的思想、理念，闪动着作家智慧的火花。所以，教材中的每篇课文，几乎都表现了特定情境中作家要向读者抒发的"情"和阐发的"理"。因此，情境教学再现的是教材本身描写的情境，而不是另外添加的。情境的创设正是把学生带到作者笔下的那个情境中去。作家所运用的语言也就镶嵌在这个情境中了。当学生进入了作品描写的那个情境时，对作品必然产生亲切感，所谓"入境始于亲"。《语文教学二十韵》还指出，"作者思有路，遵路识斯真"，情境教学进一步吸纳它的思路展开教学，结合文章结构、层次、篇章进行儿童逻辑思维的训练。

  儿童是通过形象去认识世界的，越是具象的东西，越是能吸引他们、感动人。记得文学家、教育家夏丏尊先生在《教育的背景》中指出："中国人一向不大讲究背景"，中国京剧"车子只有两扇旗子，骑马也只有一支马鞭就算了"。其实在课堂上，很多老师也是不大习惯讲究教材内容产生的背景，只是开门见山，把知识从原来的情境中抽象出来，于是就成了孤零零的知识点，冷冰冰的、呆板的、僵死的东西，嚼之无味，用之甚难。夏丏尊先生联系到《史记》中的故事，又指出："用了背景，就添出许多的情趣。譬如'风萧萧兮易水寒，壮士一去兮不复返'。这可算得上最悲壮的文字了，但是离开第一句，便会失去它悲壮的意味。"夏丏尊先生的话既具体又形象，给我留下了极其深刻的印象，让我进一步认识到儿童学习语文更应该是情境性的。创设的情境作为知识的背景不仅是烘托、显现，更重要的是优化的情境将词句、修辞、章法镶嵌在情境中，这就使知识有根、有联系、有背景。

  由此，我的思路更加明晰，情境教学之所以要创设情境，一是教材本身是有情有境的，二是知识必须镶嵌在情境中，三是儿童在具象性的情境中建构知识。所以，通过情境的创设来再现课文描写的情境是顺乎认识规律、顺乎儿童天性的。

此外，叶老还指出："一字未宜忽，语语悟其神。"看画，要能悟出其中神韵，读书更要悟出文章中传神的字字语语，而对文章神韵的敏锐的感受，便是语感。叶老在他选编的《如果我当教师》一书中又引用了夏丏尊先生对语感所做的更为生动的阐述："在语感敏锐的人的心里，'赤'不但解作红色，'夜'不但解作昼的反面吧。'田园'不但解作种菜的地方，'春雨'不但解作春天的雨吧。见了'新绿'二字，就会感到希望，自然的化工、少年的气概等说不尽的旨趣，见了'落叶'二字，就会感到无常、寂寞等等说不尽的意味吧。真的生活在此，真的文学也在此。"

两位大师的话让我比较早地体悟到语感即是对语言的敏感程度，是对语言文字的最丰富的了解，抓住语感便抓住了语言最本质的东西。阅读教学中对学生读写能力的培养、思维的发展、想象的丰富以至情感的陶冶，语感教学是不可或缺的重要举措。淡化了语感就谈不上培养儿童的语文素养和对词的感情色彩的敏感。因此，情境教学中在引导学生精读时，我十分强调对教材语言的形象、节奏、气势以及感情色彩的推敲和品味。

长期的积累让我概括出了语感教育的比较、推敲的具体方法：

（1）"增"与原文相比；

（2）"删"与原文相比；

（3）"替换"与原文相比；

（4）"前后改动"与原文相比。

回顾情境教学的实践与研究过程，对我产生重要影响的除了叶老、夏老，还有吕叔湘先生、张志公先生、蒋仲仁先生、陆静山先生等当代语文教育大师和专家。在教学法不断发展、进步的历程中，他们是先驱者，他们的思想和言论是语文教学法巨著中的宝典。我从他们的著述中获益，促使我在情境教学的实践与研究中，发现并努力把握儿童在情境中学习语文的规律，不断吸纳东方教育的智慧。

五、反思产生顿悟，概括理论框架

在情境教学漫长的实践研究过程中，我非常习惯回顾走过的路。这就是今天所说的"反思"。通过反思不仅发现其中的缺憾，而且可以发现成功的诀窍，往往由此产生顿悟，那是最有收获的时刻。正是一系列规律的揭示，才建构了情境教学—情境教育—情境课程的理论框架。

记得在实验进行三年多后，从儿童的发展看到了情境教学喜人的效果。我的恩师华东师范大学杜殿坤教授提醒我："情境教学效果为什么这么好？它究竟有哪些促进儿童发展的要素？"多少个夜晚，我在灯下反思，课堂上热烈的教学场景，课后来自学生的反馈，自己精心设计的一个个教案，学生的一份份习作都在我眼前浮现。我从中搜索相似的、促进高效能的现象，思量着学生为什么学得快乐，显著的效果来自哪儿，并将众多成功的个案集中起来。我知道相似的集合往往就是规律。然后我反复琢磨，从中提取共同的元素加以抽象概括，并在文字上做了推敲，最终揭示了情境教学促进儿童发展的"五要素"：① 以培养兴趣为前提，诱发主动性；② 以指导观察为基础，强化感受性；③ 以发展思维为核心，着眼创造性；④ 以激发情感为动因，渗透教育性；⑤ 以训练语言为手段，贯穿实践性。在此基础上写成《从整体出发，着眼儿童发展》论文，着重就"五要素"进行阐述，得到了学术界的肯定，并相继在全国权威论文评比中两次获奖。这使我增强了信心。于是，我又推想开去，反问自己：这"五要素"仅仅适用于语文教学吗？数学、科学或音、体、美等学科，哪一学科可以不要诱发主动性、强化感受性、着眼创造性、渗透教育性、贯穿实践性？我一一回答自己：无一学科可以例外。这一反思，让我产生了情境教学向其他学科拓展的设想。在整体改革的基础上，情境教学依次向思想品德、音乐、体育、美术、外语，最后向科学和数学拓展。正是"五要素"为情境教育做了重要的理论铺垫。历经近 30 年的验证，我在文字上又做了适当修改，将"五要素"浓缩，作为情境教育五大原则提出，即主动性原则、美感性原则、创造性原则、教育性原则、实践性原则，从而使情境教育有了构架性的支撑。

再例如，在学校，核心领域是课堂，各科都得上课。20世纪末，在减负的热潮里，我思考的是减轻负担而又保证儿童的学习质量，显然唯一的途径就是向课堂要质量。于是，我认真反思：儿童上课最喜欢什么？儿童的发展最应该从课堂、从老师那得到什么？我知道他们所爱、所需、所求，他们天生爱美，美能让他们愉悦；他们从小情多，是"情感的王子"，心中总是洋溢着激情、真情，但同时又需要爱；他们都很有灵性，大脑里潜藏着智慧，只等待着开发，但是延误了发展期，便会日渐泯灭；他们天生好动，总喜欢自己看看、想想、说说、做做。根据儿童天赋的禀性、特点，以及自己和众多老师的经验，结合课堂实例，我概括出情境课堂的五条操作要义，即以"美"为境界，以"情"为纽带，以"思"为核心，以"儿童活动"为途径，以"周围世界"为源泉。大家都非常赞同，并在教学实践中有意识地运用起来，把情境课堂操作五要义作为大众的课堂设计的理论支撑。

这里仅拿以"儿童活动"为途径为例。在学科课程中提出以美、智、趣为背景，把学科内容与儿童结合起来，并具体提出通过观察感受、模拟操作、角色表演、思维想象、学科实践、语言交流六条途径加以落实，保证儿童在课堂的主体地位。在对情境课堂操作要义的概括中，我选准突破口，突出核心，牵动纽带，优化途径，使课堂教学成为充满情趣、孩子们自由创造的空间。

在情境教学漫长的实践研究中，我不仅从哲学、心理学、美学找到理论依据，还一直从脑科学中寻找理论支撑。近年来，从脑科学进行的大量小白鼠实验所获得的最新研究成果表明：多样化的手段构筑的丰富环境，且儿童活动其中，能促使大脑分泌内啡肽等神经递质，并带着信息在神经元之间传递，激活神经元长出新的树突。情境教学正是利用富有美感的图画、音乐、表演多种艺术的手段，结合老师语言的描绘和情感传递、示范，给儿童带来愉悦感，激起儿童热烈的情绪，使他们主动参与学习活动，这就使脑功能产生有利于儿童学习的高效能。而带着情绪的信息，比其他信息在大脑中优先得到脑的加工，并留下难以淡忘的"情绪记忆"。儿童的脑是正在生长的脑，它不断寻求信息。情境教学强调的以"思"为核心的操作要义，促使儿童在情境中积极进行思维活动，不断地刺激脑，又加快了神经元之间的连接，有效地促进大脑的生长发育。这就使聪明的孩子更聪明、不那么聪明的孩子也变得聪明起来的美好愿景能够得以成为现实。这样，情境教学就从脑的活动功能上保证儿童快乐、高效的学习，我倍感踏实和振奋。

综上所述，情境教学、情境教育及情境课程理论框架和操作体系的概括，作为一个整体，要从要素、要义、策略、途径、基本原理、基本模式等不同侧面、多角度地进行阐述，且又必须是自成体系的。这对于我一个一线教师来说，绝非易事。但坚持耕耘必有收获。

我只是一直秉承着"一切为了儿童发展"的初衷和自己立下的主旨，深感为儿童研究儿童，易于发现规律。回顾走过的路，我之所以能坚守30多年做一个课题，那就是心中充满一个"爱"字，讲究一个"真"字，追求一个"美"字。我从不敢懈怠，坚持在实践中研究，在研究中实践，逐步形成教育的思想和先进的理念。总之一句话，为儿童，顺其天性而育之。

（本文发表于《课程·教材·教法》2013年第2期）

让情境教育的亮点亮起来
——儿童快乐、高效学习的范式

情境教育让教师带着情感与智慧的光亮走进教室、走进儿童中间,让课堂亮起来,让儿童的心灵亮起来。符号学习与多彩生活连接起来的宽阔空间,艺术直观与语言描绘相结合的优化手段连同结构的优化,学科教学与儿童活动结合起来的课程新理念,古代文论精髓与现代儿童教育理论结合的创造性突破,使我从中概括出"真、美、情、思"四大元素,闪烁着育人光亮,融合为情感活动与认知活动结合的学习范式,促进儿童快乐、高效地学习,发展潜能,全面健康地成长。

我们以对儿童的爱与教育智慧,让情境教育的亮点亮起来。

一、走向生活,走进源头

现代社会城市变大了,儿童学习的空间却变小了、变窄了,儿童距离真实的世界越来越远了。我曾经在报纸上读到英国两个小孩的对话,一个问:"你最害怕什么?"另一个回答:"我最害怕失去田野!"我心一怔:孩子竟然这么需要田野!田野,是孩子成长的、色彩斑斓的大摇篮!我们应该顺应儿童成长的规律,满足儿童成长的需求,让他们去亲近大自然,去拥抱树木,去贪婪地吸着花草和泥土的清香,尽情地在田野里蹦跳、奔跑,抬头仰望蓝天,看白云在天上闲游……那是孩子向往的欢乐。

我是语文教师,很自然会从语文学科着手,盘算怎么把语文学科的符号学习与生活连接起来。

(一)为了丰富教材形象

首先要优选典型场景。去优选美的、孩子们喜欢的场景。童心、童趣让我常常独自一人走进田野里。去得多了,当我走到河边,那些小野花仰着脸摆动时,似乎觉得她们已经认识我了,心中是那样的甜美。

我大胆地打开封闭的课堂,和孩子们一同兴致勃勃地奔向大自然的怀抱。我努力为教材内容寻找鲜明的形象。我和孩子们在碧绿的原野上看小燕子掠过麦地、飞过小河时矫健的身影;我们一起在丝瓜棚下比画着足有二尺长的大丝瓜,接着去寻找躲在绿叶下的手指大的小丝瓜;我还和孩子们一起在小河边观察一群群小蝌蚪,它们摇晃着大脑袋向前游去,仿佛是真的在寻找它们的青蛙妈妈……孩子对大自然的感知充满着鲜明的审美情感。

那次,当我和学生不约而同地看见了疾飞的小燕子时,我就特别提醒他们赶快捕捉燕子疾飞的形象。小燕子矫健的身影给学生留下了难以忘怀的印象。当教《燕子》这一课时,学生的语言表达、对语感的体悟,竟表现出一种新水平。

我问:"这段写得真好,哪几个词用得特别好?"
孩子们像鉴赏家似的,推敲着:

- "掠"用得好,没有用"飞"。
- "掠"就是刹那间,用"掠"就比用"飞"感觉快得多了。
- 用"沾"觉得飞得很轻。
- 我觉得用"沾"了一下水面,燕子好像偶尔在跟小鲤鱼说话。
- 我想它可能把清清的河面当作一面镜子,照着自己的身影。
- 它好像要看看水中的美景。
- "沾"只有一点时间,来不及。
- 我说小燕子没有心思观察美景,也没有心思照照自己的影子,它要捉虫子呢。

● 对，因为燕子是益鸟。

……

生活对课堂的反哺，丰富了孩子的认知，使他们感受到语言的形象，对语言文字神韵的领悟也深了一点，连最难把握的语感教育也随之落实了。儿童对语言的敏感让我十分兴奋。数学链接生活，到野外通过观察探究"大树有多高"，"不规则园地的面积"如何测量，"跳蚤市场"、"小鬼当家"，怎么当顾客、营业员，怎么算账，现场孩子们想出很多聪明的主意；他们还在生活里发现了对称的美，干巴巴的数学变得丰富生动，他们学得有滋有味。这都表明，当儿童对周围世界的现象和规律性展开深入思考的时候，才可能有真正意义上的智力发展。

(二) 为了获取习作题材

开放的课堂上孩子们亲眼看见、亲身体验生活中绚丽多彩的画面，感受生机勃勃的花草树木、光亮明净的日月星辰、烂漫多变的春夏秋冬的景象，这一幅幅连续不断、无与伦比的精彩画卷在他们的眼前铺开……

让孩子认识周围世界是个永恒的课题，必须持久地拓宽儿童的学习空间。我鼓励孩子去仰望星空，甚至像张衡小时候那样痴痴地数着星星。秋夜我带孩子们坐在河边等待月亮从东边升起；明月中天时，再看水中一轮圆月；晚风吹来，孩子们望着月亮唱着童谣，赏着月，美美地想着"月亮上有什么呢？月光为什么这么明亮？""月亮上有吴刚伯伯、嫦娥姐姐，还有小玉兔吗？""月亮上是环形山，没有空气，也没有水"……看到陌生世界的一物一景，伴随着情感的观察体验，儿童想象的翅膀展开了，教育的空间延伸开去……

回到课堂写《秋夜看月亮》，孩子们喊着：李老师你不需要指导！我们会写！他们感动其中、激动其中，他们的笔下也能生花，享受着创造的快乐。倘若离开了生活，孩子的作文只能模仿，只能说假话，只能面壁虚造。

为了帮助他们获取作文题材，我还带领他们走进社会生活的一角一隅，让他们去感受、认识生活中美好光明的一面，多角度地去认识社会生活。有一回，我还带他们到船闸看着一艘艘满载货物的船舶从南通驶向祖国各地，甚至驶向世界的诸多码头。这一画面一下子让他们认识到小小南通城连接着天下。观察让孩子的视野宽了、思维空间更宽了。

为了帮助儿童更深地了解生活，我注意选取典型人物让孩子去访问或把他们请来。我们的校友，著名书画家范曾回乡，我特别邀请他与孩子见面，请他讲自己怎么走进艺术殿堂的故事。下面是当时活动的一个片段：

师：刚才范曾叔叔作画的时候，同学们看得那么入神，你们说说看，范曾叔叔是怎么画的？

[孩子们当着大画家的面描述着，其乐无穷。有一个孩子讲到范曾叔叔画的李白真像，那腰带啊，在江边还被风吹得飘起来，好像李白望着江面远去的小船，思念着（笑）他的好友孟浩然。这一说，学生智慧的闸门打开了。]

生：我想，这时李白可能站在庐山上，看到香炉峰上的瀑布，作起诗来："日照香炉生紫烟，遥看瀑布挂前川。"这像什么呢？啊，这多像"银河落九天"啊！

师（赞许地）：我们学了古诗，知道诗中有画，现在画中有诗了。看了范曾叔叔给我们画的画，就想到了诗，这很好。

生：李白这时看到一只小船从天门山那边慢慢驶来，写了一首诗：（学生不禁齐声背诵）"天门中断楚江开，碧水东流至此回。两岸青山相对出，孤帆一片日边来。"

生：我觉得李白好像在敬亭山上。诗人看到一群小鸟飞远了，一朵白云孤单单悠闲地飘去。

……

诗情画意让孩子们乐不可支，连范曾大师也不禁惊喜。

孩子们精彩的发言其实与教师的精心设计分不开：课前我向范曾先生提出请他当场作画，建议画孩子们熟悉的诗人李白。更精妙的一个细节的设计，是我请他画李白的时候让腰带飘起来。心想腰带一飘，李白势必站在山野或江畔，这样孩子的思维、想象空间就变得宽阔了。

在这预设而生成的优化情境中，气氛热烈而又轻松，孩子心里的愉悦，让他们能自由地使用他们自己的表达方式，他们的联想和想象自由地展开。这表明，只有在自由的创造中，儿童的潜能才能充分地展现出来。

同时也告诉我们，让孩子认识周围世界，一要做到优选鲜明的感知目标；二要安排合理的观察程序，连同细节；三要精心设计启发性的导语。

孩子的得益让我深深认识到，周围世界是儿童学习的丰富而巨大的智库。这座智库没有围墙，也没有边际，它的门时时向孩子们敞开着。但是我们成人常常过门而不入。只有当教师怀着一颗赤子之心去看，才会发现其间该包含着多少因果关系、隐藏着多少大自然的奥秘。那是造物主早已为孩子编写的《大百科全书》《十万个为什么》，趣味无穷。目不暇接的美景、美物，美不胜收。教师充满了对儿童的爱、对生活的热爱和教育的智慧，是儿童获益多多的重要前提。

联想到最近"神十"航天员王亚平老师在浩瀚的宇宙开设"太空课堂"，真是太神了。当了一辈子教师也没想到人能在太空上课。孩子们最神往的宇宙飞船里该镶嵌着多少关于天体的知识。在失重的太空里，事物种种奇特的变化，这该激起多少孩子对宇宙探究的少年梦。这生动而深刻的课堂告诉我们，世界这么大，孩子的课堂应有多宽阔！

二、优化途径，优化结构

（一）优化途径

课堂符号学习与多彩生活相通，拓宽了教育空间，让智慧的源泉汩汩地流向课堂、流向课本、流向孩子的心灵。源头的活水找到了，在课堂上怎么吸引孩子，让他们饶有兴味地学习？

课堂上采取的手段决定了儿童学习的状态。优化情境是最佳的选择。

1. 利用艺术的魅力，让课堂美起来

孩子爱美，这是他们的天性。艺术具有丰富的美感。于是，我把图画、音乐、戏剧引进课堂，充分利用艺术的魅力，让课堂美起来。用孩子的话来说：“图画一出现，我们的眼睛亮起来；音乐一放，我们的耳朵竖起来；角色一演，我们真想跳起来。”

从心理学的角度来讲，各种艺术形式对于暗示是不可或缺的手段。而音乐的作用更为微妙，音乐像文学一样，也有自己丰富的语言、鲜明的形象、广远的意境。它是一种抒情功能极强的艺术形式。近年来，神经科学家研究表明：音乐会让人脑产生大量的类似吗啡的呐啡肽，是一种使人产生愉悦感的神经递质。音乐的重要功能就是可以激发脑的神经通路，使神经一直处于唤醒状态。由此可见，我们选择音乐来渲染情境，不仅是艺术的，也是科学的。

那富有情趣的角色表演，是特别接近儿童生活的戏剧形式，而且具有角色效应。角色扮演对孩子的移情、强化学习动机，起到了很大的作用。脑科学家们建议"为了提高环境的丰富性，我们有必要再次证明一下艺术和活动融合到课堂中的有效性"。

2. 语言描绘生动形象，师生同在境中

在教学实践中，我深感美能生情，而情又能激智，要达到这样的效果，教师的语言描绘则是十分关键的。在课堂上有的教师也运用音乐、图画、角色扮演，但学生并没有因为艺术的直观而真正进入情境，原因何在？

那就是语言描绘不到位，或过于平淡，或过于华丽，或语速过快，儿童思维还来不及想象教师描述的画面。

用语言描绘情境，可谓"声音的图画"，教师是用有声的语言去画画、去揭示形象，是对整体情境的生动再现。教师的情感在很大程度上是儿童情感的示范者，流露出内心的真情，或热爱，或赞美，或思念，或向往，或义愤，或欣喜，或忧伤……简言之，教师的语意、语速、语调、语气都应该从与儿童对话的角度全面考虑，要用自己的真情、形象化的语言说到儿童的心上，师生同在境中。由此可引导学生从感受到创造，再到顿悟。

当然，在数学、科学这些理科创设的情境是探究性的，是要通过情境的再现进入问题情境，引导学生去探索、去研究、去发现。这次女航天员王亚平老师在太空授课，她讲的是物理，但是她的语调是那样亲切，语言是那样优美，娓娓道来。那种语言的艺术、精心的设计，为教师创设情境做了生动的示范，我由衷地赞美她。她充分利用身处的太空舱为背景进行实验的演示，充分利用学生提出的问题揭示现象、制造悬念、启发对比，引导学生一步一步对现象的本质进行思考。

这进一步告诉我们：教师的语言需具有示范性、启发性、美感性、亲和性，流露出教师对儿童、对自己学科的深深的爱。

情境教育将艺术的直观与教师语言的描绘结合，为学生创设丰富生动而又安全的学习环境，使情境教育课堂美起来，磁石般地吸引着孩子们。课堂的美给儿童带来学习的愉悦。

值得指出的是，创设情境不能为情境而情境，其目的是把学生带入与教材相关的情境，知识镶嵌其中，使知识有背景。因此，在教学过程中，重要的是凭借情境引导学生带着情感主动地去学习镶嵌其中的知识，培养能力，否则情境就是虚设，成了"花架子"。举例来说，《小音乐家扬科》是写一个酷爱音乐的孩子，因为渴望看一看、摸一摸管家的小提琴，竟被管家打伤而致死的悲惨故事。我们的教学不仅仅是要让学生理解故事的情节写的是什么，更要理解、感悟作家是怎么写的。教学结尾时讲到小扬科眼睛，便抓住课文中的传神之笔，突出故事中前后四次写扬科的眼睛，从"闪闪发光的眼睛"到"惊恐的眼睛"到"瞪着眼睛"到"睁着眼睛，眼珠已经不再动了"。学生从扬科眼睛的变化，更为集中地、形象地感受扬科从一个富有音乐天赋的孩子到恐惧、惊呆、死亡的巨大变化和遭到的扼杀,引导学生感悟作家是怎么通过具体语言去刻画人物的。接着我又进一步启发"他分明死了,为什么还睁着眼睛",让学生展开想象性描述,孩子的发言很动情,让我也深受感动:

生:

- 他好像还在听音乐。
- 因为小扬科是含冤而死的。
- 我为课文添几句:妈妈扑在小扬科的身上,村里的人围在小扬科的尸体旁边,流不完的眼泪,化成了愤怒的火焰。
- 我也加一句:妈妈问苍天,苍天不说话;妈妈问上帝,上帝不回答。
- 你在世界上才生活了八年,你还没有尝到幸福是什么滋味!
- 妈妈,你一定要为我报仇!

师:这样悲愤的场面课文上写了吗?是通过什么来让你们感受到的?

问题一转,引导学生进一步理解课文的结尾,进而体会"白桦树哗哗地响"、"不停地在扬科头上号叫"的隐喻。在整个教学过程中,仅引导学生进行相关语言训练就达八次之多。如此,使儿童的认知学习,伴随着情感,成为一种体验。

教育应该拒绝华丽,应该是生动而质朴的。情境教育为了追求儿童快乐、高效的学习,不仅从形式上优化手段,还在内容上提出了优化结构,从形式到内容确保学习质量。

(二) 优化结构

结构决定功能。单一的结构只能是低微的功能。为了克服弊端,使小学语文教学在起步阶段就能达到最优化的标准,实现"低耗费高效能",情境教育从优化教学内容的结构着手,将原来的单一结构、直线序列,改为多向结构、螺旋式序列。低年级采取"识字、阅读、作文"三线同时起步。两年间,儿童不仅学完小学语文教材 1~4 册,计 108 篇,约 3 万字;同时学完自编的《汉字注音阅读教材》1~4 册,计 200 篇,约 15 万字,把做单项练习的时间用来进行整体运用语言的训练。课堂阅读量相当于一般班级的 3 倍,经延伸识字测试,结果为人均识字达 1028 个,实验班学生入学两年识字数不仅超过 2500 字大关,而且达到人均 2688 字,教材加读本共学 308 篇课文,培养了初步的阅读能力。这样的识字量和阅读能力,对儿童阅读科学常识、数学等其他教材,理解应用题、自编应用题,都较早地提供了工具,有效地促进了儿童整体和谐的发展。

到中高年级则运用系统论的整体原理编排教材,把规定教材和自编的汉字注音阅读教材(即现在的《补充阅读》)加以组合,将"读与写"、"文与道"、"课内与课外"、"语言训练与思维发展"等构成一个相互联系、紧密结合的整体,即"四结合"大单元教学,真正做到以"读"导"写"、以"写"促"读"。我们首先在实验班试行,后又在校内以至全省 500 多个实验班推行,都收到了明显的效果。从一定"量"中,读出"质"来,真正做到了"触类"而"旁通"。在数学及艺体等学科,也通过自编校本教材来优化结构。

三、主体至上,主动发展

长期以来,和儿童朝夕相处,深感他们每时每日都在旺盛地生长着。我不断地发现儿童身上呈现的美好的情趣、幻想和不可遏制的积极参与的主动性。他们是永远憧憬着未来且造就未来的宝贵生命体,因为情,因为美,因为智,因为好奇与求知,他们幼小的心灵常常为之激荡不已。那是引导儿童去学习、去发展的最可贵的原动力。

作为他们的老师,该何等珍视发自儿童内心的这种驱动力,积极引导,使其拔节而上。因此,我根据情境教育的终极目的以及新课程的核心价值观,明确提出"将学科课程与儿童活动结合起来"的崭新的课程观。

学科情境课程根据教材特点创设和渲染一种优美的、智慧的、让儿童感到特别亲切、富有情趣的氛围，将知识的系统性、儿童活动的操作性、审美的愉悦性融为一体。知识镶嵌在情境中，让知识与情境相互依存，让儿童与情境互动，以儿童的活动推进教学过程。

学科情境课程设计哪些活动呢？总的来说，往往以知识在真实的或模拟的社会实践情境中的运用为主要内容和重要形式，采取学用结合的策略，让儿童在特定的情境中学习。或操作演示，或观察研究，或报告见闻，或评判裁决，或说明介绍，或演讲辩论，或共同协商，等等，上述这些活动形式包括感知的活动、语言的活动、思维的活动、触摸等身体的活动，伴随着情感促使儿童主动投入，快乐地沉浸其中，在乐中学、趣中学、动中学、做中学，通过自身的感悟、操作、体验，从而得到充分的发展，使儿童的主体地位在课堂教学中得到保证。这种最佳的情绪状态，这种情感的驱动，势必激活儿童的潜能，儿童的那种带有稚气的创新，便会不时地显现在学习过程中。正如中国女科学家韦钰所说，"创新是激情产生的直觉思维"。因此，儿童在学科情境课程中的知识建构具有文化性、情感性和创造性。

儿童活动的最终目的是学习运用知识、历练能力。这是必须明确和强调的。

例如，教学三年级数学《认识三角形的特质》一课，在课前引导学生到生活中去寻找三角形的基础上，上课时老师首先让学生报告课前观察所得；接着把学生找到的钝角、锐角、直角三种不同的三角形展示出来，让学生分辨其异同，然后用拟人的手法组成"三角形大家族"，让学生分别扮演三种三角形，自我介绍自己的特点；然后进行小组讨论，归纳出三角形的共性。这样运用生动的形式让学生伴随生活所得的鲜明形象，弄清概念，学活知识。在此基础上，又出示一把松动的小椅子、木条以及工具，让学生扮一回小木匠，要求他们运用三角形的原理把椅子修好。全班学生目不转睛地注视着"小木匠"，加上一根木条，凳脚组成三角形，经过一阵敲打，松动的椅子变得稳稳当当。大家目睹其过程，真切地感受到三角形具有的稳定性特质，并懂得在生活中怎么运用。在这热烈情绪的驱动下，学生又主动列举了他们熟悉的三角形小红旗、蛋糕，并由此得出三角形不仅有稳定性，而且具有美感，并可节省原材料的特点。这些发现超越了教材本身的内容，充分表明情境数学与生活连接，极大地丰富了课堂。情境数学通过一系列探究活动，让学生伴随生动形象，进行逻辑推理的思维活动，并感受到数学的文化和审美性。在这种"有我之境"中，学生变得聪明了、能干了，且能将学到的知识运用到生活中去。

这就克服了单纯学科课程存在的重讲、轻练，重知识、轻能力，因缺乏操作而削弱应用性的弊端，也很自然地，可以说是较为完美地对"儿童—知识—社会"进行有机的建构。这正符合神经科学所指出的"为儿童创设一个丰富的、安全的而又活动其中的环境"。这也充分证明，只有主体至上，儿童才能主动发展。

四、本土生根，顺势而上

情境教育之所以具有上述的亮点，最根本、最大的亮点是将古代文论"意境说"的精髓与现代小学教育结合起来。一个是古代的，一个是现代的；一个是文论，是说诗作词，一个是教育，是人的成长。不能不说，这是一个具有突破性的创新。

"意境说"的精髓，概括起来是四个字："真、美、情、思"，这与我常常思考的儿童教育所需的要素相契合。我这一发现，几乎是从20世纪70年代末80年代初开始接触学习《文心雕龙》，一直延续到21世纪初。直至我在承担"十五"课题"情境课程的开发与研究"才有了较全面的认识。这确有一个不断研读、日渐领悟、顺势而上的过程，逐渐形成情境教育的独特优势。

（一）"意境说"，让我为"作文论"添上全新的一章

刘勰在"意境说"中就阐明："情以物迁，辞以情发。"表明人的情

感随着对客观外物的感受而变化,而情感会触动语辞的萌发。我顿觉豁然开朗:"外物"、"情感"、"语辞"这三者对儿童语文学习恰是缺一不可的。这让我仿佛在迷蒙中看到一盏灯。

我带领儿童一次次走向大自然、走向社会,去观察、去认识。这与今天新课程标准中要求学生留心周围世界,观察大自然、观察社会的要求正相契合。在现场,孩子们兴致勃勃地即兴描述着眼前景象,在情感的驱动下,想象、思维积极展开,进而激起表达动机,儿童非常容易地将情境的声、色、形这些浸染着情感的表象与相应的词沟通,所谓"'灼灼'状桃花之鲜,'依依'尽杨柳之貌"、"'喈喈'逐黄鸟之声,'喓喓'学草虫之韵"。贮存在他们大脑里的词语此时是那样的活跃,可谓"呼之欲出"。孩子们在情境中感受,在情境中动情,在情境中发辞。这让我更深地感悟到刘勰"情动而辞发"论述的必然性。

语文教学从封闭走向开放的新格局,让我走上"观察情境作文"这一条富有实效的提高儿童作文水平的途径,并且创造性地设计出切合儿童表达的"情境口头作文"、"观察情境说话、写话"、"想象性作文"等作文教学的多种样式,从根本上改革了传统作文教学的内容、形式、风格,为"作文论"添上全新的更适合儿童的一章。情境作文成为与儿童的生活、真实的感受、情感素养融合在一起的创造活动,成为儿童智慧可以通过自己的习作得到展示的富有成就感的天地。

(二)提出"情感活动与认知活动结合"的教育主张

中国的文学创作历来讲究一个"情"字,"情者文之经"、"为情造文"。小学语文是有情之物,而我们的儿童又是有情之人。我通过将富有美感的艺术的手段与语言描绘相结合,再现课文描写的情境。这种儿童喜闻乐见的形式,用"美"优化的情境极大地激发了儿童的情感。教学现场,一次一次地让我感受到,一旦情感伴随儿童的学习活动,儿童的学习主动性就会大增,趣味无穷,思维处于最佳的状态,个个跃跃欲试,以学为乐,以思为乐。我着手研究激发儿童情感的起因,那就是动机的形成。我敏锐地关注教学现场、教学的动态发展,发现儿童会因好奇、因美感、因探究、因与经验相关、因情感共鸣等而产生学习与探究的动机。我将其过程进一步概括为:激起探究—满足需求—产生乐趣—形成内发性动机。

在实践感受与理论感悟的双重引导下,我领悟到正是情感连接、牵拉在教师与学生与教材之间,情感成了纽带,生成了一股看不见的却蕴藏极大能量的"力"。儿童在这种热烈的内驱力推动下,往往到达了一个比教学预期目标还要丰富得多、广阔得多的境界。

我终于概括出在优化的情境中,儿童情绪经历了"关注—激起—移入—加深—弥散"这一连续的情绪从生成到发展的过程。我内心的主张随之日渐明晰:儿童有情,情感是动因;利用儿童情感,培养儿童情感。以情激情、以情启智、以情育人是教育促进儿童发展的高效举措。

实验是从教育实践的实际出发,一步一步地提出问题,并从语言学、"意境说"、美学及哲学等方面得到及时的理论借鉴,集诸家论述,对情感的认识一步步加深、一步步具体化和系统化。从思考"情"与"境"、"情"与"辞"、"情"与"理"、"情"与"全面发展"的辩证关系,加上自己20多年的积累,积淀产生了飞跃,我终于在20世纪80年代提出了情感活动与认知活动结合起来的教育主张。而后向各科推进,渐渐形成一种课程范式。以上所述,课堂与生活连接、优化手段与优化结构并举、学科课程与儿童活动结合,正是儿童情感活动与认知活动结合的具体体现。实验效果显著,我们学校的情境数学参加江苏省数学教学比赛连续10年获得10个一等奖第一名,这"十连冠"便是有利的证明。

正如专家评述的那样:"情境教学突出情感的艺术的整体活动","这就弥补了教学认识论一大块缺陷"。

(三) 较早地跃上了通过想象发展儿童创造性的新台阶

在情境教学诞生初期我便发现想象在发展儿童思维、培养儿童悟性方面有着特殊作用,这正是受到"意境说"的影响。刘勰在《文心雕龙》中提出"神思"的理念,阐明人的思维不受时空的限制。他指出,"文之思也,其神远矣",诗人创作时联想、想象一系列的思维活动空间极其广远。所谓"思接千载"、"视通万里",可以进入"神与物游"的神奇美妙的境界。我读后不禁心动。

在20世纪70年代末80年代初,我即凭借阅读教材和作文教学发展儿童的想象力,并且构想出"以观察情境积累表象,丰富儿童想象所需的思维材料"、"以情感为动因,提供想象的契机,为儿童组合新形象产生需要的推动"等具体策略,使"意境说"中的"神思"之说推我迈上发展儿童创造性的新台阶。

教学实践表明,在广远的意境中,儿童的想象力表现得极其惊人和美妙,可谓神思飞扬。我不禁赞美儿童的思维是长翅膀的,儿童的思维是会飞的,想象力是儿童一笔宝贵的财富,启迪儿童的想象是发展儿童创造性的有效途径。我在语文教学中进行了一系列的创造性复述、想象性作文、续编课文、创作童话等训练范式,都有效地发展了儿童的创造性。

在情境教学走向多科的探索过程中,在时代强调培养民族创新精神的大背景下,我又加深了对发展儿童创造性的认识,我有了新的感悟。我发现优化的情境不仅是物质的,情境中的人所抒发的、倾诉的、流露的、交融的情感会直接影响儿童的心理世界,进而影响儿童潜能的开发。我们必须抓紧儿童潜在智慧发展的最佳时期,从"审美"、"情感"、"思维空间"三方面提出发展儿童创造潜能的举措。这彰显了情境教育以美生情、以情激智的独特作用。

情境教育激发了儿童的潜在智慧,无论是在课堂上还是在各项综合活动中,几乎是全体学生的思维都处于积极状态,因为"乐思",儿童就会渐渐地学会"善思"。联想到一年级的小学生学习《小小的船》一课时学习用"在蓝蓝的天上"说话时,有孩子说:"我将来要坐上宇宙飞船,在蓝蓝的天上给李老师打电话。"我听了真是惊喜万分。试想,在20世纪

80年代初,除了科学家还有谁能想到在高高的蓝天上打电话,想到把花草带到太空去?!我们的孩子的幻想比我国宇航员在"神九"上给家人打电话的现实竟早了20年。在如此富有美感的情境中,课堂是美美的,儿童的心里也是美美的。因为愉悦让孩子的智慧迸发出如此灿烂的火花。我认定,美的、神奇的情境,是启迪孩子潜在智慧、发展孩子创造性的最佳境界。那是最适宜儿童谈天说地的宽阔的思维空间,有效地激起学生的思维、想象,使他们神而往之。他们在意想中揣摩、在幻境中塑造,迸发出一个又一个令人欣喜的智慧的火花,并燃烧、升腾。

经过对"意境说"的进一步领悟与思考,深感其博大精深,它确是民族文化的瑰宝。它所强调的情感的、审美的以及文化的广远意境,是国际上情境认知研究领域的空白之所在。所以,后现代课程论者指出课程范式研究转向"寻求情境化的教育意义",并提出"在东方文化中寻求课程与教学智慧"。中国民族文化给予我智慧的启迪与文化滋养,让我寻到了"源"、找到了"根",从中概括出了"真、美、情、思"四大元素,支撑我构建情境教育系列策略。我先后提出了情境教学"形真、情切、意远、理寓其中"四个特点;概括了"儿童至上"、"以情激智"、"以美育美"、"学用结合"、"连接生活"五大策略;确立了"主动性、美感性、创造性、教育性、实践性"情境课程的五原则,凝练出以"美"为境界、以"思"为核心、以"情"为纽带、以"儿童活动"为途径、以"周围世界"为源泉的情境课程五大操作要义。其间,在吸纳"意境说"精髓的同时,我也借鉴当今国外先进教育理论,进一步构建了情境教育基本模式和基本原理,使情境教育整个理论体系和操作体系既含蕴本土文化,又富有时代气息,形成情境教育快乐、高效学习的独特优势,成为我国实施素质教育的重要模式之一。

(本文发表于《人民教育》2013年第15-16期合刊)

学习科学与儿童情境学习
——快乐、高效课堂的教学设计

半个多世纪，我从所亲历和目睹的课堂实况，深深认识到课堂是否能让儿童学得快乐、获得高效，直接影响着教育的质量，影响着儿童的发展，关系着国家人才的质量。这绝非夸大其词。面对小学生不堪课业重负、影响身心发展的现状，我常为此焦虑。作为教师，每天都要走进课堂，我们理所当然地要为儿童构造快乐、高效的课堂，重要的前提便是教师要做好教学设计。

这些年来，教学设计在国际上已发展成为各类设计工程中的一个新的领域。教学设计的国际观及对其理论、研究、模型、规划与进程的新的阐释，给我和我们团队的教师很多启示。尤其是在学习科学的引领下，儿童情境学习加速了发展，初步形成了快乐、高效情境学习的范式。

结合 30 多年为儿童学习所做的艰辛探索与潜心研究，回顾、反思自己上的课以及参加的教师们的教学设计，略述从中获得的体验及感悟。

一、学习知识的复杂性——整合知识，选择最佳途径设计情境

学习知识对于儿童并非轻而易举之事，具有一定的复杂性。因为知识并不是孤立存在的，也不是人们习惯上认为的一个一个的知识点。学习科学阐明，每一个知识点都是以结构的状态相互联系地处于一定的系统中，而且是一个动态的发展的系统。儿童的阅历浅、经验少，学习知识又必须与社会、与经验相连，还得经过自身的建构过程，这多方面的因素决定了儿童学习知识具有复杂性和较大的难度。教学设计如何化难为易，化抽象为具象，化单一为与事件关联呢？我们的策略是：整合知识，选择最佳途

径，设计生动的学习情境。为学习者提供最佳的学习环境，是首要之举。

(一) 利用经验设计情境

知识是在一定的情境中发生的。学习科学特别指出，儿童根据自己已有的知识形成的经验，对他们学习新知识具有支持性。因此，设计的情境首先要有意识地与儿童经验相联，通过情境达到整合知识的目的，使知识镶嵌在生动的情境之中。这样，儿童获得的知识是有背景的、相互联系的，是可以体验、可以感悟、可以周转应用的；而不是僵化的、黯淡的、只会背不会用的惰性知识。

例如，一年级教材中的唐诗《春晓》，虽然只有四行，但在结构上运用了倒叙的手法，这对于一年级的学生来说，显然是有难度的，教师在教学时需精心设计。

我让全体学生担当"诗人"，按照儿童生活经验中的时间顺序，体验诗人写诗前所经历的情境。再通过导语设计，一步步把学生带入情境——"夜深了，诗人读书睡着了。""半夜里，诗人被风雨声惊醒了。""听着，听着，你又睡着了。"这样利用儿童生活经验，让他们担当角色，为诗歌内容结构的理解做了必要的铺垫。（播放鸟鸣录音）"清晨，你听到一阵阵鸟鸣声，你便吟起诗来，你先吟了哪两句？""你忽然想起昨天半夜里风吹雨打的情景，你又吟了哪两句呀！""小诗人"伴随着积极的情绪争先吟起诗来，仿佛诗句真是他们自己作出来的。热烈的情绪渲染了整个学习情境，全体学生都在无意识作用下情不自禁进入了角色，很快就学懂了全诗，而且特别快活。儿童学习不仅要快乐，还要高效；含蕴着的知识不仅要学得活，还要学得扎实。

于是，乘着学生的兴致，进一步设计落实诗中关键字眼的语意，并让学生从语意记住它们的偏旁。

这样，利用儿童经验创设情境，让儿童在语境中学词，诗中的字眼可以顺其自然地得到整合，儿童获取的知识便是相互联系的，与自己贮存的信息相融合。情境中呈现的背景、事件，都给儿童留下了很深的印象，而整合的知识往往具备了较强的解决问题的功能和迁移能力。音、体、美学科的情境学习同样要求把知识、技能的训练镶嵌在情境中，且从中萌生出许多学习的乐趣。

（二）利用艺术设计情境

情境学习的课堂呈现美感，显出特有的魅力。那怎么优选途径设计情境呢？对于儿童来说，其要素就是三个字，即"美、智、趣"。而艺术恰是最理想的。图画、音乐、戏剧、角色表演这些艺术的活动都是受儿童普遍欢迎且是儿童乐于参加、投入其中的。概括地说，情境学习便是利用艺术的直观与教师的语言描绘相结合，创设与教材相关的优化的情境，给学生以美的享受，使教学变得有情、有趣。

对于小学低年级，别小看教材内容简单，越是年级低，越是要精心设计。优质的设计，首先基于设计者准确地把握教材，利用"视像"和想象走进教材的情境。

一年级的《小小的船》四行儿童诗，我早已熟读在心，设计前我仍然反复品读诗作。这首小诗从眼前的实景到幻想中坐上月亮的虚境，这结构上的跨度、语言的跳跃，寄托了诗人期盼孩子们飞上月球、探索天体奥秘的意愿。这是诗中精彩之处，也是难点所在，必须要很好地把握。我体验着诗中的情感，带着想象去设计。

我选择了图画、音乐、担当角色多样化的艺术手段与语言描绘相结合的途径，把学生带入"飞上蓝天"、"坐上小船"的情境中。我设计了生动的导语："现在你就坐在院子里，圆圆的月亮正望着你……"伴随着《小小的船》充满幻想的曲子，小朋友们都听得入了神、入了境，真的眯上了眼睛，显得十分甜美。

在音乐的渲染中，眼前的画面、导语的指向整合在一起，诱发和强化了儿童想飞上月亮的愿望，激起他们的想象。课堂生成让我兴奋不已：

"老师,我飞上去了!""我也飞上去了!""我觉得身子变轻了!""我好像腿变长了!"……这让我感到他们是真的上了月亮。乘着学生热烈的情绪即时进行规范的语言训练,使课既活又实。

从这一设计的片段中,图像、空间、音响、语言都整合在了"我飞上天了,坐在月亮上"的事件中。由于有事件,儿童很快地接受了,因为大脑特别擅长事件的记忆。加之音乐、图画,美生成内心的愉悦感,使大脑分泌出大量的神经递质,加快了信息在神经元间的传递,学生处于兴奋状态,提高了脑的功能。即使在数学学科也要体现数学的审美性和文化性。课堂上经常地运用艺术手段,儿童还可从中获得审美感受,幼小的心灵得到润泽,从而促使儿童的个性在甜美中得到生动活泼的发展,小小的生命体同样显现出多元的色彩。

艺术心理学告诉我们,艺术具有唤情的作用,可以唤起和满足人的情感。情境学习利用艺术的美,让课堂在美的魅力诱导下,使儿童快快乐乐地学习着。一个个案例获得成功,鼓舞着我们加速研究的深入,从理论建构上进一步提出情境学习以"美"为境界,后又提出以"美"育人的策略。

二、学习过程的不确定性——以情激智,唤起持久投入的内驱力

学习过程中,学习内容的变化、作为学习者的儿童之间的差异、学习者个体本身情绪的不稳定,决定了在即时的学习情境中,教师与学生以及学生之间的对话难免会发生碰撞甚至冲突。加之教师在儿童学习过程中瞬间产生的反思,教育智慧即时的发挥和顿悟,随机应对与引导等,决定了这种变化中的学习过程必然是动态的,儿童也随之浸润在一个不确定的学习过程中。

我们在根据儿童学习过程的不确定性预设对策的同时,必须看到积极的方面,那就是教学的基本原理是不变的,那是规律的揭示,是教学的真谛。而且,儿童的学习行为及学习情绪也是可以预见的,可以从学习过程

中线性的因果规律去把握。我们的教学设计只要充分把握教学原理,珍视教育现场中可能出现的良性现象,并由此拓展开去,"以不变应万变",以确定的干预获得确定结果。正因为如此,教学设计也才有它的现实积极意义和价值。简言之,我们的策略是以教学原理不变的稳定性抗衡学习过程的不确定性,来把握儿童的动态的认知过程。情境教育孕育的儿童快乐、高效学习的范式,把"儿童的情感活动与认知活动结合起来"作为情境学习教学设计的基本原则。学习科学亦明确指出,这二者的结合正是"儿童学习的核心"。[1]356

(一) 满足需求,形成驱动

传统的灌输式教学,脱离儿童的经验,把课堂与周围世界的联系切断,舍去教材的情境,采用单纯的符号式的讲解,违背了儿童学习应该遵循的规律,很难激起学习的积极情绪,儿童难以产生学习动机。

积极情绪的参与恰恰是主动学习的关键。情境学习的教学设计正是以儿童为中心,首先考虑的是如何激起儿童的学习需求,使儿童形成学习动机。例如,《海底世界》是一篇三年级的常识性课文,没有角色,也没有情节。我便将课文情境化、拟人化,把知识镶嵌在相关的情境之中,根据教材的内容与结构层次,针对儿童的好奇心,设计了实地考察、查阅资料、运用现代化仪器、收集标本、展览汇报等模拟的且具有普遍应用性的系列情境,把知识与真实世界联系起来,把海底世界作为儿童探究的对象。儿童成为探究知识的主角,学习成为儿童的主观需求,儿童便会主动投入学习过程。

在设计的情境中,教师是海洋研究所的所长,学生是研究员。设计导语:"为了研究一个事物,常常需要到实地考察。为了了解海底的世界,现在让我们潜入大海……"情境的真实感、担当角色的新异感、自尊感以及即时的体验,促使学生带着想象学习课文,诱发他们在探究中自己去发现景象的奇异,进而自己提出问题。

当时有学生激动得把铅笔盒竖起来当作对讲机:"报告所长,我是阿波罗一号,我在海底 500 米深处发现点点星光,请问所长这是什么现象?""潜水员们"一个个争着报告观察所得,如同身处大海深处实地考察的情境中。可见儿童当时内心的激动和思维活跃的程度。提出问题后,又让儿童自己查阅、检索资料。这样,从学习形式到学习内容都使情境学习具备丰富性。情境学习的教学设计总是设法引导儿童自己去看、去倾听,即便是"仿佛看到了"、"仿佛听到了"也同样是真切的。

这样设计的情境与儿童的学习方式、思维方式、交往方式等方面的特征,与真实世界是相协调的,这就决定了情境学习的合理性、创造性。作为情境学习的设计者要有广阔的思维空间,用放大的视野看世界,才能高屋建瓴。

心理场的理论告诉我们,当学习活动成为儿童主观需求时,必然会产生向着教学目标的内驱力;而且,教学内容的多元组合"丰富性中的力量就会显示出来"[2]。这些"力"都十分可贵,它必然会驱动着、导引着学习者积极参与,并勃发出很高的自主性和能动性,使不确定的学习过程变得顺理成章、水到渠成。从某种意义上讲,学习是由预想的结果所决定的。

(二) 把握情感脉络,推进学习过程

情境学习运用艺术的直观创设情境。儿童进入情境感受到的美,唤起了儿童的情感,使儿童从学习中获得了愉悦的满足。我也无数次目睹儿童热烈的学习情绪、情感推动着的学习活动现场,积极情感的驱动可以帮助学生逾越障碍,可以预防、抵御不良情绪的产生,消除瞬间的涣散。于是,教师的主导与学生的主动便会融合起来。

儿童是富有情感的小小生命体,他们的情感易于被激起、可以连续、不会戛然而止。关键是教师的课前设计、课上引导要通过把握好儿童情感的脉络,推进学习过程。

例如，在《凡卡》一文的教学中，导语设计以优美的文学语言渲染了一种凄美的气氛，儿童不禁生情。儿童的情感是在认识事物、认识人物的过程中产生、发展的。因此，根据小说情节的发展，为了突出主人公的形象，我设计了系列的连续的情境，播放悲凉的轻音乐，让儿童走进小说描写的情境，唤起儿童的情感体验，促使儿童的情感一步步发展起来。

让学生担当目睹者，结合插图，通过联想与想象出现的"视像"，仿佛亲眼看到了凡卡正流着眼泪偷偷地给爷爷写信的情景。接着，又让学生运用第一人称讲述凡卡所受的折磨。由于人称的改变，凡卡就成了"我"，孩子们读着、讲着，体验到凡卡孤独的处境与哀伤的心情，幼小的心灵被打动了，他们深情地朗读着，祈求着爷爷，仿佛自己就是凡卡在呼唤着爷爷，忍不住流下了眼泪。显然，孩子的情感已经移入到凡卡身上……

由此，儿童一步步走进小说中的情境，体验情境，由入情—动情—移情，进而抒情，在课堂上孩子们就急切提出："凡卡的这封信爷爷能收到吗？结果会是怎样呢？"进而又做了种种猜想，展开了生动的描述。

情境学习过程中课堂上群体形成的这种热烈的情绪、真切的情感，渲染了积极学习的氛围，引起学生普遍的内心激动，这正是保证教学过程顺利推进的宝贵的环境。学习科学强调指出："学习是高度地受所发生情境调节的。"[1]85 情感在各种层面运作上具有连续性。在思想品德课的设计思路中，我们也鲜明提出以"美"激"爱"、以"爱"导"行"，把握儿童情感的脉络，珍惜儿童学习的积极情感，引导儿童产生持续的学习动机，使整个学习过程一步步在满足儿童的主观需求中进行。这种热切的学习主动性，使儿童顺其自然地投入教学过程。脑科学指出："只有情绪才能为我们提供足够多的热情来达到目标。"[3] "情绪信息总是比其他信息优先得到加工"[4]47，且留下的情绪记忆难以磨灭。这就从脑的活动，保证了情境学习的高效能。

从我们的一个个实验班、一批批学生的表现，可以清晰地看到：情境学习的教学设计引导儿童进入情境、体验情境、想象情境、构架情境，有效地培养了儿童的审美情感和道德情感。这种高级的情感是人的灵魂。其实，人一定是在其生命的早期，即个性、价值观尚未形成时就逐渐感受到知识之美、世界之美，在懵懂中依稀懂得"爱美"、"乐善"、"求真"多么好，进而成为洋溢着生命情感的个体，甚至自觉不自觉地把自己的情感移入大自然、移入生活、移入他人，为从小培养卓越的素养做了有效的铺垫，在持续的耳濡目染、一点点积淀中成长起来。这正是我们对教育的最美好的憧憬。因此，在这里我想强调儿童的学习绝不是也不可能是单纯的知识学习，其间一定蕴含着人文熏陶，从而丰富儿童的精神世界。情境学习的教学设计的出发点就是为儿童营造最佳的学习环境，使其主动投入学习活动，身心获得全面的发展。

三、学习系统的开放性——连接生活，凭借活动历练实践才干

知识本源的社会性、建构性以及情境性等方面都决定了学习系统的开放性。尤其是当今社会，新知识层出不穷地向我们涌来，学习系统更是进一步开放。因此，如果我们用封闭的方式教给学生知识，则显然不符合知识的本质特征，与儿童学习知识的规律背道而驰。所以，学习科学始终强调学习活动是人与世界的互动。

基于学习发生在一个多元的情境中，情境学习主张课堂学习与生活连接，提出把学科课程与儿童活动结合起来的具体策略。通过儿童的持久的系列活动来历练实践才干。事实上，儿童生命的历程始终贯穿着自身的活动，课堂设计的教学活动更要以培养儿童的学习力作为教学的中心，连同情境德育也要设计成儿童主动参与的活动，而非说教，引领儿童充分地活动起来。

（一）建构知识

传统教育在教学过程中往往忽略知识的建构性。课堂开放了，还必须通过学生自己建构知识，那就要学生亲自介入、参与，热情地投入其中，

其最重要的、无可替代的途径就是活动。

教材是学校课程实施的重要凭借，学科教材是人类优秀文化的再现，从某种意义上来讲，教材记录了人类智慧的结晶，传承着人类的文化价值，包容着丰富的系统知识。因此，在课程中设计儿童的活动，切忌将教材搁置一边，忽略它的重要功能，为活动而活动。课堂上儿童的活动必须根据教材特点，以教学目标、教材内容为依据进行设计，让儿童在优化的情境中建构知识，把知识学活、学扎实。

课堂设计的活动引起儿童在已有知识的基础上建构知识，他们关注的新知识以及提出的问题，会形成建构知识的推动力，让学生感受到知识产生的情境，找到知识的根，感受知识的文化意蕴。记得我和数学教师一起讨论设计平行四边形面积的计算一课时，我们以开放的理念，打破了传统的从复习长方形面积的计算公式，再经过教师的演示、讲解，把平行四边形的计算公式教给学生的套路，把学生带到知识产生的历史情境中，有意识地让儿童自己去发现知识。

设计的情境以叙事的形式导入，并以简笔画勾勒了古代老农的小屋和小屋前的一块平行四边形的地，把学生带到平行四边形面积计算公式还未发现的那个年代。"现在你们来担当古代小小数学家，看谁能破解这个难题。"教师再从数学史的角度告诉学生，"人类发现长方形面积计算公式以后，只用了不多的年月就发现了平行四边形面积的计算公式"，暗示两种图形面积计算之间相连的逻辑关系。

学生进入这样的情境中，自己是"小小数学家"，手上都拿着同样面积的长方形和平行四边形，在古典音乐的伴随下专心地端详着、思考着、比对着，试着切割、协商交流着，在各自的观察、分析、思考中建构知识。片刻后，便接二连三地有学生兴奋地报告：我知道可以用计算长方形面积的公式来计算平行四边形的面积。"小小数学家"破解了难题，公式由他们自己发现了，然后再进行现场测量计算。这与学习科学提出的让学生自己去发现或创造的观点相吻合。[1]353 "小小数学家"们兴奋不已，仿佛人格也提升了，颇具成就感，学习兴趣倍增。

（二）模拟操作

学科课程与儿童活动结合，以活动推进教学过程，这就摒弃了传统课堂的许多无效的陈规老套，突出了在应用中理解知识、在应用中学会应用知识。事实上，知识只有在解决问题中被灵活运用才是有价值的。在情境教学中，无论是语文还是数学，我们常常带领学生走进生活，走向野外。在这些非正式学习的模拟操作中，将知识与世界相联，极大地提高了学生运用知识的实践能力。

课堂的模拟操作，模仿生活中的人物、劳动的场景都似曾相识，与大脑中贮存的图像具有相似性。儿童不仅感到特别亲切，而且又可亲自动手、动脑，角色扮演又往往颇具游戏精神，使儿童在互动中历练技能、技巧，对儿童具有很强的诱惑力。所以，模拟操作对儿童来说是形式特别生动的有意义的知识学习。

再例如《认识三角形》一课，我们的设计突出以儿童为中心，展开一系列的学科活动。其中引导学生交流在生活中发现的多种三角形，为理解三角形具有稳定性的特质获得了大量的感性材料。随后引导学生进行实践操作，让学生做小木匠，设计怎么利用三角形的原理修好一把摇晃的椅子。当"小木匠"叮叮当当把木条钉在椅子拐角构成三角形、小木椅就稳稳地站在课桌上时，学生开心得鼓起掌来。知识在实践中得到运用，学生乐不可支。此时，课堂的热烈氛围激发了学生的思维活动，有学生提出："我们还发现了三角形的小红旗和三角形的蛋糕，这并不能表示三角形的稳定性，那又有什么功能？"于是，全班学生讨论，增加了三角形还有节约材料、增强美感的功能。学生自己得出的结论丰富了教材，这充分表明课堂与生活连接有效地历练了学生的实践才干。这是封闭式的教学想也想不到的场景。学生的模拟操作更为直接地将课堂学习进一步与生活连接起来，世界变大了，知识走近了，才能产生体悟。其实质就是"做"，就是

"用",可谓"笃行之"。学的本领会用了,儿童顿觉自己能干了,长大了,享受到了学习的快乐。

(三) 对话共进

学习科学指出,人们对世界的认识和理解,总是不得不受个人视阈的限制,所以现代社会需要共同体,需要协商。为了更好地生存于社会,几乎任何人终身需要进行对话活动。世界博大无垠,尽管儿童总是以好奇的目光去关注周围世界,但看到的还只是世界的一隅一角,认识到的只是表层的现象,那是有限的、极不完整的。所以无论从儿童现在对知识的获取,还是未来进一步了解世界,都需要从小就开始学习与人对话,从而丰富自己。

儿童学习中的对话一般是在班级或学习小组内,在教师与学生、学生与学生之间展开,在相互启发、相互促进中进行。教师以对话的方式引导学生提问、答复、说明、释疑、比较、争辩等自由表达。总之,设计对话活动需要引起儿童思维的碰撞、擦出思维的火花、激起热烈的情绪,促使他们相互交流、相互感染。角度的不同、见解的差异,有助于学生加深对知识的理解。经常性的对话活动促使学生在互动、互补中逐渐学会协商、合作,达到共进,体现了对话的多种功能。

设计教学中的对话,要根据教学目标选择引领学生深入学习知识的话题,引发对话的需求。话题的设计和选择也应该是多角度的,可紧扣教材,也可由此伸发开去;连同对话的形式,也需精心设计。对话之始,同样需要教师激起学生对话的需求,明确对话的要求,做到有问有答、彼此交流。如四年级《太阳》一课,为了引导学生了解太阳,对天体探究产生兴趣,提出:"对于我们好像熟悉,其实陌生的太阳,你们想知道它的什么?"由此,从儿童经验引发儿童对太阳探究的热情,他们一下子就提出了十几个与教材相关的问题。

于是,设计中又鼓励学生通过对话自己去解答。为了寻找答案,让学生担当小天文学家研读课文。新的角色身份诱使学生急切地想找到答案，从而带着非常积极的情绪去学课文，去了解太阳、研究太阳。

顺着学生的思路，以"太阳与人类的关系怎么密切"作为中心话题展开对话，启发学生，并提供表示因果递进、转折变化以及假设的关联词语，以提高学生对话的逻辑性和语言的思辨能力。从课堂反馈可以看出，对话前的引导和要求的明确十分重要。现略摘引如下：

"虽然太阳温度相当高，但是它离我们很远，所以不会把我们烧死"；"虽然太阳那么大，但是它离我们太远了，所以看上去它只有盘子那么小"；"因为有了太阳，我们在傍晚就能看到美丽的火烧云"；"因为有了太阳，大地才会变得生气勃勃，花儿会盛开，草儿会成长"；"有了太阳，世界上才有小鸟、小动物，才有了人类"；"因为有了太阳，我们就能看见金黄的稻田"；"如果没有太阳，世界将到处一片黑暗，就不会有人类"。

……

对话让学生的思维特别活跃，且体现出事物间的因果、转折、假设。由此学生认识到如何运用多角度的辩证的思维方法去理解和分析问题，如何尊重不同看法，如何求异，从而获得新知。

为了对话的生动性，我们让学生扮演或担当角色，如记者、科学家、作家、导演、战士、教师、家长、导游、老农等生活中学生喜欢亲近的人物进行对话。在进行对话、协商的同时，情境学习还特别注意引发儿童的探究性思维，培养儿童思维的深刻性，并给儿童留下沉思、冥想的空间，以培养儿童独立思考的能力。

从以上所述可知，儿童在情境学习课堂中活动时，他们的视觉、听觉、触觉，以至肢体都会获得最为和谐、协调的感受，整个身心都投入其中。这种在教师有目的的导引下的活动便会形成蕴含着知识的意义。这样多种感官兴奋笼罩着情绪色彩，在大脑里留下深刻而鲜活的印记，必然提高儿童学习的效率且身心愉悦。

四、学习催发潜能的不易性——着眼创新,不失时机发展儿童的想象力

学习科学强调"有意义学习本质上是创造性的"[1]355,创造力就是解除传统束缚的思维力。几乎每一个儿童的大脑都隐藏着巨大的潜能,具有无穷的创造力。但潜在的智慧并非已成现实,这是一种"沉睡的力量"。既是沉睡,就需唤醒,且要及时唤醒。因为儿童的这种"可能能力",若得不到及时开发,便会产生"递减现象"[5]。这是一种渐变的,而又无法挽回的可怕现象。但遗憾的是,不少教师每天走进课堂,每节课都认真地教学,并不见得都意识到自己辛辛苦苦的讲解、严格的要求、标准的答案,这种划一的、统死的教学,恰恰是对儿童潜能的扼杀,是把儿童智慧的嫩芽掐断,使之枯萎。可以说,这是一种"罪过"。基于开发儿童潜在智慧的不易性和因忽略而造成的不可弥补的危害,我们必须不失时机地在儿童生命的早期开发其潜在的智慧,深刻地认识到儿童是一个活脱脱的小生命,有可能长成具有大智慧的人,我们必须悉心呵护、倍加珍爱、及时催发。

为抓紧儿童最具想象力的关键时期,情境学习采取"让儿童在美的、宽松、快乐的情境中,通过发展想象力来培养创造力"为催发儿童潜能的策略。想象是儿童最可宝贵的思维品质。因为想象孕育着创造的嫩芽,想象是开发儿童潜能、发展儿童创造力的一把金钥匙。教学设计应砸碎一切扼杀儿童想象的枷锁,应引领儿童到更广阔的课堂中去发展想象力。情境学习着眼创造,不失时机地为儿童的思维飞向创新的高地添翼。

(一) 持续积累表象

儿童最善于想象,而想象正是创造的开始。针对儿童想象是由表象组合成新形象,情境学习十分注重儿童表象的积累,精心设计许多让师生终生难忘的观察活动。由于这些表象笼罩着情感的色彩,储存在儿童大脑的

记忆中，表象就易于成为儿童想象的鲜活的材料。因此，教学要重视积累表象。表象从哪儿来？要利用眼睛的帮助去发展想象。儿童的观察需要引领和指导，要唤起他们的有意注意，由近及远，从多姿多彩的周边到宽阔无垠的世界，让儿童观察持久进行，从带领儿童有指导的观察，到放手鼓励儿童各自主动去观察。一棵小树、一丛花草、一只小动物，哪怕是窗外的一处景点、一种瞬间的现象……都可成为儿童的观察点，从中获得表象，在教师的督促鼓励下，天长日久形成习惯，逐渐培养起敏锐的观察力。这样的引导与儿童喜欢睁大眼睛看世界的需求是相协调的。

记得一次在二年级教《谜语》，其中一则谜底是"电灯"。学生一下子就猜到了。想不到有学生随即提出"如果是日光灯，谜语该怎么编？"这是教学设计中没有预见到的生成。我敏感地意识到这是让学生带着欲望、快乐思考、大胆猜想的好时机，便鼓励大家来编一则谜底是"日光灯"的谜语。少顷，一位小朋友站起来信心十足地说："屋里有根藤，藤上结了根长丝瓜，一到太阳落，瓜里开红花"。话音刚落，孩子们开心地大笑起来，快乐无限。马上又有学生纠正"日光灯不是开红花"，应该是"瓜里开银花"。我想二年级的小朋友为什么能这么迅速地编出谜语？联想到不久前，我带他们到田野里观察，看到二尺来长的长丝瓜从棚上垂下来，非常新奇。由此表明他们在兴奋的情绪中所获得的表象帮助他们进行组合，创造了新的形象。

作文是创造性很强的作业，除了语言能力还有创造能力。记得学生上五年级时进行一次独立作文，要求根据自己平日观察所得，选一种没有生命的物体，写出它的品格特点，自己选题，自己命题。学生感到很自在、很乐意。当堂完成后，我批阅时发现，所写题材各式各样，仅题目就有"歌"、"铁"、"路灯"、"火柴"、"石子"、"北斗星"、"太阳礼赞"、"石灰吟"、"蜡烛"、"红"、"绿"等二十多个不同的文题。他们写出了真情实感，赞美了这类物品的特点，且富有哲理。究其原因，那就是因为他们通过长期养成的观察习惯，积累了丰富的表象，获得了直接的印象，为他们的想象思维提供了丰富的材料，为新形象组合做了重要的铺垫。

(二) 即时嵌入契机

儿童的想象不会凭空产生，需要引发契机，我们的教学设计必须为儿童提供"需要的推动"，使儿童形成想象的欲望。这一环节在我的课堂教学设计中意识性很强，只要教材有空间，便会根据教材特点，在设计中即时嵌入想象契机。其实，儿童常常是带着想象去阅读、去思维、去表达的。让儿童展开想象，真是"正合他意"。因此，在语文教学过程中，启发儿童走进情境，让其设计、想象人物的对话，假如你是××，你会怎么想、怎么做，增添一个新的角色、一个新情节，想象故事的细节，进入一个新时空，续编不同的结尾，从一个新的角度去思维、去想象。这不仅丰富了课文内容，加深了学生对知识的理解，而且开发了他们的创造潜能。

即使在野外观察中，我也不失时机地为儿童即时嵌入想象契机，引导儿童展开想象。那是一个金色的秋天，我带着三年级的孩子去观察桂花。我设计了"寻桂花—看桂花—问桂花—捡桂花"的顺序，孩子们围在桂花树前，启发他们把眼前的桂花树当作桂花姑娘，与之对话、问她提问。角色的转换，使他们情不自禁地去体验桂花内在的美，孩子们问来答去，对话很精彩。"美"激起了"爱"，他们弯下腰，疼爱地把落在树下的桂花捡起来，一朵一朵，聚在小小的手掌中。片刻，几乎是同时，孩子们把手中的桂花放到我的大手中，小小的桂花成了孩子们心目中美的精灵。我双手捧着，顿觉手中最轻不过的小桂花变得沉甸甸的了。这是超越了我的教学设计的一幕场景，霎时间令我不知所措。但桂花的"美"，孩子的"情"，驱动着我萌生出即兴设计，把孩子们带到草地上集体编桂花姑娘的童话。

我把手中的桂花轻轻撒落在一个小女孩的头上、发辫上。在孩子的眼里，她俨然成了真的桂花姑娘了，孩子们用新异的目光端详着……刚才观察桂花获得的直接的美的印象和感受，对桂花姑娘的新奇、怜爱，连同编童话幻想的形式,都激起孩子们创造的欲望。凉风习习,又送来阵阵桂花的甜香,孩子们身心俱适,此情此景构成最佳的创造情境,一对对想象的翅膀扇动起来了。

我和孩子们都没准备,都是即兴的思考、即兴的表达。我鼓励大伙儿一起编,他一句、你一句地想着,编着。一个孩子给故事开了头,"桂花姑娘原是个穷人家的姑娘,她被狠心的地主抓走了";紧跟着便有一个个"后来——",孩子们用善良的童心和纯真的智慧,一起编织着一个书上从来没有写过的美丽的童话。

孩子们不仅想到"桂花姑娘勇敢地逃出来",竟然还想到"好心的风伯伯来帮助她了"。听到这儿,我心一亮:有了风伯伯的帮助,桂花姑娘就会飞起来。孩子们都兴奋起来,果然有孩子接着说:"桂花姑娘乘着清风一直飞向月亮,她到了月宫里,长成了一棵桂花树,陪伴着嫦娥姑姑。"孩子们真是想象得太美妙了。神话般的想象罩上了智慧与神奇的光环。接着又有孩子说:"桂花姑娘在月宫里思念人间,便撒落下金色的桂花种,从此大地上便有了桂花树。"另一个孩子补充:"为了不被地主发现,所以她躲在绿叶下,开出一朵朵金黄色的小花……"

天上人间,多么宽阔的想象空间,观察、思维、想象的融合创造出一串串美丽动人的童话。在幼小的心灵中可以迸发出如此耀眼的智慧火花,这是惊人而又可贵的。孩子们沉浸其中,体验着创造的快乐。在班级和谐的共同体中,在特定的情境中,这种即兴的教学活动是最能激发儿童的潜在智慧、激活儿童的灵性的。因为没有事先谋划的束缚,而是在那瞬间,思维迅速地跳跃式地自由驰骋,涌现出儿童潜在的无穷创造力。这深刻地告诉我,没有互动就不可能有"即兴"和"涌现"。即时嵌入想象契机,真是要"不失时机"。

孩子是喜欢创造的,无论是课堂上还是野外的教学设计,都把握了我自己归纳的四要素:"训练感觉、培养直觉、鼓励求异、大胆想象",让儿童的创造活动在宽松的、无拘无束的情境中进行。

(三) 引入广远意境

古代文论"意境说"中用"思接千载"、"视通万里"[6]形容诗人创作时的情态,"千载"、"万里"能想到千年之久、万里之远,想象空间可以是如此宽阔。古代的诗人尚且如此,何况21世纪的儿童呢。我们作为教学的设计者应该意识到,孩子面对的未来世界给人们的思维方式带来的是"可能",是"不确定",是"飘忽"、"变幻"、"互动",从而使人们改变对世界的认识。为了开发儿童的潜能,我们就很有必要打破程式化思维的定式,导引儿童主动地在自由宽阔的思维空间里思维,进入广远意境,追求创新。那虽是虚无缥缈的,但却是可以操作落实的。通过设计,让儿童在没有束缚和统一规定中,将课堂已激起的情绪和教材中的意象、学科训练结合起来发展想象力。

在情境学习的阅读和作文教学中,我有意识地设计与教材、与儿童生活结合起来的富有创造性的语言训练。

在阅读课上经常设计创造性复述,诸如"小猴子第二次下山",续写"贝多芬回到旅店以后,追记月光曲的情景";学了《种子的力》之后让孩子编写"大力士比武"童话。孩子们心中的大力士既神奇又颇具哲理,谁是大力士,他们各有自己生动而深刻的见解:"我们大伙儿一起推,就把岩石推下去了,这说明大伙儿的力量可以超过一切,大伙儿才是真正了不起的大力士!"也有人说:"真正的大力士是大象!"大象诚恳地表示:"不,不是我,是那能吊起万吨钢铁的大吊车呀!"一旁的大吊车却谦虚地说:"不,最了不起的大力士是人类,因为是人类造出了我!"由此也看出想象加深了学生对社会现象的认识。

中高年级的学生展开想象,需要宽阔的思维空间,那么低年级的小朋友是不是可以窄一点?其实,越是年龄小的孩子,越是会无拘无束、浮想联翩。记得我在教了一组儿童诗以后,给一年级孩子上了一堂思维训练课。最后我设计了一个训练,让孩子画一对翅膀,让他们的思维随着翅膀飞起来，并问："你准备把翅膀送给谁？"这"飞"的动态，连同赠送的对象、目的，都可以让儿童想得很远、很精彩。他们的表述让我也感到无比的惊喜。他们兴奋地表达了各自的心愿："我把翅膀送给面包，让它快快飞到世界上没饭吃的地方，让饥饿中的穷人尝到中国的新鲜面包！""我把翅膀送给书籍，让书籍飞向外星，让外星人读到我们的书，不过我担心他们看不懂我们的文字。""我把翅膀送给李老师，李老师外出开会就不用坐火车和轮船了，这多节约时间呀！""我把翅膀送给我自己，我要飞上月亮，看看月亮上是不是真的有小玉兔。"……

科学、人文，美妙、神奇，让儿童想象向创新高地飞去。

在作文教学中，从低年级就开始了想象性的情境说话，如《冬爷爷的礼物》《萝卜娃娃看到了田野》《我和小树交朋友》《春姑娘的大柳筐》《小鸭子离开我们以后》；到中高年级的《我是一棵蒲公英》《菜花儿比赛》《我想在××留个影》《海底世界漫游记》《假如卖火柴的小女孩来到我们中间》《凡卡的信发出以后》等结合观察活动、阅读教学进行的一系列的想象性作文以及童话创作，孩子们美滋滋地进行着创造性的语言活动，语言能力在快乐中得到有效的训练，更加乐于想象、乐于表达，达到了新课程标准的要求。

实践表明，只有在学科学习中结合能力训练，发展儿童的想象力才能得以落实。科学学科的教学设计要求"创设探究情境、激起好奇心、培养创造力和科学精神"。即使在音、体、美学科，情境学习也鲜明地提出把想象与技能技巧的训练结合起来，在自我表现中开发儿童的创造潜能。

综上所述，情境学习多年来在学习科学的引领下，窥视到儿童学习秘密的黑箱之一角。针对儿童学习知识的复杂性、学习过程的不确定性、学习系统的开放性以及学习催发儿童潜能的不易性，我们以"利用艺术之美"、"情感生成之力"、"凭借儿童活动"、"发展想象、培养创造力"为对策，进行教学设计，体现了情境学习特有的"真、美、情、思"四大元素。让儿童在与教师、与小伙伴的互动中，与世界、与生活的相联中学习知识，为他们的学习提供了有力支撑，营造了最佳的学习环境——一个"愉悦的"、"丰富的"、"安全的"，"且可以活动其中的环境"[4]13，使我们的教学设计更具科学性、更具创造性。

在此，我想引用钱旭红院士指出的："科学知识不等于科学精神，人文知识不等于人文精神"[7]，以强调教学设计也不仅仅是技术层面的运筹帷幄。世界的发展需要儿童超越知识的局限，我们进行教学设计也必须随之形成不断超越自我的意识和能力，在学习科学的引领下，用童心和真情精心设计，以"精心"换来"精彩"，达到真正意义上的优质教学设计、创造性的设计。这就从根本上保证了课堂的快乐、高效——儿童全面和谐的发展是情境学习矢志不移的宗旨。

参考文献：

[1] 高文. 学习创新与课程教学改革［M］. 广州：广东教育出版社，2007.

[2] 张光陆. 复杂性课程：特征、实施也发展——美国多尔教授与图伊特教授访谈［J］. 全球教育展望，2013（3）：6.

[3] Marilee Sprenger. 适于脑的教学［M］. 北京：中国轻工业出版社，2005：85.

[4] Marilee Sprenger. 脑的学习与记忆［M］. 北京：中国轻工业出版社，2005.

[5] 木村久一. 早期教育和天才［M］. 石家庄：河北人民出版社，1979：11.

[6] 郭晋稀. 文心雕龙译注十八篇［M］. 兰州：甘肃人民出版社，1963：63.

[7] 钱旭红. 思维之变：撬动世界的力量［N］. 文汇报，2013-04-09.

（本文为参加"学习科学国际大会"的发言稿，后发表于《教育研究》2013年第11期）

揭开儿童快乐高效学习的秘密

第1阶 让儿童学习与真实世界相通

1978年，改革的春风吹进了校园，也吹开了我压抑10年的心扉，让我看到了前面的路。我从一年级的语文教起，但很快发现，单一识字、封闭教学的起点太低，延误了儿童语言发展的关键期。我想应该"提早起步，提高起点"。我做的第一件事就是自己拿起铁笔刻蜡纸，给孩子编写补充教材。小学10个学期编了10本，以此丰富教学内容。第二件事是移植外语的情景教学方法进行语言训练。第三件事是从"情景"到"意境"，我从刘勰的《文心雕龙》中读到关于"情以物迁，辞以情发"的阐述，这八个字给我极大的启示，让我懂得了儿童的语言表达离不开情感与客观外物。于是，我把孩子带出学校，走向大自然。春天，我带孩子们去寻找春姑娘的笑脸；秋天，我带孩子们去捡秋叶，留下"秋姑娘的影子"；寒冬来了，我带孩子们去感受"冬爷爷的礼物"……孩子们睁大眼睛看着这五彩斑斓的世界，发现了世界竟是如此美丽、神秘。儿童对周围世界的感受充满鲜明的审美感受，他们常常感动其中、激动其中。我觉得应该把孩子带进这天赐的智库。

孩子们把生活中看到的、听到的、感觉到的那些美好的人和事写下来，似乎也进入了"一切景语皆情语"的境界。原本让多少孩子苦恼的作文，对我带的实验班的孩子来说却成了一种快乐。孩子们大一些后，我创造性地开发出了形式新颖、让孩子们乐于表达的"情境口头作文"、"情境说话"、"观察情境作文"、"想象性作文"等独创的作文样式。孩子们没想到二年级的他们也成了小作家。1980年，江苏人民出版社出版了他们的文集——《小学生观察日记》。同年,学生的作文登上了《人民日报》。

一系列教学实践的效果告诉我,课堂必须与周围世界连接。资深学者鲁洁教授评论:"儿童进入学校以后,他们实际上进入了一个抽象的符号化的世界。而那个世界本身是从生活中来的,但是他们回不去了,这是一个难题。李吉林老师的情境使符号的认知能够与生活连接起来。"但在当时,我只是凭着感觉迈出这一步,却坚持做下去,越做越丰富,一直发展到课程,成为儿童情境学习范式构架的一根重要支柱。

第2阶 美的学习情境给儿童带来愉悦

作文教学的成功极大地鼓舞了我,我从中归纳出一个字,那就是"美"。于是,我开始学习美学。美学原理让我知道了美能给人带来愉悦,还让我从中理出了对孩子进行审美教育的逻辑顺序,即从"感受美"、"理解美"到"创造美"。于是,我着手改革阅读教学,在阅读课上引进音乐等艺术内容。当时,那场文化浩劫不久,上课放音乐会让人惊讶而不安。但为了孩子学好母语,我大胆地让艺术走进语文教学。艺术走进课堂让教学变得生动、有趣、热烈,我自己也没有想到,因为艺术的介入,语文课还可以上得这样精彩。我和孩子们共同沉浸在美的教学情境中,有时甚至达到了忘我的境界。实践了一段时间以后,我归纳出了创设情境的六条途径,并概括出了情境的特征,即"艺术的直观、生活的真实与语言描绘相结合的美、智、趣的情境"。

当时,我只知道美的学习情境令孩子愉悦、兴奋,能激发他们的兴趣。直至前些年,我才从脑科学理论中找到了理论支撑。情境的创设促使大脑分泌出大量的神经递质,加快了信息在神经元间的传递,加快了树突的生长,学生处于兴奋状态,提高了脑的功能。艺术的美,让幼小的心灵得到润泽,长此以往,儿童的个性在甜美中得到生动活泼的发展,小小的生命体显现出多元的色彩。

第3阶 发现儿童情境学习的核心秘密

在不断学习与研究教学中"美"的作用时,我从艺术心理学中知道了"美能唤情"。我亲身感受到美能激发儿童的情感,在美的情境教学中,儿童能普遍生成热烈的情绪,而情绪具有激发动机的力量。在教学现场我深深地感受到,儿童的学习已经发生了很大变化,不再是单调的认知活动,当情感伴随其中,认知活动就转变成一种体验,课堂上儿童经常进入忘我的沸腾状态。在那种氛围中,儿童智慧的火花竞相迸发,而且相互碰撞着、感染着,又让我感悟到情能启智。在大量的实践中,我思考着,从感受中进一步去悟,终于发现儿童学习快乐、高效的核心秘密,那就是情感活动与认知活动的结合。

近年来,学习科学告诉我们,情感活动与认知活动二者是不可分割的,二者的结合是学习的核心。我欣慰不已,20世纪80年代中期,在我带的第一轮实验班学生毕业后,在界定什么是情境教学时,我就明确提出"情境教学是通过创设优化的情境,激起儿童热烈的情绪,把情感活动与认知活动结合起来的一种教学"。在构建儿童情境学习范式时,这两者结合作为核心主张被明确提出。

如今脑科学已发现,"只有情绪才能为我们提供足够多的热情来达到目标","情绪信息总是比其他信息优先得到加工","且留下难以磨灭的情绪记忆"。这就从脑的功能保证了情境学习的高效能。儿童情境学习突出情感,不仅有利于学习知识,而且有效地培养了儿童的审美情感和道德情感。这种高级的情感是人的灵魂,如果把它比作交响乐,那不仅是高雅的、纯美的,而且是有力度的。这让儿童在他们的意识,包括价值观尚未形成时,就逐渐感受到知识之美、世界之美,在懵懂中依稀懂得"爱美"、"乐善"、"求真"多么好,使他们成为洋溢着生命情感的个体,甚至不自觉地把自己的情感移入大自然、移入生活、移入他人,为从小形成卓越的素养做有效的铺垫。

第4阶 "五要素"体现儿童情境学习的普适性

情感活动与认知活动的结合使得孩子学习的情绪炽烈到这种程度，是我始料未及的。孩子的语言、思维，连同他们的身心在其间都得到了很好的发展。华东师范大学杜殿坤老师曾提示我：要研究一下情境教学促进儿童发展的要素有哪些。现在我意识到，提出这样一个问题，其实是引导我从成功的经验中找出教学的普遍规律。为了回答这个问题，经过长时间的思考与提升，我最终概括出了情境教学促进儿童发展的"五要素"：以培养兴趣为前提，诱发主动性；以指导观察为基础，强化感受性；以发展思维为核心，着眼创造性；以激发情感为动因，渗透教育性；以训练语言为手段，贯穿实践性。我又对照学生学习发展的实际情况严格地考量与自我检查，最终认定这"五要素"具有普适性。

第5阶 多角度构建最佳组合的儿童学习环境

"五要素"的普适性，说明情境教学不仅属于小学语文，它同样适用于其他各科。既然适用，就可拓展开去。可以说，"五要素"为情境教学向情境教育拓展做了重要的理论铺垫。

1990年，我构思制定了一个较为实际的课题研究方案。我意识到情境教育向各学科的拓展需要一支团队，改革创新呼唤年轻人的热情，于是我所在的学校成立了"青年教师培训中心"，每周对青年教师进行一次培训，并坚持了8年。1998年，我又收了语文学科13位教师为徒弟。人多了，动作还要协调，于是我在1992年构建了情境教育基本模式。从"拓宽教育空间、缩短心理距离、保证主体活动、突出创新实践"四个方面，多角度地构建了适合儿童快乐、高效学习的环境。儿童学习的状态与效能总是与环境联系在一起的，今天从学习科学的视角看，这样宽阔、亲和、保证主体活动的学习情境是最佳的儿童学习环境。

我又努力学习洛扎诺夫的暗示心理学理论，还学习了情绪心理学、心理场理论,提出"情感驱动原理"、"暗示倾向原理"、"心理场整合原理",加上我自己从实践中发现的"角色转换原理",这四大原理构成了情境教育的基本原理。

第6阶 情境课程的四大领域开发

情境教学拓展到情境教育,我想得最多的是如何让更多的儿童获益,而不是仅局限在一个实验班、一所学校。于是我选择开发情境课程,希望以此使情境教育走向大众化。

其实,在情境教学实验的早期,为了满足儿童发展的需要,我就开发了相应的课程。例如,随着实验的开展,情境教学走出封闭的学校,在野外活动中设置了野外课程。第一轮实验结束后,我比较早地接触系统论,懂得了"结构决定效率",由此想到孩子要获得发展必须提前阅读。于是,第一轮实验结束后,我到幼儿园用游戏的方式教孩子学习汉语拼音,使他们提早掌握识字的拐棍。我舍弃了原先小学语文直线序列的单一结构,提出"识字、阅读、作文"三线同时起步的多元的螺旋上升式结构,利用知识之间的相互作用丰富教学内容。中高年级则采取"四结合"主题性大单元教学,较早地确立"大语文"的观念。这就保证了教学内容的丰富性,而丰富的内容是会生成"力"的。这样,情境教育既有了生动的手段,又有了结构优化的教学内容,这就从根本上保障了儿童学习的快乐和效率。

随着世界课程改革的趋向,情境课程逐渐走向综合。我将语文教学优化的结构发展到主题性大单元综合课程,并明确提出主题性大单元情境课程,"德育为先导,语文教学为龙头,各科教学协作"。这就进一步拓展了教育空间,德育顺其自然地在各科教育中全面渗透,而且那是以生动的、多样化的儿童活动进行的,效果特别好。在核心领域,在各科教学中我又明确提出了"学科内容与儿童活动结合"的主张,给各科教学及学校教育带来了勃勃生机。衔接领域则提出"以室内短课与室外观察相结合的原则",做到既接近幼儿园又高于幼儿园,让孩子平稳过渡、快乐过渡,逾越幼小之间的"陡坡",并将野外教育列为源泉领域。这就让学校教育与社会、与世界紧密相连。情境课程的开发,使各科教师有了用武之地。教师的创造性得到了很好的发挥,编写了多种校本教材,我们的情境数学在全国、全省比赛中连获10次冠军。

情境课程这四大领域决定了情境学习的内容既有横向的拓展,又有纵向的衔接,形成了相互联系、相互作用、共同推进的网络式的结构,保证了儿童学习知识形成多元的开放系统。

第7阶 归纳情境课堂操作"五要义"

新世纪初,国家下达减负令,许多人担心负担减轻了,质量却下来了。于是我心里盘算着怎么保证质量。我想得最多的就是向课堂40分钟要质量。

于是,根据情境教学的特点、儿童学习的规律,我概括出情境课程的五大操作要义:以"美"为境界,以"思"为核心,以"情"为纽带,以"儿童活动"为途径,以"周围世界"为源泉。这五条,教师好记、好用、有效。在这五条中,关键词是"美"、"情"、"思"、"周围世界",蕴藏的便是一个"真"。这与我20多年来不断地学习古代文论是分不开的。我从古代文论中明确地概括出"真、美、情、思"四大元素。2007年2月,我在《教育研究》发表的《"意境说"给予情境教育的理论滋养》一文,宣告了情境教学的中国特色。

第8阶 从学习科学、脑科学中找到理论依据和应对策略

要真正奏响"儿童快乐、高效学习,全面发展"的主旋律谈何容易。因为那是个"黑箱",里面藏着许多儿童学习的秘密,要揭开它,不仅需要我们对教育的一片赤诚,还需要科学。

为此,35年来,我认真学习哲学、美学、心理学、教学论,也一直关注着脑科学的研究成果,这两年又研读学习科学,就是想找到情境学习

能促进儿童快乐、高效学习的理论支撑。学习揭开儿童学习秘密这个"黑箱"的一角，也让我渐渐找到了儿童情境学习的具体策略：策略一是基于学习知识的复杂性——利用艺术之美、经验之可贵，在情境中整合知识；策略二是基于学习过程的不确定性——驾驭情感生成的驱动之力，推进学习过程；策略三是基于学习系统的开放性——让儿童在活动中、在践行中建构知识；策略四是基于开发潜能的不易性——不失时机地发展想象、培养创造力。

现在，我可以交出一份答卷，那就是在优化的情境中儿童是怎么学习的，又是怎么快乐、高效，获得全面发展的。谁也想不到，我自己也没想到，这一份答卷竟做了35年。尽管如此，仍不能得满分，能及格也就很不容易了。

35年间，我概括的一系列情境教育的主张和策略得到了脑科学的支撑，与学习科学契合，我欣喜无比。我想说，是伟大的时代造就了我，作为一名小学教师，是儿童给了我智慧。我深感，为儿童研究儿童，易于发现规律。以情启智，对于我这个成人来说也是适合的。我坚信"爱能产生智慧"。

（本文发表于《中国教育报》2014年1月15日）